国际物流学立体教材系列丛书

国际物流实务

蒋长兵　编著

中国物资出版社

图书在版编目（CIP）数据

国际物流实务/蒋长兵编著．—北京：中国物资出版社，2008．1
（国际物流学立体教材系列丛书）
ISBN 978－7－5047－2795－4

Ⅰ．国…　Ⅱ．蒋…　Ⅲ．国际贸易—物流　Ⅳ．F252

中国版本图书馆 CIP 数据核字（2008）第 002086 号

责任编辑　钱　瑛
责任印制　何崇杭
责任校对　孙会香

中国物资出版社出版发行
网址：http：//www.clph.cn
社址：北京市西城区月坛北街 25 号
电话：（010）68589540　邮编：100834
全国新华书店经销
中国农业出版社印刷厂印刷

开本：787mm×1092mm　1/16　印张：29.5　字数：681 千字
2008 年 3 月第 1 版　2008 年 3 月第 1 次印刷
书号：ISBN 978－7－5047－2795－4/F·1165
印数：0001—3000 册
定价：48.00 元
（图书出现印装质量问题，本社负责调换）

国际物流学立体教材系列丛书

编写委员会

序　言

2006年11月在武汉召开的第5届物流学术年会上，浙江工商大学的蒋长兵教师获得了论文一等奖，我在会后向他表示祝贺的同时对我国当前本科物流教育中的问题进行了探讨，我们都感到随着我国国际贸易不断发展的需要，在大学教学中应相应增加有关国际物流方面的知识，如国际贸易、国际支付和结算、国际法律法规以及各种单证的实践操作等内容。此时他提到了关于编写“国际物流学立体教材系列丛书”的设想，当时我感到这个小伙子在这方面有一定的超前意识，也很有创意，表示要支持这个项目。没想到在短短的一年多时间里，蒋长兵与伍蓓、王姗姗等教师就编写出了《国际物流学教程》、《国际物流实务》和《国际物流学教程习题集》系列教材。

这一方面在于他本人的努力；另一方面在于他所处的环境给他创造了良好的条件。浙江工商大学从2004年开设物流管理本科专业以来，先后建立健全了现代物流系统仿真、智能物流、电子商务与物流三个专业的物流实验室，这些实验室中的物流技术达到了国内先进水平。

本丛书的特点在于既兼顾到国际物流理论阐述，也兼顾到国际物流理论的实践应用。相信本丛书的出版对国际物流实践和应用的研究、对现代物流人才的培养将起到非常积极的促进作用。该丛书的问世，不仅反映了几年来我国物流教学实践的客观需要，也说明我国的物流教学又迈上了一个新的台阶，该书既可以说是首创，也可以说是一次大胆的尝试。该书出版发行以后，必将引起广泛的关注，有利于促进我国物流教学质量的提高，也将进一步推动我国物流教学与科学研究不断向前发展。

中国物流与采购联合会培训部

陈梅君

2007.10

前 言

国际物流是现代物流的一个重要分支，因其跨越国界而具有经营环境复杂、系统范围更广、运输方式多样化和高度标准化等特点。自20世纪50年代在欧洲出现至今，国际物流已成为国际经济发展的一个重要潮流。随着经济一体化和中国加入WTO，尤其是国际贸易壁垒的拆除，新的国际贸易组织的建立，若干地区已突破国界的限制形成统一市场，国际物流也逐渐蓬勃发展起来。近年来，国际物流也成为专家学者关注的研究热点之一，世界第九届国际物流会议的主题就是“跨越界限的物流”。在国际物流实践领域，各国企业纷纷建立战略联盟，形成了遍布全球的国际物流网络。国际物流日益成为影响对外贸易乃至整个国民经济高速发展的主要因素之一。因此，研究国际物流的理论和方法，对提高我国企业的管理水平和竞争能力、应对“入世”的挑战，具有十分重要的理论意义和现实意义。

本书以国际物流的实务流程和单证填写为主线，系统地介绍国际物流中的进出口贸易流程、通关物流、国际海洋运输、国际航空运输、国际集装箱运输、国际多式联运的基本原理和主要业务流程。本书除详细介绍国际物流基本原理之外，还系统归纳和总结了国际物流各环节中所涉及的单证种类、内容、缮制方法和有关条款。在收集现实中各类单证样本的基础上，通过系统讲述、实务操作的方式，帮助使用者在较短时间内掌握国际物流各环节单证操作的要领和技能，加强使用者对单证的理解，提高实际操作能力和水平。

本书共分为6个部分，内容包括进出口贸易磋商及实务、通关物流实务、国际航空运输实务、国际集装箱运输实务、国际海上运输实务和国际多式联运实务。

本教材是一本既具有理论性，又具有实践性的物流专业书籍。作者结合多年来从事国际物流领域的科研与教学，较为透彻完整地阐述了国际物流原理和实践环节。采用了大量的图表和业务流程分析，较为客观而真实地反映了国际物流的前沿。相信本书的出版对现代物流人才的培养，将起到非常积极的促进作用，特别是针对当前物流热衷于宣传、匮于实践的状况，更具有指导意义。本书可作为物流管理人员、物流科研人员、物流营销人员的参考用书，同时可作为高校物流管理、物流工程、电子商务、工商企业管理、国际贸易等本科专业的教学用书，也可作为高校物流管理、交通运输工程等专业的研究生教学用书。

本书在写作过程中，借鉴了国内外许多专家学者的学术观点，参阅了许多报刊媒体和专业站点的资料，在此特别表示感谢。此外，本书在编写过程中，还要特别感谢浙江工商大学物流管理与工程系陈子侠教授、吴承健教授、傅培华教授、彭扬博士、胡军博士、陈达强博士、张芮讲师、白丽君讲师，中国物流与采购联合会培训部陈梅君教授，南京欧普特企业管理顾问有限公司总经理高振亚先生，苏州思文科技有限公司总经理宋方先生，中远物流南京公司物流部总经理蓝敦虎先生，杭州海关现场业务处盛卓禾处长，他们对这本书的编辑和写作给予了大力支持，整个写作过程是对科研和教学水平的一次升华。

本书由浙江工商大学蒋长兵、伍蓓、王姗姗、白丽君和吴承健老师编写。第 1 章由伍蓓老师编写，第 2 章由王姗姗老师编写，第 3 章由白丽君老师编写，第 4 章由吴承健老师编写，第 5 章和第 6 章由蒋长兵老师编写，最后由蒋长兵老师统稿。由于作者水平有限，成稿时间仓促，书中表述难免出现疏忽和谬误，敬请各位专家、读者提出批评意见，并及时反馈给作者，以便逐步完善，使该立体教材得到广大读者的普遍认可（联系邮箱：johncabin@mail. zjgsu. edu. cn，wubei@mail. zjgsu. edu. cn）。

蒋长兵

2007 年 10 月于浙江工商大学

目 录

上篇 进出口贸易与通关物流实务

下篇 国际物流运输实务

上　篇

进出口贸易与通关物流实务

1　进出口贸易磋商及实务

进出口贸易程序是一个十分复杂的商务过程。仅以出口贸易过程为例，即可分为四个不同阶段。第一阶段为交易前的准备工作。主要有：出口计划的编制，按计划进行收购或调拨出口货源，并采取各种方式和通过各种渠道对国际市场和客户进行调查研究，选择适当的市场和客户；制订出口营销方案、宣传等工作。第二阶段为出口交易洽谈。就是通过函电或谈判洽商每笔出口业务的具体事宜。一般要经过询盘、发盘、还盘和接受四个环节。第三阶段为签订合同。按中国政府规定，若企业没有直接进出口权的话，交易必须找到一个进出口商作为中间商来进行。第四阶段为履行合同。此阶段将涉及备货、领证、报关、报检、装船、投保、议付、结汇、退税、索赔等环节。整个经贸活动中的信息流将受到贸易主管部门、生产部门、运输、海关、商检、银行、税务、外汇管理、保险和贸促会等多个职能机构的监控。

本章介绍进出口贸易流程，重点阐述贸易磋商、合同签订、租船订舱、报关报检、保险、结汇等业务流程和各种单证填写。

1.1　进出口贸易磋商业务流程概述

较之一般商贸实务运作过程，进出口贸易实务操作过程要多出一大块业务处理过程。多出的一大块业务部分是由国际贸易的特殊性和经贸双方国家的主权要求所决定的。这部分业务的范围包括：进出口管理、海关、商检/安检、金融、保险和国际运输等。因此，对于国际贸易实务操作过程来说，在交易前的准备和贸易磋商这两个阶段与国内贸易实务操作过程并无多大的区别。国际贸易实务操作过程中最为独特的是在供需意愿基本吻合、贸易磋商初步完成之后的实际单证事务处理过程。

1.1.1　进出口贸易业务流程

国际贸易是一个复杂的过程，其交易过程、交易条件、贸易做法所涉及内容因交易方式、成交条件、业务环节不同而日趋复杂，但进出口贸易的整个业务流程由交易磋商（询盘、发盘、还盘和接受）、签订合同、履行合同、租船订舱、报关、保险、审证人、结汇单证等环节组成，如图 1－1、图 1－2 所示。整个贸易流程为：

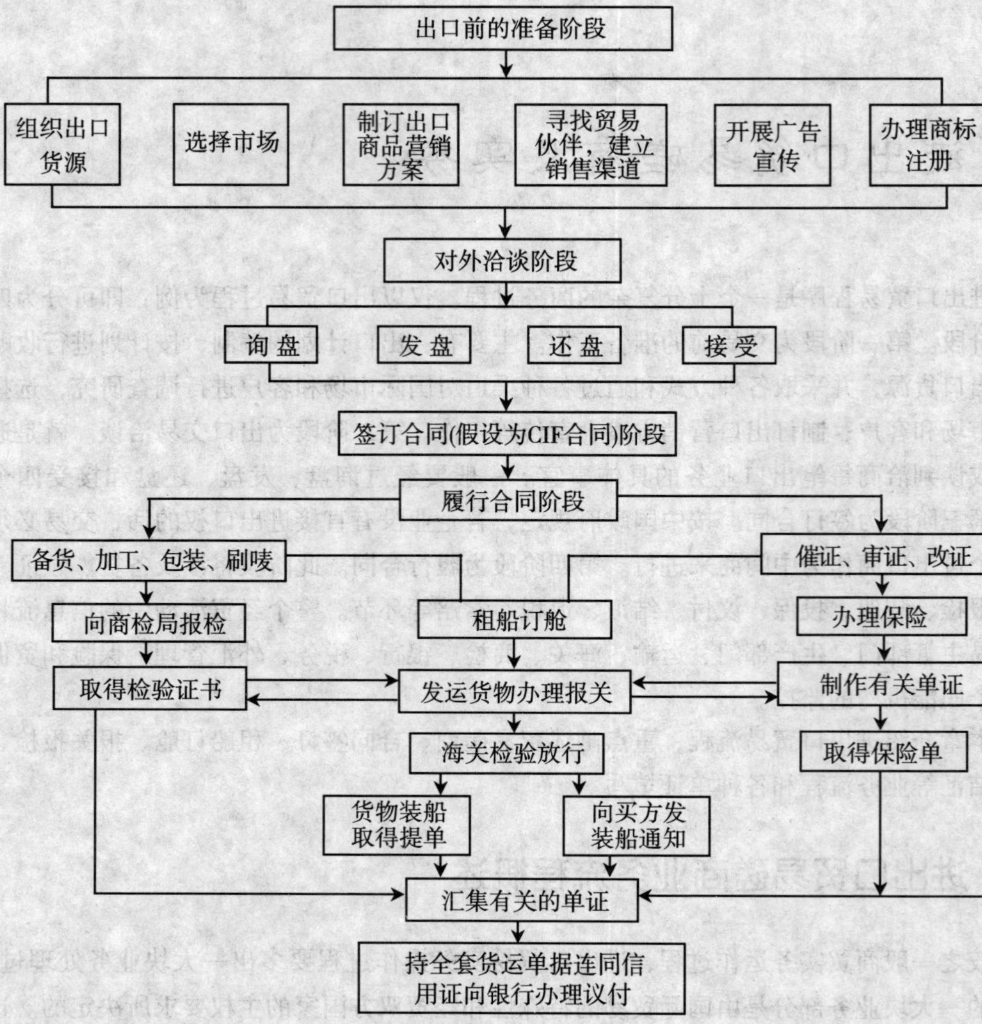

图 1－1　出口贸易流程

1. 签订合同

出口贸易合同通常由卖方根据与买方洽谈的条件，缮制销售确认书（Sales Confirmation）正本一式两份，经买卖双方签章后各执一份，作为合同成立的证据。在函电成交的情况下，则由卖方将缮制的售货确认书寄给买方并要求买方签章后回退一份给卖方。

2. 货物、合同和信用证的相互衔接

卖方根据合同或销售确认书的规定，按时、按质、按量准备好应交的货物。如属现货，可以直接通知仓库或供货商办理打包、改装、发货等工作；如属期货，应该与供货单位签订购货协议或以要货单形式向生产部门落实生产，按规定交货。

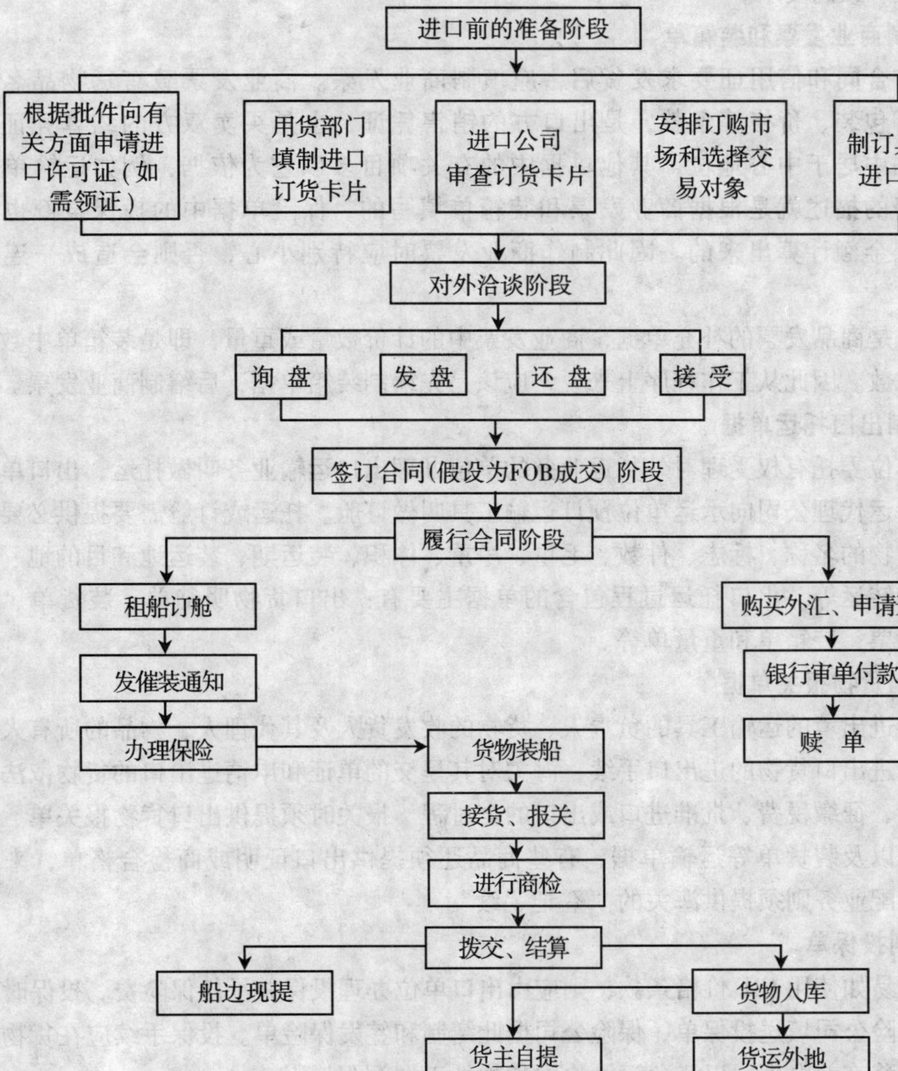

图 1-2　进口贸易流程

现今国际贸易多以信用证为支付方式。信用证开到后，必须经过审核，如内容与合同条款不符，卖方应尽早提醒买方更改信用证条款，待信用证改妥后再安排运输工作，并办理商检报检手续。商品的质量列入国家法定检验范围的，或合同及信用证规定须由出口方提供商品检验局品质检验证明的出口商品，在货物出运前必须向商品检验局申报品质检验，报检的货物应打好包、刷好运输标志。商检报检单的格式则由商品检验总局统一制订，申报单位按要求填制。如合同、信用证对检验内容有具体要求的，可附合同或信用证副本。检验合格后商品检验局按合同或信用证中的具体要求在检验证书上作相应的表述，以符合单证一致的要求。

3. 缮制商业发票和装箱单

卖方按合同和信用证要求发货后，应填制商业发票。商业发票载有货物品名、品质、数量、包装、价格等条款，是出口方的销售凭证，也是买卖双方的结算凭证。它在出口单据中居于中心地位，其他单据中的有关项目多以它为依据，例如运输单据有关货物本身的描述就是根据商业发票和装箱单填写的，保险单据中的投保金额也是根据商业发票金额计算出来的。因此制作商业发票时应特别小心，否则会造成一连串单据出错。

装箱单是商品发票的补充单据，商业发票中的计价数量或重量，即是装箱单中数量或重量的汇总数。因此从工作程序上来说，应该是先缮制装箱单据，后缮制商业发票。

4. 缮制出口托运单据

出口单位委托有权受理对外货运业务的单位办理出口运输业务叫做托运，出口单位直接或通过货运代理公司向承运单位预订运输工具叫做订舱。托运或订舱需要提供必要的资料，例如货物的名称、标志、件数、毛重、净重、体积、装运期、装运地和目的地、可否分批装运和转运等。出口托运过程包含的单据主要有：出口货物明细单、装货单、收货单、商业发票、装箱单和重量单等。

5. 缮制货物报关单据

报关指进出境的运输工具的负责人、货物的收发货人及其代理人、物品的所有人向海关申请办理进出口货物的进出口手续，海关对其呈交的单证和申请进出口的货物依法进行审核、查验、征缴税费、批准进口或出口的全过程。报关时须提供出口货物报关单、出口收汇核销单以及装货单等运输单据，有些商品还须提供出口证明或商检合格单，来料加工、来件装配业务则须提供海关的“登记手续”。

6. 缮制投保单

出口贸易如使用CIF价格条款，则应由出口单位办理投保并承担保险费。投保时出口单位须向保险公司填送投保单，保险公司据此缮制和签发保险单。投保手续应在货物离仓向装运场所移交前办理，以避免运输途中货物处于“漏保”状态。

7. 缮制运输单据

运输单据包括海运提单、铁路运单、航空运单、邮政收据、承运收据和多式联运单据等，这些单据应由承运人缮制，待货物装上运输工具或置于承运人的监管之下，由承运人签发给发货人。

8. 签证、认证

签证是指我方机构接受国家委托签发各种证书，如原产地证等；认证是指由买方指定的机构（我方政府机关或对方国家驻我国的机构）在我方某些出口单据上作必要的证明，确认其为合法文件。国际贸易中，如成交货物按有关规定须签证或认证的，卖方应按规定获取相关单据。

9. 缮制汇票

卖方应按规定缮制汇票，连同全套信用证所要求的单据提交银行议付。

10. 发出装船通知

装船通知（Shipping Advice）是出口商发给进口商的电报或传真通知，一般包括两种：通知进口商投保的通知和通知装船的通知。卖方应按规定正确、及时地发出装船通知。

11. 综合审单

尽管各种单证在缮制、签发过程中都经过复核，但在提交银行前仍须把信用证或合同规定的各种出口单据集中起来作一次全面的审核。审核全套单据是否完备，单单之间、单证之间是否相符，单证份数是否满足信用证要求，单证上的签字盖章是否齐全等，以确保单证质量的绝对可靠。

12. 交单、改单、议付和收汇

交单、改单、议付和收汇是出口单位通过银行办理国际结算的必要程序。出口单位将信用证规定的单据、需要的份数在规定的期限内提交议付银行叫做交单。如卖方提交的单据不符合信用证的要求，通常退回受益人处进行修改，这叫做改单。议付银行在保留追索权的条件下购买信用证受益人出具的汇票及其单据叫做议付。一笔贸易正常完成后，卖方即可按合同和信用证的规定收到货款叫做收汇。

13. 出口核销和退税

卖方收汇后，应持经海关加盖“验讫章”的核销单向外汇管理部门办理核销。外汇管理部门按规定办理核销后，在核销单上加盖“已核销”章，并将其中的出口退税专用联交出口企业办理出口退税之用。

以 CIF 贸易为例，图 1－3 显示出口履行合同工作日程表。

1.1.2 进出口贸易单证

进出口贸易单证按照单据、证书的用途，大体可分为五大类。

1. 运输单据

按填制人不同，可分为由发货人填制的货物托运单据和由承运人填制的货物运输单据两类。

（1）货物托运单据

它由发货人（货主、货运代理）根据进出口合同和信用证的内容填制，凭此与各有关方联系货物托运的申请书、委托书等，托运单据是在进出口货物托运过程中产生的，此类单据填写的正确与否，将直接影响到将来办理议付结汇所需运输单据的正确性和有效性。货物托运单据包括：

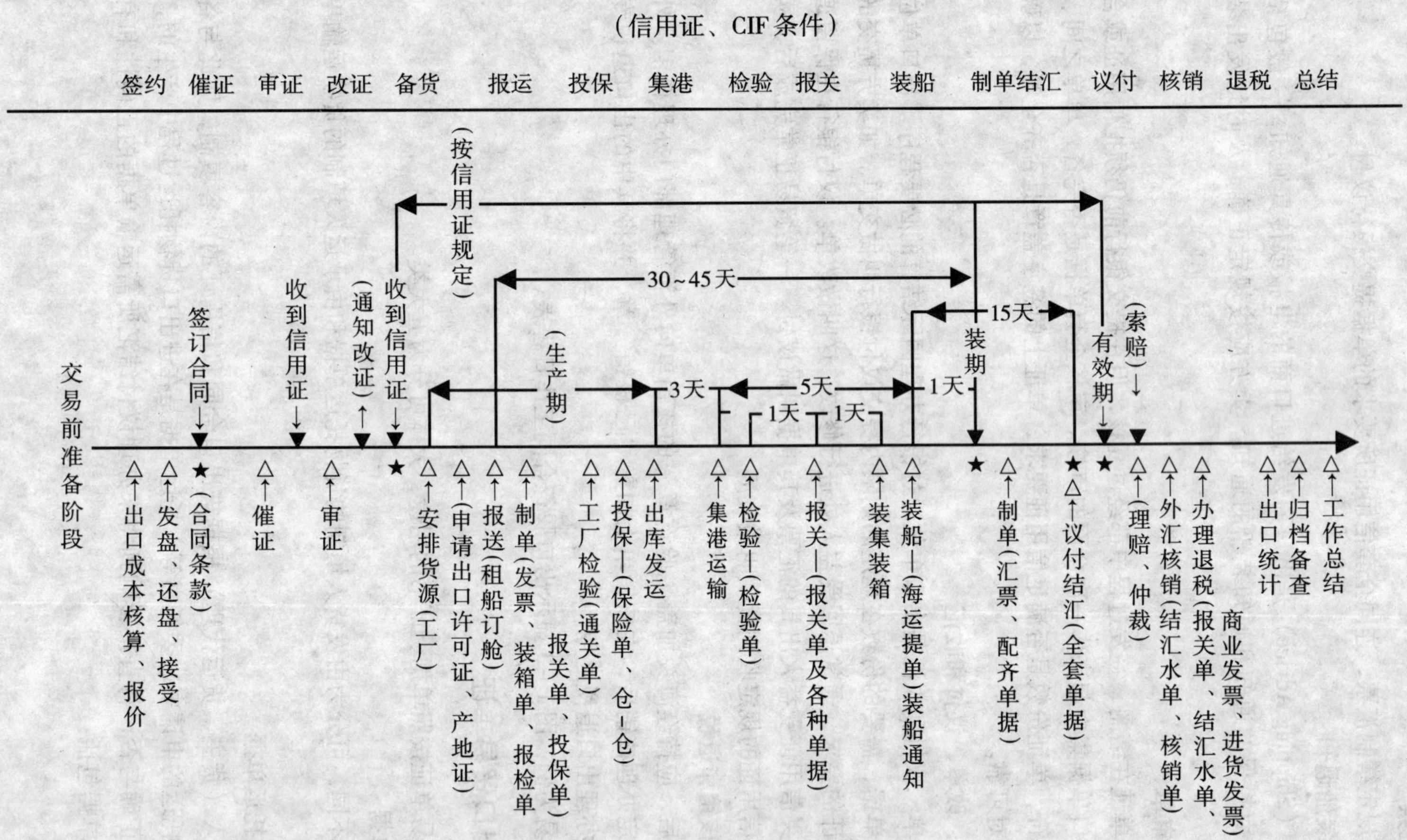

△表示工作环节；▼表示与买方约定的工作环节；★表示履约的关键环节

图1-3　CIF出口履行合同工作日程表

①出口货物明细单；
②出口货物订舱委托书（简称托运单 B/N）；
③装货单（S/O）；
④收货单（M/R）；
⑤场站收据（集装箱货物 D/R）；
⑥装运（船）通知。
（2）货物运输单据
它由承运人根据货主提供的托运单据的内容和实际运输的情况填制，是结汇单据中的重要文件。不同的运输方式有不同的运输单据，主要包括：
①海运提单/集装箱提单（B/L）；
②海运单；
③国际铁路联运运单（国际货协）；
④承运货物收据（供港、澳地区）；
⑤多式联运单据；
⑥航空运单（主运单/分运单）；
⑦公路运单；
⑧邮政收据；
⑨邮寄证明；
⑩专递收据；
⑪船籍、船龄证明。

2. 商业单据

商业单据通常由出口企业、生产企业填制，是报运、报检、报关、投保、结汇、核销、退税等各个环节所需的各种单据。商业单据分为基本单据、应各个相关部门和进口商要求的约定单据。
（1）基本单据
①商业发票；
②装箱单；
③重量单；
④尺码单。
（2）约定单据
①货物运输保险投保单；
②一般原产地证明书/加工装配证明书申请书；
③普惠制产地证明书申请书；
④出（入）境货物报检单；
⑤出（进）口货物报关单；

⑥进（出）口许可证申请书；

⑦海关发票；

⑧形式发票；

⑨领事发票；

⑩厂商发票；

⑪出口退税申请表。

3. 金融票据

金融票据是以支付、结算、核销为目的的单据，分别由出口企业填制或由结汇银行填制。

（1）结算票据

①汇票；

②本票；

③支票。

（2）结汇票据

①银行结汇水单；

②收汇通知书。

4. 保险单据

保险单据是保险公司（机构）根据被保险人的申请签发的保险凭证，主要包括：

①保险单；

②保险凭证；

③预约保险单；

④联合凭证；

⑤批单；

⑥保险费收据。

5. 附属单证

一般由国家管理机关、有资质的民间组织按照规定经审核后，发给进出口企业的证明文件。

（1）公务单证

①进口/出口许可证；

②纺织品出口许可证/商业发票；

③一般原产地证书；

④普惠制产地证书；

⑤出入境检验检疫证书；

⑥出口收汇核销单。

（2）其他单证

①不可抗力事故证明；

②手工制品证书；

③受益人证明；

④公证书；

⑤CISS 检验清洁报告书（国际民间权威检验机构）。

（3）产地证（Certificate of Origin）

原产地证书或产地证是证明出口商品的原产地，即商品的生产地或制造地的具有法律效力的书面文件。它是进口国对进口货物确定关税待遇、进行贸易统计、实行数量限制和控制从特定国家进口的主要依据。

（4）普惠制产地证（Generalized System of Preference Certificate of Origin Form A）

普惠制是普遍优惠制的简称，是发达国家给予发展中国家出口的制成品和半制成品（包括初级产品）的普遍的、非歧视的、非互惠的关税优惠待遇。普惠制产地证是依据给惠国要求而出具的有证明出口货物原产自受惠国的证明文件，并能使货物在给惠国享受普遍优惠关税待遇。

（5）海关发票（Customs Invoice）

海关发票是进口国海关制定的一种固定的发票形式，要求卖方填制，供买方凭以报关。进口国要求提供这种发票，主要是作为估价完税或征收反倾销税的依据。

（6）领事发票（Consular Invoice）

领事发票是由进口国驻出口国的领事出具的一种特别印就的发票。这种发票证明出口货物的详细情况，为进口国用于防止外国商品的低价倾销，同时可用做进口税计算的依据，有助于货物顺利通过进口国海关。出具领事发票时，领事馆一般要根据进口货物价值收取一定费用，这种发票主要为拉美国家所采用。

（7）其他证明文件（other Certificate）

1）受益人证明（Beneficiary's Certificate）

受益人证明亦称受益人声明（Beneficiary's Statement），是指由受益人签发的证实某件事实的单据。它是信用证支付方式下买方要求的常见单据之一。要求提供受益人证明的情形大致有：

①买方为了某种原因如转口货物等，要求在限定时间内先直接邮寄必要的单据以便及时提货、通关或再转口。买方为了确保卖方能按时寄单，在信用证条款中明确此要求并由受益人出具已寄送单据的证明，此即为寄单证明。

②买方为预先取得装运的货样，要求寄样的寄样证明。

③要求受益人在限定时间内将装运情况通知买方而出具的证明。

④买方要求单据由买方所属国的领事签证，但出口所在地又无该国领事而出具的证明。

⑤要求卖方某些行为而出具相应的证明。

2）电传副本（Telex Copy or Cable Copy）

电传副本亦称电抄（Copy of Cable/Telex/Fax），是卖方应买方要求向其发出电传的副本。在出口业务中，尤其是在 FOB、CFR 条件下，国外进口商往往来证要求卖方在货物装船后立即将装船细节电传买方，以便买方及时办理投保或准备接货。卖方则必须在议付时提供电传副本，以资证明卖方已按规定发送电传。

电传副本常见的有装运通知和投保通知两类。前者主要是便于买方报关接货或筹措资金，此时应将装船细节尽可能电告买方，其内容一般包括合同号、信用证号、船名、装船日期、装货港、货物名称、规格、件数、重量、金额、唛头等；后者主要是通知买方投保，此类电传副本上应包括办理保险的相关内容，如货物名称、规格、件数、金额、唛头、开航日期、船名、装货港、目的港等。电传副本的日期应与信用证规定日期相符。

3）船公司证明（Shipping Company's Certificate）

船公司证明是进口方要求受益人提供的，由船公司或其代理人出具的用以说明载货船舶的船籍、船龄、船程等内容的一类证明文件。其作用是供进口方满足其政府要求或了解运输情况。其种类较多，主要有船籍证明、航运路线证明、船龄证明、船级证明、快船证明、黑名单证明、进港证明、运费收据等。

4）船长收据（Captain's Receipt）

船长收据亦称收单证明，是由船长出具的用以说明收到托运人委托随船转交单据的凭证。有些来证发货人在货物装运后将一套正本或副本单据交装货船只的船长代交收货人，以便收货人在货到目的港后能及时提货或办理其他手续。议付时以船长收据为证，收据上须有船长转递单据的承诺。有些船长收据是由交寄人出函，请船长会签生效。要求船长收据条款常见于日本来证，因中日航线很短，船只到达后往往单据未到，日本商人因而常在来证上作此要求。

1.2 进出口贸易实务操作

本节介绍了进出口贸易实务的程序及具体操作规程、方法和技巧，同时，还引用了大量翔实的示例、说明及模拟训练，使读者在仿真的业务环境中，用较短的时间了解和掌握进出口贸易实务运作程序和方法。

1.2.1 国际进出口贸易磋商

1.2.1.1 建立业务关系

进出口业务英语函电，包括信函、电报、电传、传真及电子邮件，是当今国际间货物买卖磋商的主要载体。无论其采取何种形式，目的都是为了有效传递商务信息。因此，合格的英语函电必须是以简洁的语言、明晰的结构来表述完整的内容，同时，还要体现出成熟的业务思维。

一笔具体的交易往往始于出口商主动向潜在客户发函建立业务关系。从标准规范的角度而言，建立业务关系的信函一般应包括以下内容：

1. 信函内容

（1）信息来源

信息来源即如何取得对方的资料。作为贸易商，可以从各种途径来了解客户资料，如通过驻外使馆商务参赞处、商会、商务办事处、银行、第三方公司的介绍；或在企业名录、各种传媒广告、互联网上寻得；或在某交易会、展览会上结识；甚至是在进行市场调查时获悉。因此，我们也有各种表达方式来说明信息来源。例如：

◇ We learned from the Commercial Counselor's Office of our Embassy in your country that you are interested in Chinese handicraft.

◇ Mr. Jacques, Head of Arcolite Electric AG has recommended you to us as a leading importer in Korea of lightweight batteries for vehicles.

◇ We have obtained your name and address from the Internet.

◇ Our market survey showed that you are the largest importer of cases and bags in Egypt.

（2）致函目的

一般说来，出口商主动联系进口商，总是以扩大交易地区及对象、建立长期业务关系、拓宽产品销路等为目的。例如：

◇ In order to expand our products into South America, we are writing to you to seek cooperation possibilities.

◇ We are writing to you to establish long-term trade relations with you.

◇ We wish to express our desire to enter into business relationship with you.

（3）本公司概述

我们这里所说的本公司概述，包括对公司性质、业务范围、宗旨等基本情况的介绍以及对本公司某些相对优势的介绍，例如，贸易经验丰富，供货渠道稳定，有广泛的销售网等。例如：

◇ We are leading company with many years' experience in machinery export business.

◇ We enjoy a good reputation internationally in the circle of textile.

◇ We have our principle as "Clients' needs come first".

◇ A credible sales network has been set up and we have our regular clients from over 100 countries and regions worldwide.

◇ Located in Shanghai, we take the advantage to set up our solidified production basis in coastal and inland areas.

（4）产品介绍

在这部分，可能会出现两种不同的产品介绍：在明确对方需求时，我们会选取某类特定产品，进行具体推荐性介绍；否则，我们通常只就公司经营产品的整体情况，如质量标准、价格水平、目前销路等，作较为笼统的介绍。当然，附上目录、报价单或另寄样品供对方参考也是公司经常采取的做法。例如：

◇ Art. No 76 is our newly launched one with superb quality, fashionable design, and competitive price.

◇ We have a good variety of colors and sizes to meet your different needs.

◇ Our products are enjoying popularity in Asian markets.

◇ To give you a general idea of our products, we are enclosing our catalogue for your reference.

(5) 激励性结尾

与其他商业促销信函一样，在结尾部分，我们通常都会写上一两句希望对方给予回应或说服对方立即采取行动的语句，例如：

◇ Your comments on our products or any information on your market demand will be really appreciated.

◇ We are looking forward to your specific inquiries.

2. 信函的格式

(1) 信头（Letterhead）

信头往往印制在信笺的正上方或右上方，一般包括：公司名称、公司地址、电话号码、传真号、邮编、E－mail 等。

如果没有印制信头，则写信时需要在信纸右上方附上发信人的公司名称和地址。

(2) 信内地址（Inside Address）

信内地址指收信人名称和地址，在信头左下方位置。

若发信人指名要求某人注意或某人亲自阅读此信时，可在信内地址之下或称呼行的右侧注明"Attention"（Attn.）一词。

例如：

×××信头×××
×××信头×××
×××信头×××

×××信内地址×××
×××信内地址×××
×××信内地址×××
Attn.：Mr. ××
Dear Sir or Madam：

或

Dear Sir or Madam：　　　　　　　　Attn.：Mr. ××

（3）称谓（Salutation）

称谓部分应注意以下两点：

①应与信内地址对齐并相距两行；

②美国、加拿大一般用 Gentlemen：（复数，后接冒号），英国一般用 Dear Sirs，或 Dear Mr. ××，（后接逗号）。

（4）事由项（Subject）

例如：

Dear Sirs，

Subject：Sales of ××Machine

或

Gentlemen：

Subject：Sales of ××Machine

另：可以用 Reference 代替 Subject，也可用二者的缩写：Ref.，Subj.。

（5）正文（Text）

根据本次函电的目的撰写。

（6）结尾谦称（Complimentary Close）

撰写结尾谦称时，第一个字母必须大写，最后用逗号。例如：

Yours truly（faithfully，sincerely），

或

Sincerely（faithfully，truly）yours，

（7）签署（Signature）

一般应在结尾谦称和打印签名之间留出几行间隔的空间供寄信人亲笔签名。仅有打印名字而无亲笔签名的信函不但有失礼貌，而且也无法判定其真伪。

打印签名应包含三个部分：

①撰写信函的公司名称；

②打印签名。如果与对方是初次进行函电往来，还应写明自己的性别以便于对方回信；

③发信人所在的部门名称或职位。如营销部（Marketing department）、营销部经理（Manager of marketing department）等。

例如：

Sincerely yours，

×××××

×××××

×××××　　　　　　←亲笔签名

××××××

ABCDE Co. , Ltd. ←（打印的公司名称）

XYZ（Mr. /Miss/Mrs. ） ←（便于对方回信） ←（打印的签名）

MMNN Division（Department） ←（打印的部门名称或职位）

（8）附件（Enclosure）

有时信文内容提到随附××文件或东西（例如样品、报价单等），为提醒对方注意，在签署下面附加一行：

Encles：a/s

（意为：Enclosure：as stated←附件如信文所示）

（9）附言（Postscript）

例如：P. S. ×××××××××××

样单1-1 信函范本

×××××
××××× ←信头
×××××
March 1，2007 ←时间

×××××
××××× ←收信人地址
×××××
Attn.：×××××× ←注意事项
Gentlemen： ←称谓
Subject：××××× ←事由
正
文
Yours faithfully, ←信尾谦称
×××××× ←公司名称

××× ←手签
××× ←打印签名
×××××× ←打印签名人所在部门或职位
Encles：a/s ←附件
Postscript：××××× ←附言

1.2.1.2 询盘

1. 询盘的含义

询盘又称邀请发盘或邀请要约，是指交易一方为出售或购买某项商品而向交易的另一方询问该商品交易的各项条件。所以通俗地说，询盘就是请将来可能的交易对象向自己发盘。

2. 询盘的作用

询盘在通常的交易中并非必不可少的环节。询盘所起的作用，仅仅是笼统地询问对方能否供应或购买某种商品，具体、详尽的交易条件还需在沟通信息之后，根据双方的真实意图进一步磋商。所以一般可以说，它只起到了解供求情况、寻找交易机会的作用。但对于某些交易形式如国际的招标投标或拍卖等来说，询盘就可能是必经环节。询盘的主要目的是寻找买主或卖主，而不是同买主或卖主正式洽商交易条件。所以询盘仅仅是对一项交易进行询问，是正式进入磋商过程的先导。

3. 询盘的形式与约束力

询盘可以是口头的表示，也可以是书面的表达，它既没有法律上的约束力，也没有固定的格式。我国的《合同法》第十五条也有类似的规定：要约邀请是希望他人向自己发出要约的意思表示。寄送的价目表、拍卖公告、招标公告、招股说明书、商业广告等为要约邀请。询盘的对象可以是特定的个别对象，也可以是公开地对不特定对象的询盘。在国际贸易中，询盘不能像国内贸易一样可以采用报刊、广播、电视等公开询盘。由于距离远，信息传递不方便等，在国际贸易中，一般是采用一定的方式对特定的对象进行询盘，如采用电话、电子邮件、电传等形式对某一选定的对象进行询盘。

4. 询盘的内容

在一般的情况下，询盘可以不具备任何具体的内容，仅仅是要求对方向自己发盘，了解与对方是否有交易可能。询盘也是对市场作一次初步的试探，看看市场和用户对自己的交易条件有何反应；或者询盘者在急需解决自己的需求或销售的情况下，也可以在询盘时将自己的交易条件稍加说明，以便尽快找到买主或卖主。由于询盘可以理解为邀请对方向自己发盘，所以在询盘中可体现这些要求，如在询盘中可涉及价格、规格、品质、数量、包装、交货期以及索取样品、商品目录等，以便在对方发来盘时及时得到自己所需要的信息，或即可判断对方的交易条件是否有可能满足自己的要求。

询盘可以分为买方询盘和卖方询盘两种。例如：

买方询盘："对 2007 年产山东大粒花生仁有兴趣，请报 CIF 鹿特丹最低价格 11 月装运。"（Interested large size Shandong Groundnut Kernels 2007 crop. Please offer lowest price CIF Rotterdam shipment Nov.）

卖方询盘："可供山东花生仁 3 月装如有兴趣请电告。"（Can supply Shandong Groundnut Kernels March Shipment Cable if Interested.）

1.2.1.3 发盘

1. 发盘的含义

发盘又称要约，是交易的一方因想出售或购买某项商品而向交易的另一方提出买卖该项商品的各种交易条件，并表示愿意按照这些交易条件订立合同。发盘可以由卖方发出，也可以由买方发出。但一般情况下是由卖方发出，表示愿意按一定的条件出售商品给特定的买主。所以，在一般情况下，一个发盘有两个关系人，即发盘人和受盘人。一项有效的发盘一经成立，如果该项发盘按所适用的法律的规定具有约束力，则发盘人就成为义务方，他有义务在对方接受时按发盘中所规定的条件与对方订立合同；而受盘人就成为权利方，他有权利在发盘的有效期内要求对方按发盘中所规定的条件与之签订合同。发盘的约束力与发盘是否有效，这两者是不一样的。

2. 发盘形式

（1）书信式发盘

书信式发盘是采用传统信函的方式进行发盘，一般在正文中直接将报价条件一一列出即可。

（2）表格式发盘

表格式发盘是书信式发盘的一种特殊方式，即在正文中专门列出表格说明报价条件，以起到醒目和提示对方注意的作用。表格式发盘中的表格一般只列出和商品本身有关的条件，而付款条件、装运条件、注意事项等往往在表格下方列出。

（3）电报式发盘

电报式发盘即在电报中直接列出报价条件。

（4）E－mail 发盘

通过 E－mail 进行发盘是互联网发展起来后常用的一种发盘方式。因其具有速度快、成本低、效率高的特点，故使用越来越广泛，有替代传统发盘方式的趋势。

3. 发盘应包含的基本项目

一方发盘时应提出主要交易条件，发盘后不得任意撤销或修改其内容。在发盘的有效期内，发盘一经对方接受，就算达成交易，买卖合同即告成立，双方均受合同的约束。发盘应包含以下基本项目：

（1）编号

即使是同种商品在不同的时期也可能以不同的价格和条件发盘，因此注明编号可便于核对、查询。

（2）日期

作用同编号。

（3）规格

规格是表示商品本身的一些指标，一般包括品名、品质、数量、包装等。

（4）付款方式

国际贸易中常用的付款方式有三种，即汇付、托收和信用证。不同的付款方式对买卖双方的风险、费用、责任和义务均不相同。发盘时应说明希望采用的付款方式。

（5）价格

发盘简称报价，可见价格是发盘中最核心和最敏感的部分。报价时不但要包括单价的四个方面（计量单位、单位价格金额、计价货币、贸易术语）和表明是否包含佣金与折扣，还应注明总金额。

（6）交货条件和日期

交货条件和日期对买卖双方风险责任的划分意义重大，必须在发盘中报明以免将来产生纠纷。

（7）报价方式和有效期

发盘分为发实盘和发虚盘：实盘具有法律效力，报价时很确定；虚盘不确定，仅表明报价意向，不具法律效力。

发盘通常都规定一个有效期，作为对方表示接受的时间限制，超过发盘规定的时限，发盘人即不受约束。发盘人对发盘有效期可作明确的规定，也可不作明确的规定。明确规定有效期的发盘，从发盘被传达到受盘人开始生效，到规定的有效期届满为止。不明确规定有效期的发盘，按法律在合理时间内有效。

完整准确地拟写发盘函可以避免争议，有利于缩短交易磋商的时间，尽快达成协议。

4. 发盘函内容

一般而言，一封规范的发盘函应包括以下三方面内容：

（1）准确阐明各项主要交易条件

这里所指的主要交易条件，一般包括品名规格、价格、数量、包装、装运、付款、保险等七大要件。例如：

◇ For the Fancy Brand AGT－4 Garment sewing machine, the best price is USD78.00 per set FOB Shanghai.

◇ The minimum quantity is one 20' FCL and with the purchase of two or more containers, the price is reduced by 2%.

◇ All these blankets are packed in plastic bags with zip of 1 piece each, 20 pieces to a carton.

◇ Delivery is to be made within 45 days after receipt of order.

◇ Our usual terms of payment are by confirmed irrevocable L/C available by draft at sight.

◇ The insurance shall be effected by the seller covering the invoice value plus 10% against Institute Cargo Clauses（A）.

（2）声明此发盘的有效期及其他约束条件

为了防止日后的争议或是敦促对方早下订单，我们通常会在发盘函中明示该报价的有效期，或指出其有效的条件。例如：

◇ This offer is valid for ten days.

◇ The quotation is for acceptance within two weeks.

◇ This quotation is effective while stocks last.

◇ This offer is subject to our final confirmation.

(3) 鼓励对方订货并保证供货满意

发盘的目的是为了获得订单，所以我们通常会以一些鼓励、刺激对方下订单的语句来结尾。例如：

◇ We hope you will agree that our prices are very competitive for these good quality clothes, and we look forward to receiving your initial order.

◇ As we have been receiving a rush of orders now, we would advise you to place your order as soon as possible.

◇ This favorable offer will not be repeated for some time, and we accordingly look forward to an early order from you.

◇ Any orders you place with us will be processed promptly.

1.2.1.4 出口价格核算

价格核算是出口业务的关键环节，它直接关系到交易磋商的成败和买卖双方的利益，因此，只有掌握出口价格核算，才能保证所报价格的准确与合理。

1. 出口价格的表示方法

出口商品的价格可以用单价（Unit Price）和总值（Total Value）两种方法表示。单价由计价货币、计价金额、计量单位和贸易术语四个部分组成，例如：每公吨 30 美元 CIF 东京（US $ 30.00 Per Metric Ton CIF Tokyo）；总值是单价与数量的乘积。

2. 出口价格构成

国际贸易的价格由主要成本、费用和利润三部分构成。

(1) 成本（Cost）

成本是整个价格的核心。它是出口企业或外贸单位为出口其产品进行生产、加工或采购所产生的生产成本、加工成本或采购成本，我们通常称之为含税成本。

(2) 费用（Expenses, Charges）

出口价格中的费用主要有国内费用和国外费用两部分。其中国内费用主要包括包装费、仓储费、国内运输费、认证费、港口费、商检报关费、捐税、购货利息、经营管理费、银行费用等；国外费用包括出口运费、出口保险、佣金等。

(3) 预期利润（Expected Profit）

3. 出口报价核算要点

（1）成本核算

一般来说，我们掌握的成本是采购成本或含税成本，即包含增值税。但很多国家为了降低出口商品的成本，增强其产品在国际市场上的竞争能力，往往对出口商品采取增值税全部或部分退还的做法。在实施出口退税制度的情况下，在核算出口商品价格时，就应该将含税的采购成本中的税收部分根据出口退税比率予以扣除，从而得出实际采购成本。

因为：实际采购成本 = 含税成本 - 退税成本

退税收入 = 含税成本 × 出口退税率/（1 + 增值税率）

由此得出实际采购成本的计算公式：

实际采购成本 = 含税成本 ×［1 - 出口退税率/（1 + 增值税率）］，例如：

某产品每单位的购货成本是 28 元人民币，其中包括 17% 的增值税，若该产品出口有 13% 的退税，那么该产品每单位的实际采购成本 = 含税成本 ×［1 - 出口退税率/（1 + 增值税率）］= 28 ×［1 - 13%/（1 + 17%）］= 24.89 元人民币/单位。

（2）运费核算

本书仅就海洋班轮运输运费的计算进行讲述。班轮运输运费的计算又分为件杂货物运费计算与集装箱货物运费计算。一般来说，它们可以用如下公式计算：

班轮运费 = 基本运费 + 附加运费 = 基本运费费率 × 运费吨 + 附加运费

集装箱运费 = 包箱费率 × 集装箱的数量

关于集装箱的数量计算，关键在于确定整箱货还是拼箱货。若为拼箱货，应先算出所装箱的确切数量，再按件杂货物的计算方法查表计算；若为整箱货，直接按表中给出的单箱运费计算即可；若部分装整箱、部分以拼箱方式运输时，需混合这两种计算方式。关于集装箱数量通常是按照货物的总重量或体积除以集装箱的有效载货重量或有效容积取整得出。通常 20 英尺集装箱的有效载重量为 17.5 公吨，有效容积为 25 立方米；40 英尺集装箱的有效载重量为 24.5 公吨，有效容积为 55 立方米。例如：

某货物装纸箱，纸箱的尺码为 50 厘米 ×40 厘米 ×30 厘米，毛重为每箱 52 千克，那么分别根据 20 英尺、40 英尺集装箱可装最大数量为：

按重量计算，每个 20 英尺集装箱可装最大数量为：

17.5/0.052 = 336.538 箱，取整为 336 箱

每个 40 英尺集装箱可装最大数量为：

24.5/0.052 = 471.154 箱，取整为 471 箱

按体积计算，每个 20 英尺集装箱可装最大数量为：

25/（0.5 ×0.4 ×0.3）= 416.667 箱，取整为 416 箱

每个 40 英尺集装箱可装最大数量为：

55/（0.5 ×0.4 ×0.3）= 916.667 箱，取整为 916 箱

（3）保险费核算

在出口交易中，在以 CIF 或 CIP 术语成交的情况下，出口报价中应包含保险费。保险费通常是按照货物的保险金额乘以保险费率计算。用公式表示即：

保险费 = 保险金额 × 保险费率

保险金额 = CIF（CIP）货价 ×（1 + 保险加成率）

由上面公式可以进一步得出 CFR（CPT）价格换算为 CIF（CIP）价格的公式：

CIF（CIP）= CFR（CPT）/［1 －（1 + 保险加成率）× 保险费率］

（4）佣金核算

在出口报价中，有时对方要求包含佣金，这样在出口报价中应将佣金考虑进去，包含有佣金的价格称为含佣价。

含佣价 = 净价/（1 － 佣金率）

（5）预期利润核算

利润是出口价格的三个组成部分之一，出口价格中包含利润的大小由出口企业自行决定。利润的确定可以用某一固定的数额表示，也可以用利润率即百分比表示。用利润率表示时应当注意计算的基数，可以用某一成本作为计算利润的基数，也可以用销售价格作为计算利润的基数。例如，出口某商品，生产成本为每单位 185 元，出口的各项费用为 13.5 元，如果公司的利润率为 10%，公司对外报 FOB 价，试分别按照生产成本、出口成本和出口价格为基数计算利润额。

按生产成本为基数计算的利润额为：

185 × 10% = 18.5 元

按出口成本为基数计算的利润额为：

（185 + 13.5）× 10% = 19.85 元

按 FOB 出口价格为基数计算的利润额为：

（185 + 13.5）/（1 － 10%）－（185 + 13.5）= 22.06 元

（6）FOB、CFR、CIF 三种价格的报价核算

FOB 报价 =（实际采购成本 + 各项国内费用之和）/（1 － 预期利润率）

CFR 报价 =（实际采购成本 + 各项国内费用之和 + 国外运费）/（1 － 预期利润率）

CIF 报价 =（实际采购成本 + 各项国内费用之和 + 国外运费）/［1 － 预期利润率 －（1 + 投保加成率）× 保险费率］

1.2.1.5　还盘

还盘又称反要约，或称新的发盘，是指受盘人在接到发盘后，对发盘的内容不完全同意，为了进一步协商，反过来向发盘人提出需要变更内容或建议的表示。还盘不能是指受盘人完全不同意发盘的条件，否则，就是拒绝而不是还盘。

发盘人如果对受盘人发出的还盘提出新的修改意见，并再发给受盘人，其效果与还盘

一样。在国际贸易中，一笔交易的达成，往往要经过多次还盘和再还盘的过程。这也就是合同谈判的主要过程。

在出口方发盘后，进口方往往会就价格进行还盘。这时出口方通常面临三种选择：一是完全接受对方的还价，交易即告达成；二是坚持原价，即拒绝对方的还价；三是针对对方的还价进行再还价，或是有条件地接受对方的还价。虽然这三种情形在具体语言运用上有所不同，但一般均需包含以下内容：

1. 确认对方来函

还价函总是一封回信，因此在信的开头，一般会礼节性地感谢对方的来函。而且，通常还会先简洁地表明我方对来函的总体态度。例如：

◇ We are glad to receive your letter of March 22 but sorry to learn that your customers find our quotation too high.

◇ Thank you for your fax of March 19. We regret to say that we can not accept your counter offer.

2. 强调原价的合理性，并列明理由

无论最后是否接受对方的还价，我们一般都会先坚持原价的合理性，同时给出各种适当的理由，或认为报价符合市价，或强调产品品质超群，或言明利润已降至极限，或指出目前原料价格上涨、人工成本提升等。例如：

◇ As business has been done extensively in your market at this price, we regret to say we cannot make further concession.

◇ We believe our prices are quite realistic; it is impossible that any other suppliers can underquote us if their products are as good as ours in quality.

◇ The price we quoted is accurately calculated. We have cut the profit to the minimum in order to expand the market.

◇ We feel that your counter offer is not proper because the price for such material is on the increase present.

3. 提出我方条件，并催促对方行动

这部分的写法非常灵活，并没什么定式可言，关键是要具有说服力，而且常常带有促销的性质，如以数量折扣吸引对方大批订购，以库存紧张激励对方早下订单等。即便是在拒绝还价、不作任何让步的情况下，我们一般也会推荐一些价格低廉的替代品，以寻求新的商机。例如：

◇ However, in order to develop our market in your place, we have decided to accept your counter offer as an exceptional case.

◇ In order to assist you to compete with other dealers in the market, we have decided to reduce 2% of the price quoted to you previously, if your order reaches 5000 sets at one time.

◇ Owing to the great demand for the product, this offer is valid only for 5 days.

◇ As an excellent substitute for this article, we would suggest you our fine range shoes, which are sold at a lower price but also enjoy a good popularity in the world market.

1.2.1.6 接受

接受又称承诺，是受盘人同意发盘的意思表示。受盘人在接到发盘后，如果同意发盘的全部内容，向发盘人发出通知表示同意，即构成接受。

接受与发盘是一组对合的概念，两个意思表示对合一致时，合同即告成立。应当注意的是发盘经接受而使合同成立后，并不等于合同就具有法律效力。如果双方所成立的合同不具备法律规定的合法有效的条件，合同即使成立了也没有法律效力，它可能导致合同是无效的。无效合同不仅不能产生当事人所期望的权利和义务，还可能引起当事人不愿意其发生的法律后果。

同时，为了便于履约和监督，双方通常会签订一份合同（采购确认书或销售确认书）。当出口方向进口方寄送销售确认书的时候，往往会附上一封短信，这封信就是我们这里所说的出口成交函。成交函是一种典型的通知类信函，在写法上与我们在前文中提及的建交函、发盘函和还盘函有所不同。

成交函最主要的目的是要告诉对方销售合同已寄出，希望其予以会签。例如：

◇ We are sending you our Sales Confirmation No. 990123 in duplicate. Please sign it and return one copy for our file.

当然，作为成交函，我们通常还会对本次成交表示高兴，并希冀合同顺利履行。例如：

◇ We are that through our mutual effort finally we have reached the agreement.

◇ We believe the first transaction will turn out to be profitable to both of us.

◇ You may rest assured that we shall effect shipment strictly as contracted.

另外，在信用证交易中，信用证能否及时开到出口方将直接影响着出口方能否按时履约交货。所以拟写成交函时，特别是在距规定到证日较近的情况下，我们还会加上一些催促对方尽早开立信用证的语句。例如：

◇ It is understood that a letter of credit in our favor covering the above - mentioned goods will be established promptly.

◇ Please instruct your banker to issue the letter of credit as early as possible in order that we may process with the goods immediately.

◇ We wish point out that the stipulations in the relevant credit should strictly conform to the terms we have agreed upon so as to avoid subsequent amendments.

1.2.2 进出口贸易合同的签订

经过交易磋商后，一方的发盘或还盘被对方有效地接受后，就算达成交易，双方就建立了合同关系。按照国际贸易的习惯做法，双方当事人为慎重起见，可能还要据口头协议或来往函电达成的协议正式签订书面合同，将双方的权利和义务明文规定下来，便于执行和约束买卖双方的行为。

1.2.2.1 合同的基本形式及内容

根据1999年10月1日生效的《中华人民共和国合同法》规定，进出口当事人订立合同，有书面形式、口头形式和其他形式。书面形式是指合同书、信件和数据电文（包括电报、电传、传真、电子数据交换和电子邮件）等可以有形地表现所载内容的形式。

书面合同的内容一般由下面三部分组成：

1. 约首

指合同的序言，包括合同的名称、订约双方当事人的名称和地址以及双方订立合同的意愿和执行合同的保证。序言对双方都具有约束力，因此在规定序言时应特别慎重。

2. 本文

指合同的主体部分，具体列明各项交易条件或条款，如交易标的、品质、数量、包装、价款、支付方式、履行期限和地点、违约的处理和解决。这些条款体现了双方当事人具体的权利和义务。

3. 约尾

一般列明合同的份数，使用的文字及其效力，订约的时间和地点及生效的时间。合同的订约地点往往要涉及合同准据法的问题，因此要慎重对待。我国的出口合同的订约地点一般都写在我国。有的合同将订约时间和地点在约首订明。

1.2.2.2 合同的种类

在进出口业务中常见的合同有四种：

1. 出口或进口合同（Export Contract or Import Contract）

其内容比较全面、完整，除商品的名称、规格、包装、价格、港口、交货期、付款方式、商品检验等条件外，还有索赔、仲裁、不可抗力等条件。它的特点是内容全面，对双方的权利和义务以及发生争议后的处理都有全面的规定。由于这种形式的合同有利于明确双方的责任和权利，因此在大宗商品或成交金额较大的交易中采用得较普遍。其格式内容如样单1－2所示。

2. 销售或购买确认书（Sales Confirmation or Purchase Confirmation）

其所包括的条款较销售或购买合同简单。这种格式的合同适用于金额不大，批数较多的小土特产和轻工产品，或者已订有代理、包销等长期协议的交易。其格式内容如样单1－3所示。

样单 1-2 合同正本

SALES CONTRACT

卖方 **编号 No.:**

Seller:

日期 Date:

地点 Signed in:

买方

Buyer:

经买卖双方同意成交下列商品，订立条款如下：

This contract is made by and agreed between the BUYER and SELLER, in accordance with the terms and conditions stipulated below.

唛头 Marks and Numbers	名称及规格 Description of goods	数量 Quantity	单价 Unit Price	金额 Amount

总值 Total:

Transshipment（转运）:

☐ allowed（允许） ☐ not allowed（不允许）

Partial shipments（分批装运）:

☐ allowed（允许） ☐ not allowed（不允许）

Shipment date（装运期）:

Insurance（保险）:

由________按发票金额110%投保________险，另加保________险至________为止。

To be covered by the ________ for 110% of the invoice value covering ________ additional ________ from ________ to ________.

Terms of payment（付款条件）:

☐ 买方不迟于______年______月______日前将100%的货款用即期汇票/电汇送抵卖方。

The buyers shall pay 100% of the sales proceeds through sight (demand) draft/by T/T remittance to the sellers not later than ________.

☐ 买方须于______年______月______日前通过__________银行开出以卖方为受益人的不可撤销______天期信用证，并注明在上述装运日期后______天内在中国议付有效，信用证须注明合同编号。

The buyers shall issue an irrevocable L/C at ______ sight through ______ in favor of the sellers prior to ______ indicating L/C shall be valid in China through negotiation within ______ day after the shipment effected, the L/C must mention the Contract Number.

☐ 付款交单：买方应对卖方开具的以买方为付款人的见票后______天付款跟单汇票，付款时交单。

Documents against payment (D/P): The buyers shall duly make the payment against documentary draft made out to the buyers at ______ sight by the sellers.

☐ 承兑交单：买方应对卖方开具的以买方为付款人的见票后______天承兑跟单汇票，承兑交单。

Documents against acceptance (D/A): The buyers shall duly accept the documentary draft made out to the buyers at ______ days by the sellers.

Documents required (单据):

卖方应将下列单据提交银行议付/托收。

The sellers shall present the following documents required for negotiation/collection to the banks.

☐ 整套正本清洁提单。

Full set of clean on Board Ocean Bills of Lading.

☐ 商业发票一式______份。

Signed commercial invoice in ______ copies.

☐ 装箱单或重量单一式______份。

Packing list/weight memo in ______ copies.

☐ 由______签发的质量与数量证明书一式______份。

Certificate of quantity and quality in ______ copies issued by ______.

☐ 保险单一式______份。

Insurance policy in ______ copies.

☐ 由______签发的产地证一式______份。

Certificate of Origin in ______ copies issued by ______.

Shipping advice (装运通知):

一旦装运完毕，卖方应即电告买方合同号、商品号、已装载数量、发票总金额、毛重、运输工具名称及起运日期等。

The sellers shall immediately, upon the completion of the loading of the goods, advise the buyers of the Contract No., names of commodity, loaded quantity, invoice values, gross weight, names of vessel and shipment date by TLX/FAX.

Inspection and Claims (检验与索赔):

1. 卖方在发货前由______检验机构对货物的品质、规格和数量进行检验，并出具检验证明书。

The buyers shall have the qualities, specifications, quantities of the goods carefully inspected by the ______ Inspection Authority, which shall issue Inspection Certificate before shipment.

2. 货物到达目的口岸后，买方可委托当地的商品检验机构对货物进行复检。如果发现货物有损坏、残缺或规格、数量与合同规定不符，买方须于货到目的口岸的______天内凭______检验机构出具的检验证明书向卖方索赔。

The buyers have right to have the goods inspected by the local commodity inspection authority after the arrival of the goods at the port of destination if the goods are found damaged/short/their specifications and quantities not in compliance with that specified in the contract, the buyers shall lodge claims against the sellers based on the Inspection Certificate issued by the Commodity ______ Inspection Authority within ______ days after the goods arrival at the destination.

3. 如买方提出索赔，凡属品质异议须于货到目的口岸之日起______天内提出；凡属数量异议须于货到目的口岸之日起______天内提出。对所属货物所提任何异议应由保险公司、运输公司或邮递机构负责的，卖方不负任何责任。

The claims, if any regarding to the quality of the goods, shall be lodged within ______ days after arrival of the goods at the destination, if any regarding to the quantities of the goods, shall be lodged within ______ days after arrival of the goods at the destination. The sellers shall not take any responsibility if any claims concerning the shipping goods is up to the responsibility of Insurance Company/Transportation Company/Post Office.

Force Majeure（人力不可抗拒）:

如因人力不可抗拒的原因造成本合同全部或部分不能履约，卖方概不负责，但卖方应将上述发生的情况及时通知买方。

The sellers shall not hold any responsibility for partial or total non – performance of this contract due to Force Majeure. But the sellers advise the buyers on time of such occurrence.

Disputes settlement（争议之解决方式）:

凡因执行本合约或有关本合约所发生的一切争执，双方应协商解决。如果协商不能得到解决，应提交仲裁。仲裁地点在被告方所在国内，或者在双方同意的第三国。仲裁裁决是终局的，对双方都有约束力，仲裁费用由败诉方承担。

All disputes in connection with this contract of the execution thereof shall be amicably settled through negotiation. In case no amicable settlement can be reached between the two parties, the case under dispute shall be submitted to arbitration, which shall be held in the country where the defendant resides, or in the third country agreed by both parties. The decision of the arbitration shall be accepted as final and binding upon both parties. The Arbitration Fees shall be borne by the losing party.

Law application（法律适用）:

本合同之签订地，或发生争议时货物所在地在中华人民共和国境内或被诉人为中国法人的，适用中华人民共和国法律，除此规定外，适用《联合国国际货物销售公约》。

It will be governed by the law of the People's Republic of China under the circumstances that the contract is signed or the goods while the disputes arising are in the People's Republic of China or the defendant is Chinese legal person, otherwise it is governed by Untied Nations Convention on Contract for the International Sale of Goods.

本合同使用的价格术语系根据国际商会《INCOTERMS 2000》。

The terms in the contract based on INCOTERMS 2000 of the International Chamber of Commerce.

Versions（文字）:

本合同中、英两种文字具有同等法律效力，在文字解释上，若有异议，以中文解释为准。

This contract is made out in both Chinese and English of which version is equally effective. Conflicts between these two languages arising therefrom, if any, shall be subject to Chinese version.

本合同共______份，自双方代表签字（盖章）之日起生效。

This contract is in ______ copies, effective since being singed/sealed by both parties.

The Buyer **The Seller**

样单 1－3　销售或购买确认书

SALES CONFIRMATION

卖方　　　　　　　　　　　　　　　　编号 No.：
Seller：

日期 Date：
地点 Signed in：

买方
Buyer：

买卖双方同意以下条款达成交易：
This contract is made by and agreed between the BUYER and SELLER, in accordance with the terms and conditions stipulated below.

1. 品名及规格 Commodity & Specification	2. 数量 Quantity	3. 单价及价格条款 Unit Price & Trade Terms	4. 金额 Amount
Total：			

允许　　　　溢短装，由卖方决定
With　　　　More or less of shipment allowed at the sellers' option

5. 总值
Total Value

6. 包装
Packing

7. 唛头
Shipping Marks

8. 装运期及运输方式
Time of Shipment & means of Transportation

9. 装运港及目的地
Port of Loading & Destination

10. 保险
Insurance

11. 付款方式
Terms of Payment

12. 备注
Remarks

The Buyer　　　　　　　　　　　　**The Seller**

(signature)　　　　　　　　　　　　(signature)

3. 协议（Agreement）

协议在法律上是合同的同义词，因为合同本身就是当事人为了产生、变更或消灭民事法律行为而达成的协议。只要书面协议的内容对买卖双方的权利和义务作了明确、具体和肯定的规定，它就与合同一样对买卖双方具有约束力。如果买卖双方所洽谈的交易比较复杂，经过谈判后，商定了一部分条件，还有一部分条件有待进一步商洽，在此情况下，双方可先签订一个“初步协议”（Preliminary Agreement）或“原则性协议”（Agreement in General），把双方已商定的条件确定下来，其余条件日后再洽谈。在这种协议内应订明“本协议属初步性质，正式合同有待进一步商洽后签订”或作出类似意义的声明，以明确该协议不属于正式有效的合同性质。

4. 订单（Order）和委托订购单（Indent）

订单是指进出口商或实际买方拟制的货物订购单。委托订购单是指由代理商或佣金商拟制的代客购买货物的订购单。在出口业务中，我国出口企业于交易达成后，一般都主动拟制销售合同和确认书正本一式两份，经签署后寄送国外客户，要求其签署后退回一份以备存查。有时国外客户未与我方进行磋商就径自寄来订单或委托订购单。这时我们要认真按照其具体内容区别是发盘还是发盘的邀请。在认真研究其内容后，决定是否与之进行交易，并及时给对方以答复，而不能保持沉默，置之不理。否则，就会被对方认为我方默认其订单或委托订购单的条款。

1.2.2.3 合同签订的主要条款

1. 品名及规格条款

它是商品说明的重要组成部分，也是交易双方在交接货物时对货物品质界定的主要依据。在出口交易中表示商品品质的主要方法有用文字说明和用实物样品表示两种。例如：

Printed Shirting “Jumping Fish”

Yarn Counts	No. of Threads (PER) INCH	Width (INGH)

“跳鱼花布”

纱支	寸密（每英寸）	幅宽（英寸）
30×36	72×69	35/36
30×36	72×69	35/36

订立品质条款时应注意的几个问题：

（1）要明确是按实物样品还是凭文字说明的方式买卖。在实际业务中一般不宜采用既凭规格买卖又凭样品买卖的方式；

（2）要注意品质条款的科学性和灵活性，不能订得过高、过低、过繁、过死。

2. 商品的数量条款

出口合同中的数量条款一般包括商品的数量、计量单位及/或数量机动幅度的规定。在国际贸易实务中，根据商品的不同性质，通常使用的计量单位有重量、个数、长度、面积、体积和容积6种。重量的计算方法有按净重、毛重、公量和理论重量等。在签订合同时一般应明确规定买卖货物的具体数量作为买卖双方交接货物的数量依据。但在实际业务中某些商品由于其本身的特性或是受其他条件的限制，卖方的交货数量要做到与合同完全一致非常困难。为此，对一些难以严格计量的商品，通常在合同中规定溢短装条款或"约"量。例如：

中国花生1000公吨，以毛作净，卖方可溢短装5%，增减部分按合同价计算。

CHINESE PEANUT, gross for net, 5% more or less at Seller's option at contract price.

在订立数量条款时要注意以下几个问题：

①按重量计算的商品应明确用哪种计重方法，即按毛重、净重或以毛作净等。在合同中未明确按毛重或净重计量时，按惯例应以净重计量。

②使用"约"量必须注意其机动幅度及适合的情况。

③在使用溢短装条款时，应注明溢短装部分的百分比、溢短装部分的选择权及溢短装部分的作价原则等。

3. 商品的包装条款

商品的包装条款一般包括包装的材料、包装的方式、包装的费用及包装的标志等内容。常见的包装条款实例如下：

例如：×××商品，木箱装，每箱30匹，每匹40码。

×××to be packed in Wooden Cases containing 30 pcs. of 40 yds. each.

例如：用涤纶袋包装。25磅装一袋，4袋装一箱。箱子需用以金属作衬里的木箱。包装费用由卖方承担。

To be packed in poly bags, 25 pounds in a bag, 4 bags in a sealed Wooden Case which is lined with metal. The cost of packing is for seller's account.

运输标志式样举例如下：

例如：D. D. T. P.
02 – 5698
SAN FRANCISCO
No. 1 – 100

例如：ABC
NEW YORK
No. 1 – 500

订立包装条款时应注意的几个问题：

①条款中必须包括包装材料、包装方式，有时还要规定包装费用的支付等，所在国对

包装的特殊要求应特别注意。

②除非买卖双方对包装方式的具体内容经事先充分交换意见或由于长期的业务交往已经取得一致认识，在合同中一般以采用具体的规定方法为宜。

③运输标志中的唛头一般由卖方提供，无须在合同中规定，如买方要求提供也可接受，但必须在装运前一定时间将唛头通知卖方，否则卖方有权自行决定。

4. 商品的价格条款

买卖合同中的价格条款由两部分组成：单价和总值。常见的价格条款实例如下：

每公吨 500 港元 CIFC5 香港（或 CIF 香港包含 5% 的佣金）

HK ¥ 500 PER M/T CIFC5 HONGKONG（or CIF HongKong including 5% commission）

订立价格条款时应注意的几个问题：

①单价条款由四部分组成，即计价的数量单位、单位价格金额、计价货币和贸易术语等。四者缺一不可，且前后顺序不能随意颠倒。

②单价与总值的金额要吻合，且币别保持一致。

③如果数量允许增减，则合同中的总金额也应有相应的增减。

5. 货物装运条款

合同中的装运条款主要包括装运时间、起运港和目的港及分批装运、转运等。常见的装运条款实例如下：

例如：收到信用证后 30 天内装运，相关的信用证必须最迟于 × × 天开到卖方。

Shipment within 30 days after receipt of L/C. The relevant L/C must reach the Sellers not later than × ×（date）.

例如：2007 年 1/2 月每月平均装运

装运港：上海/南京/南通

目的港：伦敦/汉堡/鹿特丹

Shipment during Jan. /Feb. 2007 in two equal monthly lots

Port of loading：Shanghai/Nanjing/Nantong

Port of destination：London/Hamburg/Rotterdam

订立装运条款时应注意的几个问题：

①一般在合同中应明确规定具体的装运时间；

②一般应选择费用低、装卸效率高的港口作为装运港或目的港；

③注意分运、转运，尤其是特殊的分运、转运条款的规定。

6. 保险条款

合同中的保险条款因不同的贸易术语而异。

①FOB、CFR 合同下，保险条款可规定为：

保险由买方办理（Insurance to be covered by the Buyers）。

②CIF 合同下，保险条款一般包括四个方面的内容，即：由何方办理保险、投保金

额、投保险别及以哪一个保险公司保险条款为准等。

常见的保险条款实例如下：

由卖方按发票金额的110%投保一切险加战争险，以1981年1月1日中国人民保险公司海上运输货物保险条款为准。

Insurance is to be covered by the Sellers for 110% of the invoice value against All Risks and War Risks as per or subject to Ocean Marine Cargo Clause of the People's Insurance Company of China dated 01/01/1981.

7. 支付条款

出口合同中的支付条款，依据不同的付款方式或支付方式内容各异，分别举例如下：

(1) 汇付方式

在采用汇付方式时，应在合同中明确规定汇付的时间、方式及金额等。例如：

买方应在2007年9月15日前将100%的货款以电汇方式预付给卖方。

The buyer shall pay 100% of the sales proceeds in advance by T/T to reach the seller not later the than Sep. 15, 2007. 例如：

买方应于收到卖方寄交的正本提单后立即将100%的货款用电汇付交卖方。

The Buyer should pay 100% of the contract value by T/T upon the receipt of the original Bills of Lading sent by the seller.

(2) 托收方式

在采用托收方式时，要具体说明使用即期付款交单、远期付款交单还是承兑交单。实例如下：

例如：即期付款交单

买方凭卖方开具的即期跟单汇票，于第一次见票时立即付款，付款后交单。

Upon first presentation the Buyer shall pay against documentary draft drawn by the Seller at sight. The shipping documents are to be delivered against payment only.

例如：远期付款交单

买方对卖方出具的见票后××天付款的跟单汇票于第一次提示时予以承兑，并在汇票到期日付款，付款后交单。

The Buyer shall duly accept the documentary draft drawn by the Seller at ×× days upon first presentation and make payment on its maturity. The shipping documents are to be delivered against payment only.

例如：承兑交单

买方应于第一次提示卖方开具的见票后××天付款的跟单汇票时予以承兑，并于汇票到期日付款，承兑后交单。

The Buyer shall duly accept the documentary draft drawn by the Seller at ×× days upon first presentation and make payment on its maturity. The shipping documents are to be delivered against acceptance.

（3）信用证支付方式

在采用跟单信用证支付时，应在合同中就信用证支付条款的主要内容，包括开证时间、开证银行、信用证的种类、信用证金额、装运期、有效期、交单期及交单地点等作出明确规定。常见支付条款实例如下：

例如：即期信用证支付条款

买方应通过卖方所接受的银行于装运月份前 30 天开出并送达卖方不可撤销的即期信用证，于装运月份后 15 天在中国议付有效。

The Buyers shall open through a bank acceptable to the Sellers an Irrevocable Sight Letter of Credit to reach the Sellers 30 days before the month of shipment. Valid for negotiation in China until the 15th day after the month of shipment.

例如：远期信用证支付条款

买方应通过卖方可以接受的银行于装运月份前 × ×天开出并送达卖方不可撤销的见票后 45 天付款的信用证，有效期至装运月份后 15 天在上海议付。

The Buyers shall open through a bank acceptable to the Sellers an Irrevocable Letter of Credit at 45 day's sight to reach the Sellers × × days before the month of shipment. Valid for negotiation in Shanghai until the 15th day after the month of shipment.

（4）托收信用证相结合

这种支付方式是指部分货款用托收方式支付，部分货款用信用证方式支付。一般做法是来证规定，出口人出立两张汇票，信用证部分凭光票付款，全套货运单据附在托收部分汇票项下收取。但信用证内必须注明“在发票金额全部付清后方可交单”的条款。

例如：买方应通过为卖方所接受的银行于装运月份前 30 天开出不可撤销的即期信用证，规定 50% 的发票金额采用即期光票支付，其余 50% 的发票金额即期付款交单。100% 的发票金额的全套装运单据随附托收项下，于买方付清发票的全部金额后交单。若买方不付清全部发票金额则货运单据须由开证行掌握，据卖方指示处理。

The Buyers shall open through a bank acceptable to the Sellers an Irrevocable Sight Letter of Credit to reach the Sellers 30 days before the month of shipment, stating that 50% of the invoice value available against clean draft at sight while the remaining 50% on D/P at sight. The full set of the shipping documents of 100% of invoice value shall accompany by the collection item and shall only be released after full payment of the invoice value. If the Buyers fail to pay full invoice value, the shipping documents shall be held by the issuing bank at the Sellers disposal.

8. 特别条款（Remarks）

9. 一般条款

印在合同背面，一般包括以下内容：

①有关 L/C 的说明；

②索赔期限、地点；

③保险相关（例如：投保金额超过合同金额110%部分其保险费用由买方承担）；

④不可抗力；

⑤仲裁；

⑥其他（例如：争议时根据《UCP500》或《国际货物销售合同公约》的规定处理等）。

10. 买卖双方签名

1.2.3 信用证审核与修改

信用证（Letter of Credit，L/C）又称为信用状，是指开证行应申请人的要求并按申请人的指示，向第三者开具的载有一定金额、在一定期限内凭符合规定的单据付款的书面保证文件。

《UCP500》第2条将跟单信用证定义为："跟单信用证"和"备用信用证"词语是指一项约定，不论其名称或描述如何，即由一家银行（开证行）依照客户（申请人）的要求和指示或以自身的名义，在符合信用证条款的条件下，凭规定单据：

（1）向第三者（受益人）或其指定人付款，或承兑并支付受益人出具的汇票；

（2）或授权另一家银行进行该项付款，或承兑并支付该汇票；

（3）或授权另一家银行议付。

信用证开立后，只要出口商严格按照信用证规定的条款执行，做到单证一致、单单一致，就能及时收到货款。

1.2.3.1 信用证的当事人

信用证主要包括以下一些当事人：

1. 开证申请人（Applicant）

即进口商，主要权利义务如下：

①进口商拥有验单退单的权利；

②如开证行错将符合信用证的单据当做不符而对外拒付，则进口商有权对开证行提出异议和索赔。

2. 开证行（Opening Bank，Issuing Bank）

（1）义务

①开证行应按开证申请书的规定开出合格的信用证；

②在信用证业务中，开证行承担第一性付款责任。

（2）权利

①单证不符或单单不符时，开证行有权拒付；

②开证行付款后，如进口商无力付款赎单，开证行有权处理单据和货物。

3. 通知行（Advising Bank，Notifying Bank）

承担通知信用证的业务，并应保证所通知信用证的表面真实性。

4. 受益人（Beneficiary）

即出口商，主要义务权利如下：

（1）义务

①审核信用证内容是否与合同内容一致；

②接受信用证后，即有装货备单的义务。

（2）权利

①受益人拥有凭单取款的权利；

②受益人交单后，如遇开证行倒闭或无理拒付，有权向进口商提出付款要求。

5. 议付行（Negotiating Bank）

承担议付责任的银行。议付行对受益人提交的跟单汇票议付后即向开证行或偿付行索汇，如遭拒付，可向受益人进行追索。

6. 付款行（Paying Bank，Drawee Bank）

承担付款责任的银行。付款行付款后没有追索的权利。

7. 保兑行（Confirming Bank）

承担保兑责任的银行。保兑行与开证行承担同一责任。

8. 偿付行（Reimbursing Bank）

按开证行的指示对议付行进行补偿付款的银行。偿付行不审单，仅依据开证行指示进行偿付。

9. 受让人

在可转让信用证项下接受转让信用证的当事人。

10. 信用证当事人之间的关系

（1）开证申请人和受益人之间依据于双方签订的买卖合同。

（2）开证行和开证申请人之间依据于开证申请书。

（3）开证行和受益人之间完全依据于信用证。

（4）开证行和通知行之间属委托代理关系。

（5）开证行与议付行之间属委托代理关系。

（6）通知行与开证申请人、受益人无任何法律关系。

1.2.3.2 信用证结算的一般程序

（1）进出口双方在贸易合同中，规定采用信用证方式进行结算。

（2）开证申请人（进口方）向进口地银行提交开证申请书，同时缴纳押金或提供其他保证，申请开立信用证。

（3）开证行根据开证申请书内容，向受益人（出口方）开出信用证，并寄交通知行。

（4）通知行核对印鉴或密押无误后，将信用证通知给受益人。

（5）受益人审核信用证与合同相符后，按照信用证规定装运货物，并备齐所有信用证要求的单据，在信用证有效期内，寄交议付行议付。

（6）议付行按照信用证条款审核单据无误后，按照汇票金额扣除利息，把货款垫付给受益人。

（7）议付行将全套跟单汇票寄开证行（或其指定的偿付行）索偿。

（8）开证行（或其指定的偿付行）核对单据无误后，付款给议付行。

（9）开证行通知开证申请人付款赎单。

（10）开证申请人付款并取得货运单据后，凭此向承运人提货。

1.2.3.3　信用证开证申请

1. 开证申请书

进口商按贸易合同向进口地银行申请开立信用证时，应填制开证申请书（Application for Irrevocable Documentary Credit）。开证申请书是银行开具信用证的依据，是开证申请人和开证行之间有关开立信用证的权利和义务的契约。

开证申请书通常一式三联，由银行专门印发。开证申请书有正面和背面两个部分内容，正面内容主要包括受益人名称和地址、信用证及合同号码、信用证有效期及到期地点、装运期、信用证的性质、货物的描述、对单据的要求、信用证的金额、种类、信用证中的特别条款及其他一些条款等。背面内容主要是开证行与开证申请人之间的约定，一般由开证行根据相关的国际惯例和习惯做法事先确定并印制，申请人只需签字盖章即可。

2. 开证申请书的填制

（1）信用证的性质

一般已列明"不可撤销跟单信用证"（Irrevocable Documentary Credit）的不必另行填写。

（2）申请开证日期（Date）

如实填写。

（3）受益人（Beneficiary）

填写合同买方的全称和详细地址，注明联系电话、电传等号码。

（4）信用证号码（Credit No.）

由银行编列。

（5）合同号码（Contract No.）

填买卖双方签署的合同号。

（6）信用证的有效期和到期地点（Date and place of expire）

有效期通常掌握在装运期后 15 天，到期地点一般在议付地。

（7）分批装运和转运（Partial shipments and Transshipment）

应按合同规定在应选项目前画“√”。

(8) 装运条件

应按合同规定填写装运地（港）和目的地（港）名称以及最迟装运日期。

(9) 信用证金额

填写合同规定的总值。包括大写和小写两种情况并需注明币别。

(10) 货物的描述

填写品名、规格、数量、包装、单价等项，内容必须与合同一致。

(11) 开证申请书的传递方式

已列出信开（by ail mail）、简电通知（with brief advice tele transmission）、快递（by express delivery）和电传（by tele transmission）等，申请人只需选择即可。

(12) 贸易条件

根据合同成交的贸易术语选择，如果选择“other terms”，则还需在其后空白处打上有关的贸易术语。

(13) 汇票条款

①兑现方式

已列出即期付款（by sight payment）、承兑（by acceptance）、议付（by negotiation）和延期付款（by deferred payment）四种，按合同规定选择即可。

②汇票金额

根据合同填写，一般为发票金额的百分之多少。(for…)

③付款期限

根据合同规定填写，远期支付需填写具体付款时间。(at…)

④付款人

一般应填写开证行或其指定银行。(on…)

(14) 所需的单据

根据合同选择其他单据。

(15) 附加条款

根据合同选择其他附加条款。

(16) 与开证申请人有关的事项

包括开户银行、账号、执行人、联系电话、申请人签字盖章等。

附：中英文开证申请书各一例，见样单1－4和样单1－5。

样单 1-4　开证申请书中文版

开证申请书

编号：

申请日期：　　　年　　月　　日

××银行：

开证方式：信开□　电开□

有效期及有效地点：

申请人名称、账号、地址及邮政编码：

受益人名称、地址、邮政编码、账号及开户行：

运输方式：　　　　　　　　　　　　　　　　交单期：

分批装运：允许□　不允许□　　　　　　　　金额：

转运：允许□　不允许□　　　　　　　　　　付款方式：即期付款□　延期付款□　议付□

货物运输起止地：自＿＿＿＿至＿＿＿＿　　　付款期限：即期□　运输单据日后＿＿天

最迟装运日期：＿＿＿年＿＿＿月＿＿＿日

合同号码：

货物描述：

受益人应提交的单据：

1.（　）发票注明信用证号码及合同号码。

2.（　）全套海运□河运□提单，正本＿＿＿＿＿份，副本＿＿＿＿＿份，收货人＿＿＿＿＿，注明运费已付□/未付□。

3.（　）航空运单，收货人＿＿＿＿＿，注明运费已付□/未付□。

4.（　）铁路□公路□运单，收货人＿＿＿＿＿，注明运费已付□/未付□。

5.（　）邮政收据，收货人＿＿＿＿＿，注明运费已付。

6.（　）货物收据，收货人＿＿＿＿＿。

7.（　）保险单正本＿＿＿＿＿份，副本＿＿＿＿＿份，投保金额＿＿＿＿＿元，投保险别＿＿＿＿＿、＿＿＿＿＿。

8.（　）装箱单＿＿＿＿＿份，注明每一包装件内货物数量及每件的毛、净重。

9.（　）其他单据。

其他条款：

1.（　）单据必须自运输单据签发日起＿＿＿＿＿天内提交（不能晚于信用证有效期）。

2.（　）货物数量及信用证金额均可有＿＿＿＿＿%的浮动范围。

3.（　）其他。

联系人：　　　　　　　　　　　　　　　　　开证申请人签章

电话：

注：开证申请书一式三联，第一联受理回单；第二联开证依据；第三联开证存查。用途及联次应分别印在“开证申请书”右端括号和括号与编号之间。

样单 1－5　开证申请书英文版

IRREVOCABLE DOCUMENTARY CREDIT APPLICATION

To：　　　　　　　　　　　　　　　　L/C No.

Date：

<table>
<tr><td colspan="2">Applicant</td><td>Beneficiary（full name，address and tle etc.）</td></tr>
<tr><td>Partial shipments
(　) allowed
(　) not allowed</td><td>Transshipment
(　) allowed
(　) not allowed</td><td>Issued by
(　) teletransmission
(　) express delivery</td></tr>
<tr><td colspan="2">Loading on board/dispatch/taking in charge at/from</td><td>Contract No.：

Credit Amount（both in figures and words）：

Trade Term：
(　) FOB
(　) CFR
(　) CIF
Others：</td></tr>
<tr><td colspan="2" rowspan="2">Description of goods：</td><td>Date and place of expiry：</td></tr>
<tr><td>Credit available with
(　) by sight payment
(　) by acceptance
(　) by negotiation
(　) by deferred payment at

Against the documents detailed herein
(　) and beneficiary's draft for 100% of invoice value at 90 days after B/L date on issuing bank</td></tr>
</table>

Documents required：(marked with √)

1. (　) Signed commercial invoice in 3 copies indicating L/C No. and Contract No. ×××××/××××.
2. (　) Full set of clean on board Bills of Lading made out [　] to order/ [　] to the order of and blank endorsed, marked "freight [　] prepaid/ [　] to collect showing freight amount" notifying [　] the applicant/ [　].
3. (　) Air Waybills showing "freight [　] prepaid/ [　] to collect indicating freight amount" and consigned to.

4. ( ) Insurance Policy/Certificate in 3 copies for 110% of the invoice value showing claims payable in China in currency of the draft, blank endorsed, covering ([ ] Ocean Marine Transportation/ [ ] Air Transportation/ [ ] Over Land Transportation) All Risks, War Risks. / [ ].
5. ( ) Packing list/ Weight Memo in 3 copies indicating.
6. ( ) Certificate of Quantity/ Weight in 3 copies issued by [ ] manufacturer/ [ ] Seller/ [ ] independent surveyor at the loading port, indication the actual surveyed quantity/weight of shipped goods as well as the packing condition.
7. ( ) Certificate of Quality in 3 copies issued by [ ] manufacturer/ [ ] public recognized surveyor/ [ ].
8. ( ) Beneficiary's Certified copy of fax dispatched to the applicant within 2 days after shipment advising the contract number, name of commodity, quantity, invoice value, bill of loading, bill of loading date, the ETA date and shipping Co. .
9. ( ) Beneficiary's Certificate certifying that extra copies of the documents have been dispatched to the [ ] applicant/ [ ].
10. ( ) Certificate of Origin in copies certifying.
11. ( ) Other documents, if any:

Additional instruction: (marked with ×)
1. ( ) All banking charges outside the opening bank is for beneficiary's account.
2. ( ) Documents must be presented within 21 days after the date of issuance of the transport documents but within the validity of this credit.
3. ( ) Third party as shipper is not acceptable, Short Form/Blank B/L is not acceptable.
4. ( ) Both quantity and amount % more or less are allowed.
5. ( ) All documents to be forwarded in one lot by express unless otherwise stated above.
6. ( ) Other terms, if any:

For banks use only	我公司承担本申请书背面所列责任及承诺，并保证按其办理。
Seal and/or Signature checked by ( ) L/C Margin % checked by ( ) Credit Facility checked by ( )	(申请人名称及印鉴章)
Ent ( ) Ver ( ) App ( ) Date:	RMB A/C No. 联系人: 电话:

This L/C is subject to the Uniform Customs and Practice for Documentary Credit (1993 Revision) ICC Publication No. 500.

ATTACHMENT

NAME OF COMMODITY QUANTITY UNIT PRICE TOTAL AMOUNT

TOTAL:

1.2.3.4 信用证SWIFT格式

"SWIFT"是环球银行金融电信协会（Society for Worldwide Inter－bank Financial Telecommunication）的简称，是一个国际银行同业间非营利性的合作组织。该组织于1973年在比利时成立，总部设在比利时的布鲁塞尔，并在荷兰阿姆斯特丹和美国纽约设立与总部相互连接的大型电脑操作中心，在各会员银行所在的国家和地区设有与操作中心相连的处理部。会员银行通过专用电脑设备与处理站和操作中心的电脑、数传通信设备连通，构成全球性通信网，开展电信国际银行业务。目前全球大多数国家的银行已使用SWIFT系统。

凡利用SWIFT系统设计的特殊格式（Format），通过SWIFT系统传递信用证的信息（Message），即通过SWIFT开立或通知的信用证称为SWIFT信用证，也称为"环银电协信用证"。目前，用来开证或改证交易的格式（Format）代号为700。

1. SWIFT电文表示方式

（1）项目表示方式

SWIFT由项目（FIELD）组成，项目由两位数字的代号（Tag）组成或由两位数字代号加上字母组成，如"44C LATEST DATE OF SHIPMENT"（最后装船期）、"44D SHIPMENT PERIOD"（船期）。代号不同，其含义不同。如"57A ADVISE THROUGH BANK"（通知行）、"45A DESCRIPTION OF GOODS"（货物描述）。

SWIFT的项目分为必选项目（MANDATORY FIELD）和可选项目（OPTIONAL FIELD）两种类型。必选项目是必不可少的，如31D DATE AND PLACE OF EXPIRY（信用证有效期）；可选项目是另外增加的，并不一定每个SWIFT信用证都有，如39B MAXIMUM CREDIT AMOUNT（信用证最大限制金额）。

（2）日期表示方式

SWIFT电文的日期表示为：YYMMDD（年月日），如2007年10月9日表示为：071009。

（3）数字表示方式

在SWIFT电文中，数字不使用分隔号，小数点用逗号","来表示，如8，123，286.36表示为：8123286，36。

2. SWIFT电文常用项目

SWIFT电文常用项目如表1－1所示。

表1－1 SWIFT电文常用项目

代号	英　文	中文含义
20	DOC. CREDIT NUMBER	信用证号码（MT700）
20	SENDER'S REFERENCE	信用证号码（MT707）

续 表

代号	英 文	中文含义
21	RECEIVER'S REFERENCE	收报行编号
23	ISSUING BANK'S REFERENCE	开证行的号码
26E	NUMBER OF AMENDMENT	修改次数
27	SEQUENCE OF TOTAL	电文页次
30	DATE OF AMENDMENT	修改日期
31C	DATE OF ISSUE	开证日期
31D	DATE AND PLACE OF EXPIRY	信用证有效期
31E	NEW DATE OF EXPIRY	信用证新的有效期
32B	INCREASE OF DOCUMENTARY CREDIT AMOUNT	信用证金额的增加（MT707）
32B	AMOUNT	信用证结算的货币和金额（MT700）
33B	DECREASE OF DOCUMENTARY CREDIT AMOUNT	信用证金额的减少
34B	NEW AMOUNT	信用证修改后的金额
39A	Pos. / Neg. Tol. （%）	金额上下浮动允许的最大范围
39B	MAXIMUM CREDIT AMOUNT	信用证最大限制金额
39C	ADDITIONAL AMOUNTS COVERED	额外金额的修改
40A	FORM OF DOCUMENTARY CREDIT	跟单信用证形式
41A	AVAILABLE WITH/BY	指定的有关银行及信用证的兑付方式
42A	DRAWEE	汇票付款人
42C	DRAFTS AT…	汇票付款日期
42M	MIXED PAYMENT DETAILS	混合付款条款
42P	DEFERRED PAYMENT DETAILS	延期付款条款
43P	PARTIAL SHIPMENTS	分批装运条款
44A	LOADING IN CHARGE	装船、发运和接收监管的地点
44B	FOR TRANSPORTATION TO…	货物发运的最终地
44C	LATEST DATE OF SHIPMENT	最后装船期
44D	SHIPMENT PERIOD	船期
45A	DESCRIPTION OF GOODS	货物描述
46A	DOCUMENTS REQUIRED	单据要求
47A	ADDITIONAL CONDITIONS	特别条款
48	PRESENTATION PERIOD	交单期限

续表

代号	英　文	中文含义
49	CONFIRMATION	保兑指示
50	APPLICANT	信用证开证申请人
51A	APPLICANT BANK	信用证开证银行
53A	REIMBURSEMENT BANK	偿付行
57A	ADVISE THROUGH BANK	通知行
59A	BENEFICIARY	信用证受益人
71B	DETAILS OF CHARGES	费用情况
72	SENDER TO RECEIVER INFORMATION	附言
78	INSTRUCTION	给付款行、承兑行、议付行的指示（MT700）
79	NARRATIVE	修改详述（MT707）

1.2.3.5 信用证内容

1. 信用证的当事人（Parties to a L/C）

2. 信用证的性质、种类

例如是否可撤销，是否为可转让信用证等。

3. 信用证号码、开证日期与地点

信用证的开证日期通常采用以下几种规定方法：

（1）签订合同后××天内开证。

（2）装运日前××天开立信用证。

（3）××××年××月××日开证。

（4）接到卖方备货通知书后××天内开证。

4. 信用证的有效期与到期地点

信用证的有效期和到期地点应符合相关国际惯例和规定。

例如信用证的有效期应注意双到期的规定。双到期指对受益人交单日期的双重限制。即受益人交单日既不能晚于信用证的有效期，也不能晚于信用证规定的交单日期。如果信用证没有规定具体的交单日期，银行将不接受晚于出单日后 21 天交单的单据。如：信用证有效期至 7 月 15 日，出单日为 7 月 1 日，则最迟交单日为 7 月 15 日；但若出单日为 6 月 1 日，则最迟交单日为 6 月 22 日。

例如：有效期为 2007 年 5 月 20 日，在受益人国家议付有效。（Expire date：May 20，2007 in the country of the beneficiary for negotiation.）

例如：本信用证为装运期后 15 天在中国议付有效。（This credit remains valid/force/

good for negotiation in China until the 15th day after the date of shipment.)

例如：汇票需自提单日期起 15 天内在中国议付，但不得超过 2007 年 7 月 15 日。(Draft must be negotiated in China within 15 days from the date of Bill of Lading. But not later than 15th July, 2007.)

5. 金额和币制（Amount and Currency)

金额条款是信用证的核心内容，其表达方式有：

Amount：USD... 金额：……美元

For an amount (a sum) not exceeding total of USD... 总金额不超过……美元

Up to an aggregate amount of USD... 总金额不超过……美元

6. 汇票条款（Clause on Draft or Bill of Exchange)

对于即期付款信用证，一般不要求出具汇票，对于远期付款，一般要求出具汇票，信用证常见的汇票条款有：

Drafts drawn under this credit must be presented for negotiation in Guangzhou, China on or before 25th June, 2007. 凭本证开具的汇票须于 2007 年 6 月 25 日前（包括 25 日这一天在内）在广州提交议付。

Drafts in duplicate at sight bearing the clauses "Drawn under... L/C No. ... dated...". 即期汇票一式两份，注明"根据……银行信用证……号，日期……开具"。

Drafts are to be drawn in duplicate to our order bearing the clause "Drawn under United Malayan Banking Corp. Bhd. Irrevocable Letter of Credit No. ... dated July 12, 2007". 汇票一式两份，以我行为抬头，并注明"根据马来西亚联合银行 2007 年 7 月 12 日第……号不可撤销信用证项下开立"。

Draft (s) drawn under this credit to be marked "Drawn under... Bank L/C No. ... Dated (issuing date of credit)...". 根据本证开出的汇票须注明"凭……银行……年……月……日（按开证日期）第……号不可撤销信用证项下开立"。

All draft (s) drawn under this credit must contain the clause, "Drawn under Bank of China, Singapore credit No. 6111 dated 15th August, 2007." 所有凭本信用证开具的汇票，均须包括本条款："（本汇票书）凭新加坡中国银行 2007 年 8 月 15 日所开第 6111 号信用证开具。"

Draft (s) bearing the clause "Drawn under documentary credit No. ... (shown above) of ... Bank". 汇票注明"根据……银行跟单信用证……号（如上所示）项下开立"。

7. 货物说明（Description of Goods)

货物说明内容一般包括货名、品质、数量、单价、价格术语，有时还包括合同号码、货物包装要求等。价格术语常用的有 CIF、CFR、FOB、FCA、CIP、CPT 等，其中，装运港交货的三个价格术语 CIF、CFR、FOB 最常用。例如：

4, 500 pcs of Stainless Steel Spade Head S821/29099, USD9. 60 per pcs, according to

Sales Contract No. A07DE23600256 dd. Nov. 12, 2007 CIF Rotterdam (Incoterms 2000) 4 500 件不锈钢铲头，货号为 S821/29099，根据 2007 年 11 月 12 日签订的 A07DE23600256 号合同，每件 9.60 美元，CIF 鹿特丹（2000 通则）。

8. 单据条款（Clause (s) on Documents）

信用证项下要求提交的单据通常有：商业发票（Commercial Invoice）、提单（Bill of Lading）、保险单（Insurance Policy）、汇票（Draft 或 Bill of Exchange）、原产地证（Certificate of Origin）、检验证书（Inspection Certificate）、受益人证明书（Beneficiary's Certificate）、装箱单（Packing List）等。常见条款有：

Documents required：需要下列单据：

Documents marked "×" below：(须提交) 下列注有 "×" 标志的单据：

Draft (s) must be accompanied by the following documents marked "×"：汇票须随附下列注有 "×" 标志的单据：

…available against surrender of the following documents bearing out credit number and the full name and address of the openers. （议付时）以提交下列注明本信用证编号及开证人详细姓名、地址的各项单据为有效。

Accompanied by the following documents marked "×" in duplicate：须随附下列注有 "×" 标志的单据一式两份：

信用证一般都具体说明提供单据的份数，常见的词组有：

in duplicate (triplicate, quadruplicate, quintuplicate, sextuplicate, septuplicate, octuplicate, nonuplicate, decuplicate) 一式两份（三、四、五、六、七、八、九、十份）。

9. 装运条款（Clauses on Shipment）

装运条款通常包括装运期限、是否允许分批和转运以及起讫地点的规定。

（1）装运期（Date of Shipment）

根据《UCP500》的规定，如使用"于或约于"之类词语限定装运日期，银行将视为在所述日期前后各 5 天内装运，起讫日包括在内。装运期常见条款有：

Shipment must be effected not later than Mar. 12, 2007. 货物不得迟于 2007 年 3 月 12 日装运。

From China Port to Singapore not later than Mar. 12, 2007. 自中国口岸装运货物驶往新加坡不得迟于 2007 年 3 月 12 日。

Latest date of shipment：Mar. 12, 2007. 最迟装运日期：2007 年 3 月 12 日。

Bill of Lading must be dated not before the date of this credit but later than Mar. 12, 2007. 提单日期不得早于本信用证开具日期，但不得迟于 2007 年 3 月 12 日。

（2）分运/转运（Partial Shipments/Transshipment）

根据《UCP500》的规定，除非信用证另有规定，允许分批装运、分批支款，也允许转运。

根据《UCP500》的规定，运输单据表面注明货物系使用同一运输工具并经同一路线运输的，即使每套运输单据注明的装运日期不同，只要运输单据注明的目的地相同，也不视为分批装运。

分运、转运的常见条款有：

With (without) partial shipment/transshipment. 允许（不允许）分运/转运。

Transshipment is allowed provided "Through" Bills of Lading are presented. 如提交联运提单允许转运。

Transshipment/Partial Shipment Prohibited (not allowed/not permitted) 不允许分运/转运。

Transshipment is authorized at Hong Kong. 允许在香港转运。

Part shipments allowed. But part shipments of each item not allowed. 允许分运，但每个品种的货物不得分运。

Evidencing shipment from China to New York by steamer in transit Singapore Arabia not later than 15th July, 2007 of the goods specified below. 列明下面的货物用轮船不得迟于2007年7月15日从中国通过新加坡转运到纽约。

10. 特殊条款（Special Clauses/Conditions）

特殊条款主要是根据进口国政治、经济和贸易情况的变化，或每一笔具体交易的需要而作出的特别规定。常见的条款有：

（1）佣金、折扣（Commission and Discount）

5% commission to be deducted form the invoice value. 5%的佣金须在发票金额中扣除。

Signed invoices must show 5% commission. 经签署的发票须标明5%的佣金。

Less 3% commission to be shown on separate statement only. 用单独声明书列明所扣3%的佣金。

Drafts to be drawn for full CIF value less 5% commission, invoice to show full CIF value. 汇票按CIF总金额减少5%开具，发票须表明CIF的全部金额。

（2）费用（Charges）

All banking charges for seller's account. 一切银行费用由卖方负担。

Charges must be claimed either as they arise or in no circumstances later than the date of negotiation. 一切费用须于发生时或不迟于议付期索偿。

Port congestion surcharges, if any, at the time of shipment is for opener's account. 装运时如有港口拥挤附加费，应由开证人负担。

All banking charges outside Hong Kong are for account of accountee. 香港以外的全部银行费用由开证人负担。

Drawee bank's charges and acceptance commission are for buyer's account. 付款行的费用和承兑费用由买方负担。

(3) 议付与索偿 (Negotiation and Reimbursement)

Original documents must be sent by registered airmail, and duplicate by subsequent airmail. 单据的正本须用挂号航邮寄送，副本在下一班航邮寄送。

All original documents are to be forwarded to us by airmail and duplicate documents by sea - mail. 全部单据的正本须航邮，副本用平邮寄交我行。

In reimbursement, please draw on our head office account with your London office. 偿付办法：请从我总行在你伦敦分行的账户内支取。

You are authorized to reimburse yourself for the amount of your negotiation by drawing as per arrangement on our account with United Bank Limited, London. 兹授权你行索偿你行议付金额，请按约定办法向伦敦联合银行我账户内支取。

The amount and date of negotiation of each draft must be endorsed on reverse hereof by the negotiation bank. 每份汇票的议付金额和日期必须由议付行在本证背面签注。

All bank charges outside UK. Are for principals account, but must claimed at the time of presentation of documents. 在英国境外发生的所有银行费用，应由开证人负担，但须在提交单据时索取。

Negotiating bank may claim reimbursement by T/T on the... bank certifying that the credit terms have been complied with. 议付行证明本证条款已履行，可按电汇索偿条款向……银行索回货款。

(4) 其他

For special instructions please see overleaf. 特别事项请看背面。

Letter of guarantee and discrepancies are not acceptable. 书面担保和错误单据均不接受。

If the terms and conditions of this credit are not acceptable to you, please contact the openers for necessary amendments. 如你方不接受本证条款，请与开证人联系以作必要修改。

Cable copy of shipping advice dispatched to the accountee immediately after shipment. 装船后，即将装船通知副本寄交开证人。

One copy of commercial invoice and packing list should be sent to the credit openers 15 days before shipment. 商业发票和装箱单各一份须在装船前15天寄给开证人。

All documents except Bills of Exchange and B/L to be made out in name of ABC Co. Ltd. and which name is to be shown in B/L as joint notifying party with the applicant. 除汇票和提单外，所有单据均须以ABC有限公司为抬头，并以该公司和申请人作为提单的通知人。

This letter of credit is transferable in China only, in the event of a transfer, a letter from the first beneficiary must accompany the documents for negotiation. 本信用证仅在中国可转让，如实行转记，由第一受益人发出的书面（证明）须连同单据一起议付。

11. 开证行的保证（Warranties of Issuing Bank）

常见的条款有：

We hereby undertake to honour all drafts drawn in accordance with terms of this credit. 凡按本信用证所列条款开具并提示的汇票，我行保证承兑。

We hereby engage with drawers and/or bona fide holders that draft（s）drawn and negotiated on presentation and that draft（s）accepted within the terms of this credit will be duly honoured at maturity. 我行兹对出票人及/或善意持有人保证：凡按本证条款开具及议付的汇票一经提交即予承兑；凡依本证条款承兑的汇票，到期即予照付。

12. 跟单信用证统一惯例文句

Except as otherwise expressly stated herein, this credit is subject to the Uniform Customs and Practice for Documentary credits – UCP（1993 Revision）International Chamber of Commerce publication No. 500. 除另有规定外，本证根据国际商会 1993 年修订本第 500 号出版物“跟单信用证统一惯例”办理。表 1－2 为信用证的中英对照。

表 1－2　中英对照信用证

英文信用证	参考译文或说明
Easy Link IMS 0701－069 69835701M 2JUL04 17：19 TEST/ WUW 716420244（SCBSZ CN） + CA	（银行之间互对的密押）（Test Key）
FROM：National Bank of Alaska Anchorage，Alaska U. S. A. TO：Bank of China Guangdong Branch Guangzhou CHINA	由：美国阿拉斯加州安克雷奇高阿拉斯加国立银行 开给：中国银行广东省广州分行
DATE：7/2/2007 SUBJECT：OUR IRREVOCABLE DOCUMENTARY LETTER OF CREDIT NO. KC－15605	日期：2007 年 7 月 2 日 事由：我行（阿拉斯加国立银行）第 KC－15605 号不可撤销的跟单信用证
Please further advise the Letter of Credit below without any liability of obligation on your part other authenticating the issuance. ADVISE THROUGH：Bank of China Guangdong Branch Guangzhou CHINA as follows：	请贵行（标准渣打银行）确认这份信用证，贵行对本信用证不负任何义务和责任，并通过中国银行广东省广州分行作出以下的通知：
IRREVOCABLE DOCUMENTARY CREDIT Credit Number：KC－15605	不可撤销跟单信用证 信用证编号：KC－15605
Beneficiary：Guangdong Machinery Import & Export Corporation（Group） 720 DongFeng Road East Guangzhou，CHINA	受益人：广东省机械进出口公司（集团） 中国广州东风东路 720 号

续 表

英文信用证	参考译文或说明
Applicant: ABC Corporation 1888 W northern Lights Blvd, Room 1, Anchorage, Alaska USA	开证人：ABC 公司 美国阿拉斯加州安克雷奇市西北来兹大街 1888 号 1 号套房
Amount: US DOLLARS SIXTY SEVEN THOUSAND TWO HUNDRED ONLY	金额：六万七千二百美元 (USD 67200.00)
EXPIRY DATE: August 15, 2007 at the counters of National Bank of Alaska International Banking Department 301 West Northern Lights Boulevard Anchorage, Alaska USA	有效期：本证在阿拉斯加国立银行国际金融部议付有效期至 2007 年 8 月 15 日。美国阿拉斯加州安克雷奇市西北来兹大街 301 号
We hereby issue this documentary credit which is available by payment of beneficiary's drafts at sight for full invoice value drawn on National Bank of Alaska, International Banking department, being marked as having been drawn under this credit, and accompanied by the following documents	我行兹开立这份跟单信用证，该信用证议付时需要凭受益人按本信用证和发票的总金额开给阿拉斯加国立银行国际金融部的即期汇票，以及凭以下单据议付
1. Signed Commercial Invoice, in triplicate 2. Packing List, in triplicate 3. Insurance Policy, in triplicate	1. 签字或盖章商业发票一式三份 2. 装箱单一式三份 3. 保险单一式三份
4. Beneficiary's Certificate, reflecting that it has been signed by an authorized individual of Guangdong Machinery Import & Export Corporation (Group), certifying that, "One set of non - negotiable documents (Invoice, Packing List and Bill of Lading) have been faxed to ABC Corporation, at 001 - 907 - 888 - 5678, immediately after shipment"	4. 受益人的证明书一份，由广东省机械进出口公司（集团）负责人签字。证明一整套的单据副本（发票、装箱单和提单）在装运后已经用传真（001 - 907 - 888 - 5678）发给 ABC 公司
5. Full set (3/3) of Clean On Board Ocean Bills of Lading issued to the order of shipper and blank endorsed, marked "Notify ABC Corporation, 1888 W. Northern Lights Boulevard, Room 1, Anchorage, Alaska"	5. 全套清洁的已装船海运提单一式三份正本，以托运人指示为抬头并空白背书，注明"通知美国阿拉斯加州安克雷奇市西北来兹大街 1888 号 1 号套房 ABC 公司"
COVERING: 7, 000 pcs. of Stainless Steel Spade Head S821 USD 9.60 per pcs other details as per Sales Contract No. A923444 dd. JUN. 23, 2007 CIF NEW YORK (Incoterm 2000)	标的物：7 000 件 S821 不锈钢铲头，每件 9.60 美元，其他按照 2007 年 6 月 23 日签订的合同，CIF 纽约《2000 年通则》

续　表

英文信用证	参考译文或说明
Latest shipment date: July 31, 2007 Shipment from: Guangzhou, CHINA Shipment to: NEW YORK via HONG KONG Partial shipment are not allowed Transshipment allowed	最迟装运日期：2007 年 7 月 31 日 装运：从中国广州 到纽约，由香港转运 不允许分批装运 允许转运
SPECIAL CONDITIONS: 1. Drafts and documents must be presented to the negotiating bank or drawer bank within twenty - one (21) days after the date of issuance of transport documents by within the validity of this credit	特殊条款： 1. 受益人必须在提单签发日期后 21 天之内，但必须在本信用证有效期内将汇票和装运单据呈交议付行或付款兑现
2. All banking charges (including advising commission, payment commission, negotiation commission and reimbursement commission) outside Alaska, USA, are for the account of the Beneficiary	2. 在美国阿拉斯加州之外的一切银行费用（包括通知费，支付费，议付费和偿付费用）都由受益人支付
3. This Letter of Credit is transferable in full or in part	3. 该信用证可部分或全部转让
4. Third Party Bills of Lading and documents are acceptable	4. 可接受第三方的提单和单据
We hereby engage that drafts drawn and documents presented under and incompliance with the terms and conditions of this Letter of Credit will be duly honored by us if presented to the counters of our International Banking Department on or prior to the expiration date set herein This credit is subject to the Uniform Customs and Practice for Documentary Credit (1993 Revision), International Camber of Commerce, Publication No. 500	我行保证根据本证，并按照本证内条款开出的汇票和单据在本证有效期内提交本行的国际金融部时，我行即承兑付款 本信用证是根据国际商会 500 号出版物（1993 年修订版）“跟单信用证统一惯例”而开出的
INSTRUCTIONS TO THE NEGOTIATING BANK: 1. Drafts and documents are to be sent to us in one lot by courier express delivery or by registered airmail 2. Reimbursement according to your instructions	对议付行的指示： 1. 请用特快专递或航空挂号信将全部汇票和单据一次性寄给我行 2. 按贵行的指示偿还（本信用证金额）
This is to be considered the original Letter of Credit. No mail confirmation will follow again, please advise this Documentary Credit through Bank of China, Guangdong Branch	本信用证是正本，不再用信函确认。再次请贵行通过中国银行广东省分行通知本信用证
Thank you! National Bank of Alaska International Banking Department	多谢！ 阿拉斯加国立银行国际金融部

1.2.3.6 信用证审核

卖方收到买方开来的信用证后，应对照销售合同并依据《跟单信用证统一惯例》进行审核。审证的基本原则是，信用证的内容必须与销售合同的规定相一致，否则会直接影响卖方安全收汇和履行合同。

在实际业务中，经常发现国外来证内容并不完全与合同规定相符。原因是多方面的，有的是由于某些国家、地区的习惯做法往往有特殊规定；有的是因为国外客户对我国政策不了解；有的是由于国外客户或开证银行工作的疏忽或差错；也有的是由于国外客户故意玩弄手法而在信用证中加列一些不合理的条款等。因此，对国外来证，我们必须认真审核。审核信用证是银行和外贸公司（受益人）的共同职责，但各自审核的内容不同：

1. 银行审核信用证的主要内容

（1）政治性、政策性审核

在我国对外政策的指导下，对不同国家和不同地区的来证从政治上、政策上进行审核。例如，凡由国家规定不准与之有经济贸易往来的国家和地区的银行开来的信用证，不能接受。凡与我国签有政府间贸易协定、支付协定的国家或地区，有关信用证必须符合协定规定。来证如载入歧视性或错误的政治性条款，应要求改正。

（2）资信情况审核

对开证行和保兑行资信情况的审核，在经济上应要求其本身资信情况必须与所承担的信用证义务相适应，如果发现他们资信不佳，应酌情采取适当的措施。

（3）信用证真伪的审核

银行应合理审慎地核验信用证的表面真实性，如果银行不能确定信用证的表面真实性，它必须不延误地告知开证行，并且告知受益人它不能核对信用证的真实性。

（4）保付文句和限制性条款审核

为保证安全收汇，信用证内应有明确表示保证付款的责任文句，还有审核开证行的付款责任是否加列了“限制性”条款或其他“保留”条款。

2. 外贸公司审核信用证的主要内容

外贸公司审核信用证时主要看是否与合同相一致，审核的项目一般包括：

（1）审核信用证的种类

信用证种类繁多，要审查来证是可撤销的还是不可撤销的信用证。根据《跟单信用证统一惯例》第500号出版物的规定，信用证应明确注明是可撤销的或是不可撤销的，如无此项注明，应视为不可撤销的信用证。所以，只要来证不明确表明是可撤销的，我们就可以接受。此外，还要审查来证是保兑的还是不保兑的信用证，如果有保兑，被哪家银行保兑以及保兑费用由谁负担都要审核清楚。

（2）审核开证申请人和受益人

要仔细审核开证申请人的名称和地址，以防错发错运。受益人的名称和地址也必须准确无误，而且前后要一致，否则会影响收汇。

（3）审核信用证的金额及其采用的货币

信用证的金额与合同金额一致，总金额的小写和大写数字必须一致。如果合同订有溢短装条款，那么信用证金额还应包括溢短装部分的金额。来证采用的支付货币应与合同规定的货币一致。如果不一致，应按中国银行外汇牌价折算成合同货币，在不低于或相当于原合同货币总金额时方可接受。

（4）审核信用证有关货物的记载

审核来证中有关品名、质量、规格、数量、包装、单价、金额、港口、保险等是否与合同规定一致，有关附加特殊条款及保留条款，如指定由某轮船公司的船只运输，或者要求出具装运船只的船龄不超过15年的证明，或者商业发票、产地证书须由国外的领事签证等，这些都应慎重审核，视具体情况作出是否接受或提请修改的决策。

（5）审核信用证的到期地点

根据《跟单信用证统一惯例》第500号出版物第42条规定，所有信用证均须规定一个到期日及一个付款、承兑的交单地点。对议付信用证还须规定一个议付到期地点。由此可见，信用证的到期日有议付到期、承兑到期和付款到期三种不同的规定方法。议付到期日是指受益人向议付银行交单并要求议付的最后期限。到期地点通常在出口国。承兑或付款到期日是指受益人通过出口地银行向开证行或信用证指定的付款银行交单要求承兑或付款的最后期限，到期地点一般在开证行或指定银行所在地。如信用证中的议付到期地点不在我国而在国外，那么有关单据必须在到期日前寄达开证银行或指定付款银行，我外贸公司要承担邮递延迟、邮件遗失等风险。所以，对议付到期地点在国外的信用证，一般应提请对方修改。

（6）审核装运期和有效期

装运期是对货物装运时间的规定，原则上必须与合同规定相一致。如信用证到达太晚，不能如期装运，应及时电请国外买方展延装运期限；如由于生产或船舶等原因，不能在装运期限内装运，也可要求对方展延装运期。信用证的有效期与装运期应有一定的合理间隔，以便在货物装船后有足够的时间进行制单和结汇等工作。如信用证有效期与装运期规定在同一天，习惯上叫“双到期信用证”，这种规定方法不十分合理，受益人应视具体情况提请对方修改。

（7）审核转船和分批装运条款

一般情况下，买方都不愿意对其进口的货物转运。因为货物中途转船，不仅延误时间、增加费用开支，还有可能出现货损货差。在审核有关条款时，应注意它是否与合同的规定相一致。合同中如允许转船，还应注意在允许转船的内容后面有无加列特殊限制或要求，如指定转运地点、船名或船公司。对这些特殊限制应考虑是否有把握办到，否则应及时通知对方修改。

合同中如规定分批、定期、定量装运，那么在审核来证时，应注意每批装运的时间是否留有适当的间隔。因为按照惯例，对于分批装运合同，若任何一批未按期装运，则信用证中的该批和以后各批均告失败。所以审证时要认真对待。

（8）审核信用证的付款方式

银行的付款方式有四种：即期付款、延期付款、承兑汇票、到期付款或议付。所有的信用证都必须清楚地表明付款属于哪一类。

（9）审核要求提交的单据

要仔细审核来证要求提供的单据种类、份数及填制方法等，如发现不适当的要求和规定，应酌情作出适当处理。

（10）审核信用证上印就的条款和特殊需要条款

信用证上有很多印就的内容，特别对信用证空白处、边缘处加注的字句和戳记等应特别注意，这些内容往往是信用证内容的重要补充或修改，稍不注意就可能造成事故或损失。信用证上的特别要求条款是否能做到，不合理的要求要及时提出。

3. 改证

信用证修改有两个原因，一是受益人的原因。受益人在审证中发现问题是常有的事，要根据问题性质的不同采用不同的处理方法。一般来说，凡是属于不符合我国对外贸易方针政策、影响合同履行和安全收汇的情况，必须要求国外客户通过开证行进行修改；凡不违反政策原则，经过努力可以做到而又不增加太多费用的情况下，可以酌情处理，或不做修改而按信用证规定走货。修改信用证的另一原因是开证申请人的原因，因为情况的变化迫使开证申请人认为有必要修改信用证条款。

4. 信用证修改的程序

信用证的修改应由开证申请人提出，经开证行同意和受益人同意才能生效。

（1）开证申请人向信用证的开证行申请修改信用证，即提交信用证修改申请书（见样单1-6）。

（2）开证行审核同意后，向信用证原通知行发出信用证修改书（见样单1-7），修改书一经发出就不能撤销。

（3）通知行收到修改书后，验核修改书的表面真实性并将其转达给受益人。

（4）修改书的通知程序和信用证的通知程序大致相同，修改通知书（见样单1-8）应作如下指示："请书面回复我行可否接受本次修改以便答复开证行。"信用证项下修改，受益人如不接受应尽快通知并将修改书正本退回通知行，以便将受益人意见转告开证行。

（5）受益人同意后，信用证项下修改正式生效。如受益人拒绝接受修改，将修改通知书退回通知行，并附表示拒绝接受修改的文件，则此项修改不能成立，视为无效。受益人对修改拒绝或接受的表态，可推迟至交单时。信用证范本见样单1-9。

样单 1-6 信用证修改申请书

信用证修改申请书

致：开证行
地址：

原信用证编号	修改日期
通知行名称 地址	修改地点
受益人名称 地址	修改书编号
信用证总金额 （大　写）	请以航邮/电传修改下列各项
信用证有效日期	修改生效日期

本修改书仅对信用证作部分修改并列明如下：

原信用证规定条款	申请修改条款

注意事项：其他条款照旧不做修改。
本信用证修改书依照《跟单信用证统一惯例》1993 年修订本，即国际商会第 500 号出版物开立。

申请人签章
地址
电话/电传

样单 1－7　信用证修改书

跟单信用证修改书

致：通知行　　　　　　　　　　　　编号：
地址：　　　　　　　　　　　　　　开出修改书日期/地点：

申请人 地址	受益人 地址
开证行 查询号	本修改书仅对信用证 作部分修改

修改下列各项

____
____
____
____
____
____

其他条款照旧不做修改

本信用证修改书依据《跟单信用证统一惯例》1993 年修订本，即国际商会第 500 号出版物开立。

通知人
开证行名称及签章　　　　　　　　　　通知行名称及签章
地址　　　　　　　　　　　　　　　　地址

样单 1－8　信用证修改通知书

信用证修改通知书

通知行编号______________

致_________________公司
（受益人）
兹收到__________________________银行_____年_____月_____日电文一件，内容如下：
兹对__________________________银行______________号不可撤销跟单信用证作如下修改：
总金额增加 US $____________________________________（大写）
____
最迟装船日期至______________年________月________日
议付最迟日期至______________年________月________日
其余条款维持不变
此修改生效。
请书面回复可否接受此修改。

通知行名称______________
地址____________________
签章____________________

样单1-9　信用证范本

信用证

2007MAR22 09：18：11　　LOGICAL TERMINAL

E102

MT S700　　ISSUE OF A DOCUMENTARY CREDIT

PAGE 00001

FUNC MSG700

UMR 06881051

MSGACK DWS765I AUTH OK，KEY B198081689580FC5，BKCHCNBJ RJHISARI RECORO

BASIC HEADER		F 01 BKCHCNBJA940 0588 550628	
APPLICATION		0 700 1057 070320 RJHISARIAXXX 7277 977367 020213 1557 N	
HEADER		＊ALRAJHI BANKING AND INVESTMENT ＊CORPORATION ＊RIYADH ＊（HEAD OFFICE）	
USER HEADER		SERVICE CODE　103： BANK. PRIORITY　113： MSG USER REF　108： INFO. FROM CI　115：	（银行盖信用证通知专用章）
SEQUENCE OF TOTAL	＊27	1 / 1	
FORM OF DOC. CREDIT	＊40 A	IRREVOCABLE	
DOC. CREDIT NUMBER	＊20	0071LC123756	
DATE OF ISSUE	31 C	070320	
DATE/PLACE EXP	＊31 D	DATE 070515 PLACE CHINA	
APPLICANT	＊50	NEO GENERAL TRADING CO. P. O. BOX 99552，RIYADH 22766，KSA TEL：00966-1-4659220　FAX：00966-1-4659213	
BENEFICIARY	＊59	DESUN TRADING CO.，LTD. HUARONG MANSION RM2901 NO. 85 GUANJIAQIAO，NANJING 210005，CHINA TEL：0086-25-4715004　FAX：0086-25-4711363	
AMOUNT	＊32 B	CURRENCY USD AMOUNT 13260	
AVAILABLE WITH/BY	＊41 D	ANY BANK IN CHINA， BY NEGOTIATION	
DRAFTS AT …	42 C	SIGHT	
DRAWEE	42 A	RJHISARI	

		* ALRAJHI BANKING AND INVESTMENT
		* CORPORATION
		* RIYADH
		* (HEAD OFFICE)
PARTIAL SHIPMTS	43 P	NOT ALLOWED
TRANSSHIPMENT	43 T	NOT ALLOWED
LOADING ON BRD	44 A	
		CHINA MAIN FORT, CHINA
	44 B	
		DAMMAM PORT, SAUDI ARABIA
LATEST SHIPMENT	44 C	070430
GOODS DESCRIPT	45 A	
		ABOUT 1700 CARTONS CANNED MUSRHOOM PIECES & STEMS 24 TINS X 425 GRAMS NET WEIGHT (D. W. 227 GRAMS) AT USD7. 80 PER CARTON.
		ROSE BRAND.
DOCS REQUIRED	46 A	
		DOCUMENTS REQUIRED:
		+ SIGNED COMMERCIAL INVOICE IN TRIPLICATE ORIGINAL AND MUST SHOW BREAK DOWN OF THE AMOUNT AS FOLLOWS: FOB VALUE, FREIGHT CHARGES AND TOTAL AMOUNT C AND F.
		+ FULL SET CLEAN ON BOARD BILL OF LADING MADE OUT TO THE ORDER OF AL RAJHI BANKING AND INVESTMENT CORP, MARKED FREIGHT PREPAID AND NOTIFY APPLICANT, INDICATING THE FULL NAME, ADDRESS AND TEL NO. OF THE CARRYING VESSEL' S AGENT AT THE PORT OF DISCHARGE.
		+ PACKING LIST IN ONE ORIGINAL PLUS 5 COPIES, ALL OF WHICH MUST BE MANUALLY SIGNED.
		+ INSPECTION (HEALTH) CERTIFICATE FROM C. I. Q. (ENTRY - EXIT INSPECTION AND QUARANTINE OF THE PEOOPLES REP OF CHINA) STATING GOODS ARE FIT FOR HUMAN BEING.
		+ CERTIFICATE OF ORIGIN DULY CERTIFIED BY C. C. P. I. T. STATING THE NAME OF THE MANUFACTURERS OF PRODUCERS AND THAT GOODS EXPORTED ARE WHOLLY OF CHINESE ORIGIN.
		+ THE PRODUCTION DATE OF THE GOODS NOT TO BE EARLIER THAN HALF MONTH AT TIME OF SHIPMENT. BENEFICIARY MUST CERTIFY THE SAME.

		+ SHIPMENT TO BE EFFECTED BY CONTAINER AND BY REGULARE LINE. SHIPMENT COMPANY ' S CERTIFICATE TO THIS EFFECT SHOULD ACCOMPANY THE DOCUMENTS.
		+ INSURANCE POLICY OR CERTIFICATE IN 1 ORIGINAL AND 1 COPY ISSUED OR ENDORSED TO THE ORDER OF AL RAJHI BANKING AND INVESTMENT CORP FOR THE INVOICE PLUS 10 PERCENT COVERING ALL RISKS, INSTITUTE CARGO CLAUSES, INSTITUTE STRIKES.
DD. CONDITIONS	47 A	ADDITIONAL CONDITION: A DISCREPANCY FEE OF USD50.00 WILL BE IMPOSED ON EACH SET OF DOCUMENTS PRESENTED FOR NEGOTIATION UNDER THIS L/C WITH DISCREPANCY. THE FEE WILL BE DEDUCTED FROM THE BILL AMOUNT. PAYMENT UNDER THE GOODS WERE APPROVED BY SAUDI GOVERNMENT LAB.
CHARGES	71 B	ALL CHARGES AND COMMISSIONS OUTSIDE KSA ON BENEFICIARIES' ACCOUNT INCLUDING REIMBURSING, BANK COMMISSION, DISCREPANCY FEE (IF ANY) AND COURIER CHARGES.

1.2.4 租船订舱

1.2.4.1 租船订舱的流程

在出口贸易中，如系 CFR 或 CIF 价格条件成交，我方必须按合同规定做好租船订舱工作，办理报关及/或投保等手续。除数量较大需要整船运输的货物要委托中国对外贸易运输公司或其他经营外贸运输的企业（以下简称“外运公司”）办理租船外，一般都委托外运公司代为洽订班轮或租订部分舱位运输。租船订舱总流程如图 1－4 所示。

订舱流程图文字说明：

1. 出口企业，即货主在货、证齐备后，填制订舱委托书，随付商业发票、装箱单等其他必要单据，委托货代代为订舱。有时还委托其代理报关及货物储运等事宜。

2. 货代接受订舱委托后，缮制集装箱货物托运单，随同商业发票、装箱单及其他必要的单证一同向船公司办理订舱。

3. 船公司根据具体情况，如接受订舱则在托运单的几联单据上编上与提单号码一致的编号，填上船名、航次并签署，即表示已确认托运人的订舱，同时把配舱回单、装货单（Shipping Order，S/O）等与托运人有关的单据退还给托运人。

4. 托运人持船公司签署的 S/O，填制出口货物报关单、商业发票、装箱单等连同其

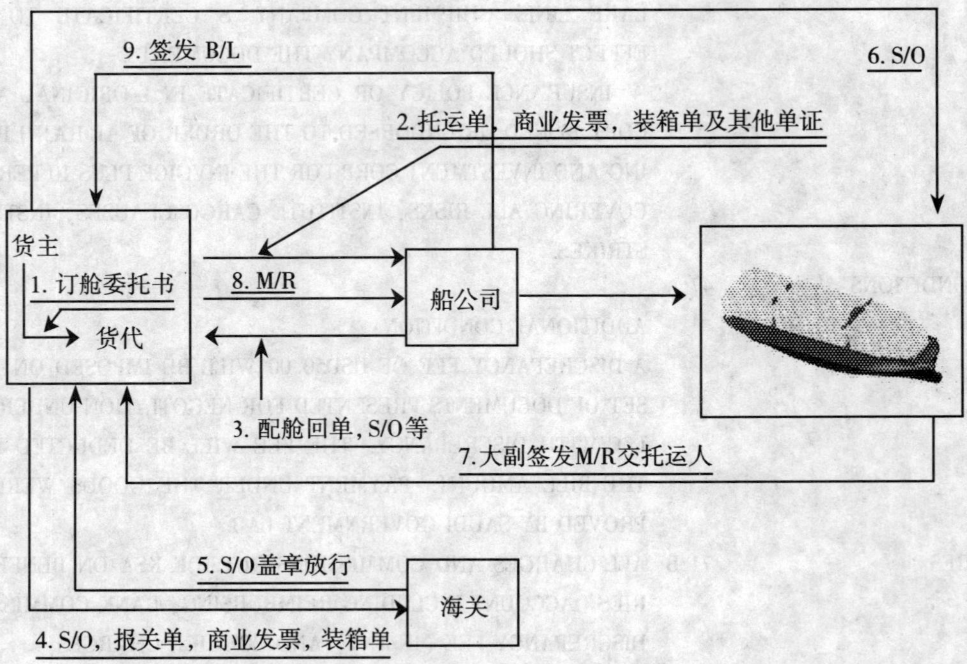

图1－4　租船订舱流程

他有关的出口单证向海关办理货物出口报关手续。

5. 海关根据有关规定对出口货物进行查验，如同意出口，则在 S/O 上盖放行章，并将 S/O 退还给托运人。

6. 托运人持海关盖章的由船公司签署的 S/O 要求船长装货。

7. 装货后，由船上的大副签署大副收据（Mate's Receipt，M/R），并交给托运人。

8. 托运人持 M/R，向船公司换取正本已装船提单。

9. 船公司凭 M/R，签发正本提单并交给托运人凭以结汇。

注：货主与货代建立委托代理关系，即以统一的托运人身份出现，但此“托运人”概念与运输单据中的托运人项不一样，后者是指出口方，即信用证的受益人。

除了上述程序外，在货物装船后，托运人应及时向国外收货方发出“装船通知”(Shipping Advice)，以便对方准备付款、赎单、办理进口报关和接货手续。如 CFR、FOB 合同由买方自办保险，及时发出装运通知尤为重要。

装船通知的内容一般有：订单或合同号、信用证号、货物明细、装运港、装运期限、船名、航次、预计的开航日期或预计的到达日期等。出口公司往往用商业发票改制成装船通知。

1.2.4.2　租船订舱的单据

1. 出口货物明细单

出口货物明细单是指托运人（发货人）根据外销合同条款和信用证条款内容填写向对外贸易运输公司或其他有权受理对外货运业务的货运代理公司办理货物托运的单证。其名称格式不完全相同，但基本项目相似，主要内容包括：货名、件数、包装式样、标志、重量、尺码、目的港、装船期限、结汇期限及能否分运、转运等。凡是托运中涉及的项目，须注意的问题及特别要求均应填写。外贸公司在办理托运时，一般需提交出口货物明细单、商业发票、装箱单各若干份，必要时还需提供合同等资料。

出口货物明细单（见样单1－10）主要项目缮制说明：

（1）经营单位（装船人）：填写出口公司（信用证的受益人）。

（2）收货人：使用不记名提单时不填，或者按合同或信用证的规定填写。

（3）抬头人：严格按合同或信用证规定填写。

（4）通知人：填写信用证规定的提单的通知人。

（5）运费：根据信用证条款的规定填写“FREIGHT PREPAID”（运费已付）或“FREIGHT COLLECT”（运费到付）。

（6）发票号、信用证号、合同号等：如有需要，可根据合同或信用证填写。

（7）收汇方式：按实际情况填写汇付、托收或信用证。

（8）贸易国别、贸易性质、销售国别等：按实际情况填写。

（9）出口口岸：填写信用证规定的起运地。如信用证未规定具体的起运港口，则填写实际装货港名称。

（10）目的港：填写信用证规定的目的地。如信用证未规定具体的目的港口，则填写实际卸货港的名称。

（11）可否分批：根据信用证条款，如允许分批，填“YES”，如不允许分批，则填“NO”。

（12）可否装运：根据信用证条款，如允许装运，填“YES”，如不允许装运，则填“NO”。

（13）装运期、有效期：按合同或信用证的规定填写。

（14）提单的份数：按合同或信用证的要求填写。

（15）需要在提单上注明：严格按信用证要求填写，不可遗漏。

（16）标记唛码：填写货物的装运标志，即通常所说的“唛头”。

（17）货名规格及货号：按信用证规定填写。

（18）件数及包装式样、毛重、净重、单价、总价、总体积等按实际情况填写。

（19）船名、提单号、提单日期等：由船公司提供。

（20）注意事项：信用证中规定的与装运或船公司有关的事项。

样单 1－10　出口货物明细单

出口货物明细单

		发票号		外运公司编号	
		L/C 号码		合同号	
		金额		收汇方式	
经营单位（装船人）		贸易国别（地区）		贸易性质（方式）	
		销售国别（地区）		运输方式	
收货人		出口口岸		目的港	

提单或承运人收据	抬头人		可否分批		可否装运		装运期		有效期	
	通知人									
	运费	预付/到付	提单份数　正本　副本				车号			
	需要在提单上注明：									

标记唛码	货名规格及货号	件数及包装式样	毛重（千克）	净重（千克）	价格（成交条件）	
					单价	总价
					币别：	

注意事项	总体积	立方米		
	船名			
	提单号			
	提单日期			
	海关编号			
	海关放行日　期			
	业务员			
	制单员		审核	

2. 订舱委托书

出口企业委托对外贸易运输公司或其他有权受理对外货运业务的货运代理公司（以下简称“货代”）向承运人或其代理办理出口货物运输业务时需向其提供订舱委托书，委托其代为订舱。订舱委托书是出口企业和货代之间委托代理关系的证明文件，内容包括信用证对提单的要求，即托运人名称、收货人名称、货物明细、起运港、目的港、信用证规定的装运期限、信用证有效期、关于分批和转运的规定、对运输的要求等。除此之外，在托运时出口公司还必须向货代提供与本批货物有关的各项单证，如提货单（出舱单）、商业发票、装箱单、出口货物报关单、外汇核销单等。有些货物还需提供出口许可证、商检证书等，以供查验。

订舱委托书（见样单1-11）的填制：

（1）发货人（托运人）——填写出口公司（信用证受益人）。

（2）收货人——填写信用证规定的提单收货人。

（3）通知人——填写信用证规定的提单通知人。

一般在订舱委托书上会注明托运人、收货人、通知人这三栏为提单B/L项目要求。意即，将来船公司签发的提单上的相应栏目的填写也会参照订舱委托书的写法。因此，这三栏的填写应该按照信用证提单条款的相应规定填写。

（4）信用证号码——填写相关交易的信用证号码。

（5）开证银行——填写相关交易的信用证开证银行的名称。

（6）合同号码——填写相关交易的合同号码。

（7）成交金额——填写相关交易的合同总金额。

（8）装运口岸——填写信用证规定的起运地。如信用证未规定具体的起运港口，则填写实际装货港名称。

（9）目的港——填写信用证规定的目的地。如信用证未规定具体的目的港口，则填写实际卸货港名称。

（10）转船运输——根据信用证条款，如允许转运，则填“YES”，反之，则填“NO”。

（11）分批装运——根据信用证条款，如允许分批，则填“YES”，反之，则填“NO”。

如信用证未对转船和分批作具体的规定，则应该按照合同的有关规定填写。

（12）信用证效期——填写信用证的有效期。

（13）装运期限——填写信用证规定的装运期限。

（14）运费——根据信用证提单条款的规定填写“FREIGHT PREPAID”（运费预付）或“FREIGHT TO COLLECT”（运费到付）。

（15）成交条件——填写成交的贸易术语。如“FOB”、“CIF”、“CFR”等。

（16）、（17）、（18）、（19）栏有关公司联系人、电话/传真、开户银行及银行账号——

按公司实际情况填写。

（20）特别要求——如托运人对所订舱位有特殊要求的话，可以填在这一栏中。

（21）标记唛码——填写货物的装运标志，即通常所说的“唛头”。

（22）货号规格——填写货物描述。

（23）包装件数——填写货物的外包装的数量。比如“370 CARTONS”。

（24）、（25）、（26）、（27）、（28）栏有关毛重、净重、数量、单价、总价——按货物的实际情况填写。

（29）、（30）、（31）、（32）、（33）栏有关总件数、总毛重、总净重、总尺码、总金额——按货物的实际情况填写。

（34）备注——如有其他事项可填入“备注”栏中。

样单 1 -11　订舱委托书

出口货物订舱委托书

公司编号　　　　　　　　　　　　　　　　　　　　　　　日期

<table>
<tr><td rowspan="4">（1）发货人</td><td colspan="2">（4）信用证号码</td></tr>
<tr><td colspan="2">（5）开证银行</td></tr>
<tr><td>（6）合同号码</td><td>（7）成交金额</td></tr>
<tr><td>（8）装运口岸</td><td>（9）目的港</td></tr>
<tr><td rowspan="4">（2）收货人</td><td>（10）转船运输</td><td>（11）分批装运</td></tr>
<tr><td>（12）信用证效期</td><td>（13）装船期限</td></tr>
<tr><td>（14）运费</td><td>（15）成交条件</td></tr>
<tr><td>（16）公司联系人</td><td>（17）电话/传真</td></tr>
<tr><td rowspan="2">（3）通知人</td><td>（18）公司开户行</td><td>（19）银行账号</td></tr>
<tr><td colspan="2">（20）特别要求</td></tr>
</table>

(21)标记唛码	(22)货号规格	(23)包装件数	(24)毛重	(25)净重	(26)数量	(27)单价	(28)总价

(29)总件数　(30)总毛重　(31)总净重　(32)总尺码　(33)总金额

(34)备注

3. 装货单

装货单（Shipping Order, S/O）又名关单（见样单 1－12），俗称“下货纸”。是接受了托运人提出装运申请的船公司或外轮代理公司签发给托运人或货运代理人的单证，同时也是命令船长将单上货物装船的单证。装货单是海运出口中主要货运单证之一，它的主要作用有：

◆ 是承运人确认承运货物的证明；

◆ 是海关对出口货物进行监管的单证。托运人凭装货单连同出口货物报关单及其他单证，向海关办理出口货物报关手续，海关检验无误后，即在装货单上加盖海关放行章。

◆ 是承运人通知码头仓库或装运船舶接货装船的命令。

4. 收货单

收货单（见样单 1－13）是船公司签发给托运人的表明货物已装船的临时收据，也是海运出口中主要货运单证之一，其主要作用有：

一是划分船货双方责任的重要依据。

二是据以换取装船提单的单证。收货单经大副签字后退给托运人，托运人凭此向外轮代理公司换取正式提单。

5. 托运单

出口企业自办托运或货运代理接受了出口公司的订舱委托后应缮制海运出口货物托运单（见样单 1－14）。海运出口托运单，是出口公司向外运公司提供出运货物的必要资料，是外运公司向船公司订舱配载及外轮公司与出口仓库或生产厂家之间往来提货的依据，同时也是货物出口装运过程中最重要的单据及日后制作提单、出口结汇的主要材料。

托运单主要项目说明如下：

（1）收货人（Consignee）：常采用指示收货人（TO ORDER 或 TO ORDER OF…）填写方法，不标明具体收货人的名称、地址，以方便单据的转让。但这种填写方法给船方通知货方提货增加了不便，须在通知栏中作必要的、明确的补充。

（2）通知（Notify）：托收支付方式下，合同一般不规定收货人和被通知人，此时，可填写为空白收货人栏目，被通知人栏填写买方的名称、地址。若买方准备卖出在途货物，可能要求出口公司空白收货人栏目和被通知人栏目。为确保托运单的有效性和完整性，制单人可在副本托运单的被通知人栏中填写买方的名称、地址。

（3）运输标志及唛码（Shipping Marks & No.）：填写内容和形式要与合同规定完全一致。

（4）重量（G. W, N. W）：应根据货物选择合适的重量计量方法填制。若一次装运的货物中有几种不同的包装材料（或几种不同的货物），应分别计算填写每一种包装材料（或每种货物）的毛重、净重，最后再合计全部的毛重、净重。我国出口货物托运单的填写，须以国际单位制规定的重量单位为计量单位，其中以千克和公吨的使用最多。

样单 1-12　装货单

中国外轮代理公司
CHINA OCEAN SHIPPING AGENCY

装货单
SHIPPING ORDER
S/O No. ________

船名　　　　　　　　　　　　　　目的港
S/S ______________________ For ______________________

托运人
Shipper ______________________

兹将下列完好状况之货物装船后签署收货单：
Receive on board the undermentioned goods apparent in good order and condition and sign the accompanying receipt for the same:

标记及号码 Marks & Nos.	件数 Quantity	货名 Description of Goods	毛重千克 Gross Weight in Kilos	
			净重 Net	毛重 Gross

共计件数（大写）
Total Number of Packages in Writing ______________________

日期　　　　　　　　　　　　　　时间
Date ______________________ Time ______________________

装入何舱
Stowed ______________________

实收
Received ______________________

理货员签名　　　　　　　　　　　经办员
Tallied By ______________________ Approved By ______________________

样单1-13 收货单

中国外轮代理公司
CHINA OCEAN SHIPPING AGENCY

收货单
MATE'S RECEIPT
M/R No. ____________

托运人
Shipper ____________

编号 船名
No. ____________ S/S ____________

目的港
For ____________

下列完好状况之货物业已收妥无损：
Receive on board the following goods apparent in good order and condition:

标记及号码 Marks & Nos.	件数 Quantity	货名 Description of Goods	毛重千克 Gross Weight in Kilos	
			净重 Net	毛重 Gross

共计件数（大写）
Total Number of Packages in Writing ____________

日期 时间
Date ____________ Time ____________

装入何舱
Stowed ____________

实收
Received ____________

理货员签名 大副
Tallied By ____________ Chief Officer ____________

（5）货名（Description of Goods）：一般只写统称，不必具体标明分类货物的尺寸、规格和特点。但若出口货物同时含有几个大类的货物，应全部标明，不允许仅填写数量较多或金额较大一类的商品。货物分类的标准应尽量规范，可参照“海关合作理事分类目录”（CCCN 分类法）、“联合国国际贸易商品分类目录”（STC 分类法）、“商品名称和编码协调制度”（H. S. 分类法）对商品的有关分类来制单，按列明货物计价，使货名尽可能合理且节约费用。

（6）件数（Quantity）：按量大包装的件数填制。船方为适应船舶运载能力，有时须在合同规定范围内对托运货物数量溢短装，因此托运货物数量有时会与合同中的规定不完全一致。如果出口货物的包装材料不同，或同一批出运的货物有若干种，每种包装方式不同，则应填清每种包装或每种货物的最大包装件数及每件包装中所含货物个数，直至最小包装，最后统计总件数及总个数。数量的填制也须采用国际单位制。

（7）尺码（Measurement）：一般按托运货物的尺码总数填写，其值略大于原先计算出的各件货物的尺码总和数，因为还需考虑货物堆积时的合理空隙所占的体积，该栏的正确测量和估计，是保证船方在配载过程中正常装船的基础。其单位一般为立方米。

（8）分批装运（Partial Shipment）和转运（Transshipment）：该栏目只能填写允许或不允许，如果有具体说明内容，比如分批条款对每批内容有具体数量规定，则须将其填在“备注”栏目中。

（9）装运期（Time of Shipment）：按合同或信用证规定填写。全部使用阿拉伯数字，比如：3/5/2007；也可用英文与阿拉伯数字一起表示，比如：May 3，2007，但不可写成非正式形式。

（10）效期（Expiry Date）：按信用证的有效期填写，但若托运时间距离装运期限、信用证有效期限长，为保证及早装运，防止船方因此拖延安排装运，可将托运单上装运期与效期两栏空白不填。

（11）运费计算：由外轮公司或其代理人计算填写。

（12）托运单号码（No.）：一般与发票号码一致，以方便查询与核查。

（13）制单日期：一般与发票签发日期相同，但有时按实际日期填写，这时货物尚未从生产公司或外贸仓库提出，发票尚未开立，托运单填具日期早于发票签发日期。

（14）船名（S/S）：由外轮公司或船方或其代理人在完成配舱工作后填写。若事后出现原定装载船舶无法适航、适货，需要更换配载船舶的情况，船方或其代理人应及时通知托运人修改。

（15）目的港：若合同中规定采用选择港，填空选择目的港名称，目的港不宜多于3个。

（16）提单张数：按信用证规定填写。

（17）运费付款方式：根据使用的贸易术语，选择填 FREIGHT PREPAID 或 FREIGHT TO COLLECT。

（18）银行编号：这里的银行是指转付船方运费的银行。

（19）金额：填写运费总额，以便留底查核。

样单 1－14　托运单

托运单

托运人
Shipper ____________________

编号　　　　　　　　　　　　　　船名
No. ____________________　　S/S ____________________

目的港
For ____________________

<table>
<tr><td colspan="2" rowspan="3">标记及号码
Marks & Nos.</td><td rowspan="3">件数
Quantity</td><td colspan="2" rowspan="3">货名
Description of Goods</td><td colspan="2">重量 Weight Kilos</td></tr>
<tr><td>净重 Net</td><td>毛重 Gross</td></tr>
<tr><td colspan="2">运费付款方式</td></tr>
<tr><td colspan="7">共计件数（大写）
Total Number of Packages Writing</td></tr>
<tr><td>运费计算</td><td colspan="2"></td><td colspan="2">尺码
Measurement</td><td colspan="2"></td></tr>
<tr><td>备注</td><td colspan="6"></td></tr>
<tr><td>抬头</td><td colspan="2"></td><td>可否转运</td><td></td><td>可否分批</td><td></td></tr>
<tr><td rowspan="2">通知</td><td colspan="2" rowspan="2"></td><td>装运期</td><td></td><td>效期</td><td>提单张数</td></tr>
<tr><td>金额</td><td></td><td colspan="2"></td></tr>
<tr><td>收货人</td><td colspan="2"></td><td>银行编号</td><td></td><td>信用证号</td><td></td></tr>
</table>

制单日期________年________月________日

1.2.5 报关

1.2.5.1 报关流程

报关是指进出境的运输工具的负责人、货物的收发货人及其代理人、物品的所有人向海关申请办理进出口货物的进出口手续，海关对其呈交的单证和申请进出口的货物依法进行审核、查验、征缴税费、批准进口或者出口的全过程。一般来说进出口货物的报关，可分为四个基本环节，即申报、查验、征税及放行。加工贸易进出口货物，经海关批准的减免税或缓期缴纳进出口税费的进口货物，以及其他在放行后一定期限内仍须接受海关监管的货物的报关，可以分为五个基本环节，即申报、查验、征税、放行及结关。下面就上述内容作一简介。

1. 申报

根据《海关法》规定，进口货物的收货人、出口货物的发货人应当如实向海关申报，交验进出口许可证和有关单证。海关在接受申报时，要对进出口报送单位申报的内容及递交的随附申报单证，依据国家对进出口货物的有关政策、法令、规章进行认真审核。通过审核有关单证，确定进出口货物的合法性，申报的内容是否正确，申报的单证是否齐全、有效等。

申报是进出境货物报关的第一个环节。目前，海关接受申报的方式一般有三种，即口头申报、书面申报及电子数据交换申报等。其中后两种是常用的申报方式。

进出口货物的报关须在规定的时间内申请。出口货物一般应在装货前 24 小时内向运输工具所在地的海关申报；进口货物应在运输工具申报进境之日起 14 日内由收货人或其代理人向海关申报，超过期限的海关将征收滞报金。

准备好报关单证是保证进出口货物顺利报关的基础。报关单位及其报关员必须做好报关单证的准备工作。一般情况下，报关应备单证，除进出口货物报单外，可分为基本单证、特殊单证、预备单证三大类。基本单证主要包括与进出口货物直接相关的商业和货运单证，如发票、装箱单、提货单或装货单（海运进出口）、运单（空运）、包裹单（邮运）、领货凭证（陆运）、出口收汇核销单及海关签发的进出口货物减税、免税证明等；特殊单证是指国家有关法律法规规定实行特殊管制的证件，主要有贸易合同、货物原产地证明、委托单位的工商执照证书、委托单位的账册资料及其他有关单证等。

为使报关工作顺利进行，各进出口企业在制作和提交上述单据时要做到：（1）单证齐全、有效；（2）单证相符、单货相符；（3）符合有关法令法规的规定；（4）符合海关的要求。

2. 查验

查验是指海关在接受报关单位的申报后以已经审核的申报单证为依据，通过对进出口货物进行实际的核查，以确定其报关单证申报的内容是否与实际进出口货物相符的一种监管方式。通过对货物的查验可以防止不法分子以次充好、以假冒真、牟取暴利、非法获取出口退税等，从而维护对外贸易的正常。

海关查验货物一般在海关监管区的进出口口岸、码头、车站、机场、邮局或海关的其他监管场所进行。对进出口大宗散货、危险品、鲜活品，经申请可在作业现场予以查验。在特殊情况下，经申请，海关审核同意，也可派员按规定的时间到规定场所以外的工厂、仓库或施工工地查验货物。

3. 征税

税费计征是指海关根据国家的有关政策、法规对进出口货物征收关税及进口环节税费。海关征税首先要对进出口货物申报进行审核。核实申报的主要内容包括品名、规格、数量、单价、总值、成交金额、产地、贸易性质等。对申报进行审核后，对相关的货物计征税费。海关计征税费的一般程序是：（1）确定税则分类；（2）确定适用的税率；（3）确定完税价格；（4）计算税额；（5）缴纳关税。

4. 放行

放行是口岸海关监管现场作业的最后一个环节。海关在接受进出口货物的申报后，经审核报关单据、查验实际货物，并依法办理进出口税费计征手续并缴纳税款后，在有关单据上签盖放行章，海关的监管行为结束，在此情况下放行即为结关。

5. 结关

结关是指对经口岸放行后仍需继续实施后续管理的货物，海关在规定的期限内进行核查，对需要补征、补税货物作出处理直至完全结束海关监管的行为。

1.2.5.2　报关单证

对于一般贸易方式，报关单一般填写一式三联，第一联为海关留存联，第二联为海关统计联，第三联为企业留存联。如果是利用计算机进行数据录入的口岸报关，只需提供一份报关单，交指定的预录入中心将数据输入计算机。

为了更方便区分，对不同贸易方式，报关单采用不同的颜色。一般贸易进出口货物，填写白色的报关单；进料加工的进出口货物，填写粉红色的报关单；来料加工装配和补偿贸易的进出口货物，填写浅红色报关单；外商投资企业进出口货物，填写浅蓝色的报关单；出口后需国内退税的货物，填写浅黄色的报关单，如样单 1－15 所示，报关所需单证如表 1－3 所示。

出口货物报关单的内容及缮制说明：

（1）预录入编号：指预录入单位对书面报关单，或以 EDI 报关单位对报关单电子报关的编号。预录入编号仅限于上述报关或录入单位与接受申报的海关之间使用，应能唯一标识该单位录入或申报的每一张报关单。

（2）海关编号：该项为海关接受申报后所作的报关单标识号。

表1－3　　报关所需单证

单据份数及性质 / 出口说明 / 单据种类	一般贸易	进料加工贸易货物出口	来料加工装配和补偿贸易货物出口	中外合资、合作企业货物出口
1. 出口货物报关单	白色报关单（4）√	粉红色报关单（5）√	浅红色报关单（5）√	浅蓝色报关单（2）√
2. 出口货物明细单	√（1）	√	√	√
3. 商业发票	√（2）	√（2）	√（2）	√
4. 装箱单	√	√	√	√
5. 出口收汇核销单	√	√	√	√
6. 运输单据（如提单、装货单或运单、装箱清单等）	√	√	√	√
7. 海关核发并经报关单位填妥货名、数量等相关内容的手册		《进料加工登记手册》	《对外加工装配进出口货物登记手册》或《加工装配和中小型补偿贸易进出口货物登记手册》	属进料加工的商品，须提交《中华人民共和国海关对外商投资企业履行产品出口合同所需进口料件加工复出口登记手册》
备　注	若需办理出口退税，须提供退税用“出口货物报关单”一份（浅黄色） 属法定检验或动植物检疫的货物，须提交“出入境检验检疫证书”或报关单上盖有商检放行章或提交商检放行单 属许可证管理范围商品须提交“出口许可证” 危险品出口还须提交“危险品说明书”和“海运出口危险品包装容器使用鉴定” 一式五联报关单中各联的作用为：（1）海关留存联；（2）海关统计联；（3）企业留存联；（4）海关核销联；（5）出口收汇核销联。前三联为基本联 其他须提交的单据依信用证或合同的具体规定而定			

（3）出口口岸：填写货物出境的最后一个口岸的名称。

（4）备案号：填报加工贸易的《登记手册》编号以及保税仓库进出口货物的《登记手册》编号。

（5）出口日期：指运载该批货物的运输工具申报出境的日期。

（6）申报日期：指海关接受出口货物的发货人或其代理人申报货物出境的日期。

（7）经营单位：指从事对外贸易经营活动的法人和其他组织（一般即出口人）。

（8）运输方式：指货物出境载运的最后运输方式（如海运/陆运/空运/邮运等）。

（9）运输工具名称：指运载该批货物出境的运输工具名称及编号。江海运输须报船名和航次，汽车运输填报车牌号码，铁路运输填报车次，航空运输填报航班次。

（10）提运单号：指各类货运单据号码，海运填报提单号码，即配舱回单上的 D/R 编号。

（11）发货单位：指货物在境内的生产或销售单位名称。一般为国内供应商，也可填写出口商。

（12）贸易方式：指货物进出境的交易方式，按海关《贸易方式代码表》中确定的贸易方式简称填报。如一般贸易、援助物资、补偿贸易、来料加工、进料加工、对外承包工程货物等。

（13）征免性质：是对海关征、减、免税管理规定的类别划分，按海关《征免性质代码表》确定的征免性质简称填报。

（14）许可证号：指货物出口许可证的编号。若无，则不用填写。

（15）结汇方式：填写按海关《结汇方式代码表》确定的结汇方式。如 L/C、D/P、D/A、T/T 等。

（16）运抵国：填写货物最后运抵的国家（地区）（一般是进口国）。

（17）指运港：填写货物运往国外的目的港。

（18）境内货源地：指货物在境内产地或原始发货地（省市县）。如货源地是经济特区、经济技术开发区、高新技术开发区、保税区等还应填报所在的经济区划。

（19）批准文号：指除出口许可证外所需的其他批准文件及编号。

（20）成交方式：填报按海关《成交方式代码表》确定的价格条件。如 FOB、CFR、CIF 等。

（21）运费：填写整批货物出口实际支付的运费率。如以 FOB 条件成交则不必填写。

（22）保险费：指实际支付的保险费金额或保险费率。如以 FOB 和 CFR 条件成交则不必填写。

（23）杂费：填写实际支付的国内其他费用，包括包装费、劳务费等（按人民币数额填写）。

（24）合同协议号：指出口货物贸易合同（协议）的编号。

（25）件数：填写本批次申报出口货物的实际外包装的总件数。

（26）包装种类：填写货物外包装的种类，如箱、袋、包、桶等。不同种类应一一列出。

（27）毛重：指本批货物全部的重量，包括外层包装的重量，计量单位为千克。

（28）净重：指货物毛重扣除外层包装后的自然净重，计量单位为千克。

（29）集装箱号：填写装载货物的集装箱号码。

样单 1－15　中华人民共和国海关出口货物报关单

中华人民共和国海关出口货物报关单

预录入编号：　　　　　　　　　　　　海关编号：

出口口岸	备案号	出口日期	申报日期	
经营单位	运输方式	运输工具名称	提运单号	
发货单位	贸易方式	征免性质	结汇方式	
许可证号	运抵国（地区）	指运港	境内货源地	
批准文号	成交方式	运费	保险费	杂费
合同协议号	件数	包装种类	毛重（千克）	净重（千克）
集装箱号	随附单据	生产厂家		
标记唛码及备注				

项号	商品编号	商品名称、规格型号	数量及单位	最终目的国(地区)	单价	总价	币制	征免

税费征收情况

录入员　　录入单位	兹声明以上申报无讹并承担法律责任	海关审单批注及放行日期（签章） 审单　　审价
报关员	申报单位（签章）	
单位地址	填制日期	征税　　统计
邮编　　电话		查验　　放行

1.2.6 报检

所谓报检是指对外贸易关系人（包括出口商品的生产、经营部门和进口商品的收货、用货部门或代理接运等部门）按照法律、行政法规的规定或根据需要向商检机构申请办理检验、鉴定工作的手续。

1.2.6.1 报检流程

申请出口商品检验时，报检人必须填写由商检局提供的出口商品检验申请单（见样单1－16)，一般一批出口商品或一份厂检结果单填写一份申请单。输往地点、运输工具以及收货人不同的应分别填报，并随附对外贸易合同、信用证以及有关函电等。凭样成交商品应提供买卖双方确认的样品。如信用证经修改的，应及时提供有关修改函电，并分情况加附下列单证：

1. 经生产、经营单位检验的，应加附厂检结果单或化验单。
2. 经商检预验或产地检验的商品，应附商检机构签发的检验结果单或检验合格单。
3. 申请鉴定重量的商品，应附重量明细单。
4. 凡必须向商检机构办理卫生注册及出口质量许可证的商品，必须提交商检机构签发的卫生注册证书、出口质量许可证和厂检合格单。

报检应在装运、报关前10天向各地商检局（处）申报。

报检人在报检时应通过网络填写并提交电子报检单，并加签电子签名和随附与出入境检验检疫有关的单证资料，并按规定缴纳检验检疫费。报检人对检验检疫单证有特殊要求的，应在报检单上注明并交付相关文件。

1.2.6.2 报检单证

1. 出境货物报检时应随附的单证

（1）必须提供的单证包括：合同、信用证、商业发票、装箱单等；

（2）根据情况还应提供以下单证：

①凡实施质量许可、卫生注册或需要审批的货物，须提供有关证明。

②出境货物须经生产者或经营者检验的应加附检验合格证或检测报告；申请重量鉴定的应加附重量单或磅码单。

③凭样品成交的货物，应提供经买卖双方确认的样品。

④报检出境危险货物，须提供危险货物容器性能鉴定结果单和使用鉴定结果单。

⑤申请原产地证明书和普惠制原产地证明书的，应提供商业发票等资料。

⑥出境特殊货物的，根据法律法规规定应提供有关的审批文件。

样单1－16　出口商检申请单

出口商品检验申请单

中华人民共和国福州进出口商品检验局：　　　　　　　　　　　　　　报检单位盖章

兹有下列商品申请检验，请照章办理。

联系人　　　　　　　　电话　　　　　　　　报检号　　　　　　　　日期

发货人	（中文）				
	（英文）				
商品名称（中英文）					
报检重量				商品编号	
报检数量				合同或发票总值	
包装情况				输往国别地区	
贸易方式（√）	正常贸易	三来一补	其他贸易方式	许可证号	
报检人员提供附件	合同号	信用证号		换证凭单	存货地点

需要商检证单（√）	文种	合同信用证对商检条款的特殊要求	标记及号码
品质证			
数量证			
重量证			
产地证			
兽医证			
卫生证			
健康证			
消毒证			
分析证			
黄曲霉证			
放行单			

出口商品检验签证工作流程表								领证人签收
项目	经办人	时间		项目	经办人	时间		
		月	日			月	日	
1. 接受报检				5. 复审				年　月　日
2. 检验处收单				6. 制证				
3. 检务处收单				7. 翻译				
4. 审核				8. 发证				

领取证书凭条　　　　　　　　申请日期　　　　　年　　月　　日

申请单位		申请号	
品名		商检签收	

2. 报检单据的填制

出境货物报检单是出口报检的重要依据之一（见样单 1 - 17），申请报检人必须按规定要求完整、准确、清晰地填写各项内容。应附资料要齐整，并与报检单一致。填写说明如下：

（1）发货人、收货人、商品名称及规格：应分别按合同、信用证中所列卖方名称、买方名称和商品名称及规格填写。

（2）商品编码（H. S. 编码）：按《商品名称及编码协调制度》中所列编码填写（H. S. 编码查询可通过“中国检验检疫信息网”查询）。

H. S. 目录表的有关说明：

①该目录由《进出口商品检验种类表》、《进出境动植物检验检疫商品与 H. S. 目录对照表》、《进口卫生监督检验食品与 H. S. 目录对照表》合并而成。

②该目录是以《商品名称及编码协调制度》（*The Harmonized Commodity Description and Coding System*）（简称《协调制度》）为基础，依照海关通关业务系统《商品综合分类表》的商品编号、商品名称、商品备注和第一海关通关业务系统《商品综合分类表》的商品编号、商品名称、商品备注和第一计量单位编制。

③该目录内商品共涉及《协调制度》21 类，编码 4113 个。

目录中“海关监管条件”项下的代码分别表示：

实施进境检验检疫，共 2746 个；

实施出境检验检疫，共 3560 个。

目录中“检验检疫类别”项下的代码分别表示：

M：进口商品检验，共 1146 个；

N：出口商品检验，共 2029 个；

P：进境动植物、动植物产品检疫，共 1517 个；

Q：出境动植物、动植物产品检疫，共 1509 个；

R：进口食品卫生监督检验，共 1158 个；

S：出口食品卫生监督检验，共 915 个。

为便于区分，“/”符号前项目为进境内外检验检疫，“/”符号后项目为出境检验检疫。

“成套设备”与《协调制度》对应尚有一定困难，仍暂列最后。

（3）产地和生产厂：产地填写省、市、县名；生产厂填写生产企业全称。

（4）报检数量/重量：按实际申请检验数量/重量填写。一般填写净重。

（5）商品总值：按合同或发票所列货物总值填写。

（6）包装种类：填写外包装材料的种类和包装状况是否良好。多种包装应分别填写。

（7）输往国家（地区）：指出口货物的最终销售国。

样单 1 – 17　出境货物报检单

中华人民共和国出入境检验检疫

出境货物报检单

报检单位（加盖公章）：　　　　　　　　　　　　编　号 ________

报检单位登记号：　　　　联系人：　　　　电话：　　　　报检日期：　　年　月　日

发货人	（中文）	
	（外文）	
收货人	（中文）	
	（外文）	

货物名称（中/外文）	H. S. 编码	产地	数/重量	货物总值	包装种类及数量

运输工具名称号码		贸易方式		货物存放地点	
合同号		信用证号		用途	
发货日期		输往国家（地区）		许可证/审批号	
起运地		到达口岸		生产单位注册号	
集装箱规格、数量及号码					

合同、信用证订立的检验检疫条款或特殊要求	标记及号码	随附单据（画“✓”或补填）	
		□合同	□包装性能结果单
		□信用证	□许可/审批文件
		□发票	□
		□换证凭单	□
		□装箱单	□
		□厂检单	□

需要证单名称（画“✓”或补填）				*检验检疫费	
□品质证书	__正__副	□植物检疫证书	__正__副	总金额（人民币元）	
□重量证书	__正__副	□熏蒸/消毒证书	__正__副		
□数量证书	__正__副	□出境货物换证凭单		计费人	
□兽医卫生证书	__正__副	□出境货物通关单			
□健康证书	__正__副	□			
□卫生证书	__正__副	□		收费人	
□动物卫生证书	__正__副	□			

报检人郑重声明：	领取证单	
1. 本人被授权报检。 2. 上列填写内容正确属实，货物无伪造或冒用他人的厂名、标志、认证标志，并承担货物质量责任。	日期	
签名：________	签名	

注：有“＊”号栏由出入境检验检疫机关填写。

(8) 卫生注册及质量许可证号：填写出入境检验检疫机构签发的卫生注册证书号或质量许可证号。

(9) 如合同、信用证对检验检疫条款有特殊要求的，须详细填写对检验检疫签证的特殊要求。

(10) 标记及号码：填写实际货物运输包装上的标记（唛头）；裸装、散装货物应填写 N/M，并注明"裸装"或"散装"。

(11) 报检日期：应在检验检疫机构受理报检日现场由报检人填写。

1.2.7 保险

1.2.7.1 保险概述

1. 保险单的作用

在被保险货物遭受损失时，保险单是被保险人索赔的主要依据，也是保险公司理赔的主要依据。

2. 保险单的分类

(1) 保险单（Insurance Policy）

保险单俗称"大保单"，该保险单印有保险条款，它是一种独立的保险凭证，一旦货物受到损失，承保人和被保人都要按照保险条款和投保险别来分清货损，处理索赔。

(2) 保险凭证（Insurance Certificate）

保险凭证俗称"小保单"，是一种简单的保险凭证，它不印刷保险条款。这种保险凭证格式简单，但其作用与保险单完全相同。

(3) 联合保险凭证（Combined Insurance Certificate）

联合保险凭证是指在商业发票上面加盖保险章，注明保险编号、险别、金额、装载船名、开船日期等，以此作为保险凭证。它与保险单有同等效力，其作用与保险单完全相同。

(4) 预约保险单（Open Policy，Open Cover）

预约保险单是保险公司承保被保险人在一定时期内发运的、以 CIF 价格条件成交的出口货物或以 FOB、CFR 价格条件成交的进口货物的保险单。预约保险单载明保险货物的范围、险别、保险费率、每批运输货物的最高保险金额以及保险费的结付办法等。凡属于预约保险范围内的进出口货物，一经起运，即自动按预约保险单所列条款承保，但被保险人在获悉每批保险货物起运时，应立即以起运通知书或其他书面形式将该批货物的名称、数量、保险金额、运输工具的种类和名称、航程起讫地点、开航日期等情况通知保险公司。

3. 保险的险别

海上运输货物保险主要有中国人民保险公司条款和伦敦学会条款（ICC），根据 1981

年 1 月 1 日中国人民保险公司修改的条款，有基本险别、一般附加险和特别附加险。

（1）基本险别

①海洋运输险（Ocean Transportation Risk）

平安险（Free from Particular Average，F. P. A.）；

水渍险（With Particular Average or With Average，W. P. A. 或 W. A.）；

一切险（All Risks，A. R.）。

②陆上运输险（Overland Transportation Risk）

适用于火车、汽车等陆上运输。基本险别有陆运险和陆运一切险两种。

③航空运输险（Air Transportation Risk）

适用于航空运输。基本险别有航空运输险和航空运输一切险两种。

④包险（Parcel Post Risks）

适用于邮政包裹寄递。基本险别有邮包险和邮包一切险两种。

（2）一般附加险

①偷窃提货不着险（Theft Pilferage & Non – Deliver Risk，T. P. N. D.）；

②淡水雨淋险（Fresh &/or Rain Water Damage，F. R. W. D.）；

③碰损破碎险（Clash and Breakage Risk）；

④渗漏险（Leakage Risk）；

⑤钩损险（Hood Damage）；

⑥混杂玷污险（Inter – Mixture and Contamination Risk）；

⑦生锈险（Rust Risk）；

⑧短量险（Shortage Risk）；

⑨串味险（Taint of Odour Risk）；

⑩包装破裂险（Breakage of Packing Risk）；

⑪受潮受热险（Sweating and Heating Damage）。

（3）特别附加险

①战争险（War Risks）；

②罢工险（Strikes Risk）；

③舱面险（On Deck Risk）；

④进口关税险（Import Duty Risk）；

⑤拒收险（Rejection Risk）；

⑥海关检验险（Survey in Customs Risk）；

⑦码头检验险（Survey at Jetty Risk）；

⑧交货不到险（Failure to Delivery Risk）。

“伦敦协会条款”得到了世界保险界和贸易界的广泛接受，西方国家保险业务大都采用伦敦协会条款。英国伦敦保险协会 1963 年 1 月 1 日货物运输一切险、水渍险、平安险已修改为1982年1月1日的A、B、C条款。此外，还有协会战争险、协会罢工险和恶意损害险条款（Malicious Damage Clauses）。除恶意损害险外，其余五种险别可单独投保。

1.2.7.2　保险单证

制作保险单可参考样单1-18和样单1-19。

1. 发票号码（Invoice No.）

填写投保货物商业发票的号码。

2. 保险单号次（Policy No.）

填写保险单号码。

3. 被保险人（Insured）

（1）如来证无特别规定，保险单的被保险人应是信用证上的受益人，由于出口货物绝大部分均由出口公司向保险公司投保，按照习惯，被保险人一栏中填写出口公司的名称，并由出口公司背书。从可保利益角度看，只有填写受益人的名称，才能使保险公司的保险责任为"仓至仓"。

（2）信用证要求保险单为to order of ×××× Bank或in favour of ×××× Bank，即应在被保险人处填写"出口公司名称+Held to order of ×××× Bank（或in favour of ×××× Bank）"并由出口公司背书。

（3）信用证有特殊要求，所有单据以×××为抬头人，那么应在被保险人栏以×××为被保险人，这种保险单就不需要背书。

（4）信用证规定，保险单抬头为第三者名称，可填写"被保险利益人"，即填写"To whom it may concern"。

（5）信用证规定，保险单为空白抬头（TO ORDER），被保险人名称应填写"TO ORDER"，并由出口公司背书。

（6）以FOB、CFR、FCA或CPT条件成交，且外商委托出口公司代办保险，如以托收、汇付方式支付，被保险人填写可采用第一种情况处理；如以信用证支付，被保险人名称可填写"出口公司名称+on behalf of+外商名称"。

4. 保险货物项目（Description of Goods）

与提单相同，填写货物的总称。

5. 包装及数量（Quantity）

与提单相同，填写最大包装的总件数。裸装货物填写货物本身件数，散装货物填写货物净重，有包装但以重量计价的应同时填写总件数和计价总重量。

样单 1－18　出口货物运输保险投保单

出口货物运输保险投保单

发票号码		投保条款和险别
被保险人	客户抬头	(　　) PICC CLAUSE
		(　　) ICC CLAUSE
		(　　) ALL RISKS
		(　　) W. P. A./W. A.
		(　　) F. P. A.
	过户	(　　) WAR RISKS
		(　　) S. R. C. C.
		(　　) STRIKE
		(　　) ICC CLAUSE A
		(　　) ICC CLAUSE B
		(　　) ICC CLAUSE C
保险金额	USD (　　)	(　　) AIR TPT ALL RISKS
	HKD (　　)	(　　) AIR TPT RISKS
	(　　) (　　)	(　　) O/L TPT ALL RISKS
起运港		(　　) O/L TPT RISKS
目的港		(　　) TRANSHIPMENT RISKS
转内陆		(　　) W TO W
开航日期		(　　) T. P. N. D.
船名航次		(　　) F. R. E. C.
赔款地点		(　　) R. F. W. D.
赔付币别		(　　) RISKS OF BREAKAGE
正本份数	1 份正本，1 份副本	(　　) I. O. P.
其他特别条款	COVERING INSTITUTE CIVIL COMMOTIONS CLAUSES.	

以下由保险公司填写

保单号码		费　率	
签单日期		保　费	

投保日期：　　　　年　　月　　日　　　　　　　　投保人签章：

样单 1－19　海洋货物运输保险单

中保财产保险有限公司

The People's Insurance (Property) Company of China, Ltd.

发票号码　　　　　　　　　　　　　　　　保险单号次
Invoice No.　　　　　　　　　　　　　　　Policy No.

海 洋 货 物 运 输 保 险 单

MARINE CARGO TRANSPORTATION INSURANCE POLICY

被保险人：
Insured：

中保财产保险有限公司（以下简称本公司）根据被保险人的要求，及其所交付约定的保险费，按照本保险单承担险别和背面所载条款与下列特别条款承保下列货物运输保险，特签发本保险单。

This policy of Insurance witnesses that the People's Insurance (Property) Company of China, Ltd. (hereinafter called "The Company"), at the request of the Insured and in consideration of the agreed premium paid by the Insured, undertakes to insure the undermentioned goods in transportation subject to conditions of the Policy as per the Clauses printed overleaf and other special clauses attached hereon.

保险货物项目 Descriptions of Goods	包装 Packing	单位 Unit	数量 Quantity	保险金额 Amount Insured

承保险别　　　　　　　　　　　　　　　　货物标记
Conditions　　　　　　　　　　　　　　　Marks of Goods

总保险金额
Total Amount Insured ____________

保费　　　　　　　　运输工具　　　　　　　　开航日期
Premium ______ Per conveyance S. S ______ Slg. on or abt ______

起运港　　　　　　　　目的港
Form ____________ To ____________

所保货物，如发生本保险单项下可能引起索赔的损失或损坏，应立即通知本公司下述代理人查勘。如有索赔，应向本公司提交保险单正本（本保险单共有______份正本）及有关文件。如一份正本已用于索赔，其余正本则自动失效。

In the event of loss or damage which may result in acclaim under this Policy, immediate notice must be given to the Company's Agent as mentioned hereunder. Claims, if any, one of the Original Policy which has been issued in ____ original (s) together with the relevant documents shall be surrendered to the Company. If one of the Original Policy has been accomplished, the others to be void.

赔款偿付地点
Claim payable at ____________

日期　　　　　　　　　　在
Date ____________ at ____________

地址
Address ____________

6. **保险金额（Amount Insured）**

一般按照发票金额加一成（即110%发票金额）填写。最终以双方商定的比例计算而成，但中国人民保险公司不接受保额超过发票金额30%的投保，以防止个别买主故意灭损货物，串通当地检验部门取得检验证明，向保险公司索赔。按惯例，保险金额货币单位应与信用证一致，如发票已扣除佣金或折扣，应按扣除佣金和折扣前的毛值投保。

7. **承保险别**

出口公司只需在副本上填写这一栏目的内容。当全套保险单填好交给保险公司审核、确认时，才由保险公司把承保险别的详细内容加注在正本保险单上。填制时应注意：

（1）应严格按信用证规定的险别投保。并且为了避免混乱和误解，最好按信用证规定的顺序填写。

（2）如信用证没有规定具体险别，或只规定"Marine Risk"、"Usual Risk"或"Transport Risk"等，则可投保一切险（All Risks）、水渍险（W. A. 或 W. P. A.）、平安险（F. P. A.）三种基本险中的任何一种。

（3）如信用证规定的险别超出了合同规定，或成交价格为FOB或CFR，应由买方保险，但信用证规定由卖方保险。遇到这种情况应与买方交涉，在买方同意支付额外保险费的情况下，应按信用证规定的险别投保。否则，应要求取消此条款。

（4）如信用证规定使用伦敦协会条款，包括修订前的或修订后的，根据中国人民保险公司的现行做法，可以按信用证规定承保，保险单应按要求填制。

（5）如信用证要求投保转船险或无限转船险（Unlimited Transshipment Risk），即使直达提单也必须按规定保险，以防在运输途中由于特殊原因强迫或被迫转船而使货物受损。

（6）如果信用证没有规定"不计免赔率"（Irrespective of Percentage），则保险单内可以加注免赔率条款。

（7）投保的险别除注明险别名称外，还应注明险别适用的文本及日期。例如：

Covering All Risks and War Risks as per Ocean Marine Cargo Clauses & Ocean Marine Cargo War Risks Clauses of The People's Insurance Company of China Dated 1/1/1981（按照中国人民保险公司1981年1月1日海运货物条款和海运货物战争险条款承保一切险和战争险）。

Covering Marine Risks Clause（A）as per Institute Cargo Clause（A）Dated 1/1/1982（按照伦敦协会1982年1月1日货物A条款承保海运险A条款）。

（8）在实际业务中，有些英文名可采用缩略写的形式。例如：

第（7）中第一个条款可写成"...as per OMCC & OMCWRC of the PICC（CIC）dd 1/1/1981"或"...as per CIC. All Risks & War Risks"；第二个条款可写成"...as per ICC（A）dd 1/1/1982"。

8. 标记（Marks & Nos.）

与提单相同，也可以填写“AS PER INVOICE No. ×××”。但如果信用证规定所有单据均要显示装运唛头，则应按实际唛头缮制。

9. 保险总金额（Total Amount Insured）

将保险金额以大写的形式填入。计价货币也应以全称形式填入。注意保险金额使用的货币应与信用证使用的货币一致，保险总金额大写应与保险金额的阿拉伯数字一致。

10. 保费（Premium）

一般由保险公司在印刷保险单时填入“As Arranged”字样，出口公司在填写保险单时无须填写。但如来证要求：“Insurance Policy/Certificate Endorsed in Blank Full Invoice Value Plus 10% Marked Premium Paid.”或“Insurance Policy/Certificate Endorsed in Blank Full Invoice Value Plus 10% Marked Premium Paid USD ×××.”制单时应把原有的“As Arranged”删去。加盖校对章后打上“Paid”或“Paid USD ×××”字样。

11. 装载工具

填写装载船的船名。当运输由两程运输完成时，应分别填写一程船名和二程船名。如一程船名为“Mayer”、二程船名为“Dongfeng”，则该栏填写为“Mayer/Dongfeng”。如转运到内陆，则加 Other Conveyance。

12. 开航日期

一般填写提单签发日期，也可填写提单签发日前后各 5 天之内的任何一天的日期，或填写“As Per B/L”。

13. 起运港

填写起点即装运港名称。

14. 目的港

填写讫点即目的港名称。当一批货物经转船到达目的港时，这一栏填写：目的港 W/T（VIA）转运港。当一批货物到达目的港后须转运内陆某地买方仓库，如到达纽约港后转运芝加哥，保单目的港可填“NEWYORK AND THENCE TO CHICAGO”或“NEWYORK IN TRANSIT TO CHICAGO”。

15. 保险单份数

当信用证没有特别说明保险单份数时，出口公司一般提交一套完整的保险单（一份 original，一份 duplicate）。

中国人民保险公司保险单一套五份。由一份正本（original），一份复联（复本）（duplicate）和三份副本（copy）构成。

当来证要求提供的保险单“in duplicate/in two folds/in 2 copies”时，出口公司提交给议付行的是正本保险单（original）和复联（复本）保险单（duplicate）构成全套保险单。其中的正本保险单可经背书转让。根据《UCP500》的规定，正本必须有“正本”（original）字样。

16. 赔付地点

一般地，将目的地作为赔付地点，将目的地名称填写入该栏。如买方指定理赔代理人，理赔代理人必须在货物到达目的港的所在国内，便于到货后检验。赔款货币一般为投保金额相同的货币。

17. 日期

日期指保险单的签发日期。由于保险公司提供“仓至仓”（Warehouse to Warehouse）服务，所以要求保险手续在货物离开出口方仓库前办理。保险单的日期也应是货物离开出口方仓库前的日期。

18. 投保地点

填写投保地点的名称，一般为装运港（地）的名称。

19. 背书

（1）空白背书（Blank endorsed）

空白背书只注明被保险人（包括出口公司的名称和经办人的名字）的名称。

当来证没有明确使用哪一种背书时，可使用空白背书方式。

（2）记名背书

当来证要求“Delivery to（The order of）××× CO.（Bank）”或“Endorsed in the name of ×××”，即规定使用记名背书方式。具体做法是：在保险单背面注明被保险人的名称和经办人的名字后，打上“Delivery to ××× CO.（Bank）”或“in name of ×××”的字样。

记名背书在出口业务中较少使用。

（3）记名指示背书

当来证要求“Insurance policy or certificate in negotiable form issued to the order of ×××”，在制单时，具体做法是：在保险单背面打上“To order of ×××”，然后签署被保险人的名称。

（4）特别情况

当被保险人不是出口方而是进口方时（由出口方替进口方投保且规定被保险人须为进口方时），出口人无须背书。如果这时保险单需要转让，必须由保险人背书才能转让。

当保险人既不是出口方也不是进口方时，该保险单的转让不需要作任何方式的背书即可转让。当被保险货物损失（承保范围内）后，保险单的持有人享有向保险公司或其代理人索赔的权利并得到合理的补偿。

1.2.8 制单结汇

出口结汇单据种类繁多，每笔业务所需单据的种类、内容、份数和缮制方法，应视不同要求而定。一般而言，结汇单据包括基本单据和附属单据两部分。其中，基本单据是出口商必须提供的单据，包括商业发票、提单、保险单、汇票和装箱单等。附属单据系卖方要求而协助取得的单据，如领事发票、海关发票、产地证、普惠制证、检验检疫证等。在上述单据中，提单、保险单、检验检疫证等一般无须出口企业自行缮制或填写，但需加以审核。

1.2.8.1　汇票

汇票（Draft，Bill of Exchange，Exchange）是一人向另一人签发的无条件的书面付款命令（见样单1－20）。要求受票人（Drawee）按照汇票上所列的期限、金额向汇票规定的收款人（Payee）或其指定的代理人或持票人进行支付。在信用证中，汇票主要是起一个付款凭证的作用。

样单1－20　汇票

BILL OF EXCHANGE

凭 Drawn Under　　　　不可撤销信用证 Irrevocable　L/C No.

日期 Date　　　　支取 Payable with Interest　@　%　按　息　付款

号码 No.　　汇票金额 Exchange for　　　　南京 Nanjing

见票 at　　　　日后(本汇票之副本未付)付交 sight of this FIRST of Exchange (Second of Exchange

Being unpaid) Pay to the order of

金额 the sum of

此致 To

1. 信用证汇票示例

（1）Drafts to drawn at 30 days' sight on us for 100% of invoice value.

（2）You are authorized to draw on Royal Band of Canada，Vancouver at sight for a sum not exceeding CAN　$ 120.000.

（3）Drafts in duplicate at sight bearing the clause "Drawn under DBS Bank Singapore Documentary Credit No. 748236 dated January 15th，2007".

（4）We open this Irrevocable Documentary Credit favouring yourselves for 95% of the invoice value available against your draft at sight by negotiation on us.

（5）This credit is available with any bank by negotiation of Beneficiary's Drafts at 60 days date drawn on Issuing bank.

2. 汇票填制要点

(1) 汇票号码

通常与此笔交易的发票号码一致，以便核对。

(2) 汇票日期

一般是提交议付行议付的日期，该日期往往由议付行填写。该日期不能迟于信用证的有效期。

(3) 汇票金额

根据信用证规定的金额填写。一般信用证中的规定是按发票金额的100%开立汇票，有时也有按发票金额的一定百分比开立的。在填写汇票金额时要注意金额的大小写要一致，而且货币的币种要与信用证金额货币相同。

(4) 汇票期限

在汇票中用“At…”表示。

即期汇票“At Sight…”，只需在横线上用“＊＊＊＊＊＊＊”或“　　　”表示，也可以直接打上“At Sight”（但不要留空）。

远期汇票。按信用证汇票条款的规定填入相应的付款期限。例如：

“30 days after sight”，见票后30天付款。

“45 days after date”，汇票出票日后45天付款。

“60 days after the B/L date”，提单日后60天付款（注意：此时应在“B/L date”后加注实际的提单日期）。

(5) 收（受）款人（Payee）

在汇票中一般用“Pay to the order of…”或“Pay to…or order”来表示。通常，在信用证支付条件下收款人填信用证议付行的名称。例如：

“Pay to the order of Bank of China　　Shanghai Branch”

(6) 对价条款

应填入有关货物的数量、包装、品名。例如：

“Value received for 370 Cartons of Plush Toys”

(7) 出票条款

应填写相关信用证开证行、信用证号码及开证日期。例如：

“Drawn under The National Bank of Kuwait S. A. K. Head Office
L/C No. 02/194546/8 Dated 3rd Feb., 2007”

(8) 付款人（Payer）即受票人（Drawee）

一般此栏在汇票中用“To”表示。汇票付款人的填写要按照信用证的要求，在信用证汇票条款中付款人往往是用“drawn on…”或直接用“on…”表示的。例如：

①汇票条款中规定：“…drawn on us”，或“…on ourselves”，则付款人为开证行；

②汇票条款中规定：“…drawn on ×× Bank”（非开证行），则付款人为该银行（即信

用证的付款行）；

③汇票条款中规定："...on yourselves"，则付款人为通知行，而此时，通知行往往又是信用证的保兑行。

注意：汇票付款人也可以是开证申请人或其他公司企业。一般而言，付款人应按信用证的规定填上详细的名称地址。

（9）出票人（Drawer）

在汇票右下角，一般填信用证受益人，并且受益人在出具了汇票后必须签署。

1.2.8.2　产地证

1. 原产地证明书

原产地证明书是证明货物原产地和制造地的文件，也是进口国海关采取不同的国别政策和关税待遇的依据。

原产地证明书一般可分为：①普通产地证（又称原产地证）（Certificate of Origin）（见样单1－21和样单1－22）；②普惠制产地证（Generalized System of Preference Certificate of Origin Form A）（见样单1－23和样单1－24）；③输往欧盟纺织品产地证［Certificate of Origin（Textile Products）］。

2. 普通产地证填写内容

（1）证书编号（Certificate No.）

此栏不得留空，否则，证书无效。

（2）出口方（Exporter）

填写出口公司的详细地址、名称和国家（地区）名。若经其他国家或地区需填写转口商名称时，可在出口商后面加填英文VIA，然后再填写转口商名称、地址和国家（地区）。例如：

GUANGDONG TEXTILES IMPORT & EXPORT KNITWEARS.

CO., LTD., 15/F GUANGDONG TEXTILE MANSION.

NO. 168 XIAOBEI RD. GUANGZHOU, CHINA.

VIA HONG KONG DAMING CO., LTD.

NO. 566, GUANGDONG ROAD, HONG KONG.

（3）收货方（Consignee）

填写最终收货人的名称、地址和国家（地区）名。通常是货物买卖合同中的买方或信用证上规定的提单通知人。如信用证规定所有单证收货人一栏留空，在这种情况下，此栏应加注"TO WHOM IT MAY CONCERN"或"TO ORDER"，但不得留空。若需填写转口商名称时，可在收货人后面加填英文VIA，然后再填写转口商名称、地址、国家（地区）。例如：

AL OTHAIMAN TRADING CO., LTD.

P. O. BOX23631 DUBAI, U. A. E.

VIA HONG KONG DAMING CO., LTD.

NO. 566, GUANGDONG ROAD, HONG KONG.

（4）运输方式和路线（Means of Transport and Route）

填写目的港和装运港、运输方式。若经转运，还应注明转运地。

例如：通过海运，于2007年7月1日由广州港经香港转运至鹿特丹港，应填为：

FROM GUANGZHOU TO HONG KONG ON JULY 1, 2007,

THENCE TRANSSHIPPED TO ROTTERDAM BY VESSEL

或

FROM GUANGZHOU GO ROTTERDAM

BY VESSEL VIA HONG KONG

（5）目的地国家（地区）（Country/Region of Destination）

填写目的地国家（地区）。一般应与最终收货人或最终目的港（地）国别一致，不能填写中间商国家名称。

（6）签证机构用栏（For Certifying Authority Use only）

由签证机构在签发后发证书、补发证书或加注其他声明时使用。证书申领单位应将此栏留空。一般情况下该栏不填。

（7）运输标志（Marks and Numbers）

填写唛头。应按照出口发票上所列唛头填写完整图案、文字标记及包装号码，不可简单填写"按照发票"（AS PER INVOECE NO.）或者"按照提单"（AS PER B/L NO.）。货物无唛头时，应填写N/A（NO. MARK）。此栏不得留空。如唛头多，本栏填写不够，可填写在第7、8、9栏的空白处，如还不够，可用附页填写。

（8）商品名称、包装数量及种类（Number and Kind of Packages; Description of Goods）

填写商品名称及包装数量。商品名称要填写具体名称，不得用概括性表述，例如服装（GARMENT）。包装数量及种类要按具体单位填写，例如100箱彩电，填写为"100 CARTONS（ONE HUNDRED CARTONS ONLY）OF COLOUR TV SET"。包装数量应在阿拉伯数字后加注英文表述，如货物为散装，在商品名称后加注"散装"（IN BULK），例如1000公吨生铁，填写为"1,000 M/T（ONE THOUSAND M/T ONLY）PIG IRON IN BULK"。有时信用证要求在所有单证上加注合同号、信用证号码等，可加注在此栏。本栏的末行要打上表示结束的符号（* *），以防加添内容。例如：

ONE HUNDRED AND FIFTY（150）CARTONS OF

MEN'S T/C PRINTED 2 PC SETS

SIXTY－SEVEN（67）CARTONS OF BOY'S T/C

PRINTED 2 PC SETS

* *

样单 1－21　一般原产地证明书/加工装配证明书申请书

一般原产地证明书/加工装配证明书申请书

证　书　号：

申请人郑重声明：

本人被正式授权代表本企业办理和签署本申请书。

本申请书及一般原产地证明书/加工装配证明书所列内容正确无误，如发现弄虚作假，冒充证书所列货物，擅改证书，本人愿按《中华人民共和国出口货物原产地证规则》的有关规定接受处罚。现将有关情况申报如下：

商品名称：＿＿＿＿＿＿　　H.S. 税目号（六位数码）：＿＿＿＿＿＿

发票号：＿＿＿＿＿＿　　商品 FOB 总值（以美元计）：＿＿＿＿＿＿

最终目的地国家/地区：＿＿＿＿＿＿　　转口国（地区）：＿＿＿＿＿＿

包装数量：＿＿＿＿＿＿　　毛重或其他数量：＿＿＿＿＿＿

拟出运日期：＿＿＿＿＿＿＿＿＿＿

贸易方式（画“√”）			企业性质（画“√”）		
一般贸易	三来一补	其他贸易方式	国有企业	三资企业	街道乡镇企业

证书种类（画“√”）	一般原产地证明书		加工装配证明书	

现提交中国出口商业发票副本一份，一般原产地证明书/加工装配证明书一正三副，以及其他附件＿＿＿份，请予审核签证。

申请单位盖章　　　　申请人：（签名）

电话：

日期：　　年　　月　　日

进口商特殊要求或申请人备注：	领证人：（签名） 电话： 日期：　　年　　月　　日

样单 1-22　一般原产地证明书

ORIGINAL

<table>
<tr><td>(2) Exporter</td><td rowspan="2">(1) Certificate No.

CERTIFICATE OF ORIGIN
OF
THE PEOPLE'S REPUBLIC OF CHINA</td></tr>
<tr><td>(3) Consignee</td></tr>
<tr><td>(4) Means of Transport and Route</td><td rowspan="2">(6) For Certifying Authority Use only</td></tr>
<tr><td>(5) Country/Region of Destination</td></tr>
</table>

(7) Marks and Numbers	(8) Number and Kind of Packages; Description of Goods	(9) H. S. Code	(10) Quantity	(11) Number and Date of Invoices

<table>
<tr><td>(12) Declaration by the Exporter
The undersigned hereby declares that the above details and statements are correct, that all the goods were produced in China and that they comply with the Rules of Origin of the People's Republic of China.</td><td>(13) Certification
It is hereby certified that the declaration by the exporter is correct.</td></tr>
<tr><td>Place and date, signature and stamp of authorized signatory</td><td>Place and date, signature and stamp of certifying authority</td></tr>
</table>

（9）商品编码（H. S. Code）

此栏要求填写 H. S. 4 位编码，并与报关单商品编码的前 4 位数字一致。若同一证书包含有几种商品，则应将相应的税目号全部填写完整。此栏不得留空。

（10）数量（Quantity）

此栏要求填写出口货物的数量以及商品的计量单位。如上述的 100 箱彩电，此栏填“100 SETS”。1000 公吨散装生铁，此栏填“N. W. 1,000 M/T”（净重 1000 公吨）或“1,000 M/T（N. W.）”。如果只有毛重时，则需注明“G. W.”。

（11）发票号及日期（Number and Date of Invoices）

此栏填写申请出口货物的商业发票日期和号码。此栏不得留空。为避免月份、日期的误解，月份一律用英文表述，如 2007 年 12 月 10 日，用英文表述为：DEC. 10，2007。

（12）出口方声明（Declaration by the Exporter）

填写出口人的名称、申报地点及日期，由已在签证机构注册的人员签名并加盖有中英文的印章。

（13）签证机构签字、盖章（Certification）

填写签证地址、日期。签证机构签证人经审核后在此栏（正本）签名，并盖签证印章。

3. 普惠制产地证明书（FORM A）

原产地证明书格式 A 是出口商的声明和官方机构的证明合二为一的单证。联合国贸发会议优惠问题特别委员会对原产地证明书格式 A 的印刷格式、填制方法都有严格、明确的规定，对所需用纸张的质量、重量、大小尺寸、使用文种都做了规定，并要求正本加印绿色检索图案，防止涂改或伪造。因此，填制必须十分细心，本证书一律不得涂改，证书不得加盖校对章。本证书一般使用英文填制，应进口商要求，也可使用法文。特殊情况下，第二栏可以使用给惠国的文种。唛头标记不受文种限制，可据实填制。

（1）证书号码（Reference No.）

此栏不得留空，否则，证书无效。

（2）出口商名称、地址和国家（Goods Consigned from）

例如：CHINA ARTEX（HOLDINGS）CORP. GUANGDONG CO.

119（2ND BUILDING），LIUHUA ROAD，GUANGZHOU，

CHINA.

出口商的地址应填详细地址，包括街道名、门牌号码等。中国地名的英文译音应采用汉语拼音。如 GUANGZHOU（广州）、GUANGDONG（广东）、PANYU（番禺）等。

（3）收货人名称、地址和国家（Goods Consigned to）

例如：JERSON & JESSEN，LANGE NEHREN9，F－2000，HAMBURG，GERMANY.

根据信用证要求应填写给惠国的最终收货人名称（即信用证上规定的提单通知人或特别声明的收货人）。如果信用证未明确最终收货人，可以填写商业发票的抬头人。但不

可填中间商的名称。

欧洲联盟、挪威对此栏有非强制性要求，如果商品直接运往上述给惠国，而且进口商要求将此栏留空时，则可以不填表。

（4）所知的运输方式和航线（Means of Transport and Route）

例如：ON/AFTER NOV. 6，2007

FROM GUANGZHOU TO HONG KONG BY TRUCK

THENCE TRANSSHIPPED TO HAMBURG BY SEA.

一般应填装货、到货地点（起运港、目的港）及运输方式（如海运、陆运、空运）等内容，对转运商品应加上转运港，如 VIA HING KONG。该栏还要填明预定自中国出口的地点和日期。

对输往内陆给惠国的商品，如瑞士、奥地利，由于这些国家没有海岸，因此，如系海运，都须经第三国，再转运至该国，填证时应注明。如：

ON/AFTER NOV. 6 2007

FROM GUANGZHOU TO HAMBURG

W/T HONG KONG BY VESSEL

IN TRANSIT TO SWTTZERLAND.

（5）供官方使用（For Official Use）

此栏目正常情况下留空。如遇下列特殊情况，签证当局在此栏加注：

①货物已出口，签证日期迟于出货日期，签发“后发”证书时，此栏盖上“ISSUED RETROSPECTIVELY”红色印章。

②证书遗失、被盗或损毁，签发“复本”证书时盖上“DUPLICATE”红色印章，并在此栏注明原证书的编号和签证日期，并声明原发证书作废，其文字是“THIS CERTIFICATE IS IN REPLACEMENT OF CERTIFICATE OF ORIGIN NO. DATED WHICH IS CANCELLED”。

（6）商品顺序号（Item Number）

如同批出口货物有不同品种，则按不同品种、发票号等分列“1”、“2”、“3”…单项商品，此栏填“1”。

（7）唛头及包装号（Marks and Numbers of Packages）

如果没有唛头应填写“N/M”或“NO MARK”。如唛头过多，此栏不够填写，可填写在第7、8、9、10栏之截止线以下的空白处。如果还不够，此栏打上（SEE THE ATTACHMENT），用附页填写所有唛头（附页的纸张要与原证书一般大小），在右上角打上证书号，并由申请单位和签证当局授权签字人分别在附页末页的右下角和左下角手签、盖印。

（8）包装件数和种类，商品的名称（Number and Kind of Packages；Description of Goods）

例如：ONE HUNDRED AND FIFTY（150）CARTONS OF DOOR LOCKS

该栏目填写时应注意：

①包装件数必须用英文和阿拉伯数字同时表示。

②商品名称必须具体填写，不能笼统填写“MACHINE”（机器）、“GARMENT”（服装）等，对一些商品，如玩具电扇应载明为“TOYS：ELECTRIC FANS”，不能只列“ELECTRIC FANS”（电风扇）；人造花类应载明“ARTIFICIAL FLOWERS”，不能只列具体的花名“玫瑰”、“兰花”等。

③商品的商标、牌名（BRAND）及货号（ART NO.）一般可以不填，商品名称等项列完后，应在下一行加上表示结束的符号（＊＊＊＊＊＊），以防止加填伪造内容。

④国外信用证有时要求填具合同、信用证号码等，可加填在此栏空白处。

（9）原产地标准（Origin Criterion）

此栏是国外海关审核的核心项目。对含有进口成分的商品，因情况复杂，国外要求严格，极易弄错而造成退证查询。

①如果本商品完全是出口国自产的，不含任何进口成分，出口到所有给惠国，填写“P”。

②如果出口商品含有进口成分，出口到欧盟、挪威、瑞士和日本，填写“W”，其后加上出口产品的 H. S. 品目号，如“W”42.02。条件：产品列入了上述给惠国的“加工清单”符合其加工条件；产品未列入“加工清单”，但产品生产过程中使用的进口原材料和零部件要经过充分的加工，产品的 H. S. 品目号不同于所用的原材料或零部件的 H. S. 品目号。

③含有进口成分的产品，出口到加拿大，填写“F”。条件：进口成分的价值未超过产品出厂价的 40%。

④含有进口成分的产品，出口到波兰、俄罗斯、乌克兰、白俄罗斯、捷克、斯洛伐克 6 国，填写“Y”，其后加上进口成分价值占该产品离岸价格的百分比，如“Y”38%。条件：进口成分的价值未超过产品离岸价的 50%。

⑤输往澳大利亚、新西兰的商品，此栏可以留空。

⑥在一个受惠国生产而在另一个或一个以上受惠国制作或加工的产品，填写“PK”。

（10）毛重和其他数量（Gross Weight or Other Quantities）

此栏应以商品的正常计量单位填写，如“只”、“件”、“双”、“台”、“打”等。以重量计算的则填毛重，只有净重的，填净重亦可，但要标上 N. W.（NET WEIGHT）。例如：

3，200 DOZ 或 6，270 KGs.

（11）发票日期和号码（Number and Date of Invoices）

此栏不得空。月份一律用英文（可用缩写）表示。此栏的日期必须按照正式商业发票填制。例如：

PHK 50016

NOV. 2，2007

样单 1-23　普惠制产地证明书申请书

普惠制产地证明书申请书

FORM A NO.

申请人郑重声明：

本人被正式授权代表出口单位办理签署本申请书。

本申请书及普惠制产地证书所列内容正确无误，如发现弄虚作假，冒充证书所列货物，擅改证书，自愿接受签证机关的处罚及负法律责任。现将有关情况申报如下：

商品名称：______ H. S. 税目号（六位数码）：______

发票号：______ 商品 FOB 总值（以美元计）：______

最终目的地国家/地区：______ 预定自中国出口日期：____年____月____日

包装数量：______ 毛重或其他数量：______

拟出运日期：______

贸易方式（画"√"）				企业性质（画"√"）			
一般贸易	来料加工	零售	展卖	中资	中外合资	中外合作	外商独资

原产地标准：

本项商品系在中国生产，符合给惠国给惠方案规定，其原产地情况符合以下第______条：

1. "P"（完全中国产，不含有任何进口成分）。

2. "W"其进口国税目号为______，进口原材料占制成品出厂价的______%。

3. "F"（对加拿大出口产品，其进口成分不超过产品出厂价值的40%）。

4. "Y"（对俄罗斯、乌克兰、白俄罗斯、捷克及斯洛伐克出口产品，其进口成分不超过产品离岸价的50%）。

现提交中国出口商业发票副本一份，普惠制产地证明书格式 A（FORM A）一正二副以及其他附件______份，请予审核签证。

生产单位：	申请单位：（盖章） 申请人：（签名） 电话： 日期：　　____年____月____日
生产单位联系人及电话：	
进口商特殊要求或申请人备注：	领证人：（签名） 电话： 日期：　　____年____月____日

样单1-24 普惠制原产地证明书格式A

ORIGINAL

<table>
<tr>
<td>(2) Goods Consigned from (Exporter's business name, address, country)</td>
<td rowspan="2">(1) Reference No.
GENERALIZED SYSTEM OF PREFERENCES
CERTIFICATE OF ORIGIN
(Combined declaration and certificate)
FORM A
Issued in THE PEOPLE'S REPUBLIC OF CHINA
(country)
See Notes overleaf</td>
</tr>
<tr>
<td>(3) Goods Consigned to (Consignee's name, address, country)</td>
</tr>
<tr>
<td>(4) Means of Transport and Route (as far as known)</td>
<td>(5) For Official Use</td>
</tr>
</table>

(6) Item Number	(7) Marks and Numbers of Packages	(8) Number and Kinds of Packages; Description of Goods	(9) Origin Criterion (see Notes overleaf)	(10) Gross Weight or Other Quantities	(11) Number and Date of Invoices

<table>
<tr>
<td>(12) Certification
It is hereby certified, on the basis of control carried out, that the declaration by the exporter is correct.</td>
<td>(13) Declaration by the Exporter
The undersigned hereby declares that the above details and statements are correct, that all the goods were
produced in CHINA
(country)
and that they comply with the origin requirements specified for those goods in the Generalized System of Preferences for goods exported to
..............................</td>
</tr>
<tr>
<td>Place and date, signature and stamp of certifying authority</td>
<td>Place and date, signature and stamp of authorized signatory</td>
</tr>
</table>

(12) 签证当局的证明 (Certification)

签证单位要填写商检局的签证地点、日期。商检局签证人经审核后在此栏 (正本) 签名，盖签证印章。本栏日期不得早于发票日期 (第10栏) 和申报日期 (第12栏)，而且应早于货物的出运日期 (第3栏)。例如：

GUANGZHOU NOV. 3，2007

(13) 出口商声明 (Declaration by the Exporter)

在生产国横线上填“中国” (CHINA)，进口国横线上填最终进口国。进口国必须与目的港的国别一致，如转运内陆目的地，就与内陆目的地的国别一致。进口国不明确时，进口国可填 E. U. 。

申请单位应授权专人在此栏手签，标上申报地点、日期，并加盖申请单位中英文印章，手签人手迹必须在商检局注册备案。

1.2.8.3 商业发票

商业发票 (见样单1－25) 又称为发票，是进出口贸易中最重要的单据之一，是出口方对进口方签发的载有货物细节的货款价目总清单，是装运货物的总说明，并作为买卖双方交接货物和结算货款的主要单证，也是买卖双方报关、纳税、退税的依据之一，同时又是出口商缮制其他有关出口单据的依据。商业发票的制作内容主要包括：

(1) 出票人 (Seller)

一般情况下，出票人即为出口公司，制单时应标出出票人的中文和英文名称和地址。当企业采用印刷空白发票或电脑制单时，都已预先印上或在程序中编入出票人的中文名称和地址。出票人的名称和地址应与信用证的受益人的名称和地址一致。

(2) 发票名称 (Invoice)

发票名称常用粗体标出“COMMERCIAL INVOICE”或“INVOICE”。

(3) 发票抬头人名称与地址 (Messrs.)

当采用信用证支付货款时，如果信用证上有指定抬头人，则按来证规定制单，否则，一般情况下填写开证申请人 (进口商) 的名称和地址；当采用托收方式支付货款时，填写合同买方的名称和地址，填写时名称和地址不应同行放置。

(4) 出票人名称与地址 (Exporter)

填写出票人的英文名称和地址。

(5) 运输资料 (Transport Details)

填写货物实际的起运港 (地)、目的港 (地) 以及运输方式，如果货物需经转运，应将转运港的名称表示出来。

如：from Guangzhou to Helsinki W/T Hong Kong by vessel.

(6) 发票号码 (Invoice No.)

发票号码由出口公司根据本公司的实际情况自行编制。

(7) 发票日期 (Invoice Date)

在所有结汇单据中，发票是签发日期最早的单据，该日期可以早于开证日期，但不得迟于信用证的议付有效期 (Expiry Date)。

(8) 信用证号码 (L/C No.)

当采用信用证支付货款时，填写信用证号码。若信用证没有要求在发票上标明信用证号码，此项可以不填。当采用其他支付方式时，此项不填。

(9) 开证日期 (L/C Date)

填写信用证的开证日期。

(10) 合同号码 (S/C No.)

合同号码应与信用证上列明的一致，一笔交易涉及几份合同的，应在发票上逐一表示出来。

(11) 支付方式 (Terms of Payment)

填写该笔业务的付款方式，如 L/C、T/T 等。

(12) 唛头及件号 (Marks and Number)

发票的唛头应按信用证或合同的规定填写，并与托运单、提单等单据的唛头保持严格一致。若为裸装货或散装货，可填写“N/M”(No Mark 的缩写)。

如信用证或合同没有指定唛头，出口商可自行设计唛头。唛头内容包括客户名称的缩写、参考号 (如合同号或发票号)、目的港 (地)、件号等部分。如货物运至目的港后还要转运到内陆城市的，可在目的港下面加打 IN TRANSIT TO ×××或 IN TRANSIT 字样。

(13) 货物内容 (Description of Goods)

货物内容一般包括货物的名称、规格、数量、单价、贸易术语、包装等项目，制单时应与信用证的内容严格一致，省略或增加货名的字或句，都会造成单证不符，开证银行有权拖延或拒付货款。信用证引导货物内容的词或词组主要有：

①Description of Goods;

②Shipment of Goods;

③Covering Value of;

④Covering the Following Goods by;

⑤Covering Shipment of;

⑥Description of Merchandise.

对成交商品规格较多的，信用证常规定：“AS PER S/C No. ...”，制单时须分别详列各种规格和单价。当使用其他支付方式 (如托收) 时，货物内容应与合同内容一致。

(14) 商品的包装、件数 (Quantity)

填写实际装运的数量及包装单位，并与其他单据相一致。《UCP500》规定，凡信用证数量前有“约”、“大概”、“大约”或类似的词语，交货时允许单价有 10% 的增减幅度。

(15) 总值 (Amount)

发票的总值不能超过信用证规定的最高金额。按照银行惯例的解释及《UCP500》的规定，开证银行可以拒绝接受超过信用证所许可金额的商业发票，但信用证总值前有“约”、“大概”、“大约”或类似的词语，交货时允许有10%的增减幅度。

实际装运时，如信用证金额有余额，在征得开证人、开证行和议付行同意的情况下，可用发票金额制单结汇；如信用证金额不够，可作如下处理：

①发票金额比信用证金额多一点（如8.20美元），可在发票上加注“Written off USD8.20, net proceed USD10,000.00”。实收货款10 000美元，少收8.20美元，以便保证发票金额与信用证金额一致。

②发票金额比信用证金额多一些（如80.20美元），可在发票上加注“Less USD 80.20 to be paid by D/D latter, net proceed USD10,000.00”。实收货款10 000美元，80.20美元通过以后的票汇收取，以便保证发票金额与信用证金额一致。

③发票金额比信用证金额多许多（如300美元），则须征得议付行、进口商和开证行同意后，方可按发票的实际金额制单。具体操作可通过议付行电询开证行，得到开证行同意后制单结汇。对于扣除佣金，要按信用证规定处理。信用证没有明确表示的，不能直接在实际进口商开来信用证规定的毛额中扣除，否则，变成佣金实际付给了进口商，而中间商却未得到。

(16) 价格术语 (Trade Terms)

价格术语涉及买卖双方的责任、费用和风险的划分问题，同时，也是进口地海关核定关税的依据，因此，商业发票必须标出价格术语。信用证中的价格术语一般在货物内容的单价中表示出来。

(17) 声明文句 (Certification)

信用证要求在发票内特别加列船名、原产地、进口许可证号码等声明文句，制单时必须一一详列。常用的声明文句有：

①证明所到货物与合同或订单所列货物相符。如：

We certify that the goods named have been supplied in conformity with S/C No. 888. 兹证明本发票所列货物与第888号合同相符。

②证明原产地。如：

We hereby certify that the above mentioned goods are of Chinese Origin. 或 This is to certify that the goods named herein are of Chinese Origin. 兹证明所列货物原产地在中国。

③证明不装载于或停靠限制的船只或港口。如：

We certify that the goods mentioned in this invoice have not been shipped on board of any vessel flying Israeli flag or due to call at any Israeli port. 兹证明本发票所列货物不装载于悬挂以色列国旗或驶靠任何以色列港口的船只。

④证明货真价实。如：

We certify that this invoice is in all respects true and correct both as regards to the price and description of the goods referred herein. 兹证明本发票所列货物在价格、品质、规格各方面均真实无误。

⑤证明已经航邮有关单据。如：

This is to certify that two copies of invoice and packing list have been airmailed direct to applicant immediate after shipment. 兹证明发票、装箱单各两份，已于装运后立即直接航邮开证人。

（18）出单人（Issued BY）签名或盖章（Signature）

商业发票只能由信用证中规定的受益人出具。

除非信用证另有规定，如果以影印、电脑处理或复写方法制作的发票作为正本者，应在发票上注明“正本”（ORIGINAL）字样，并由出单人签字。

《UCP500》规定商业发票可不必签字，但有时来证规定发票需要手签的，则不能加盖胶皮签字章，必须手签。对墨西哥、阿根廷出口，即使信用证没有规定，也必须手签。

样单 1-25　商业发票

COMMERCIAL INVOICE

（1）SELLER	（3）INVOICE NO.	（4）INVOICE DATE
	（5）L/C NO.	（6）DATE
	（7）ISSUED BY	
（2）BUYER	（8）CONTRACT NO.	（9）DATE
	（10）FROM	（11）TO
	（12）SHIPPED BY	（13）PRICE TERM

（14）MARKS & NOS.	（15）DESCRIPTION	（16）QTY.	（17）UNIT PRICE	（18）AMOUNT

（19）TOTAL VALUE（IN WORDS）

（20）CERTIFICATION

（21）PACKING

（22）GROSS WEIGHT

（23）ISSUED BY

（24）SIGNATURE

承担。

（3）被通知人（Notify Party）

原则上该栏一定要按信用证的规定填写。被通知人即收货人的代理人或提货人，货到目的港后承运人凭该栏提供的内容通知其办理提货，因此，提单的被通知人一定要有详细的名称和地址，供承运人或目的港及时通知其提货。若 L/C 中未规定明确地址，为保持单证一致，可在正本提单中不列明，但要在副本提单上写明被通知人的详细地址。托收方式下的被通知人一般填托收的付款人。

（4）船名（Ocean Vessel）

即由承运人配载的装货的船名，班轮运输多加注航次（Voy. No.）。

（5）装运港（Port of Loading）

填实际装运货物的港名。L/C 项下一定要符合 L/C 的规定和要求。如果 L/C 规定为“中国港口”（Chinese Port），此时不能照抄，而要按装运的我国某一港口实际名称填写。

（6）卸货港（Port of Discharge）

原则上，L/C 项下提单卸货港一定要按 L/C 规定办理。但若 L/C 规定两个以上港口者，或笼统写“××主要港口”如“European Main Ports”（欧洲主要港口）时，只能选择其中之一或填明具体卸货港名称。

如果 L/C 规定卸货港名后有“In Transit to ××”，则只能在提单上托运人声明栏或唛头下方空白处加列。尤其我国只负责到卸货港而不负责转运者，不能在卸货港后加填，以说明卖方只负责到卸货港，以后再转运到何地由买方负责。

另外，向美国和加拿大 O. C. P.（Overland Common Points）地区出口时，卸货港名后常加注“O. C. P. ××”。例如 L/C 规定“Los Angeles O. C. P. Chicago”，可在提单目的港填制 Los Angeles O. C. P.；如果要求注明装运最后城市名称时，可在提单的空白处和唛头下加注“O. C. P. Chicago”，以便转运公司办理转运至“Chicago”。

（7）唛头（Shipping Marks/Marks & Nos.）

如果信用证有明确规定，则按信用证缮制；信用证没有规定，则按买卖双方的约定，或由卖方决定缮制，并注意做到单单一致。

（8）包装与件数（Kind of Packages & No.）

一般散装货物该栏只填“In Bulk”，大写件数栏可留空不填。单位件数与包装都要与实际货物相符，并在大写合计数内填写英文大写文字数目。如总件数为 320 CARTONS 填写在该栏下，然后在总件数大写栏（Total Numbers of Packages in Words）填写“Three hundred and Twenty Cartons only”。如果货物包括两种以上不同包装单位（如纸箱、铁桶），则应分别填列不同包装单位的数量，然后再表示件数：

300　Cartons

400　Iron drums

700　Packages

样单 1－27　海运提单

<table>
<tr><td colspan="5">STIC CONTAINER LINES CO., LTD.</td></tr>
<tr><td colspan="2"></td><td colspan="3">B/L No. 1</td></tr>
<tr><td colspan="2">Shipper:
2</td><td colspan="3" rowspan="6">BILL OF LADING
Received in apparent good order and condition, unless otherwise states herein for shipment on the vessel mentioned herein (or on a pre-carrying vessel or other means of transport if he Place of receipt is named herein, for forwarding subject to Clause 23 on the reverse side of the Bill of Lading) the cargo specified herein, weight, measure, quality, contents and value unknown, for carriage from the Port of Loading mentioned herein, and Discharge at the Port of Discharge mentioned herein, (or other port as is provided in Clause 19 hereof) or so near thereunto as she may safely get and lie. Always afloat where the Carrier's responsibility and liabilities shall finally cease for delivery unto the Consignee named herein or to his or their Assigns, he or they paying the agreed freight plus other charges incurred in accordance with the provisions contained in this Bill of Lading.
In accepting this Bill of Lading, the Merchant expressly accepts and agree to all its stipulations on both pages, whether written, printed, stamped or otherwise incorporated as fully as if they were all signed by the Merchant. One Original Bill of Lading must be surrended duly endorsed in exchange for the goods or delivery order.
In WITNESS whereof the Master of the said vessel had signed the number of Original Bill of Lading stated herein, all of this tenor and date. One of which being accomplished, and the others to stand void.</td></tr>
<tr><td colspan="2">Consignee:
3</td></tr>
<tr><td colspan="2">Notify Party:
4</td></tr>
<tr><td>Pre－carriage by:
5</td><td>Place of Receipt
6</td></tr>
<tr><td>Vessel & Voy. No.
7</td><td>Port of Loading
8</td></tr>
<tr><td>Port of Discharge
9</td><td>Place of Delivery
10</td></tr>
<tr><td colspan="5">PARTICULARS ARE FURNISHED THE MERCHANT</td></tr>
<tr><td>Container No./Seal No.
11</td><td>Marks & Nos.
12</td><td>Kind of Package & Description of Goods
13</td><td>Gross Weight
14</td><td>Measurement
15</td></tr>
<tr><td colspan="5">ORIGINAL

TOTAL NUMBER OF CONTAINERS OR PACKAGES (IN WORDS)
16</td></tr>
<tr><td>Freight & Charges
17</td><td>Rate
18</td><td>Unit
19</td><td>Prepaid
20</td><td>Collect
21</td></tr>
<tr><td colspan="2">Prepaid at　22
Place of Issue　23</td><td colspan="3">No. of Original B (s) /L　24
Date　25</td></tr>
<tr><td colspan="2">As Agent for the Carrier
26</td><td colspan="3">SITC CONTAINER LINES CO., LTD.</td></tr>
</table>

(9) 商品名称 (描述) (Description of Goods)

原则上提单上的商品描述应按信用证规定填写并与发票等其他单据相一致。但若信用证上货物的品名较多，提单上允许使用类别总称来表示商品名称。如出口货物有餐刀、水果刀、餐叉、餐匙等，信用证上分别列明了各种商品名称、规格和数量，但包装都用纸箱，提单上就可以笼统写：餐具×××Cartons。

(10) 毛重和体积 (Gross Weight & Measurement)

除非信用证有特别规定，提单上一般只填货物的总毛重和总体积，而不表明净重和单位体积。一般重量均以千克表示，体积用立方米表示。

(11) 运费支付 (Freight & Charges)

信用证项下提单的运费支付情况，按其规定填写。一般根据成交的价格条件分为两种：若在 CIF 和 CFR 条件下，则注明"Freight Prepaid"或"Freight Paid"；FOB 条件下则填"Freight Collect"或"Freight Payable at Destination"。若使用租船契约提单有时还要求填"Freight Payable as Per Charter Party"。有时信用证还要求注明运费的金额，按实际运费支付额填写即可。

(12) 签发地点与日期 (Place and Date of Issue)

提单的签发地点一般在货物起运港所在地，日期则按信用证的装运期要求，一般要早于或与装运期为同一天。

(13) 承运人签章 (Signed for the Carrier)

提单必须由承运人或其代理人签字才能生效。例如信用证规定"Full set 3/3 Original clean on board ocean Bill of Lading…"，这就表明提单签发的正本三份，在提交给银行议付时必须是三份正本。若在提单条款上未规定份数，而是在其他地方指明"…available by beneficiary's draft at sight drawn on us and accompanied by the following documents in duplicate"，表明信用证所要求提交的单据，当然包括提单，全都是一式两份。又如信用证规定"Full set of clean on board Bill of Lading issued…"，此种规定没有具体表明份数，而是指"全套"，根据《UCP500》第 23 条 a (4) 款规定：包括一套单独一份的正本提单，或如果签发正本超过一份，则包括出立的全套正本。因此，对此类规定，就要看实际船方签发正本的份数而定。

(14) 提单号码 (B/L No.)

一般位于提单的右上角，是为便于工作联系和核查，承运人对发货人所发货物承运的编号。其他单据中，如保险单、装运通知的内容往往各方都要求注明提单号。

(15) 海运提单的背书

海运提单除上述正面的内容外，一般背面是托运人与承运人的运输条款 (Terms and Conditions of Shipment Mutually Agreed)，理论上应是托运人与承运人双方约定的事项，但实际上是承运人单方面印定的，托运人很少有修改的机会。这也就是为什么说提单是双方运输契约的证明，而不能说是运输契约或合同的原因。由于各国航运公司提单的格式不同，其条款的规定内容也互不一样，内容较多，加上托运人与承运人的定义、承运人责任条款、运费和其他费用条款、责任限额、共同海损等，其内容虽多也大同小异，可以归类，一般首要条款中要规定所适用的国际公约（如《海牙规则》，《维斯比规则》和《汉堡规则》），以便在发生争议时作为依据。

■背书的类型

1）当收货人一栏填写凭指示（To Order）时，由托运人（Shipper）背书。

2）当收货人一栏填写记名指示（To×××'s Order 或 To Order of ×××）时，由记名的一方背书。具体有三种情况：

①当收货人一栏填写凭托运人指示时（To Shipper's Order 或 To Order of Shipper），由托运人背书。

②当收货人一栏填写凭申请人或其他某商号公司指示时，由申请人或该商号公司背书。

③当收货人一栏填写凭某银行指示时，由该银行背书。

■背书方式

1）空白背书——书写背书人的名称、地址。

2）记名背书——既书写背书人的名称、地址，又书写被背书人（海运提单转让对象）的名称与地址。

3）记名指示背书——既书写背书人的名称、地址，又要书写“To Order of +被背书人（海运提单转让对象）的名称与地址”。

表1－4　　海运提单上常见术语

术　语	含　义
BAF	Bunker Adjustment Factor 燃油附加费
CFS	Container Freight Station 集装箱货运站
C. O. C.	Carrier's Own Container 船主箱
CY	Container Yard 集装箱堆场
DC	Dry Cargo Container 干货集装箱
DDC	Destination Delivery Charge 目的地交货费
FCL	Full Container Load 整箱货
FEU	Forty－foot Equivalent Unit 40 英尺标准箱
GP	General Propose Container 通用集装箱（干货箱）
CH（HC、HQ）	General High Container 通用高箱（干货高箱）
LCL	Less Than Container Load 拼箱货

续 表

术 语	含 义
ORC	Original Receiving Charge 原产地接货费
OT	Open – top Container 敞顶集装箱
RF	Reefer Container 冷藏集装箱
RH	Reefer High Container 冷藏高箱
SBS	Said by Shipper 托运人申报
SLAC	Shipper's Load and Count 由托运人装箱和点数
SLACS	Shippers' Load and Count and Seal 由托运人装箱、点数和封箱
S. O. C.	Shipper's Own Container 货主箱
STC	Said to Contain 据称包括
TEU	Twenty – foot Equivalent Unit 20 英尺标准箱
TK	Tank Container 罐式集装箱

提单填制说明：

1. 提单号 B/L No.，由承运人或其代理人规定的提单号，必须注明，否则提单无效。

2. 托运人 Shipper，发货人全称和地址，信用证项下通常为信用证的受益人，如果信用证无特别规定，亦可以受益人以外的第三者为托运人。托收项下为合同卖方。

3. 收货人 Consignee，提单“抬头人”。信用证项下据信用证规定填写，一般分三种情况：记名收货人，凭指示，记名指示。托收项下填“to order”或“to order of shipper”，要避免做成以买方为抬头人的提单，防止物权过早转移。

4. 被通知人 Notify Party，承运人在货物到港后通知的对象，信用证项下应按信用证规定填写。若信用证未作规定，为确保单证一致，此栏可留空。但提交给船公司的副本必须详细记载申请人全称、地址及电话等。托收项下填合同买方。

5. 前程运输 Pre – carriage by，第一程船名，如果货物不需要转运，本栏留空。

6. 收货地点 Place of Receipt，收货的港口名称或地点，同上。

7. 船名和航次 Vessel & Voy. No.，按托运单上的船名、航次填写。如需转船，则须以符号“/”间隔，按顺序列出各程船名。如为预订船只，装船时发生变化，应在单据上作相应修改或待装船时才填写该栏。

8. 装运港 Port of Loading，货物实际装船港口名称，如果货物需转运，填货物中转港口名称。

9. 卸货港 Port of Discharge，货物实际卸下的港口名称，一般为目的港。明确具体，并与信用证描述一致，如有同名港，须注明国家、地区或州、城市；如经转船，应在卸货港名称后加注转船港名称。如信用证规定目的港为选择港，则应是同一航线上的，同一航次挂靠的基本港。

10. 交货地点 Place of Delivery，货物最终目的地，如果货物的目的地就是卸货港，此栏留空。

11. 集装箱号/封志号 Container No. /Seal No. ，与托运单上的箱号一致。

12. 唛头和号码 Marks & Nos.，注意唛头与信用证及合同规定的内容与形式完全一致。如合同和信用证中无唛头规定时，卖方可以自行选择一个合适的唛头，也可以不制作唛头，此时在该栏填写“NO MARKS”(N/M)。

13. 包装种类、货物描述 Kind of Package & Description of Goods，包装按货物是散装货、裸装货和包装货的实际情况填写。货物名称繁多时，可用货物统称描述。

14. 毛重 Gross Weight，货物的毛重总数，货物毛重以公吨或千克表示，公吨以下保留小数点后的三位，千克以下四舍五入处理。如果为裸装货，应在净重前加注 N. W. 。

15. 尺寸 Measurement，货物的体积总数，一般按托运货物的尺码总数填写，其值略大于原先计算出来的各件货物的尺码总和数。货物的体积小数点后保留三位。

16. 集装箱数或包装合计 TOTAL NUMBER OF CONTAINERS OR PACKAGES (IN WORDS)，对裸装货和包装货应详细列明最大包装数量，如出口货物有若干种，而包装方式、包装材料完全不同，则应分别填列不同包装单位数量，然后再合计总件数。散装货件数只填“In Bulk”，大写合计数可不填。

17. 运费及其他费用 Freight & Charges，运费支付情况。除非信用证中明确规定提单中表明运费的计算与金额，否则提单中不填运费的数额为好。CIF、CFR 条件下，填“FREIGHT PAID”或“FREIGHT PREPAID”；FOB、FAS 条件下，填“FREIGHT COLLECT”；全程租船运输时，填“AS ARRANGED”。

18. 运费率 Rate，与托运单相应栏一致。

19. 单价 Unit，同上。

20. 预付运费 Prepaid，同上。

21. 到付运费 Collect，同上。

22. 运费预付地点 Prepaid at，装运港名称。

23. 签单地点 Place of Issue。

24. 正本提单份数 No. of Original B (s) /L。

25. 签单日期 Date，承运人接管货物的时间，签发日期为装运日期，应不晚于信用证或合同规定的最迟装运时间。

26. 承运人或其代表签字 As Agent for the Carrier。

样单 1－29　出口许可证

中华人民共和国出口许可证
EXPORT LICENCE THE PEOPLE'S REPUBLIC OF CHINA

①申领许可证单位 EXPORTER	编码		③出口许可证编号 LICENCE NO.		
②发货单位 CONSIGNEE	编码		④出口许可证有效截止日期 EXPORT LICENCE EXPIRY DATE		
⑤贸易方式 TERMS OF TRADE			⑧进口国（地区） COUNTRY OF DESTINATION		
⑥合同号 CONTRACT NO.			⑨付款方式 TERMS OF PAYMENT		
⑦报关口岸 PORT OF SHIPMENT			⑩运输方式 MEANS OF TRANSPORT		
⑪唛头——包装件数 MARKS AND NUMBERS—NO. OF PACKAGES					
⑫商品名称 DESCRIPTION OF COMMODITY			商品编码 COMMODITY NO.		
⑬规格、等级 SPECIFICATION	⑭单位 UNIT	⑮数量 QUANTITY	⑯单价(币别) UNIT PRICE	⑰总值(币别) AMOUNT	⑱总值折美元 AMOUNT IN USD
⑲总计 TOTAL					
⑳备注 SUPPLEMENTARY DETAILS 申请单位盖章 申领日期			㉑发证机关签章 ISSUING AUTHORITY'S STAMP 发证日期 SIGNATURE DATE		

填表说明：1. 本表应用正楷逐项填写清楚，不得涂改，不得遗漏，否则无效。

2. 本表内容需打印多份许可证的，请在备注栏内注明。

④出口许可证有效截止日期 EXPORT LICENCE EXPIRY DATE，出口许可证的有效截止日期，实行“一批一证”制的商品，其有效期自发证之日起最长为3个月，其他情况为6个月。

⑤贸易方式 TERMS OF TRADE，合同成交的贸易方式。a. 贸易方式有：一般贸易、补偿贸易、进料加工贸易、来料加工装配贸易、寄售贸易、代销贸易等。b. 应与出口报关单一致。

⑥合同号 CONTRACT NO.，申领许可证所用出口合同的编码。a. 原油、成品油及非贸易项下出口可不填合同号，b. 展品出运时填外经贸部批准办展的文件号。

⑦报关口岸 PORT OF SHIPMENT，即实际装运口岸，应与出口报关单一致。

⑧进口国（地区）COUNTRY OF DESTINATION，最终目的港（地）国家的全称。

⑨付款方式 TERMS OF PAYMENT，合同规定的收款方式，收款方式有信用证、托收、汇付等。

⑩运输方式 MEANS OF TRANSPORT，货物离岸时使用的运输方式，运输方式有海运、公路运输、铁路运输、航空运输、邮政运输等。

⑪唛头——包装件数 MARKS AND NUMBERS—NO. OF PACKAGES，出口货物包装上的装运标记和符号。

⑫商品名称和商品编码 DESCRIPTION OF COMMODITY，根据“中华人民共和国海关统计商品目录”规定的商品标准名称和统一编码填写。

⑬规格、等级 SPECIFICATION，实际规格。

⑭单位 UNIT，计量单位按 H. S. 分类规定填写。

⑮数量 QUANTITY，实际出运数量与发票内容相符；非贸易项下的出口商品以“批”为单位；单价不低于出口许可证所允许的单价。

⑯单价 UNIT PRICE，合同成交单价，括号内填写币别。

⑰总值 AMOUNT，合同成交总额，应与发票总金额一致；括号内填写币别。

⑱总值折美元 AMOUNT IN USD，按外汇牌价折算为美元计入。

⑲总计 TOTAL，各栏的合计数分别填入本栏。

⑳备注 SUPPLEMENTARY DETAILS，填写以上各栏未尽事宜。

㉑发证机关签章；发证日期 ISSUING AUTHORITY'S STAMP & SIGNATURE DATE，发证机关审核无误后盖章，由授权人签名，注明签证日期。

2. 其他需要说明的事项

（1）出口许可证的份数

出口许可证一式四联，除第一联为正本外，其余为副本，分别用于：第一联用于发货人办理海关手续；第二联由海关留存，进行核对与备案；第三联供银行办理结汇，主要用于托收业务；第四联为发证机关留存。

（2）办理申领出口许可证的基本程序

①申请。即由申领单位或个人（以下简称“领证人”）向发证机关提出书面申请函件。申请的内容包括：出口商品（货物）名称、规格、输往国别地区、数量、单价、总金额、交货期、支付方式（即出口收汇方式）等项目。同时，还须向发证机关交验有关证件或材料。

②审核、填表。发证机关收到上述有关申请材料后进行审核。经同意后，由领证人按规定填写“中华人民共和国出口许可证申请表”。

③输入电脑。填好的出口许可证申请表，由申请单位加盖公章后送交发证机关，经审核符合要求的，由发证机关将申请表各项内容输入电脑。

④发证。发证机关在申请表送交后的三个工作日内，签发“中华人民共和国出口许可证”，一式四联，将第一、第二、第三联交领证人，凭以向海关办理货物出口报关和银行结汇手续。同时，收取一定的办证费用。

附纺织品出口许可证/商业发票（见样单 1－30）。

1.2.8.8 受益人证明

受益人申明/证明（见样单 1－31）是信用证受益人根据信用证的有关规定缮制的一种比较简单的议付单据。

受益人申明/证明填制要点：

1. 名称

按信用证的规定。

2. 日期

受益人申明/证明的日期应与证明内容相吻合。例如提单日期是 3 月 12 日。受益人证明的有关内容是“We hereby certify that one set of non－negotiable shipping documents has been airmailed to the Applicant within 2 days after the shipment date.”则受益人证明的日期不能早于 3 月 12 日，当然也不能晚于交单日期。

3. 内容

受益人申明/证明的内容应根据信用证缮写，但有时应对所用时态作相应变化。例如信用证条款规定：“Beneficiary's certificate certify that all the packages to be lined with waterproof paper and bound with two iron straps outside.”则受益人证明应做成：“... packages have been lined ...”

4. 签署

受益人证明应注明出证人的公司名称并签章。

样单 1－30　纺织品出口许可证/商业发票

纺织品出口许可证/商业发票
TEXTILE EXPORT LICENCE/COMMERCIAL INVOICE

中国海关留存　　　　　　　　　　　　　　　　副本
Copy

<table>
<tr><td colspan="2" rowspan="3">1. 出口人（代码，名称和地址）
Exporter (CID, name & address)</td><td colspan="3">2. 许可证号码
Licence No.</td></tr>
<tr><td colspan="2">3. 办理年度
Agreement year</td><td>4. 类别号
Category No.</td></tr>
<tr><td colspan="3">5. 发票号码
Invoice No.</td></tr>
<tr><td colspan="2" rowspan="2">6. 收货人（名称和地址）
Consignee</td><td colspan="3">7. 装运站，装运期及目的站
Place & time of shipment destination</td></tr>
<tr><td colspan="3">8. 中国进口离岸价值
Value of FOB Chinese port</td></tr>
<tr><td colspan="2">9. 唛头—包装件数—商品名称
Marks & numbers—Numbers of packages—Description of goods</td><td rowspan="2">10. 数量
Quantity</td><td rowspan="2">11. 单价
Unit price</td><td rowspan="2">12. 总值
Amount</td></tr>
<tr><td>13. 生产厂家代码
MID</td><td></td></tr>
<tr><td colspan="2">14. 出口人签章
Exporter's stamp and signature

日期
Date</td><td colspan="3">15. 发证当局签章
Issuing authorities stamp and signature</td></tr>
</table>

样单 1－31 受益人申明/证明

SHANGHAI BAO LI IMPORT & EXPORT CO.，LTD.
817 DA MING RD EAST SHANGHAI CHINA

1）BENEFICIARY'S DECLARATION

2）02－Feb－97

To whom it may concern,

Dear Sirs,

Re Invoice No.：97HJINV－007　　L/G No.：CMK972831

3）WE HEREBY CERTIFY THAT ONE COMPLETE SET OF NON－NEGOTIABLE SHIPPING DOCUMENTS HAS BEEN SENT DIRECTLY TO APPLICANT BY EXPRESS AIRMAIL WITHIN 2 DAYS AFTER SHIPMENT.

4）SHANGHAI BAO LI IMPORT & EXPORT CO.，LTD.

1.2.8.9 装运通知

装运通知（Shipping Advice）（见样单 1－32）亦称装运声明（Declaration of Shipment），是出口方在装运货物后发给进口方，告之货物已装船的书面文件。它的使用一般是根据信用证或合同要求出口商在装船后将装船情况通知进口商，以便及时办理保险或准备提货、租船订舱等。当以 CFR 价格术语成交时装运通知尤为重要，它一方面使卖方了解船舶在航行中的动态，以便及时接货；另一方面，则起着保险通知的作用。通知的方式通常为电报（或传真）通知，电报抄本（或传真原件）随其他单据交银行议付，极少用信函邮寄方式通知，接受装船通知的一般是进口商或进口商指定的保险公司。这类单据虽然有不同名称，内容却不外乎以下几项，制作起来也比较简单。

1. 装运通知的格式与内容

样单 1－32 装运通知的格式

<table>
<tr><td colspan="2">Issuer ②</td><td colspan="2" rowspan="2">① 装运声明
SHIPPING ADVICE</td></tr>
<tr><td colspan="2">To ③</td></tr>
<tr><td colspan="2"></td><td colspan="2">Date ④</td></tr>
<tr><td colspan="2">Invoice No. ⑤</td><td colspan="2">L/C No. ⑥</td></tr>
<tr><td colspan="2">Re ⑦</td><td colspan="2"></td></tr>
<tr><td colspan="2">Quantity ⑧
Means of conveyance ⑩
Date of shipment ⑫
Transhipment ⑭</td><td colspan="2">Value ⑨
B/L No. ⑪
Port of loading ⑬
Destination ⑮</td></tr>
<tr><td>Marks and numbers
⑯</td><td>Number and kind of packages
⑰</td><td>Description of goods
⑱</td><td>Gross/Net weight, Measurement
⑲</td></tr>
<tr><td></td><td></td><td></td><td></td></tr>
<tr><td colspan="4">Signature ⑳</td></tr>
</table>

下面对应装运通知的样本，分 20 个栏目加以说明。

①单据名称，“SHIPPING ADVICE/DECLARATION OF SHIPMENT”字样，在“装运声明”下方空白处可填写出入单的中文名称和地址。

②出单方 Issuer，一般为出口公司的中英文全称和地址。

③受单方 To，进口商或进口商所指定的保险公司的名称和地址。

④日期及地点 Date，缮制单据的地点和日期，出单日期一般与提单相同；出单地点通常为实际发货地或受益人所在地。

⑤发票号和日期 Invoice No.，发票号码和日期。

⑥信用证号 L/C No.，信用证号码。

⑦相关商品 Re，相关商品的名称。

⑧数量 Quantity，交易计价单位的数量，如为包装货物，填写最大包装的件数。

⑨金额 Value。

⑩运输方式 Means of conveyance，运载货物的船只和航次。

⑪提单号 B/L No.，提单的实际编号。

⑫装运日期 Date of shipment，一般按已装船提单的签发日期填写。

⑬装货港 Port of loading，实际装运口岸的名称。

⑭转运 Transhipment，实际转运口岸的名称。

⑮目的地 Destination，提单的最终目的地，通常可注明国别或地区。

⑯运输标志 Marks and numbers，出口货物包装上的唛头。

⑰包装件数 Number and kind of packages。

⑱货物描述 Description of goods，实际装载货物名称。

⑲毛/净重，尺码 Gross/Net weight，Measurement，实际装载货物的毛/净重，尺码。

⑳签署 Signature，注明出口商全称，由经办人签字盖章。

2. 其他需要说明的事项

关于装载工具：

①在港至港运输时，装载工具的表示为“具名船只”，如“如意号”轮。

②在预借船情况下，将“预借船”批注有关实际装货船只，即转变为“装货船”，方可发出运输声明。

③在非转让提单时，不得出现两只船的船名。

④在租船提单下，除非信用证接受租船提单，不然银行不接受租船提单。

⑤当使用多式联运单据时，多式联运单据必须由表明“多式联运营运人”身份的人签字和证实。

⑥采用空运方式时，注明空运单的实际发运日期，并注明发运与目的机场名称。

⑦采用公路、铁路或内河运输方式时，即使信用证禁止转运，银行也将接受注明将转运或可能发生转运的公路、铁路或内河运输单据，只要运输过程包括在同一运输单据内，并使用同一运输方式。

⑧采用专递及邮政收据时，该收据应为具名的专递或快递机构盖章、签字的收据。

3. 附其他装运通知样本（样单1－33、样单1－34）

样单1－33　装运通知样本1

中国轻工业品进出口公司
CHINA NATIONAL UGHT INDUSTRIAL PRODUCTS IMPORT AND EXPORT CORP.
DECLARATION OF SHIPMENT

Messrs：The Norwich Winterthur Insurance（Gulf）Ltd.

P. O. Box. 290. Dubai.

Dear Sirs：

Re：　　8967

In accordance with the stipulations of the above credit，we hereby declare that the goods have been shipped. The details of the shipment are stated below. Please send your acknowledgement direct to the insured party and favour us with a copy there of quoting.

The number of the above － mentioned L/C.

Commodity：　Powder Compact

Quantity：　20 Cartons

Value：　C & F USD2119. 20

Means of Conveyance：　NEW HWANING

Date of Sailing：　On/or about 23th Aug. 2007

Port of Loading：　SHANGHAI

Destination：　Dubai

Marine Cover Note：　Open Policy No. 50270130121

中国轻工业品进出口公司上海市分公司

CHINA NATIONAL UGHT INDUSTRIAL PRODUCTS IMP. AND EXP. CORP.

SHANGHAI BRANCH

样单 1－34　装运通知样本 2

SHANGHAI BAO LI IMPORT & EXPORT CO. , LTD.
817 DA MING RD EAST SHANGHAI CHINA

SHIPPING ADVICE

02－Feb－97

Messrs：HYCO INDUSTRIES GMBH

Dear Sirs：

Re：Invoice No. ：97HJINV－007　　L/C No. ：CMK972831

We hereby inform you that the goods under the above mentioned credit have been shipped. The details of the shipment are stated below.

Commodity：	BOBBING HEAD DOLL
Quantity：	370 Cartons
Amount：	US $ 14，009.20
Ocean Vessel：	Per s. s. HANJIANG HE Voy. 133
Bill of Lading No. ：	97cos22321
E. T. D. ：	On/or about 02－Feb－97
Port of Loading：	SHANGHAI
Destination：	BREMEN

We hereby certify that the above content is true and correct.

SHANGHAI BAO LI IMPORT & EXPORT CO. , LTD.

1.3 进出口贸易善后工作

1.3.1 综合审单

在单证工作过程中，综合审单是把好单证质量关的一个非常重要环节。进出口企业应根据信用证的条款逐字逐句地审核各种单据。审核单据与审核信用证一样，既要全面，又要及时，两者不可偏废。

审单工作不是简单的文字核对，进出口企业必须从整笔业务出发对单据进行审核。首先，汇集信用证项下要求的所有单据，不可遗漏；其次，对每一份单据的项目、格式、内容、文字、签发日期、签字及其他事项进行认真审核，此外，如果单据审核中发现任何错误，必须顾及单据更改过程中涉及的一系列具体问题，如同一内容出现在不同的单据上、有些内容的更改必须得到相关部门的同意等。

1. 商业发票的审核

（1）商业发票的审核要点

①商业发票的抬头人是否符合信用证的规定；

②商业发票的签发人是否是信用证中的受益人；

③商业发票上对货物的描述是否与信用证的规定相符；

④商业发票上商品的数量是否符合信用证的规定；

⑤商业发票上商品的单价及总金额是否符合信用证的要求；

⑥如信用证要求列出费用细目，商业发票是否按规定列出；

⑦如信用证不允许分批装运，商业发票上是否记载着信用证项下的全部货物；

⑧提交的正副本份数是否符合信用证的要求；

⑨有无加列与信用证要求一致的条文或证明；

⑩若信用证要求签字的商业发票，其签字方式是否符合信用证的要求。

（2）商业发票审核中常见的问题

①商业发票不是由信用证中指定的受益人签发的；

②商业发票的抬头人不是信用证的开证申请人；

③商业发票中受益人或申请人的名称或地址有误；

④品名规格与信用证要求不符；

⑤商品数量和金额与信用证要求不符；

⑥商业发票上的单价与信用证规定不符；

⑦商业发票漏打贸易术语；

⑧运输标志中的号码与货物件数不符；

⑨商业发票未按信用证的要求作声明、签证或证实等；

⑩所交的商业发票数量不足；

⑪在商业发票需要签署时，签署方式不符合信用证的要求；

⑫其他不符合信用证的规定。

2. 装箱单据的审核

装箱单据是商业发票的补充单据，是对商业发票上商品包装情况的描述。装箱单据详尽地说明了货物的装箱情况，包括货物的包装种类、包装件数、装箱方式以及货物的毛重、净重及尺码等。装箱单据中最常见的是装箱单。

（1）装箱单审核要点

①信用证中对装箱单有无特殊的规定或要求；

②装箱单的各项内容是否有矛盾；

③各个品种货物的数量和件数是否吻合；

④与商业发票的相关内容是否一致；

⑤与海运提单的相关内容是否一致。

（2）装箱单审核常见的问题

①单据的名称不符合信用证的要求；

②装箱单的签发人与商业发票不一致；

③装箱单上的买方名称与商业发票不一致；

④装箱单所列的发票号码和日期与发票不一致；

⑤有关货物的描述不符合信用证的规定；

⑥包装种类不符合信用证的规定；

⑦在信用证有要求时，未列明每箱的毛重、净重及尺码；

⑧运输标志和装箱方式与其他单据不一致或与信用证不符；

⑨货物的重量和体积与其他单据不符；

⑩货物的箱号和件数有矛盾；

⑪信用证中规定的其他事项未被遵守。

3. 运输单据的审核

国际贸易中的运输单据随不同的贸易方式而异。常见的有海运提单、航空运单、承运货物收据、铁路运单及邮包收据等。其中最常见的是海运提单。

（1）海运提单的审核要点

①海运提单上是否有不良批注；

②若信用证要求提供“已装船”提单，提单上是否注明“已装船”字样；

③起运地、转运地、目的地是否符合信用证的规定；

④装运日期/出单日期是否符合信用证的规定；

⑤收货人和被通知人是否符合信用证的规定；

⑥商品名称可使用货物的统称，但不得与信用证的规定或其他单据的描述有矛盾；

⑦“运费预付”或“运费到付”必须按规定表明；

⑧正副本份数是否符合信用证的要求；

⑨包装件数是否与其他单据相一致；

⑩运输标志是否与其他单据相一致；

⑪全套正本提单是否都有承运人的签字和盖章；

⑫海运提单的签发人必须表明其身份；

⑬应加背书的海运提单，须加背书。

（2）海运提单审核中常见的问题

①发货人、收货人和被通知人与信用证要求不符；

②装运港和目的港与信用证规定不符；

③是否可以转运与信用证规定不符；

④提单上有“包装破裂”等类似的批注；

⑤提单上货物的描述与信用证规定不一致；

⑥提单上该注明“已装船”字样而未注明；

⑦装船日期晚于信用证规定的最后装运日；

⑧未注明“运费已付”或“运费到付”或与信用证的要求不一致；

⑨所交提单的份数不符合信用证的要求；

⑩提单的运输标志与其他单据或信用证不符；

⑪信用证规定应在提单上注明的内容没有标注；

⑫货物的重量与尺码与装箱单或其他单据不一致；

⑬未在信用证规定的交单期内交单，或未规定交单期超过了提单签发日后21天交单；

⑭提单该背书而漏背书，或背书不符合信用证的要求；

⑮其他不符合信用证的规定。

4. 保险单据的审核

在我国出口业务中使用的保险单据主要有保险单和保险凭证。这里主要介绍保险单的审核要点及应注意的问题。

（1）保险单的审核要点

①保险单据的种类必须与信用证规定相一致；

②保险单的受益人（即投保人）为信用证的受益人或按信用证的规定填写；

③保险单的唛头、件数、货物的名称等与其他单据或信用证要求相一致；

④保险金额的加成须符合信用证的规定；

⑤运输工具、起运地及目的地，必须与信用证及其他单据相一致；

⑥保险险别须与信用证规定相一致；

⑦保险单的日期无论如何不能迟于运输单据的签发日期；

⑧保险单除信用证另有规定外，一般应做成可转让的形式，以受益人为投保人，由受

益人背书。

（2）保险单审核中常见的问题

①保险单的抬头与信用证规定不符；

②保险单中的货币种类与信用证规定不符；

③保险单的运输标志、份数等与信用证规定不符；

④保险金额不足；

⑤保险单上所注明的装运港或卸货港与海运提单和信用证规定不符；

⑥漏保险别、保险公司的名称有误；

⑦保险货币的名称与信用证规定不一致；

⑧保险单份数不足；

⑨保险单该背书而未背书；

⑩保险单的日期晚于运输单据的日期；

⑪保险单未加列信用证要求的特别条款。

5. 金融单据的审核

金融单据主要指在国际货物买卖中用于结算的单据，有汇票、本票和支票三种。但在国际贸易中汇票使用最多。

（1）汇票的审核要点

①汇票上的出票条款须与信用证相一致；

②汇票的大小写金额必须一致；

③信用证项下汇票金额不得超过信用证的金额；

④汇票的付款日期必须符合合同或信用证的规定；

⑤托收项下的汇票须注明托收方式；

⑥汇票上的付款人须符合信用证的规定；

⑦出票人是否签字；

⑧货币的名称必须与发票及信用证相一致。

（2）汇票中容易出现的问题

①信用证号码不符或未列出；

②汇票金额超出了信用证的金额；

③汇票上的付款时间与信用证规定不符；

④汇票上大小写金额不一致。

1.3.2 出口业务善后函

当出口方向议付行或向开证行提交整套单据后，业务就进入了善后阶段。开证行会对所提交的单据进行审核，以确定其表面上是否符合信用证条款。如果开证行对单据没有提出异议，说明出口方已得到开证行的付款保证。进口方在目的地接受货物后，本笔交易就可视为顺利完成。但如果开证行认为单证不一致，就可能会拒付。这对于出口商来讲，无疑意味着以银行信用为基础的信用证付款方式失败。收到银行的拒付通知后，出口方一定先要确定遭到拒付的原因，与国内议付行相配合，做好应变工作，共同把因无法正常收汇而产生的风险和损失降至最低。同时还应迅速与进口方联络，寻求解决办法，尽量说服进口方付款并接受货物。

拟写善后函是出口方在本阶段的一个重要步骤，它是对整笔业务的问题，这对确立买卖双方间长期的业务关系是非常有帮助的。由于面临的情形不同，善后函又可分为如下两大类：

1. 开证行接受单据时的善后函

由于此时整笔交易进展得非常顺利，写法上就显得相对比较随意。出口方可以回顾该笔交易中值得肯定的地方，诸如感谢对方所做的努力，对交易增进了双方的了解表示高兴等，也可以展望未来，如希望能继续扩大合作，收到更多的订单，建立长期业务往来关系，或借此推荐新产品等。例如：

◇ We are glad to know that the issuing bank has honored our draft against L/C No. ET673.

◇ We hope this deal will be the basis of the further development of our business relationship.

◇ We can ensure that you will find the goods shipped to your entire satisfaction. We are looking forward to your repeat orders.

◇ We trust that through our joint efforts, we will have a more profitable future.

◇ We would like to take this opportunity to recommend to you our new products.

2. 遭到开证行拒付时的善后函

虽然这类善后函会因单证不符的内容不同而写法各异，但总的来说，出口方应当首先分析拒付的原因是否对进口方履约（如报关等）造成了障碍，并应采取相应的措施尽力弥补，同时也可以强调单证不符点是细微的，并不影响实际商品的品质，不会对进口方的实际利益造成损害等。当然，由于出口方此时处于极不利的地位，语气应当诚恳、委婉，并且具有说服力，以赢得买方的谅解，比如对由此造成的不便表示抱歉，回顾双方以往的愉快合作等，有时作出一些具体的让步，如适当减价，也是必要和明智的。例如：

◇ We are very concerned to receive the Notification of Dishonor from the issuing bank.

◇ We feel deeply sorry for the mistake in our negotiation documents, which is made as a result of our clerk's carelessness.

◇ We really hope this incident will not affect negatively our friendly cooperation.

◇ We can guarantee that the quantity of the goods is exactly in line with the stipulations of the relative contract.

◇ Since our goods have been shipped on time, would you be kind to make the payment through your bank?

◇ You may rest assured that such a mistake will never occur again.

1.3.3 出口核销和退税

1.3.3.1 出口核销概述

改革开放以来，我国的出口贸易逐年扩大，外汇收入不断增长。但由于种种原因，我国外贸出口额与实际收汇额的差额不断扩大。国家为了防止出口企业将商业单据直接寄交国外商人，把国家外汇截留境外，于1991年由中国人民银行、国家外汇管理局、外经贸部、海关总署、中国银行联合制定了《出口收汇核销管理办法》。

所谓出口收汇核销是指国家外汇管理部门根据国家外汇管理的要求，通过海关对出口货物的监管，对出口单位的收汇是否结给国家而进行监督的一种管理制度。

1. 出口收汇核销的原则

（1）属地原则

即由出口单位向其所在地的外汇管理部门办理注册备案，申领核销单。一般在何地申领核销单，就在何地办理核销手续。

（2）专单专用

即谁申领的核销单由谁使用，不得相互借用。核销单的交回、核销或遗失作废、不销等手续也由原领用核销单的出口单位向其所在地的外汇管理部门办理。

（3）领用衔接

核销单的发放，一般按多用多发、不用不发的原则，也就是根据出口单位的业务量或出口量的大小，发给出口单位一定量的核销单。一般续发核销单与已用核销单以及已核销情况和预计出口用单的增减量相呼应。

（4）单单相应

原则上一份核销单应对应一份报关单，以及与该报关单及核销单所附发票等有关栏目的内容相一致，如有变动，应附有关的更改单或更改凭证。

2. 核销单的领用

核销单在申领前，需凭出口单位经营出口业务或有外贸经营权的批准文件、外商投资企业的批准证书和营业执照或通知书副本，向外汇管理局登记备案，外汇管理局对出口单位办理核销的人员进行培训，经考试合格发给核销员证书及收汇核销单领取证，由出口单位按本单位的出口计划和出口量，向外汇管理局申领核销单。

申领人数按每月的报关单份数估计，最高不超过一个季度的需要量，同时根据结汇已领核销单的使用、交回、核销、实际核定等情况来发放。

3. 核销单的使用

除经批准项目外，报送时出口单位必须向海关出示有关核销单，凭有核销单编号的报关单办理报关手续，否则，海关不予受理报关。同时经海关审核无误后，在两单上加盖验讫章并签注日期。

核销单一般不得相互借用、转让。空白核销单的丢失应立即向外管局汇报，并登记作废。报关后核销单的遗失、退关后核销单的注销、核销单的作废和未用核销单的退还应定期向外管局办理有关手续。伪造或虚报核销单丢失的，按照逃汇重罚，情节严重的由有关部门追究刑事责任。

1.3.3.2　出口收汇核销流程

1. 核销开户

出口单位申请办理“中国电子口岸”IC卡及办理出口收汇核销开户登记手续应提供以下材料：

（1）单位介绍信、开户申请书、核销员身份证及复印件；

（2）外经贸部门批准经营进出口业务批件正本及复印件；

（3）工商营业执照副本及复印件；

（4）企业法人代码证书及复印件；

（5）海关注册登记证明书及复印件；

（6）出口企业为外商投资企业需提供《外汇登记证》。

2. 申领核销单

出口单位申领出口收汇核销单应提供以下材料：

（1）企业核销员证（首次申领出口收汇核销单，应提供单位介绍信，内容包括核销员姓名和领单份数及出口合同复印件）；

（2）出口企业核销员本人“中国电子口岸”操作员IC卡；

（3）申领专用章；

（4）核销员身份证及复印件。

3. 收汇核销

（1）全额收汇核销

办理全额收汇核销应提供以下材料：

①企业出口收汇核销手册；

②加盖海关“验讫章”的核销单正本及退税联；

③加盖海关“验讫章”的出口货物报关单正本；

④商业发票正本；

⑤外商投资企业应提供由税务部门统一制定的出口发票，加盖企业公章或发票专用章；其他出口企业提供的出口发票须加盖企业发票专用章；

⑥银行出具的出口收汇核销专用联；

⑦核销专用联应具备银行“业务公章”和“出口收汇核销专用章”、“出口收汇核销专用联”字样、相应的核销单编号等必备要素，异地收汇核销专用联应加盖收汇地外汇

局“出口收汇核销监管专用章”确认的水单。

（2）来料加工、来件装配方式出口按照工缴费办理收汇核销

来料加工、来件装配方式出口收汇核销应提供以下材料：

①企业出口收汇核销手册；

②全额收汇核销中②、③、④、⑤点的单据；

③海关登记手册、企业合同及外经贸部门批准件（正本及复印件）。

（3）进料加工抵扣出口收汇差额核销（仅适用于外商投资企业）

申请办理进料加工抵扣出口收汇差额核销时，应提供以下材料：

①外经贸主管部门签发的《加工贸易业务批准证》、海关进出口登记手册、进出口合同（须经外经贸主管部门、海关审批备案）；

②全额收汇核销中的①、②、③、④、⑤点的单据；

③进口货物报关单正本及企业外汇核销 IC 卡。

（4）其他特殊贸易方式出口，按照《实施细则》要求办理出口收汇核销

（5）企业货物报关出口后发生退货时办理核销

应提供以下材料：

①出口收汇核销手册；

②加盖海关“验讫章”的核销单正本；

③加盖海关“验讫章”的出口货物报关单正本；

④加盖企业公章或发票专用章的出口发票正本；

⑤加盖海关“验讫章”的退运进口货物报关单正本；

⑥进口发票正本（应为红字）；

⑦企业外汇核销 IC 卡。

1.3.3.3 核销单的形式、内容及填制

核销单格式（见样单 1－35），为三联，即“出口收汇核销单”正本、存根联、出口退税专用联。

核销单具体内容及填制方法：

1. 存根联内容及填制

（1）单位名称

单位名称填对外签订并执行合同的有出口经营权的外贸单位（包括外商投资企业）的全称。委托报关时，填委托单位名称；委托出口并以代理出口单位名义签订出口合同并负责收汇时，填代理出口单位名称；两个或两个以上单位联合出口时，填负责报关的出口单位名称。

（2）出口币种总价

出口币种总价按应收外汇的原币种填写，为该笔出口货物的应收汇总额。

（3）收汇方式

收汇方式按合同要求从信用证、托收、自寄单据（一般仅限于鲜活商品、易腐商品、出境展销商品、出口金额在10万美元及以下的商品、预收货款项下的出口商品。其他商品如采用这种方式收汇须预先经外汇管理部门批准）三种收汇方式中选填一种，并列明即期或远期收汇，还须列明相应的远期收汇天数；如为分期付款，则须列明每次付款日期和付款金额。

（4）预计收款日期

预计收款日期应根据合同规定的付款日期或根据合同推算的付款日期填写。即期信用证（或托收）项下的货物，属近洋的，从寄单日起按25天结算；属远洋的，从寄单日起按35天结算。远期信用证（或托收）项下的货物，属近洋的，从汇票规定付款日期起按35天结算；属远洋的按45天结算。如为分期付款，应列明每次收款日期及金额。寄售项下的最迟收款日期不得超过自报关之日起360天。自寄单据项下的出口货款，须自报关之日起50天内结汇或收账。

（5）报关日期

填海关放行日期。

（6）报送单位备注

①如委托出口使用代理出口单位的核销单时，代理出口单位须在此栏注明委托单位名称，并加盖代理单位公章；

②如两个或两个以上单位联合出口时，应由报送单位在此栏加注联合出口单位名址和各单位的出口金额，并加盖报关单位公章；

③填写出口货物的发票编号、合同号等核销过程中须附加说明的内容。原出口商品调整或部分退款、部分更换的，还应填写原出口商品核销单的编号等情况。

2. 出口收汇核销单正本内容及填制

①外汇指定银行结汇/收账情况：表明在我国出口地出口商委托结汇银行收账的情况，即银行已于何年、月、日办理结汇或收账，并由银行盖章；

②海关核放情况：即在报关时，经审核放行后，海关在此栏加盖海关验讫章；

③外汇管理局核销情况：即在货物已出口、出口单位收到货款后，向外管局办理核销时，由外汇管理局核销盖章。

3. 出口退税专用联内容及填制

①出口单位：同上；

②货物名称、数量、总价：按合同或信用证及商业发票填写；

③报关单编号：填写报关单后，海关在报关单上批注的编号；

④外汇管理局核销情况：即出口结汇后，由外汇管理局核销盖章注明以后，才能办理申请退税工作。

样单1－35　出口收汇核销单

出口收汇核销单
存根

(苏)编号：
出口单位：
单位编码：
出口币种总价：
收汇方式：
预计收款日期：
报关日期：
备注：
此单报关有效期截止到：

（出口单位盖章）

出口收汇核销单
监制章

(苏)编号：				
出口单位：				
单位编码：				
银行签注栏	类别	币种金额	日期	盖章
海关签注栏：				
外汇局签注栏： 年　月　日(盖章)				

（出口单位盖章）

出口收汇核销单
监制章

(苏)编号：		
出口单位：		
单位编码：		
货物名称	数量	币种总价
报关单编号：		
外汇局签注栏： 年　月　日(盖章)		

未经核销此联不得撕开

1.3.3.4 出口退税

1. 出口退税的含义

所谓出口退税是指有出口经营权的企业，以及实行独立经济核算的企业单位，均应持工商营业执照，填写“出口企业退税登记表”，向所在地管退税业务的税务机关办理出口企业退税登记。

2. 出口企业的退税登记

凡经批准有进出口经营权的企业，以及实行独立经济核算的企业单位，均应持工商营业执照，填写“出口企业退税登记表”，向所在地管退税业务的税务机关办理出口企业退税登记。

3. 出口产品的退税鉴定

凡经营出口产品的企业，均应填具出口产品退税鉴定表，报经所在地主管出口退税业务的税务机关审核批准后执行。

如果出口企业的贸易性质、经营方式和品种有变更，应在变更后的30日内申报修订退税鉴定。当出口企业在接到税务机关通知出口产品退税的税种、税目、税率、计退税依据及有关退税政策调整时，也应在30日内重新修订出口产品退税鉴定，报经税务机关审核后执行。

4. 出口退税的凭证和范围

出口企业向税务机关申请退税，须提供“两单两票”，即海关盖有“验讫章”的出口货物报关单、银行的出口结汇单、出口销售发票、出口产品购进发票。另外，出口企业还须每半年提供一次经当地外汇管理部门出具的“已核销”证明。

申请出口退税必须具备规定的条件。在规定的范围内有权申请出口退税的包括：

①有出口经营权并承担出口创汇任务的企业出口货物；

②工业企业委托有出口经营权的企业出口自产产品。

5. 出口退税流程

（1）有关证件的送验及登记表的领取

企业在取得有关部门批准其经营出口产品业务的文件和工商行政管理部门核发的工商登记证明后，应于30日内办理出口企业退税登记。

（2）退税登记的申报和受理

企业领到“出口企业退税登记表”后，即按登记表有关要求填写，加盖企业公章和有关人员印章后，连同出口产品经营权批准文件、工商登记证明等证明资料一起报送税务机关，税务机关经审核无误后，即受理登记。

（3）核发出口退税登记证

税务机关接到企业的正式申请，经审核无误并按规定的程序批准后，核发给企业“出口退税登记证”。

（4）出口退税登记的变更或注销

当企业经营状况发生变化或某些退税政策发生变动时，应根据实际需要变更或注销退税登记。

6. 出口退税的单证

（1）报关单

报关单是货物进口或出口时进出口企业向海关办理申报手续，以便海关凭此查验和验放而填具的单据。

（2）出口销售发票

这是出口企业根据与出口购货方签订的销售合同填开的单证，是外商购货的主要凭证，也是出口企业财会部门凭此记账做的出口产品销售收入的依据。

（3）进货发票

提供进货发票主要是为了确定出口产品的供货单位、产品名称、计量单位、数量，是否是生产企业的销售价格，以便划分和计算确定其进货费用等。

（4）结汇水单或收汇通知书

（5）属于生产企业直接出口或委托出口自制产品，凡以到岸价 CIF 结算的，还应附送出口货物运单和出口保险单。

（6）有进料加工复出口产品业务的企业，还应向税务机关报送进口料、件的合同编号、日期、进口料件名称、数量、复出口产品名称，进料成本金额和实纳各种税金额等。

（7）产品征税说明

（8）出口收汇已核销证明

（9）与出口退税有关的其他材料

2 通关物流实务

本章主要介绍进出口货物分类、通关流程，重点介绍保税进出口货物通关、加工贸易货物通关、保税仓库货物通关、保税区和出口加工区货物通关、特定减免税货物通关、暂准进出境货物通关、特别出境货物通关的流程和单证填写，同时简要介绍转关货物和运输工具通关。

2.1 通关程序概述

2.1.1 进出口货物通关

1. 通关含义

根据《海关法》的规定，进口货物自进中国关境起到办结海关手续止，出口货物自向海关申报起到出中国关境止，过境、转运和通运货物自进境到出境止，都必须接受海关的监管。海关为使监管达到有效目的，建立了一套进出口货物通关的基本制度。

进出口货物通关制度是指根据有关进出口货物的货物性质、贸易方式、贸易目的的不同，海关给予不同进出口货物在通关环节不同的政策待遇，需要其履行特定报关手续的一系列制度的总和。

2. 通关制度

通关制度是一系列制度的总称，主要包括一般进出口货物的通关制度、保税进出口货物的通关制度、特定减免税进出口货物的通关制度、暂准进出口货物的通关制度等。这套制度运用于不同的监管对象以及体现海关监管的各个业务部门的形式和要求是有区别的。特定的进出口货物总是在一定的条件下才适用某一通关制度，超出特定范围的进出口货物将不再适用原来的通关制度，转而适用新的通关制度。

3. 电子口岸通关系统

(1) 海关 H883/EDI 通关系统

海关 H883/EDI 通关系统是中国海关报关自动化系统的简称，是我国海关利用计算机对进出口货物进行全面信息化管理，实现监管、征税、统计三大海关业务一体化管理的综合性信息利用项目。

H883/EDI——海关（H）开发于 1988 年 3 月（883），EDI 是英文 Electronic Data Interchange 的缩写，意即“电子数据交换”。

（2）海关 H2000 通关系统

海关 H2000 通关系统是 H883/EDI 通关系统的全面更新换代项目，是按照建设我国现代化海关的要求，通过利用计算机网络技术，建立全国集中式的海关通关业务数据库，在海关各业务领域全面联网应用的大型信息化管理系统。该项目于 2002 年开发完成。

（3）中国电子口岸系统

中国电子口岸系统又称口岸电子执法系统，简称电子口岸。是与进出口贸易管理有关的国家 12 个部委利用现代化计算机信息技术，将各部委分别管理的进出口业务信息电子数据集中存放在公共数据中心，为政府管理机关提供跨部门、跨行业联网数据核查，为企业提供网上办理各种进出口业务的国家信息系统。电子口岸是“中国电子政府”的雏形。

（4）电子口岸与海关通关系统的关系

进出口企业可以通过电子口岸中的报关单申报子系统向海关通关系统发送电子数据报关单，海关通关系统对电子数据报关单进行处理，并将结果反馈给企业。进出口企业在其办公室使用一台微机，用一张 IC 卡，通过电子口岸特别服务号 17999 上网，就可以向海关以及国家各有关部委办理与进出口贸易有关的各种手续；海关以及国家各有关部委也能对有关进出口贸易活动进行有效的监督管理。

（5）通关与报关的区别与联系

通关是指进出境运输工具的负责人、进出口货物的收发货人及其代理人、进出境物品的所有人向海关申请办理进出境手续，海关对其呈交的单证和申请进出境的货物、运输工具和物品依法进行审核、查验、征缴税费，批准进口或者出口的全过程。

报关与通关既相联系又有区别：①两者的工作对象相同，都是对运输工具、货物、物品的进出境而言。②两者的考察角度不同，报关是从进出口货物的收发货人、进出境物品的所有人、进出境运输工具的负责人或者他们的代理人的角度，仅指办理进出境手续的相关手续；通关则是从海关管理的角度，不仅包括海关管理相关人向海关办理有关手续，还包括海关对进出境运输工具、货物、物品依法进行监督管理，核准其进出境的管理过程。

2.1.2 进出口货物分类及通关环节

1. 进出口货物分类

进出口货物报关程序根据一般进出口货物与非一般进出口货物的属性不同，分别有前期报关、进出境报关与后续报关。一般进出口货物的所有手续，在进出境报关程序中得以解决；而非一般进出境货物（保税加工货物、特定减免税货物、暂准进出口货物等）必须经过前期报关、进出境报关以及后续报关这三个阶段（见表 2－1）。

表 2－1　　报关过程

<table>
<tr><th></th><th>前期报关阶段</th><th>进出境报关阶段</th><th>后续报关阶段</th></tr>
<tr><td>一般进出口货物</td><td></td><td rowspan="4">1. 进出境申报（海关接受或不接受申报）；
2. 配合查验（海关决定是否查验及查验方式）；
3. 缴纳税费（海关决定征、减、缓、免税费）；
4. 提取（或装运）（海关签印放行）</td><td></td></tr>
<tr><td>保税货物</td><td>加工贸易合同备案（设立银行保证金台账和海关核发登记手册）</td><td>合同核销申请（海关核销结案）</td></tr>
<tr><td>特定减免税货物</td><td>特定减免税申请（海关核发特定征免税证书）</td><td>解除海关监管申请（海关办理结关手续）</td></tr>
<tr><td>暂准进出口货物</td><td>暂准进出口担保申请（海关审核担保形式）</td><td>担保销案申请（海关办理担保销案）</td></tr>
</table>

2. 一般进出口货物通关基本特点

一般进出口货物通关主要具有以下特点。

（1）必须在进出境环节完纳进出口税费

这里所说的“进出境环节”是指货物提取或装运前的通关环节；“进出口税费”是指货物在通关时，因其直接发生了一次合法的进口或出口，在海关税法上被规定应税，而须向海关缴纳的关税、国内税及其他费用；“完纳”则是指按照《进出口税则》的税率全额计征。但是，对于《进出口税则》规定零税率的或《关税条例》列明免予征税（即法定减免）的进出口货物则无须缴纳进出口税费。

（2）进出口时须交验相关的进出境国家管制许可证件

对于进出口货物涉及的各项进出境国家管制，均应在货物进出口前办妥审批手续，其许可证件在货物通关时随报关单一并向海关交验。

（3）货物在提取或装运前办结海关手续

适用一般进出口通关制度的货物在申报、接受查验并缴清进出口税费，经海关复核放行后，报关人方能提取或装运。对于适用一般进出口通关制度的货物而言，海关放行即意味着通关货物的各项海关手续业已办结。

（4）货物进出口后可自由流通

所谓自由流通，是指货物办结了海关手续即可由报关人自行处置。一般进出口货物进口后或出口运离关境后可以自由流通，不再接受海关监管。

3. 通关基本环节

我们根据一般进出口货物通关的几个基本环节（如图 2－1 所示），将一般进出口货物报关和通关的作业步骤归纳为以下 9 个具体步骤。

（1）电子申报

电子申报这一步骤的主要内容是：货物的收货人或其代理人根据《中华全国海关进出口货物报关单填制规范》和海关监管、征税、统计等要求录入电子报关数据并通过网

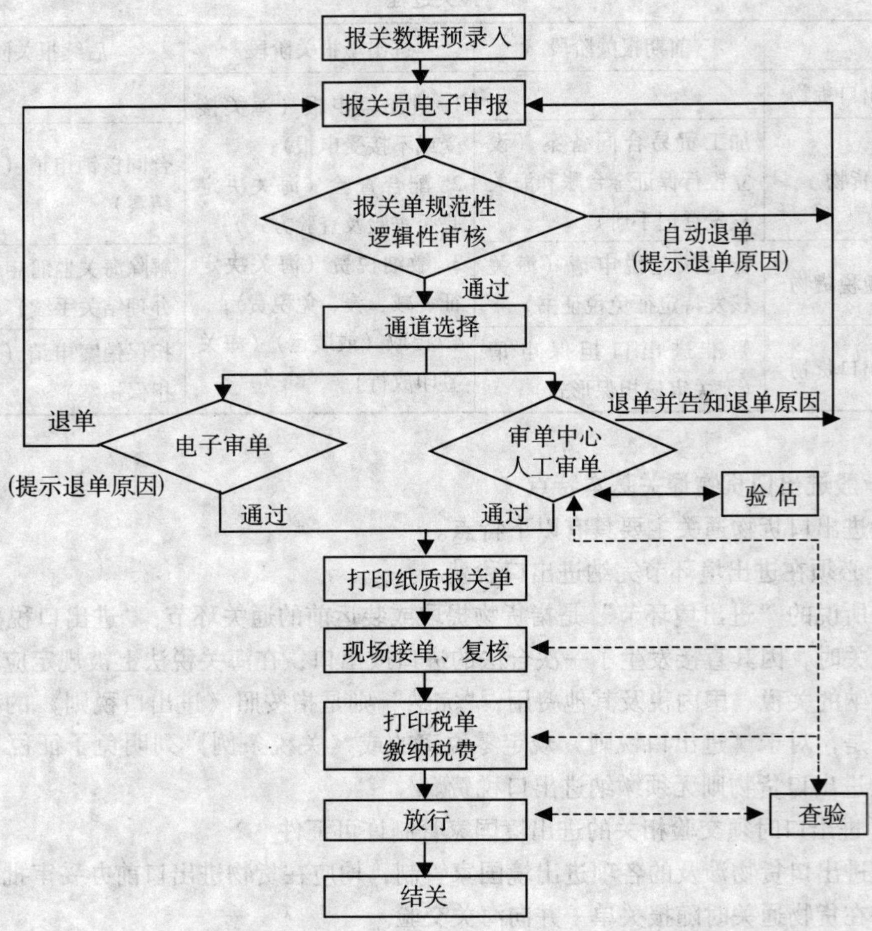

图 2－1　进出口货物自动化通关流程

络传输方式向海关传输电子数据，进行电子申报。

在一般正常情况下，进口货物应当由收货人或其他代理人在货物的进境地向海关申报，并办理有关进口海关手续；出口货物应当由发货人或其代理人在货物的出境地向海关申报，并办理有关出口海关手续。

1）申报前的准备工作

报关企业申报前的准备工作主要有：

①进口须接到进口提货通知，出口须备齐出口货物。

②委托报关者须办理报关委托，代理报关者须接受报关委托。

③准备报关单证，包括基本单证、特殊单证、预备单证。

④填制报关单及其他报关单证。

⑤报关单预录入。报关单预录入是指在实行报关自动化系统处理进（出）口货物报

关单的海关，报关单位或报关人将报关单上申报的数据、内容录入电子计算机，并将数据、内容传送到海关报关自动化系统的工作。

2）申报前看货取样

《海关法》规定，进口货物的收货人经海关同意，可以在申报前查看货物或者提取货样。需要依法检验的货物，应当在检验合格后提取货样。

申报前看货取样的原因是：进口货物的收货人在办理海关手续时，应当承担如实申报的义务，包括准确归类，正确填报数量、规格等有关项目，但由于境外发货人在传递信息资料或装运环节上的问题，就有可能造成境内收货人单证不全，不能准确把握进境货物的真实状况，即使通过函电等方式，也无法予以确认，致使所到货物不能及时、准确申报。在这种情况下，就有必要实行看货取样。《海关法》关于申报前允许看货、取样的规则有着积极意义：一方面可以严格要求收货人履行如实申报的义务，加快通关速度，提高贸易效率；另一方面也可以避免在出现申报内容与实际货物不符时，当事人以错发货为由逃避承担责任。

收货人申报前向海关提出查看货物、提取货物样品的申请应具备一定的条件，如果货物进境已有走私违法嫌疑并被海关发现，海关将不予同意。同时，只有在通过外观无法确定货物的归类等情况下，海关才会同意收货人提取货样。法律对收货人借查看货物或提取货物样品之机进行违法活动也有严厉查处的规定。

3）如实与及时申报

《海关法》规定，进口货物的收货人、出口货物的发货人应当向海关如实申报，交验进出口许可证件和有关单证。国家限制进出口的货物，没有进出口许可证件的，不予放行。

①如实申报。所谓“如实申报”，是指进出口货物收发货人在向海关申请办理货物通关手续时，按规定的格式（报关单）真实、准确地填报与货物有关的各项内容。从法律意义上说，申报对收发货人意味着向海关报告进出口货物的情况，申请按其填报的内容办理相关的通关手续，并承诺履行该项海关手续对货物及收发货人所规定的一切义务。收发货人在申报时必须向海关提供一切辨认货物及货物适用的管理法规所必需的法律要件，并对这些法律要件的真实性、完整性和准确性负全部责任。

申报内容主要包括进出口货物的经营单位、收发货单位、申报单位、运输方式、贸易方式、贸易国别以及货物的实际状况（主要包括名称、规格型号、数（重）量、价格等内容）。

②申报的期限。出口货物报关期限与进口货物报关期限是不同的。出口货物的发货人或其代理人除海关特许外，应当在装货的 24 小时以前向海关申报。进口货物的收货人或其代理人应当自载运该货物的运输工具申报进境之日起 14 天内向海关办理进口货物的通关申报手续。如果在法定的 14 天内没有向海关办理申报手续，海关将征收滞纳金。

进口货物的收货人自运输工具申报进境之日起超过 3 个月未向海关申报的，其进口货物由海关提取，并依法变卖处理。所得价款在扣除运输、装卸、储存等费用和税款后尚有余款的，自货物依法变卖之日起1年内，经收货人申请，予以发还；其中属于国家对进口有限制性的规定，应当提交许可证件而不能提供的，不予发还。逾期无人申请不予发还的，上缴国库。

4）申报的方式

办理进出口货物的海关申报手续，应当采用纸质报关单或电子数据报关单的形式。电子数据报关单与纸质报关单具有相同的法律效力。随着我国电子通关工程的不断完善，电子数据报关已成为主要的申报方式。本章的阐述就是基于电子数据报关的。

5）交验单证

申报的“有关单证”系指与所报货物相适应的，凭以支持“报关单”填报的单据和证件。除进出口货物报关单外，报关单证可分为基本单证、特殊单证、预备单证3大类。

①进口货物报关时须提供的单证

由报关员自行填写或由自动化报关预录入人员录入后打印的进口货物报关单。

基本单证主要有：货运单据，例如海运进口提货单；陆、空运运单；邮运包裹单；商业发票（须报关单位盖章）；货物装箱单（须报关单位盖章）。

特殊单证主要有：进口货物许可证；入境货物通关单及其他相关入境检验检疫证书；其他各种特殊管理证件。

预备单证主要有：贸易合同；货物原产地证书；委托单位的工商执照证书。

②出口货物报关时须提供的单证

由报关员自行填写或由自动化报关预录入人员录入后打印的出口货物报关单一式多份，其所需份数根据各部门需要而定，出口退税时加填一份浅黄色出口退税专用报关单。主要单证包括：出口许可证和其他证明文件；商业发票、装箱单、合同；出境货物通关单；原产地证明；出口收汇核销单；其他有关文件。

常见中华人民共和国海关进口/出口货物报关单，进口/出口货物证明书如样单2－1、样单2－2、样单2－3、样单2－4所示。

（2）集中审单

集中审单这一步骤的主要内容是：

首先，报关人向海关递交报关单后，海关接受报关、审单。海关计算机系统根据预先设定的各项参数对电子报关数据的规范性、有效性和合法性进行电子审核，审核结果将通过现场大屏幕显示器或计算机网络等通信手段通知申报人。

然后，通关管理处审单中心对需人工审单的报关单数据进行人工审核，并将审核结果通知申报人。

我国海关建立了三位一体的审单作业系统。审单作业系统包括计算机电子审单、直属海关审单中心专业化审单和隶属海关现场接单审核，它们是既分工协作又相互制约的报关单证和数据处理系统。

样单 2-1 中华人民共和国海关进口货物报关单

JG01

中华人民共和国海关进口货物报关单

预录入编号： 海关编号：

进口口岸	备案号	进口日期	申报日期
经营单位	运输方式	运输工具名称	提运单号
收货单位	贸易方式	征免性质	征税比例
许可证号	起运国（地区）	装货港	境内目的地

批准文号	成交方式	运费	保费	杂费
合同协议号	件数	包装种类	毛重（千克）	净重（千克）
集装箱号	随附单据		用途	

标记唛码及备注

项号	商品编号	商品名称、规格型号	数量及单位	原产国（地区）	单价	总价	币制	征免

税费征收情况

录入员 录入单位	兹声明以上申报无讹并承担法律责任	海关审单批注及放行日期（签章）
报关员		审单 审价
单位地址	申报单位（签章）	征税 统计
邮编 电话	填制日期	查验 放行

样单2－2　中华人民共和国海关出口货物报关单

JG02

中华人民共和国海关出口货物报关单

预录入编号：　　　　　　　　　　　　　　　海关编号：

出口口岸	备案号	出口日期	申报日期
经营单位	运输方式	运输工具名称	提运单号
发货单位	贸易方式	征免性质	结汇方式
许可证号	运抵国（地区）	指运港	境内货源地

批准文号	成交方式	运费	保费	杂费
合同协议号	件数	包装种类	毛重（千克）	净重（千克）
集装箱号	随附单据		生产厂家	

标记唛码及备注

项号	商品编号	商品名称、规格型号	数量及单位	最终目的国(地区)	单价	总价	币制	征免

税费征收情况

录入员　录入单位	兹声明以上申报无讹并承担法律责任	海关审单批注及放行日期（签章）
报关员		审单　审价
单位地址	申报单位（签章）	征税　统计
邮编　电话	填制日期	查验　放行

样单2－3　中华人民共和国海关货物进口证明书

XX0000000

中华人民共和国海关

货物进口证明书(存根)

字　　号

查下列货物装______________自
(运输工具名称)

__________于____年____月____日
(起运地点)

运抵本口岸，业经______________于
(货主或代理人)

___年___月___日按章办结进口手续。

特此证明。

商品编码：

货名及规格：

标记号码：

件数：

数(重)量：

价格：

经办人：　　负责人：

日期：　年　月　日

中 华 人 民 共 和 国 海 关　　　　XX0000000

货物进口证明书　　　　字　　号

The Customs of the People's Republic of China

Certificate of Importation of Cargo

查下列货物装__________自__________于______年______月______日运抵本口岸，
(运输工具名称)　(起运地点)

业经__________于________年________月________日按章办结进口手续。特此证明。
(货主或代理人)

This is to certify that the following cargo shipped per________________from____________________arrived
(Name of means of conveyance)　(Shipping port)

At this port on the date of____________and that all customs formalities for the importation of the cargo have been

Duly completed by the consignee(or his agent)____________on the date of____________.

商品编码 H.S.code	货名及规格 Description of Cargo Standard	标记号码 Marks and Numbers	件数 Number of Packages	数(重)量 Quantity (weight)	价格 Value

海关(印章)

__________海关(关)关长__________

Chief of____________Customs

________年________月________日

Date____________________

样单2-4 中华人民共和国海关货物出口证明书

XX0000000

中华人民共和国海关

货物出口证明书(存根)

字　号

查下列货物经______于
(货主或代理人)

__年__月__日按章办结出口手续。

于__年__月__日装______
(运输工具名称)

运往______。特此证明。
(指运地点)

商品编码:

货名及规格:

标记号码:

件数:

数(重)量:

价格:

经办人:　　负责人:

日期:　　年　月　日

中 华 人 民 共 和 国 海 关　　XX0000000

货物出口证明书　　字　号

The Customs of the People 's Republic of China

Certificate of Exportation of Cargo

查下列货物经______于____年____月____日按章办结出口手续,于____年____月
(货主或代理人)

______日装______运往______。特此证明。
(运输工具名称)　(指运地点)

This is to certify that all customs formalities for the exportation of the following cargo have been duly completed by the owner of the cargo(shipper of its agent) ______on the date of ______and that the cargo has been shipped on board ______for______on the date of______.
(Name of means of conveyance)　(Port of destination)

商品编码 H.S.code	货名及规格 Description of Cargo Standard	标记号码 Marks and Numbers	件数 Number of Packages	数(重)量 Quantity (weight)	价格 Value

海关(印章)

______海关(关)关长______

Chief of ______ Customs

____年____月____日

Date______

通关管理处审单中心自收到电子报关数据之时起，一般1个工作日内完成对报关单电子数据的审核工作，并根据审核结果发送审结、退单等信息。

海关审单作业主要分为两个环节：电子审单和现场接单审核。

1）电子审单

海关收到报关单电子数据，通过计算机系统对报关企业及报关员进行资格认证后，开始进入计算机自动审核程序，所有报关单数据按以下步骤先后接受各业务职能部门预先设定的相关审单参数数据的审核和筛选。

第一步，规范性审核。

根据各职能部门设定的规范性参数数据对报关单电子数据进行规范性审核，审核结果分为：

①不接受申报（E）：报关单电子数据不能通过规范性审核的，不接受申报，报关人按海关要求修改报关单电子数据后，可以重新办理电子申报。

②接受申报：报关单电子数据通过规范性审核的，计算机自动接受申报，并记录接受申报时间，此项处理构成报关人向海关申报及海关接受申报的法律行为。

③电子审单通道判别：所有报关单数据接受计算机审单通道判别表的审核，并作出3类判别结果：

- 转为人工专业审核（M通道）：对经通道判别为人工专业审核的报关单电子数据，计算机系统按预先设置的派单标准分派至审单中心（按商品分类划分）的各专业化审单岗位（由直属海关根据本关的进出口商品结构等设定），实施人工专业审单。
- 现场复核验放通道（F通道）：判别为F通道的报关单电子数据直接进入现场放行环节办理复核验放手续。
- 交由现场海关进行接单审核/征收税费处理（C通道）：报关单电子数据经通道判别为C通道的，交由现场海关进行接单审核/征收税费处理后，系统自动完成计征税费处理，核销《进口减免税证明》，核注《预归类决定书》，核扣《加工贸易登记手册》进口料件和进（出）口许可证等备案数据，并向隶属海关通关现场发送审核结果。

第二步，电子专业化审单。

①以贸易管制措施、税费征管、贸易及业务统计等有关法规为依据，对报关单的商品归类、监管条件、完税价格、征免税规定（方式）及其他项目进行审核，确定其是否正确、合法、有效；

②根据各业务职能部门设定的通关风险预警提示（指导性通关风险布控），结合现场实际情况及自己的分析，借助调阅风险数据库数据辅助决策，采取相应的风险处置措施；

③根据各业务部门的预定式通关风险布控（指令性通关风险布控）指令，采取相应的风险处置措施。

电子专业化审单的审核结果有以下3种情况：

第一种，符合计算机自动审核条件的，计算机自动完成审证环节的全部作业，向现场海关下达作业指令，同时向申报人发出“到现场海关办理货物验放手续”的回执或通知。

第二种，对因申报不规范而不能通过计算机综合审核的报关单数据，计算机自动退单，向申报人发出回执或通知，并在回执或通知中注明退单原因。

第三种，需人工审核的报关单数据，计算机将按设定的派单条件，将报关单数据派入通关管理处审单中心相应的人工审单岗位，同时向申报人员发出“等待处理”的回执或通知。

第三步，人工审单审核。

人工审单审核结果有以下 3 种情况：

①审核通过：如报关单数据经审核符合海关审证作业要求，即预审核通过，通关管理处审单中心向业务现场海关发送有关指令和数据，同时向申报人发出“到现场海关办理货物验放手续”的回执或通知。

②人工退单：对明显不符合海关统计、征税、监管等有关业务要求且又不构成伪报瞒报的报关单电子数据，予以退单处理，并向申报人发出注明退单原因的通知或回执。申报人应根据有关退单原因，作出修改后重新申报。

③挂起：在审核过程中，审单关员认为有必要与申报人或有关部门联系，以了解或确定报关单数据有关内容的，可采用报关单挂起的措施，并向申报人发出“与海关联系”或“待海关通知”的通知或回执。申报人在收到“与海关联系”的通知或回执时应根据通知或回执中的联系电话，及时与通关管理处审单中心取得联系，说明有关情况或按通关管理处审单中心要求提供有关资料；在收到“待海关通知”的通知或回执时，则应静待进一步的审核通知。

2）现场接单审核/征收税费

接单审核/征收税费的海关人员接受报关人递交的纸质单证后，按各项业务审核要求进行以下审核。

①纸质单证审查：审查报关单及其随附单证是否齐全、有效、真实。

②单单相符审查：审查随附单证内容与报关单填制内容是否相符。

③单机相符复核：复核报关单电子数据与纸质报关单填制内容是否相符。

④税费复核：实际审查报关单和随附单证及货物查验结果（指需要查验的），按商品归类、价格及原产地等计税要求计算税额是否正确，其中因审单中心核定商品归类、适用税率或汇率、完税价格、原产地等征免税要素有误造成税费计算差错的，按规定程序联系审单中心重新核定税费。

⑤统计指标复核：依据海关统计制度审核报关单及随附单证和货物查验结果（指需要查验的），确认该票进出口货物申报的统计指标是否准确。

⑥纠正差错：在接单审核/征收税费环节的作业过程中发现差错时，分别作如下处理：

- 属于报关单证不齐的，要求报关人补齐所缺单证；
- 属于纸质单证差错的，要求报关人重新提供正确单证；
- 属于报关单电子数据差错的，按规定程序联系审单中心修改报关单电子数据；

• 怀疑有走私违法行为但需要查验货物才能作进一步认定的，进行查验布控；

• 立即可以认定涉嫌走私违法的，移交调查部门处理；

• 立即可以排除走私违法嫌疑的，系统按规定作报关人差错记录；

• 验估：接单审核/征收税费关员在审核单证过程中，由于商品归类和估价的需要或根据审单中心提出的验估要求，应进行验估；

• 选择查验：接单审核/征收税费关员根据通关风险预警提示，自行开展通关风险分析，采取即决式通关风险布控方式向查验环节提出实际查验货物的要求；

• 纸质单证的批注、签章：对进（出）口货物报关单、进（出）口货物征免税证明、进（出）口许可证、加工贸易登记手册等纸质证书或单证进行批注、签章后，按规定退还报关人或由海关存档；

• 征收税费：各项要求审核无误后，打印、签发各类税费专用缴款书，纳税义务人缴纳各项税费；

• 报关单证流转：纸质报关单应通过内部渠道在海关各作业环节流转，确有必要由报关人代为传递时，必须制作关封以确保单证安全可靠。

（3）现场通关——接单

现场通关——接单这一步骤的主要内容是：

第一，口岸海关和通关现场以及区域海关为进口接单现场，申报人到现场海关接单窗口或派单窗口（一些业务量较大的现场）递交书面单证，办理单证审核手续。

第二，海关验核申报人的报关资格，验核通过的，现场接单关员进行接单。有派单窗口的现场派单人员则核对书面单证是否齐全并分派接单窗口。

第三，现场接单关员验核书面单证。审核书面单证的各项内容是否单单（报关单与随附单证）、单机（报关单与电子数据）相符；对申报价格、商品归类等项目进行复核；按作业要求对有关单证进行批注，如发现单证不齐全、不合法，及时查明原因，并按有关规定处理。

（4）现场通关——查验

现场通关——查验这一步骤的主要内容是：

第一，申报人持《查验通知单》、报关单备用联、提单场站收据、海运提单、发票、装箱单（复印件），到现场海关查验受理部门办理查验计划（一般当天安排第二天的查验计划），申报人员应做好查验准备。

第二，海关对需要查验的货物实施现场查验。进口货物的收货人、出口货物的发货人或其代理人应派员到场协助查验，协助查验人员应出示有效证件并负责搬移货物，开拆和重封货物的包装，当海关对相关单证或货物有疑问时应负责解答（注意：法律规定，当海关认为必要时，可以径行开验、复验或者提取货样）。

第三，海关查验完毕后，报关员应向海关关员索要“海关进出境货物查验记录”，特别要注意记录单记录内容是否与实际相符，其中的重点内容是：开箱具体情况；货物残损情况

续 表

	形成条件	进出境时的通关手续特征	境内存在形态	海关保障措施	要点
保税出口	以存储、加工、装配后复出口为目的	暂缓纳税；转入手册（加工贸易/保税仓储）管理，复出口并完成手册核销后结案	未被投入境内经济循环中的使用和销售，转让；在境内进行存储、加工、装配，赚取仓储费、工缴费	严密的海关担保和监管机制，如加工贸易手册、出口加工区封闭管理等；在手册规定的期限内复出口；如转为内销需正式缴纳关税、交验贸易管制证件	临时进出口；缓税、缓证
特定减免税进口	国家对特定地区、特定企业和特定用途进口货物实行特殊的减免税政策，此类进口货物不得脱离以上三个“特定”	在进出境环节根据海关核定的税收待遇，或减征或免征，完成纳税手续；交验国家贸易管制证件；转入企业资产管理，解除海关监管后结案	在境内使用，一般不得自行销售、转让	在监管年限内接受海关后续监管，直至办结解除海关手续之日；在监管年限内出售、转让或移做他用，需补缴折旧后原来减免的进口税	正式进口；减征或免征关税，不免证
暂准（时）进出口（除租赁进口）	在境内外展览、施工、演出、体育竞赛、采访、拍摄、装载进出口货物的临时进出口展品、工具、容器等，使用完毕后复出口或复进口	在进出境环节暂时免缴关税、免交进出口许可证件，其他贸易管制证件不免；转入担保程序，复出口后结案	在境内外投入展出、使用，或作为容器装载进出口货物，保持原有状态，不得加工、改换、销售	以保金、保函或ATA单证册向海关提出担保；在境内使用过程中接受海关监管；在担保规定的期限内复出口；如转为销售需正式缴纳关税、交验进出口许可证	临时进出口；缓税，缓证
租赁进口	租赁设备的使用价值转移到境内消费，以租金来体现。租赁期毕，设备可复运出境，或按残值征税后转为进口	以海关核定的租金作为完税价格征收进口税费，可在进境时一次缴付（金融租赁可按货物到岸价一次支付，即一般贸易）或在使用期间分期缴付；进境环节验核国家贸易管制证件；租赁设备或复出口，或转进口后结案	租赁设备的使用价值进口	在租赁期内接受海关监管；对转化为境内消费的设备使用价值或设备本身（残留）价值进行征税；在租赁期毕复出口或留购进口	比照一般贸易

2.2.1　保税进出口货物通关实务

1. 保税货物的含义与特征

保税货物是指进入一国关境，在海关监管下未缴纳进口关税，存放后再复运出口的货物。由于各国实行保税制度的目的不同，各国海关保税制度所涉及的范围也有差异，因此，各国对保税货物的解释也不同。

我国《海关法》关于保税货物的定义是："保税货物，是指经海关批准未办理纳税手续进境，在境内储存、加工、装配后复运出境的货物。"

根据《海关法》对保税货物所下的定义，保税货物具有以下特征：

（1）经海关批准

保税货物必须经海关批准。任何货物，不经过海关批准，不能成为保税货物。海关批准保税的范围包括批准成立保税仓库、保税工厂、保税集团；海关接受加工贸易备案，核发登记手册，包括核发电子的或纸质的登记手册，实际上就是在行使批准保税的权力；保税区和出口加工区是由国务院审批的，但是具体批准这些区域的某些进口货物的保税，仍是海关的权力，也属于海关批准保税的范围。

（2）暂缓纳税

《海关法》规定："经海关批准暂时进口或暂时出口的货物，以及特准进口的保税货物，在货物收发货人向海关缴纳相当于税款的保证金或者提供担保后，准予暂时免纳关税。"可见，保税货物是未办理纳税手续进境的，属于暂时免税，待货物确定最终流向后，海关再决定征税或免税。

（3）海关监管

因为保税货物是在没有办理纳税手续的情况下进境的，所以，保税货物从进境之日起就必须置于海关的监管之下，它在境内的运输、储存、加工、装配，都必须接受海关监管，直到复运出境或改变性质、办理正式进口手续为止。

保税货物未经海关许可，不得开拆、提取、交付、发运、调换、改装、抵押、质押、留置、转让、更换标志、移作他用或者进行其他处置。海关对保税货物施加的封志，任何人不得擅自开启或者损毁。当保税货物失去保税条件时，海关有权依法对该保税货物作出处置。

（4）复运出境

保税货物的最终流向应当是复运出境。因此，经海关批准保税进境后的货物，一旦决定不复运出境，就改变了保税货物的特性，不再是保税货物，而应当按照留在境内的实际性质办理相应的进口手续。如加工贸易进口料件经批准内销、保税仓库货物出库进入国内市场等。

复运出境是构成保税货物的重要前提。

2. 保税形式和保税货物的分类

(1) 海关保税形式

与国际通行做法一致，我国海关目前保税的主要形式有以下三种：

1) 保税储存

保税储存是进口货物在海关监管下储存于指定场所，暂缓缴纳进口税的一种保税形式。它使进口货物可以在不必缴纳进口税的状态下较为长期地储存，使货物储存人有充分的时间在国内或国外推销货物。

保税储存的表现形式有保税仓库、寄售代销、免税商店等。

2) 保税加工

保税加工是指拟用于制造、加工的货物在海关监管下暂缓缴纳进口税，作为原材料、半成品临时进口，经加工后复运出口的一种保税形式。它为货物为特定目的暂时进入境内使用或加工制造提供了便利，尤其有利于促进我国对外加工制造业的发展。

保税加工主要有来料加工、进料加工、保税工厂、保税集团等。

3) 区域保税

区域保税是指在特定区域实行保税制度，主要有保税区、出口加工区。

(2) 保税货物的分类

根据《海关法》对保税货物定义的表述，保税货物可以分为储存类和加工装配类两大类。

1) 储存类保税货物

储存类保税货物，即保税储存货物，又可以分为两种：①储存后复运出境的保税货物。其包括：国际转运货物，主要是指转口贸易货物；供应国际运输工具的货物，主要是指从境外进口在保税仓库存储的供应给国际运输船舶、航空器在国际运输途中所需要的燃料、物料等。②储存后进入国内市场的保税货物。其包括进口寄售用于维修外国商品的零配件、经海关批准存入保税仓库的未办结海关手续的一般贸易货物和其他未办结海关手续的货物。

2) 加工装配类保税货物

即保税加工的货物，又称加工贸易保税货物。经海关准予保税的加工贸易监管形式下进口的料件以及用这些料件生产的半成品、成品都属于加工装配类保税货物。

(3) 保税进出口货物通关的基本环节

保税进出口货物（以下简称保税货物）的通关与一般进出口货物不同，它不是在某一个时间上办理进口或出口手续后即完成了通关，而是从进境、储存或加工到复运出境的全过程。保税货物的报关程序除了和一般进出口货物报关程序一样有进出境报关阶段外，还有合同备案和核销结案阶段。保税货物通关的基本程序如图 2－2 所示。

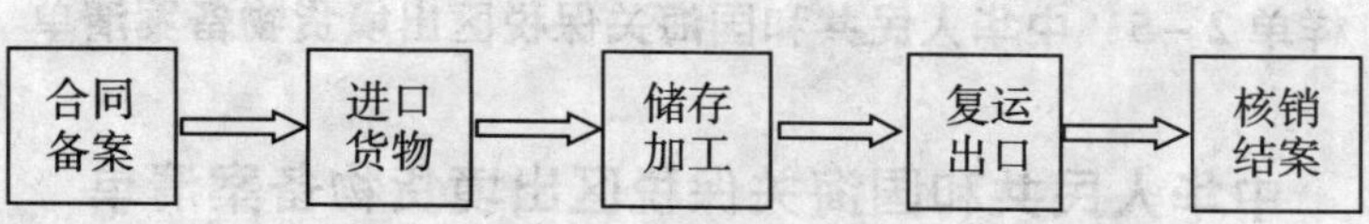

图 2-2　保税货物通关的基本程序

1）合同备案

合同备案是指经营保税货物的单位持有关证件、对外签约的合同及其他有关单证向主管海关申请办理合同登记备案手续，海关核准后，签发有关登记手册。合同登记备案是向海关办理的第一个手续，须在保税货物进口前办妥，它是保税业务的开始，也是经营者与海关建立承担法律责任和履行监管职责的法律关系的起点。

2）进口货物

进口货物是指已在海关办理合同登记备案的保税货物实际进境时，经营单位或其代理人应持海关核发的该批保税货物的登记手册及其他单证，向进境地海关申报，办理进口手续。

3）储存或加工后复运出口

储存或加工后复运出口是指保税货物进境后，应储存于海关指定的场所或交付给海关核准的加工生产企业进行加工制造，在储存期满或经加工后复运出境。经营单位或其代理人应持该批货物的登记手册及其他单证，向出境地海关申报办理出口手续。

4）核销结案

核销结案是指在备案合同期满或加工产品出口后的一定期限内，经营单位应持有关加工贸易登记手册、进出口货物报关单及其他有关资料，向合同备案海关办理核销手续，海关对保税货物的进口、储存、加工、使用和出口情况进行核实并确定最终征免税之后，对该备案合同予以核销结案。这一环节是保税货物整个通关程序的终点，意味着海关监管关系解除。

保税区出境货物备案清单共五联。第一联出境地海关存查，第二联海关统计专用，第三联主管海关存查，第四联备案单位存查，第五联出境结汇（如样单 2-5 所示）。

保税区进境货物备案清单共五联。第一联进境地海关存查，第二联海关统计专用，第三联主管海关存查，第四联备案单位存查，第五联付汇核销专用（如样单 2-6 所示）。

2.2.2　加工贸易货物的通关

加工贸易主要包括来料加工装配、进料加工、出料加工等。

保税加工经营过程包括直接生产过程（加工或装配）和流转过程（料件进口、成品复出口），从保税加工料件进境到完成产成品的复出口须经过 3 个阶段。

样单 2－5　中华人民共和国海关保税区出境货物备案清单

JG22

中华人民共和国海关保税区出境货物备案清单

预录入编号：　　　　　　　　　　　　　　　　　海关编号：

<table>
<tr><td colspan="3">出境口岸</td><td>出境日期</td><td>备案日期</td></tr>
<tr><td colspan="2">区内经营单位</td><td>运输方式</td><td>运输工具名称</td><td>提运单号</td></tr>
<tr><td colspan="2">区内发货单位</td><td>贸易方式</td><td colspan="2">运抵国（地区）</td></tr>
<tr><td>境内货源地</td><td>成交方式</td><td>运费</td><td>保费</td><td>杂费</td></tr>
<tr><td>合同协议号</td><td>毛重（千克）</td><td>净重（千克）</td><td colspan="2">随附单据</td></tr>
<tr><td colspan="5">备注</td></tr>
<tr><td colspan="5">项号　商品编号　商品名称、规格型号　数量及单位　最终目的国（地区）　单价　总价　币制</td></tr>
<tr><td colspan="2">录入员　　录入单位</td><td colspan="2">兹声明以上申报无讹并承担法律责任</td><td rowspan="4">海关备案审核

审核日期</td></tr>
<tr><td colspan="4">申报人</td></tr>
<tr><td colspan="2">单位地址</td><td colspan="2">申报单位（签章）</td></tr>
<tr><td colspan="2">邮编　　　电话</td><td colspan="2">填制日期</td></tr>
</table>

样单 2－6 中华人民共和国海关保税区进境货物备案清单

JG21

中华人民共和国海关保税区进境货物备案清单

预录入编号：　　　　　　　　　　　　海关编号：

出境口岸			进境日期	备案日期
区内经营单位		运输方式	运输工具名称	提运单号
区内收货单位		贸易方式	起运国（地区）	
境内目的地	成交方式	运费	保费	杂费
合同协议号	毛重（千克）	净重（千克）	随附单据	
备注				

项号	商品编号	商品名称、规格型号	数量及单位	原产国（地区）	单价	总价	币制

录入员　录入单位	兹声明以上申报无讹并承担法律责任	海关备案审核
申报人		
单位地址	申报单位（签章）	
邮编　电话	填制日期	审核日期

第一，料件的进口阶段。在该阶段，经营者在履行加工贸易合同的同时须向海关办理登记备案手续，并在货物运抵口岸时办理进口手续，提取料件运至加工企业。

第二，直接加工阶段。在该阶段，进口料件经过加工或装配，逐步改变它的性质、形态，最后生产出所需的制成品。

第三，成品复出口阶段。在该阶段，保税加工的经营人按照对外所签合同的约定，办理货运、出口等手续后将制成品复运或返销出口。

保税加工均是以复出口产品为前提条件，国家对进口料件实行银行保证金台账制度，海关采取保税制度予以监管。

2.2.2.1 加工贸易保税货物概述

1. 加工贸易保税货物的含义

加工贸易保税货物是指专为加工、装配出口产品而从国外进口且海关准予保税的原材料、零部件、元器件、包装物料、辅助材料（简称料件）以及用这些料件生产的成品、半成品。

加工贸易俗称“两头在外”的贸易，即料件从境外进口，在境内加工装配成成品运到境外的贸易。

2. 加工贸易保税货物的形式

（1）来料加工

来料加工是指国外委托方，提供料件和必要的机器设备及生产技术，委托国内生产企业作为承接方，由国内加工者加工成成品后，运交委托方在国外销售使用，国内加工者收取约定的工缴费（加工费）。

（2）进料加工

进料加工是指国内生产者进口部分或全部料件，加工成成品或半成品后再销往国外市场的一种贸易方式。

（3）外商投资企业履行产品出口合同

外商投资企业经营的来料加工和进料加工统称为外商投资企业履行产品出口合同。

（4）保税工厂

保税工厂是指由海关批准的专门从事保税加工的工厂或企业。这是在来料加工、进料加工和外商投资企业履行产品出口合同的基础上发展形成的一种保税加工的监管形式。

（5）保税集团

保税集团是指经海关批准，由一个具有进出口经营权的企业牵头，在同一关区内，同行业若干个加工企业联合对进口料件进行多层次、多工序连续加工，直至最终产品出口的企业联合体。

3. 加工贸易货物通关

加工贸易货物通关不同于一般进出口通关，它涉及货物进境、储存或加工、复运出境的全过程，只有办理了全过程的各种海关手续后，才完成其通关任务。

加工贸易货物通关的基本程序：登记备案→申报进口→储存加工→复运出口→核销结案。

（1）登记备案

经营保税与加工贸易货物的单位持有关批件、对外签订的合同及其他有关单证向主管海关申请办理合同登记备案手续，海关核准后，签发有关登记手册。登记手续必须在保税与加工贸易货物进口前办妥。

（2）申报进口

在海关办理合同登记备案的保税与加工贸易货物实际进境时，经营单位或其代理人应持海关核发的该批货物的《登记手册》及其他单证，向进境地海关申报，办理进口手续。

（3）储存加工

保税与加工贸易货物进境后，或储存在海关指定的场所，或交付给海关核准的加工企业进行加工制造。

（4）复运出口

保税与加工贸易货物在储存期满或经加工制造成成品后，再复运出口。经营单位或其代理人持该批货物的《登记手册》及其他单证，向出境地海关申报办理出口手续。

（5）核销结案

在备案合同期满或加工产品出口后的一定期限内，经营单位持有关加工贸易登记手册、进出口货物报关单及其他有关资料，向合同备案海关办理核销手续，海关对保税货物的进口、储存、加工、使用和出口情况进行核实并确定最终征免税意见后，对该备案合同予以核销结案。

2.2.2.2　进料加工通关

1. 进料加工的含义

进料加工系指中方用外汇购买进口的原料、材料、辅料、元器件、零部件、配套件和包装物料加工成成品或半成品后再外销出口的交易形式。

进料加工是国际上使用较多的加工贸易方式，是扩大出口、增加外汇收入的重要手段。它的基本概念是：用外汇购买进口原料、材料、辅料、元器件、零部件、配套件和包装物料（以下简称料件），加工或装配成成品或半成品后返销出口。

2. 进料加工的业务和通关程序

合同登记备案→进口料件报关→出口产品报关→合同核销。

（1）合同登记备案

开展进料加工的单位必须是经商务部或其授权的外经贸主管部门批准的有进出口经营权的企业，加工生产企业必须具有法人资格并有能力承担进口料件加工出口产品的生产企业。

经营单位开展进料加工应在有关货物进口前到加工生产企业所在地主管海关办理合同登记备案手续，提交有关单证。海关审查经营单位提交的合同登记备案单证后，对加工企业实地验厂验库。主管海关签发《银行保证金台账联系单》，经营单位凭此到主管海关所在地指定中国银行办理设立银行保证金台账手续，银行设立台账后，签发《银行保证金台账登记通知单》。

主管海关对已开设银行保证金台账手续的合同，根据合同备案单证是否齐全、有效以及验厂验库情况，确定不同的征免税比例，在《登记手册》上签署海关备案意见，并加盖海关业务印章，将《登记手册》核发给经营单位。经营单位凭此《登记手册》办理有关货物进出口和合同的最终核销手续。

（2）进口料件报关

进料加工的料件进口时，经营单位或其代理人持《登记手册》及其他有关报关单证，填制进料加工专用进口货物报关单，向进境地海关申报。

进境地海关审核无误后，按规定收取海关监管手续费，验放进口货物，并在《登记手册》以及进口货物报关单上加盖海关印章后退还经营单位或其代理人，作为今后合同核销的单证依据。

（3）出口产品报关

进口料件经加工生产为成品返销出口时，经营单位或其代理人持《登记手册》及其他报关单证，填制进口加工专用出口货物报关单，并在《登记手册》填明有关出口产品内容后向出境地海关申报。

出境地海关审核单证无误后，验放有关出口货物，并在《登记手册》以及出口货物报关单上加盖海关印章后退还经营单位或其代理人，作为今后合同核销的单证依据。

（4）合同核销

进料加工合同执行完一个月内，经营单位持有关单证到主管海关办理合同核销手续。核销的单证包括：《登记手册》、进料加工进出口专用报关单、核销申请表或进口料件使用情况表。

海关对经营单位提供的核销单证进行审核，对合同执行情况正常的，海关对登记备案的进料加工合同予以核销结案，签发《核销结案通知书》，同时，对开设银行保证金台账的合同，签发《银行保证金台账核销联系单》。经营单位凭此向银行办理保证金台账的销账手续。

3. 进料加工单证

进料加工料件和加工后的成品进出境时，经营单位须持由主管海关核发的进料加工登记手册，向入、出境地海关申报，申报时，须交验下列单证：

①注有“进料加工专用”字样的粉红色进（出）口货物报关单（注：专用报关单与普通报关单所要填列的内容完全一样）一式四份（注：产品出口时还须递交一份黄色的出口货物报关单，以便凭单办理退还国内产品税）。

②发票、装箱单。

③进（出）口货物许可证。对属于国家限制进口商品，免领进口许可证；出口成品如列入许可证管理的，须交验出口许可证。

④国家质检部门出具的商检证明（如属于实施检验商品种类表的，则须提交商检证明或在报关单上加盖商检印章）。

海关对经营进料加工业务单位交验的上述单证进行审核，并查验货物。如符合进（出）境要求，则由海关在专用报关单上加盖印章，予以放行。

2.2.2.3 进料加工装配通关

1. 进料加工装配的含义

进料加工装配系指由外商提供全部或部分原材料、辅料、零部件、元器件、配套件和包装物料，必要时提供设备，由中方按对方的要求进行加工装配，成品交对方销售，中方收取工缴费，中方用工缴费偿还的交易形式。

2. 通关程序

对外加工装配包括来料加工和来件装配两种形式，中国海关将其合并为来料加工装配业务。来料加工装配的业务与通关程序为：合同登记备案→进口料件报关→出口成品报关→合同核销结案。

（1）合同登记备案

凡经商务部以及地方政府批准有对外贸易经营权的企业，可以对外签订来料加工装配合同，也可以联合国内加工单位共同对外签约。经营来料加工装配的企业必须具备法人资格。

经营来料加工装配业务的单位应在对外签订来料加工装配合同获得外经贸主管部门批准后一个月内，到加工企业所在地主管海关办理合同登记备案手续，填写《加工装配和中小型补偿贸易进出口货物登记手册》。海关在审核经营单位提供的合同登记备案单证后，对加工企业验厂验库。根据《加工贸易进口料件银行保证金台账制度》，主管海关签发《银行保证金台账联系单》，经营单位凭此到主管海关所在地指定的中国银行办理开设银行保证金台账手续，银行签发《银行保证金台账登记通知单》后，主管海关核发《加工装配和中小型补偿贸易进出口货物登记手册》。经营单位凭此办理货物进出口和合同核销手续。

（2）进口料件报关

经合同登记备案的加工装配项下进口的料件和设备等，由经营单位或其代理人持《加工装配和中小型补偿贸易进出口货物登记手册》及其他单证，并填制来料加工专用进口货物报关单向进境地海关申报。

进境地海关审核无误后，按规定征收海关监管手续费，验放有关进口货物，在《加工装配和中小型补偿贸易进出口货物登记手册》及报关单上加盖印章后退交经营单位，作为今后合同核销的依据。

（3）出口成品报关

进口料件经加工装配为成品返销出口时，经营单位或其代理人持海关核发的《加工装配和中小型补偿贸易进出口货物登记手册》及其他单证，填制来料加工专用出口货物报关单向出境地海关申报。

出境地海关审核单证无误后，验放有关货物出口。在《加工装配和中小型补偿贸易进出口货物登记手册》及报关单上加盖印章退交经营单位，作为今后合同核销的依据。

（4）合同核销结案

加工装配合同到期后或最后一批成品出口后的一个月内，经营单位持有关单证向主管海关办理合同核销手续。办理核销的单证包括：《加工装配和中小型补偿贸易进出口货物登记手册》、《进料加工进出口专用报关单》、《核销申请表》和《进口料件使用情况表》。

海关审核核销单证后，对符合规定的合同予以核销结案，签发《核销结案通知书》。同时对开设银行保证金台账的合同，签发《银行保证金台账核销联系单》，经营单位凭此向原开设银行保证金台账的银行办理销账手续。

3. 进料加工配装货物的报关单证

货物进出口报关时，应向海关递交下列单证报关：

①填有进出口货物数量、价值、规格等项目并带有经海关认可的报关单位签章的来料加工进出口货物专用报关单一式三份。

②《来料加工进出口货物登记手册》。

③进出口货物的运单、发票、装箱单。

④海关认为必要的其他单证。料件和设备进口后，有关加工单位必须按合同将进口料件的有关设备的使用，以及加工成品出口等情况列入海关认可的专门账册。对上述账册和有关来往函电资料以及加工车间等，海关有权随时进行查验，有关加工单位应提供方便。海关对上述单证进行审核，如符合规定，对进口货物予以放行。

海关进料加工专用单如样单 2－7、样单 2－8 所示。

进料加工登记手册由进料加工批准书，进口合同基本情况，进口料件报关登记表，出口成品报关登记表，进口原辅料分拨情况表，内销原辅料成品登记表，核销申请登记表，海关核销结案登记表，海关核销、核查情况登记表，合同及附件组成（如样单 2－9 所示）。

登记手册使用须知：

①《进料加工登记手册》是专供经营进料加工、备料加工和客供辅料进口料、件加工复出口的单位，办理合同登记备案、减免税审批、进出口货物的报关和核销结案之用。

样单 2－7　中华人民共和国海关进口货物报关单（进料加工专用）

JG03

进料加工专用

中华人民共和国海关进口货物报关单

预录入编号：　　　　　　　　　　　　　　海关编号：

进口口岸	备案号	进口日期	申报日期
经营单位	运输方式	运输工具名称	提运单号
收货单位	贸易方式	征免性质	征税比例

许可证号	起运国（地区）	装货港	境内目的地

批准文号	成交方式	运费	保费	杂费
合同协议号	件数	包装种类	毛重（千克）	净重（千克）
集装箱号	随附单据			用途

标记唛码及备注

项号	商品编号	商品名称、规格型号	数量及单位	原产国（地区）	单价	总价	币制	征免

税费征收情况

录入员　录入单位	兹声明以上申报无讹并承担法律责任	海关审单批注及放行日期（签章）
报关员	申报单位（签章）	审单　审价
单位地址		征税　统计
邮编　电话	填制日期	查验　放行

样单 2-8　中华人民共和国海关出口货物报关单（进料加工专用）

JG04

进料加工专用

中华人民共和国海关出口货物报关单

预录入编号：　　　　　　　　　　　　　　　　海关编号：

出口口岸		备案号	出口日期	申报日期
经营单位		运输方式	运输工具名称	提运单号
发货单位		贸易方式	征免性质	结汇方式
许可证号	运抵国（地区）		指运港	境内货源地
批准文号	成交方式	运费	保费	杂费
合同协议号	件数	包装种类	毛重（千克）	净重（千克）
集装箱号	随附单据			生产厂家

标记唛码及备注

项号	商品编号	商品名称、规格型号	数量及单位	最终目的国（地区）	单价	总价	币制	征免

税费征收情况

录入员　录入单位	兹声明以上申报无讹并承担法律责任	海关审单批注及放行日期（签章）
报关员	申报单位（签章）	审单　审价
单位地址		征税　统计
邮编　电话	填制日期	查验　放行

样单 2－9　中华人民共和国海关进料加工登记手册

JM07

海 关 编 号________________

中 华 人 民 共 和 国 海 关

进 料 加 工 登 记 手 册

中 华 人 民 共 和 国　　　　海 关 核 发

进料加工批准书

<table>
<tr><td colspan="2">________________：　　　　　　编号：
你单位进口料、件合同(合同号　　　　　　　　)或订货卡片(卡片号　　　　　　　)，经审核，属于进料加工性质，现予批准，请凭此向海关办理登记、免税、报关手续。

审批单位(签章)
年　月　日</td></tr>
<tr><td>上述合同进口料、件保证按规定期限加工为成品出口，并保证对内销部分按规定向海关补税。请准予按《海关对(机电产品)进料加工进出口货物管理办法》第　　条，第　　项管理办法办理。
申请单位(签章)
年　月　日</td><td>主管海关批准意见：

主管海关(签章)
年　月　日</td></tr>
</table>

进口合同基本情况

经营单位		负责人		通信地址和电话号码			
生产单位		负责人		通信地址和电话号码			
进口合同号		进口许可证号		进口料、件总值及币别		进口口岸	
出口合同号		出口成品总值及币别		出口口岸		成品返销期限	

进口料、件名称	规格	单位	数量	单价	总值	成品单耗	加工成品名称、数量

申请单位（签章） 年　月　日	主管海关（签章） 年　月　日

正本留底登记联（粗格内由海关填写，其余均由申报人填写）。

合同规定客供原辅料情况

品名	规格	单位	数量	单耗	单价	总价	备注	申请单位（签章） 年　月　日

出口合同情况

出口合同号	出口成品名称	规格	单位	数量	单价	总价	交货期	主管海关（签章） 年　月　日

正本留底登记联（粗格内由海关填写，其余均由申报人填写）。

进口料、件报关登记表（一）

报关日期	运输工具名称装、运单号	货物名称、规格	单位	数量	价值	进口数量累计	报关单海关编号	进口地海关签章

粗格内由海关填写，其余均由申报人填写。

出口成品报关登记表（一）

报关日期	运输工具名称装、运单号	货物名称、规格	单位	数量	价值	出口数量累计	报关单海关编号	出口地海关签章

粗格内由海关填写，其余均由申报人填写。

内销原辅料成品登记表

销售日期	货名及规格	单位	数量	价值	销售发票凭证号码	补税情况

粗格内由海关填写，其余均由申报人填写。

本关区进口原辅料分拨情况表

开单日期	外贸公司出库单号	加工单位名称	原辅料品名	规格	单位	数量	单价（RMB）	金额（RMB）	厂方签收	备注

留底登记联（此表均由申报人填写）。

核销申请登记表（一）

加工厂名称	外贸拨入进口料、件名称、规格	单位	数量	工厂交外贸成品名称、规格	单位	数量	成品单耗	成品总耗料、件数量	工厂剩余成品数量	工厂剩余料、件数量

留底登记联（此表均由申报人填写）。

核销申请登记表（二）

实际总进口料、件名称、规格	数量	分拨加工厂数量	外贸公司剩余料、件数量	出口成品数量	剩余成品未出口数量	剩余残、次品及边角余料数量
申请核销意见	单位签章　　年　月　日					

留底登记联（此表均由申报人填写）。

海关核销结案登记表

<table>
<tr><td>核销结案意见</td><td colspan="2">经办人： 年 月 日</td></tr>
<tr><td rowspan="3">补征税款情况</td><td>补征进口关税： 缴款书号：
补征 产品增值 税： 缴款书号：
补征 税： 缴款书号：</td><td rowspan="3">海关签章

年 月 日</td></tr>
<tr><td>海关核销结案通知书编号：</td></tr>
<tr><td>经营单位签收：

年 月 日</td></tr>
</table>

此表由海关填写。

海关核销、核查情况记录表

此表由海关填写。

合同及附件（粘贴栏）

②本手册以一个合同或订货卡片为限。经营单位应持对外签订的由买卖双方签字或有关外贸专业进出口公司签章的合同副本或订货卡片一式二份，并将合同的基本情况按规定填写在《登记手册》上，经审批机关和主管海关核准签章后，方可使用。没有办理《登记手册》的经营单位进出口货物，海关均按一般进出口货物的有关规定办理。

③经海关核发《登记手册》的经营单位办理货物进出口手续时，应填写进出口货物报关单一式三份并严格按《登记手册》中的要求填写有关内容。凡未填写或填写不清、不详、与单证不符者，均由经营单位或其委托的报关代理人负责，海关有权不予受理。

④进口料、件自进口报关之日起一年内应加工为成品出口，加工未完的可根据实际情况向海关申请展期。展期期限商当地海关酌定。如在展期内仍不能复出口而转为内销时，应主动向海关补税。经营单位应于合同执行完毕后一个月内向主管海关办理核销结案手续，并按《登记手册》对核销的要求如实填报。凡未按期填报或填报不实及伪报者，由海关按《海关法》及有关规定处理。

⑤根据货物进出口情况，可增领《登记手册》分册，凭以向海关办理进出口手续。

⑥凡申请在本关区内将进口料、件或辅料分拨给加工厂的单位，应填写“本关区进口原辅料分拨情况表”向主管海关办理分拨手续。

⑦《登记手册》由海关统一印刷，收取成本费。经营单位应妥善保管，手册不得遗失，如发生因遗失手册被冒用进口料、件造成的后果，由申请单位负责。合同执行完毕核销结案后，由主管海关收回。

2.2.2.4 加工贸易银行保证金台账制度

加工贸易银行保证金台账制度，是指加工贸易合同在主管海关登记备案时，经营单位持商务主管部门批准该加工贸易合同的文件，凭海关核准的手续，按合同备案料件金额，向指定的中国银行申请设立加工贸易进口料件保证金台账，待海关核销合同后，由中国银行核销保证金台账的一种加工贸易管理制度。

海关对从事加工贸易的企业实行分类管理，根据企业年加工实绩和遵守国家法律的状况，将企业分为A、B、C、D四类。同时，国家对加工产品分为允许类、限制类和禁止类。A类企业不实行银行保证金台账制度，B类企业和C类企业均实行银行保证金台账制度。对C类企业、加工生产限制类产品的B类企业和首次开展加工贸易并生产限制类产品的企业，海关通过银行保证金台账对其加工贸易进口料件收取进口关税和进口环节增值税等值的保证金，产品出口后予以退还。D类企业是发生过走私行为的企业，不是从事加工贸易，特殊情况下，经海关批准从事加工贸易的，由海关按进口料件的税款金额征收保证金。

1. 加工贸易进口料件银行保证金台账制度的基本运作程序

加工贸易进口料件银行保证金台账制度流程，如图2-3所示。

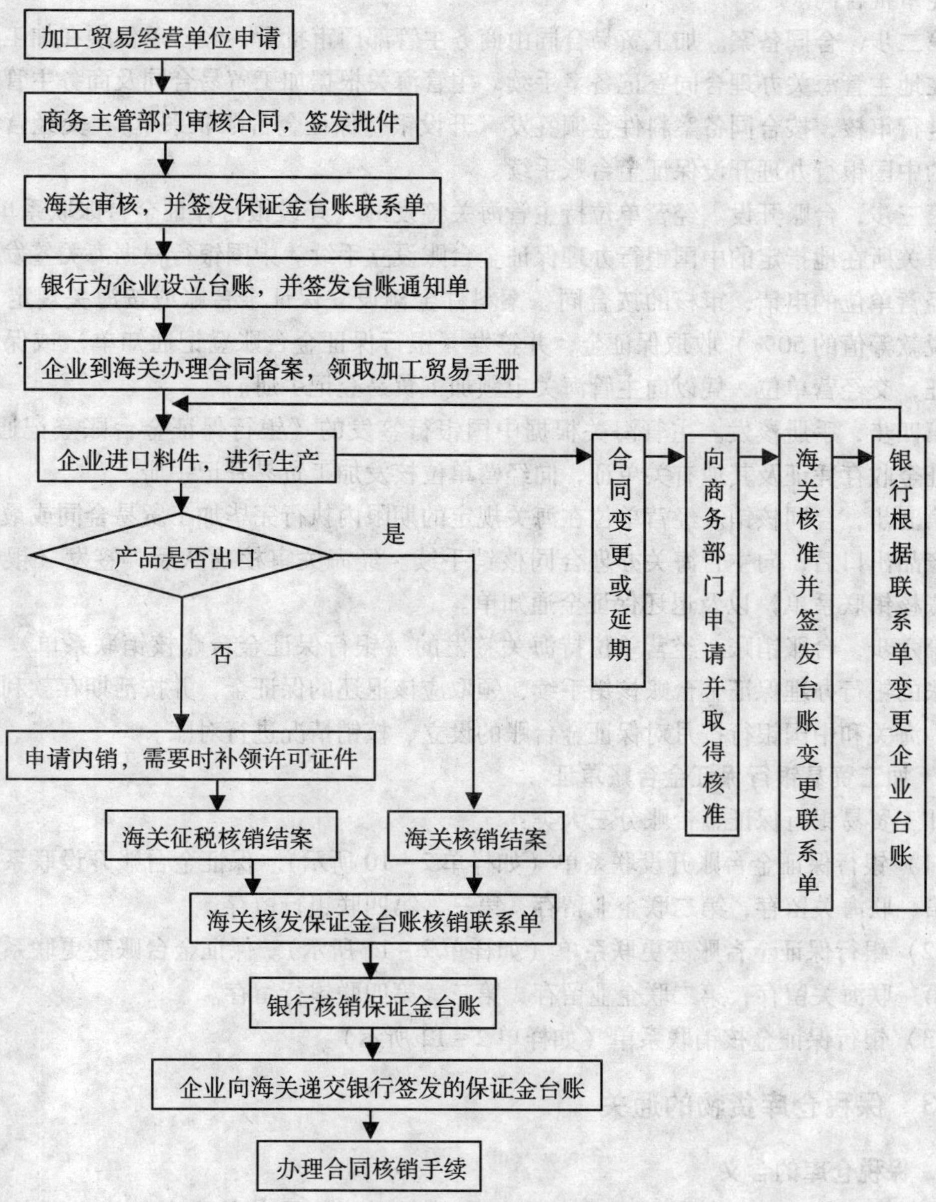

图 2－3　加工贸易进口料件银行保证金台账制度流程

根据图 2－3，加工贸易进口料件银行保证金台账制度的基本运作程序可以归纳为以下 6 步：

第一步，合同审批。经营加工贸易单位在对外签订加工贸易合同后，应上报商务主管部门批准。商务主管部门核查经营单位及加工生产企业的经营状况和生产能力后，根据有关规定审批合同。

第二步，合同备案。加工贸易合同由商务主管部门审批后，经营单位须在加工生产企业所在地主管海关办理合同登记备案手续。主管海关根据加工贸易合同及商务主管部门的批件进行审核，按合同备案料件金额签发《开设银行保证金台账联系单》，交经营单位向指定的中国银行办理开设保证金台账手续。

第三步，台账开设。经营单位持主管海关签发的《开设银行保证金台账联系单》，向主管海关所在地指定的中国银行办理保证金台账设立手续。中国银行根据海关签发的联系单及经营单位的申请，审核的按合同备案料件金额设立保证金台账或按海关规定（一般是按税款等值的50%）收取保证金，并签发《银行保证金台账登记通知单》或保证金收存凭证，交经营单位，凭以向主管海关申领加工贸易登记手册。

第四步，手册核发。主管海关根据中国银行签发的《银行保证金台账登记通知单》或保证金收存凭证及其他有关单证，向经营单位核发加工贸易登记手册。

第五步，合同核销。经营单位在海关规定的期限内执行完毕加工贸易合同或最后一批加工产品出口后，向主管海关办理合同核销手续。经海关审核确认后，签发《银行保证金台账核销联系单》以及退还保证金通知单。

第六步，台账销账。经营单位持海关签发的《银行保证金台账核销联系单》向原设立台账的银行办理保证金台账核销手续，领取应该退还的保证金，并按活期存款利率计付利息。海关和中国银行按月对保证金台账的设立、核销情况进行对账。

2. 加工贸易银行保证金台账单证

加工贸易银行保证金台账分三大类：

（1）银行保证金台账开设联系单（如样单2－10所示）。保证金台账开设联系单共四联，第一联海关留存，第二联企业留存，第三、第四联银行留存。

（2）银行保证金台账变更联系单（如样单2－11所示）。保证金台账变更联系单共四联，第一联海关留存，第二联企业留存，第三、第四联银行留存。

（3）银行保证金核销联系单（如样单2－12所示）。

2.2.3 保税仓库货物的通关

1. 保税仓库的含义

保税仓库是指经海关批准设立的专门存放保税货物及其他未办结海关手续货物的仓库。

经海关批准可以存入保税仓库的货物有以下几类：

（1）加工贸易进口货物。

（2）转口货物。

样单 2-10　银行保证金台账开设联系单

银行保证金台账开设联系单

联系单编号：　　　　　　　　　　主管海关：

<table>
<tr><td colspan="3">中国银行　　　　　　　　　　　　分（支）行
兹有　　　　　　　　　　　　　　合同号：
开展加工贸易，需在你行开设保证金台账，请审核办理。</td></tr>
<tr><td>台账核销期限</td><td></td><td rowspan="4">海关
（盖章）

年　月　日</td></tr>
<tr><td>台账金额</td><td></td></tr>
<tr><td>台账保证金（RMB）</td><td></td></tr>
<tr><td>备　注</td><td></td></tr>
</table>

第一联：海关留存

本单共四联，只供海关、中国银行（二联）、加工贸易企业办理保证金台账使用，他用无效。

样单 2-11　银行保证金台账变更联系单

银行保证金台账变更联系单

联系单编号：　　　　　　　　　　主管海关：

<table>
<tr><td colspan="3">中国银行　　　　　　　　　　　　分（支）行
兹有　　　　　　　　　　　　　　合同号：
已在你行开设了保证金台账（编号：　　　　　　），
因故发生合同变更，请协助办理保证金台账变更手续。</td></tr>
<tr><td>台账核销期限</td><td></td><td rowspan="4">海关
（盖章）

年　月　日</td></tr>
<tr><td>台账金额
台账保证金总额
已缴台账保证金</td><td></td></tr>
<tr><td>本次补缴保证金（RMB）</td><td></td></tr>
<tr><td>备　注</td><td></td></tr>
</table>

第一联：海关留存

本单共四联，只供海关、中国银行（二联）、加工贸易企业办理保证金台账使用，他用无效。

样单 2－12　银行保证金台账核销联系单

银行保证金台账核销联系单

联系单编号：　　　　　　　　　　　　　　主管海关：

<table>
<tr><td colspan="3">中国银行　　　　　　　　　　　　　　　分（支）行
兹有　　　　　　　　　　　　　　　　　合同号：
已在你行开设了保证金台账（编号：　　　　　　）。现已履行合同完结，并办理了合同核销手续，请协助办理保证金台账的核销手续。</td></tr>
<tr><td>应退台账保证金（RMB）</td><td colspan="2"></td></tr>
<tr><td>已缴台账保证金（RMB）</td><td></td><td rowspan="5">海关
（盖章）

年　　月　　日</td></tr>
<tr><td>结案情况</td><td></td></tr>
<tr><td>未结案原因</td><td></td></tr>
<tr><td>是否暂停设台账</td><td></td></tr>
<tr><td>备　　注</td><td></td></tr>
</table>

第一联：海关留存

本单共四联，只供海关、中国银行（二联）、加工贸易企业办理保证金台账使用，他用无效。

（3）供应国际航行船舶和航空器的油料、物料和维修用零部件。

（4）供维修外国产品所进口寄售的零配件。

（5）外商进境暂存货物。

（6）未办结海关手续的一般贸易进口货物。

（7）经海关批准的其他未办结海关手续的进境货物。

保税仓库不得存放国家禁止进境货物，不得存放未经批准的影响公共安全、公共卫生或健康、公共道德或秩序的国家限制进境货物以及其他不得存入保税仓库的货物。

2. 保税仓库的类型

（1）自用型保税仓库由特定的中国境内独立企业法人经营，仅存储供本企业自用的保税货物。

（2）公用型保税仓库由主营仓储业务的中国境内独立企业法人经营，专门向社会提供保税仓储服务。

（3）专用型保税仓库是专门用来存储具有特定用途或特殊种类商品的保税仓库。

专用型保税仓库包括液体危险品保税仓库、备料保税仓库、寄售维修保税仓库和其他专用保税仓库。例如液体危险品保税仓库是指符合国家关于危险化学品存储规定的，专门提供石油、成品油或者其他散装液体危险化学品保税仓储服务的保税仓库。

3. 保税仓库的设立

（1）保税仓库设立的条件

保税仓库应当设立在设有海关机构、便于海关监管的区域。经营保税仓库的企业，应当具备下列条件：

1）经工商行政管理部门注册登记，具有企业法人资格。

2）注册资本最低限额为300万元人民币。

3）具备向海关缴纳税款的能力。

4）经营特殊许可商品存储的，应当持有规定的特殊许可证件。

5）经营备料保税仓库的加工贸易企业，年出口额最低为1000万美元。

6）具有专门存储保税货物的营业场所并达到：①符合海关对保税仓库布局的要求；②具备符合海关监管要求的安全隔离设施、监管设施和办理业务必需的其他设施；③具备符合海关监管要求的保税仓库计算机管理系统并与海关联网；④具备符合海关监管要求的保税仓库管理制度、符合会计法要求的会计制度；⑤符合国家土地管理、规划、交通、消防、安全、质检、环保等方面的法律、行政法规及有关规定；⑥公用保税仓库面积最低为2000平方米，液体危险品保税仓库容积最低为5000立方米，寄售维修仓库面积最低为2000平方米。

（2）保税仓库设立的步骤

1）企业申请。企业申请设立保税仓库的，应向仓库所在地主管海关提交书面申请，提供能够证明上述条件已经具备的有关文件。

2）主管海关审核。主管海关在审核申请文件后，对材料齐全、有效的，予以受理；对材料不齐全或者不符合法定形式的，在5个工作日内一次告知申请人需要补正的全部内容。

主管海关自受理申请之日起20个工作日内提出初审意见并将有关材料报直属海关审批。

3）直属海关审批。直属海关自接到材料之日起20个工作日内审查完毕，对符合条件的，出具批准文件，批准文件的有效期为1年；对不符合条件的，书面告知申请人理由。

4）海关总署备案。直属海关自批准设立保税仓库之日起30日内报海关总署备案。

4. 保税仓库货物的报关程序

保税仓库货物的报关程序可以分为进库报关和出库报关（见表2－3）。

（1）进库报关

货物在保税仓库所在地进境时，除易制毒化学品、监控化学品、消耗臭氧层物质外免领许可证件，由收货人或其代理人办理进口报关手续，海关进境现场放行后存入保税仓库。

表 2-3　　保税仓库、出口监管仓库通关程序

	进　库	出　库	报　核
保税仓库	免领许可证件（除能够制造化学武器的化工品和易制毒化学品以外），由保税仓库经理人或其代理人办理进口报关，货物放行后入库	1. 复出口：由保税仓库经理人或其代理人办理出口报关手续，货物出库后出运； 2. 转加工贸易货物：按加工贸易货物办理进口报关； 3. 转特定减免税货物：按特定减免税类办理进口报关； 4. 进入国内市场销售或用于其他方面：按一般贸易报关进口	保税仓库经理人在每月前 5 天将上月进库、出库、结存等情况列表并随附有关单证向主管海关报核。 存储期为 1 年，申请延长期经批准不超过 1 年
出口监管仓库	办理出口报关，货物放行后入库	1. 正式运往境外：海关签发出口退税报关单； 2. 转为境内销售：按一般进出口货物办理进口报关手续，已缴纳出口税费不予退还	

货物在保税仓库所在地以外其他口岸入境时，经海关批准，收货人或其代理人可以按照转关规定办理手续，也可以直接在口岸海关办理异地传输报关手续。

（2）出库报关

1）进口报关

①保税仓库货物出库用于加工贸易的，由加工贸易企业或其代理人按加工贸易货物的报关程序办理进口报关手续；②保税仓库货物出库用于可以享受特定减免税的特定地区、特定企业和特定用途的，由享受特定减免税的企业或其代理人按特定减免税货物的报关程序办理进口报关手续；③保税仓库货物出库进入国内市场或用于境内其他方面，由收货人或其代理人按一般进口货物的报关程序办理进口报关手续。

2）出口报关

保税仓库货物出库转口或退运，由保税仓库经营企业或其代理人按一般出口货物的报关程序办理出口报关手续，但免纳出口税，免予交验出口许可证件。

3）集中报关

保税货物出库批量小、批次频繁的，经海关批准可以办理定期集中报关手续。

2.2.4 保税区和出口加工区通关

我国的区域保税主要有保税区保税和出口加工区保税两种类型。

1. 保税区货物

(1) 保税区概念

保税区是经国务院批准设立在中国境内的具有保税加工、储存、转口功能的海关监管的特定区域。我国保税区的主要功能是加工、转口贸易、仓储和展示。凡为出口加工、转口贸易、仓储和展示而进口的货物，在保税区内均可以保税。

为了支持保税区的发展，保税区享有以下免税优惠：区内生产厂的基础设施建设项目所需的机器、设备和其他基建物资，除交通车辆和生活用品外，予以免税。区内企业自用的生产、管理设备和自用合理数量的办公用品及其所需的维修零配件，生产用燃料，建设生产厂房、仓储设施所需的物资、设备，予以免税。

1）进出境报关

进出境报关采用报关制和备案制相结合的运行机制，即保税区与境外之间进出境货物，属自用的，采取报关制，填写进出口报关单；属非自用的，包括加工出口、转口、仓储和展示，采取备案制，填写进出境备案清单，进入备案程序。

保税区内企业所需的加工贸易料件和转口货物、仓储货物进出境，由货主或其代理人填写进出境货物备案清单向保税区海关备案；对保税区内企业进口自用合理数量的机器设备、管理设备、办公用品及工作人员所需自用合理数量的应税物品以及货样，实行报关制，进入报关程序。

2）进出区报关

进出区报关要根据以下不同的情况进入不同的报关程序：

①保税进口料件

保税进口料件以及用保税进口料件生产的成品、半成品进出区、报出口，要有加工贸易《登记手册》，填写出口报关单，提供有关的许可证件，海关不签发出口货物报关单(退税证明联)。

出区、报进口，按不同的流向填写不同的进口货物报关单。出区进入国内市场的，进入一般进口报关程序，填写一般进口货物报关单，提供有关的许可证件，全部用进口料件制成的成品、半成品按成品、半成品缴纳进口税，部分用进口料件制成的成品、半成品按成品、半成品所含进口料件缴纳进口税；出区用于加工贸易的，进入保税货物报关程序，填写加工贸易报关单，提供加工贸易《登记手册》，按批准的保税额度保税；出区给可以享受特定减免税的企业使用的，进入特定减免税货物报关程序，提供《进口征免税证明》和应当提供的许可证件，免缴进口税。

②进出区外发加工

外发加工，是指加工贸易企业出口产品生产的某一环节由其他企业代为加工的业务。

保税区企业出区外发加工，或区外企业进区外发加工，须经主管海关核准。

进区凭外发加工合同向保税区海关备案，加工出区后核销，不进入进出境报关程序，不填写进出口报关单，不缴纳税费。出区外发加工的，须由区外加工企业在加工企业所在地海关办理备案手续，进入加工贸易合同备案程序，包括台账程序，加工期限最长 6 个月，情况特殊，经海关批准还可以延长，延长的最长期限是 6 个月；备案后进入加工贸易货物出区报关程序。

③设备进出区

不管是施工，还是投资设备，进出区均需向保税区海关备案；设备进区不进入报关程序，不填写报关单，不缴纳出口税，海关不签发出口退税报关单，设备系从国外进口已征进口税的，不退进口税；设备退出区外，也不进入报关程序，但要报保税区海关核销。

（2）报关要点

1）保税区与境外之间进出的货物，除易制毒化学品、监控化学品、消耗臭氧层物质等国家规定的特殊货物外，不实行进出口许可证件管理，免予交验许可证件。

2）保税区内企业开展加工贸易，国家明令禁止进出口的货物不准开展加工贸易，但是不实行银行保证金台账制度，料件全额保税。

3）从非保税区进入保税区的货物，按照出口货物办理手续。企业在办结海关手续后，可办理结汇、外境核销、加工贸易核销等手续。出口退税必须在货物实际报关离境后才能办理。

4）保税区内的转口货物可以在区内仓库或者区内其他场所进行分级、挑选、刷贴标志、改换包装等简单加工。

2. 出口加工区货物

（1）出口加工区概述

出口加工区，是指经国务院批准在中华人民共和国境内设立的由海关对加工贸易进出口货物进行封闭式监管的特定区域。

出口加工区是国家对加工贸易管理从分散管理向集中管理过渡的一种尝试。出口加工区运往区外的货物，海关按照对进口货物的有关规定办理报关手续，并按制成品征税。如属于许可证件管理商品，还应向海关出具有效的进口许可证件。出口加工区的主要功能是加工贸易，以及为区内加工贸易服务的储运业务。与保税区相比，出口加工区功能较为单一。

出口加工区内自用的从境外进口的生产、管理所需设备、物资，除交通车辆和生活用品外，可以享受特定减免税的优惠。境内区外进入出口加工区的货物视同出口，办理出口报关手续，可以办理出口退税手续。

（2）报关程序

出口加工区内企业在进出境（进出口）货物前，应向出口加工区主管海关申请设立电子账册。出口加工区企业电子账册包括加工贸易电子账册和企业设备电子账册。企业凭经海关审核通过的电子账册办理进出境（进出口）货物的报关手续。

1）出口加工区与境外之间进、出货物的报关出口加工区与境外之间进、出的货物报关实行备案制，由货主或其代理人填写进、出境货物备案清单，向主管海关备案。

①对于跨关区进出境的出口加工区货物，按转关运输中的直转方式办理转关。但下列情况可不按转关运输方式办理：出口加工区内企业跨关区进口车辆、邮递物品；个人随身携带物品；从保税区或保税仓库提取货物进区；出区在异地口岸拼箱出口货物。

②对于同一关区内进出境的出口加工区货物，按直通式报关。

进境情况下：货物到港后，收货人或其代理人向口岸海关录入转关申报数据，并持《进口转关货物申报单》、《汽车载货登记簿》向口岸海关物流监控部门办理转关手续。口岸海关审核同意企业转关申请后，向出口加工区海关发送转关申报电子数据，并对运输车辆进行加封。货物运抵出口加工区后，收货人或代理人向出口加工区海关办理转关核销手续，出口加工区海关物流监控部门核销《汽车载货登记簿》，并向口岸海关发送转关核销电子回执；同时，收货人或代理人录入《出口加工区进境货物备案清单》，并凭运单、发票、装箱单、电子编号、相应的许可证件等单证向出口加工区海关办理进境备案报关手续。加工区海关审核有关报关单证，确定是否查验，对不需查验的货物予以放行，对须查验的货物，由海关实施验货后再办理放行手续。出口加工区海关向企业签发有关备案清单证明联。

出境情况下：发货人或其代理人录入《出口加工区出境货物备案清单》，凭运单、发票、装箱单、电子账册编号等单证向出口加工区海关办理出境备案单；在出口加工区海关办理出境备案通关手续后，发货人或其代理人向出口加工区海关录入转关申报数据，并持《出口加工区出境货物备案清单》、《汽车载货登记簿》向出口加工区海关物流监控部门办理出口转关手续。出口加工区海关核定同意企业转关申请后，向口岸海关发送转关申报电子数据，并对运输车辆进行加封。货物运抵出境地海关后，发货人或其代理人向出境地海关办理转关核销手续，出境地海关核销《汽车载货登记簿》，并向出口加工区海关发送转关核销电子回执。货物实际离境后，出境地海关核销清洁载货清单并反馈出口加工区海关，出口加工区海关凭以签发有关备案清单证明联。

2）出口加工区与境内区外其他地区之间货物报关

①出口加工区运往境内区外货物的报关

出口加工区运往境内区外的货物，由区外企业录入《进口货物报关单》，凭发票、装箱单、相应的许可证件等单证向出口加工区海关办理进口报关手续。进口报关结束后，区内企业填制《出口加工区出境货物备案清单》，凭发票、装箱单、电子账册编号等单证向出口加工区海关办理出区报关手续。

货物经出口加工区海关查验放行后，出口加工区海关分别向区外企业核发《进口货物报关单》进口付汇证明联，向区内企业核发《出口加工区出境货物备案清单》出境收汇证明联。

②境内区外运入出口加工区货物的报关

境内区外运入出口加工区的货物，由区外企业录入《出口货物报关单》，凭购销合同（协议）、发票、装箱单等单证向出口加工区海关办理出口报关手续。出口报关结束后，区内企业填制《出口加工区进境货物备案清单》，凭购销发票、装箱单、电子账册编号等单证向出口加工区海关办理进区报关手续。

货物经出口加工区海关查验放行后，出口加工区海关分别向区外企业核发《出口货物报关单》出口收汇证明联，向区内企业核发《出口加工区进境货物备案清单》进境付汇证明联。

以下用表格方式对保税区和出口加工区的海关监管特征进行比较（见表2－4）。

表2－4　　保税区和出口加工区的海关监管特征

相同点	海关监管的特定区域； 经国务院批准方得设立； 区内，区外之间设立符合海关监管要求的隔离设施，实施卡口封闭式管理； 境外——区内进出采取备案制，简化通关手续。区内——区外境内进出实施报关制，视同进出口； 区内企业实行账册管理以及与海关计算机联网
不同点	出口加工区仅设在现有的经济技术开发区内；出口加工区以开展出口加工为目的，除管委会外，仅有出口加工企业以及配套的仓储、物流企业，保税区则不限；出口加工区仅开展加工贸易，保税区可经营一般贸易、转口贸易等

保税区、出口加工区进出货物的通关（见表2－5）。

表2－5　　保税区、出口加工区进出货物的通关

区内与境外	相同点	1. 海关手续 通常进出实行备案制 区内企业进口自用合理数量的机器设备、管理设备、办公用品及工作人员所需物品，实行报关制 2. 许可证件 除能够制造化学武器的化工品，易制毒化学品和实行被动配额管理的商品外，免予交验进出口许可证件 我国为履行国际义务而进行管理的敏感商品出口，须向国家有关主管部门申领有关许可证或配额 生产激光唱盘，须报国家有关主管部门批准，海关根据对该行业的有关管理规定进行监管
	不同点	无

续 表

<table>
<tr><td rowspan="2">区内与区外</td><td>相同点</td><td>1. 按照进出口货物办理报关手续，根据区外进出口的规定交验许可证件、缴纳税费
2. 区内货物运往区外进行检测、展示，比照暂时进口货物进行管理，在规定时间内复运入区</td></tr>
<tr><td>不同点</td><td>1. 出口货物运入保税区可以不经加工运往境外，运入出口加工区必须进行实质性加工方可运往境外
2. 出口货物运入保税区不能退税，当货物实际运往境外后，才能享受出口退税；出口货物运入出口加工区即可退税
3. （对第2条补充）运入出口加工区供区内企业、区内行政管理部门使用的国产生产设备，原材料、包装物料、基建物资均可办理出口退税；保税区对上述物资不退税，已进口物资复运入区供区内使用的，不退还已缴的进口关税
4. 加工区出区维修、检测的货物，须填写《出口加工区货物运往区外维修查验联系单》向海关申请，其中模具留样交海关备查</td></tr>
</table>

保税区、出口加工区的税收管理（见表2－6）。

表2－6　　保税区、出口加工区的税收管理

<table>
<tr><td rowspan="3">相同点</td><td>免税</td><td>区内生产性基建项目所需机器、设备和其他基建物资；
区内企业自用合理数量的生产、管理设备、办公用品、所需维修零配件；
生产用燃料；
建设生产厂房、仓储设施所需物资、设备</td></tr>
<tr><td>保税</td><td>区内企业为加工出口产品所需原材料、零部件、元器件、包装物料；
区内保税仓储货物</td></tr>
<tr><td>征税</td><td>其他货物</td></tr>
<tr><td>不同点</td><td colspan="2">1. 保税区行政管理机构自用合理数量的管理设备、办公用品、所需维修零配件免税
2. 加工区内企业、行政管理机构自用交通工具、生活消费品照章征税</td></tr>
</table>

保税区、出口加工区的加工贸易管理（见表2－7）。

表2－7　　保税区、出口加工区的加工贸易管理

<table>
<tr><td rowspan="3">相同点</td><td>进出境备案</td><td>1. 备案制报关：区内企业进口料件和出口成品，到海关办理进、出境备案手续
2. 生产被动配额管理的出口产品，应事先报经国务院有关部门批准
3. 不实行保证金台账制度</td></tr>
<tr><td>内销报关、纳税</td><td>制成品、副次品、边角料运往区外，办理进口报关手续并征收关税</td></tr>
<tr><td>复出境免税</td><td>制成品、副次品、边角料运往境外，仅办理出境备案手续</td></tr>
</table>

续 表

<table>
<tr><td rowspan="4">不同点</td><td colspan="2">内销报关，纳税</td><td colspan="6">1. 保税区按原料征税
2. 加工区原则上应全部复运出境，内销要按制成品征税</td></tr>
<tr><td rowspan="3">委托区外加工</td><td></td><td>对区内企业的要求</td><td>手续办理者</td><td>风险承担</td><td>期限</td><td>性质</td><td>是否可接受区外企业委托加工</td></tr>
<tr><td>保税区</td><td>1. 在区内有生产场所，已正式开展加工业务
2. 委托区外加工，加工业务的主要工序应在区内进行</td><td>区外企业向其主管海关申领加工贸易《登记手册》</td><td>区外企业实行银行保证金台账</td><td>6个月，可延期6个月</td><td>手册结转</td><td>可</td></tr>
<tr><td>加工区</td><td>1. 仅因技术、工艺达不到产品要求，须委托区外加工企业完成特定工序
2. 区外加工不改变原产品（出区时）基本形态、数量</td><td>区外企业向加工区海关办理暂时进口</td><td>区外企业缴纳货物等值保证</td><td>6个月，不得延期</td><td>暂时进口</td><td>不可</td></tr>
</table>

2.2.5 特定减免税货物通关

1. 特定减免税货物的含义

特定减免税货物是指海关根据国家的政策规定准予减免税进境，使用于特定地区、特定企业、特定用途的货物。

特定地区是指我国关境内由行政法规规定的某一特别限定区域，享受减免税优惠的进口货物只能在这一特别限定的区域内使用。

特定企业是指由行政法规专门规定的企业，享受减免税优惠待遇的进口货物只能由这些专门规定的企业使用。

特定用途是指行政法规专门规定的，享受减免税优惠待遇的进口货物可以且只能用于该类用途。

2. 特定减免税货物的范围

特定减免税适用范围见表2－8。

3. 特定减免税货物的特征

（1）特定条件下减免进口关税和进口环节增值税。

（2）除非另有规定，若进口货物需要提交许可证件的，提交许可证件的义务不能免除。

（3）进口后在特定的海关监管期限内接受海关监管。

表 2-8　　特定减免税适用范围

特定地区	区域：目前是保税区、出口加工区货物；区内进口自用设备、基建物资等
特定企业	企业：外商投资企业 货物：在投资总额内进口自用设备（不在《外商投资项目不予免税的进口商品目录》内）
特定用途	1. 科研机构、学校进口的专用科教用品 2. 残疾人专用品、残疾人组织和单位进口的货物 3. 国家重点项目进口货物 4. 通信、港口、铁路、公路、机场建设进口设备
比照外商投资企业的特定减免税	1. 外国政府贷款和国际金融组织贷款项目进口的国内企业自用设备及随设备进口的技术、配套件和备件 2.《当前国家产业政策鼓励发展的产业、产品和技术目录》内的国内投资项目下进口的自用设备、技术、配套件和备件

不同的特定减免税货物，海关监管的期限不同。船舶、飞机、建筑材料（包括钢材、木材、胶合板、人造板、玻璃等），海关监管期限为 8 年；机动车辆（特种车辆）、家用电器，海关监管期限为 6 年；机器设备、其他设备、材料，海关监管期限为 5 年。

4. 特定减免税货物的报关程序

特定减免税货物的报关程序包括三大阶段（见图 2-4）。

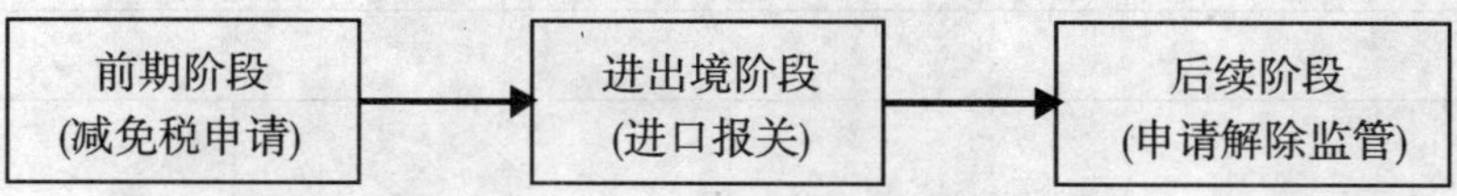

图 2-4　特定减免税货物的报关程序

（1）减免税申请

1）特定地区减免税申请

①备案登记。保税区企业向保税区海关办理减免税备案登记时，应当提交企业批准证书、营业执照、企业合同、章程等，并将企业的有关情况输入海关的计算机系统。海关审核后准予备案即签发企业征免税登记手册，企业凭以办理货物减免税申请手续。

出口加工区企业向出口加工区海关办理减免税备案登记时，应当提交出口加工区管理委员会的批准文件、营业执照等，并将企业的有关情况输入海关的计算机系统。海关审核后即批准建立企业设备电子账册，企业凭以办理货物减免税申请手续。

②“进出口货物征免税证明”（见样单 2-13）的申领。保税区企业在进口特定减免

税机器设备等货物以前，向保税区海关提交企业征免税登记手册、发票、装箱单等，并将申请进口货物的有关数据输入海关的计算机系统，海关核准后签发“进出口货物征免税证明”给申请企业。出口加工区企业在进口特定减免税机器设备等货物以前，向出口加工区海关提交发票、装箱单等，海关核准后在企业设备电子账册中进行登记，不签发“进出口货物征免税证明”给申请企业。

样单 2－13　进出口货物征免税证明

进出口货物征免税证明

编号：

<table>
<tr><td colspan="5">申请单位：</td><td colspan="5">项目名称：</td></tr>
<tr><td colspan="5">发证日期：
年　月　日</td><td colspan="5">有效期：
年　月　日止</td></tr>
<tr><td colspan="5">到货口岸：</td><td colspan="5">合同号：</td></tr>
<tr><td rowspan="2">序号</td><td rowspan="2">货名</td><td rowspan="2">规格</td><td rowspan="2">数量</td><td rowspan="2">单位</td><td rowspan="2">金额</td><td rowspan="2">币制</td><td colspan="3">主管海关审批征免意见</td></tr>
<tr><td></td><td></td><td></td></tr>
<tr><td>1</td><td></td><td></td><td></td><td></td><td></td><td></td><td></td><td></td><td></td></tr>
<tr><td>2</td><td></td><td></td><td></td><td></td><td></td><td></td><td></td><td></td><td></td></tr>
<tr><td>3</td><td></td><td></td><td></td><td></td><td></td><td></td><td></td><td></td><td></td></tr>
<tr><td>4</td><td></td><td></td><td></td><td></td><td></td><td></td><td></td><td></td><td></td></tr>
<tr><td>备注</td><td colspan="9"></td></tr>
<tr><td colspan="5">注意事项：
1. 本表使用一次有效。如同一合同货物分口岸进口的，应分别填写，一份合同内货物分期到货的，应向审批海关申明，并按到货期分填此表。
2. 此表中“项目名称”栏应按减免税项目填写，如技术改造、世行贷款等。
3. 货物进口时应向海关交验本表，复印件无效。
4. 自签发之日起半年内有效，逾期应向原审批海关申请展期或退单。
5. 经批准进口的货物，如拟移作他用、转让或出售，原申请免税单位应事先报批海关核准，并应依法补税；否则，海关将依法处理。</td><td colspan="3">审批海关签章：

负责人：
年　月　日</td><td colspan="2">核放海关签章：

负责人：
年　月　日</td></tr>
</table>

2）特定企业减免税申请

①备案登记。特定企业主要是指外商投资企业。外商投资企业向企业主管海关办理减免税备案登记时，应当提交商务主管部门的批准文件、营业执照、企业合同、章程等，并将企业的有关情况输入海关的计算机系统。海关审核后准予备案即签发外商投资企业征免税登记手册，企业凭以办理货物减免税申请手续。

②《进出口货物征免税证明》的申领。外商投资企业在进口特定减免税机器设备等货物以前，向主管海关提交外商投资企业征免税登记手册、发票、装箱单等，并将申请进口货物的有关数据输入海关的计算机系统，海关核准后签发“进出口货物征免税证明”给申请企业。

3）特定用途货物减免税申请

①国内投资项目减免税申请。国内投资项目经批准后，减免税货物进口企业应当持国务院有关部门或省、市人民政府签发的“国家鼓励发展的内外资项目确认书”、发票、装箱单等单证向项目主管直属海关提出减免税申请，海关审核后签发“进出口货物征免税证明”给申请企业。

②利用外资项目减免税申请。利用外资项目经批准后，减免税货物进口企业应当持国务院有关部门或省、市人民政府签发的“国家鼓励发展的内外资项目确认书”、发票、装箱单等单证向项目主管直属海关提出减免税申请，海关审核后签发“进出口货物征免税证明”给申请企业。

③科教用品减免税进口申请。科教单位办理科学研究和教学用品免税进口申请时，应当持有关主管部门的批准文件，向单位所在地主管海关申请办理资格认定手续，海关审批后签发“科教用品免税登记手册”。科教单位在进口特定减免税科教用品以前，向主管海关提交科教用品免税登记手册、合同等单证，并将申请进口货物的有关数据输入海关的计算机系统，海关核准后签发“进出口货物征免税证明”给申请单位。

④残疾人专用品减免税进口申请。残疾人在进口特定减免税专用品以前，向主管海关提交民政部门的批准文件，海关核准后签发“进出口货物征免税证明”。

民政部门或中国残疾人联合会所属单位批量进口残疾人专用品，应当向所在地直属海关申请，提交民政部门（包括省、自治区、直辖市的民政部门）或中国残疾人联合会（包括省、自治区、直辖市的残疾人联合会）出具的证明函，海关核准后签发“进出口货物征免税证明”。

4）“进出口货物征免税证明”的使用

“进出口货物征免税证明”的有效期为6个月，实行“一批一证”、“一证一关”制。如果一批特定减免税货物需要分两个口岸进口或者分两次进口，应当事先分别申领征免税证明。

（2）进口报关

除下述手续外，特定减免税货物进口报关程序与一般进出口货物的报关程序基本相同。

1）特定减免税货物进口报关时，进口货物的收货人或其代理人除了向海关提交报关单及随附的基本单证外，还应当向海关提交“进出口货物征免税证明”，海关在审单时从计算机系统中调阅征免税证明的电子数据，核对纸质的“进出口货物征免税证明”。

2）特定减免税货物一般应提交进口许可证件，但对某些企业和某些许可证件种类，国家规定有特殊优惠政策的可以豁免进口许可证件。

3）填制特定减免税货物进口报关单时，报关员应当特别注意报关单上“备案号”栏目的填写，“备案号”栏内应正确填写“进出口货物征免税证明”上的12位编号。

（3）申请解除监管

1）监管期限届满解除海关监管

特定减免税货物限于特定区域、特定企业、特定用途使用，一般情况下解除海关监管的前提是特定减免税货物监管期限届满，经过有关企业的申请，海关核准后签发“减免税进口货物解除监管证明”，解除对货物的监管。

2）在监管期内解除海关监管

报海关核准，提交单证、缴纳税费后，海关签发“减免税进口货物解除监管证明”，企业即可在境内出售或转让原特定减免税货物。

退运出境的特定减免税货物，应办理退运出境申报手续，在货物出境后，海关签发出口货物报关单。企业凭该报关单及其他有关单证向主管海关申领“减免税进口货物解除监管证明”。

放弃的特定减免税货物交海关处理，海关将货物拍卖后签发收据，企业凭以向主管海关申领“减免税进口货物解除监管证明”。

2.2.6　暂准进出境货物通关

1. 概述

暂准进出境货物是为了特定目的暂时进境或暂时出境，有条件免纳进出境关税并暂免提交进出境许可证的义务，在特定的期限内除因使用而产生正常的损耗外按原状复运出境或复运进境的货物。暂准进出境货物属于海关监管货物。

2. 暂准进出境货物的范围

（1）第一类

经海关批准暂时进境或暂时出境，在进境或出境时向海关缴纳相当于应纳税款的保证金或提供其他担保可以暂不缴纳税款，并在规定的期限内复运出境或复运进境的货物。这些货物包括以下几种：

1）在展览会、交易会、会议及类似活动中展示或者使用的货物。

2）文化、体育交流活动中使用的表演、比赛用品。

3）进行新闻报道或者摄制电影、电视节目使用的仪器、设备及用品。

4）开展科研、教学、医疗活动使用的仪器、设备及用品。

5）上述四项所列活动中使用的交通工具及特种车辆。

6）暂时进出境的货样。

7）供安装、调试、检测设备时使用的仪器、工具。

8）盛装货物的容器。

9）其他暂时进出境用于非商业目的的货物。

本节介绍的暂准进出境货物指的就是第一类暂准进出境货物。

（2）第二类

按照货物的完税价格和其在境内滞留时间与折旧时间的比例计算，按月或者在规定期限内货物复运出境或复运进境时征收进出口税的货物。第二类包括除第一类以外的其他获准进出境货物。

3. 暂准进出境货物的特征

（1）有条件地暂免进出口税费。暂准进出境货物在向海关申报进出境时，不必缴纳进出口税费，但收发货人须向海关提供担保。

（2）除另有规定外，免交进出口许可证件。除因涉及公共道德、公共安全、公共卫生等实施外贸管制的暂准进出境货物应当凭许可证件进出境外，其他暂准进出境货物可以免交进出口许可证件。

（3）规定期限内原状复运进出境。暂准进出境货物应当自进境或出境之日起 6 个月内复运出境或复运进境，经申请可以延长复运出境或复运进境的时间。

（4）按货物实际使用情况办理核销结关手续。所有的暂准进出境货物都必须在规定期限内，由货物的收发货人或其代理人根据货物的实际使用情况向海关办理核销结关手续。

4. 暂准进出境货物的海关监管

上述第一类暂准进出境货物按照我国海关的监管可以分为以下四种：

（1）适用 ATA 单证册报关的暂准进出境货物。

（2）展览品。

（3）集装箱箱体。

（4）暂时进出口货物。

5. 暂准进出境货物的报关程序

（1）适用 ATA 单证册报关的暂准进出境货物的报关

1）ATA 单证册的含义

ATA 由法文“Admission Temporaire”与英文“Temporary Admission”的首字母复合组成，表示暂准进口，即货物在进口后一定时间内除正常损耗外按原状复出口。

暂准进口单证册，简称 ATA 单证册，是世界海关组织（WCO）通过的《货物暂准进口公约》及其附约和《ATA 公约》中规定使用的，用于替代各缔约方海关暂准进出境货物的报关单和税费担保的国际性通关文件。ATA 单证册既是国际通用的暂准进出口的报关单证，也是一份国际担保文书。

ATA 单证册制度的目的在于通过在缔约方之间适用 ATA 单证册以替代各国国内报关文件和税款担保文件来简化和统一海关手续。目前，世界上已有 59 个国家实施了 ATA 单证册制度，大部分发达国家都已加入了《ATA 公约》。

2）ATA 单证册所提供的便利

①简化通关手续。持证人使用 ATA 单证册，无须填写各国国内报关文件，并免交货物进口各税的担保，从而极大地简化了货物通关手续。

②节约通关费用和时间。ATA 单证册由持证人在本国申请，从而使持证人在出国前就预先安排好去一个或多个国家的海关手续，无须向外国海关提交担保，并可以确保快捷通关。

③ATA 单证册可以重复使用。ATA 单证册的有效期为 1 年，其项下的货物可以在有效期内多次进出口。

④适用对象广泛。从事商务活动人员、各行专业人士以及从事贸易、教育、科学技术、文化体育交流活动的机构，均可受益于 ATA 单证册。会议代表、销售人员、参展厂家、广播电视台、演艺团体、记者、医生、科研人员、旅游者等各界人士及相关机构均可为其所使用的货品申办 ATA 单证册。

3）ATA 单证册的格式

一份 ATA 单证册由若干页 ATA 单证组成，单证的具体数目根据国家的数量而定。一般由以下 8 页组成：1 页绿色封面单证、1 页黄色出口单证、1 页白色进口单证、1 页白色复出口单证、2 页蓝色过境单证、1 页黄色进口单证、1 页绿色封底。

4）ATA 单证册在我国的适用范围

在我国，目前使用 ATA 单证册的范围仅限于展览会、交易会、会议及类似活动中展示或使用的货物。对超出该范围的 ATA 单证册，我国海关不予接受。

5）适用我国暂准进出境货物的 ATA 单证册的有效期

国际公约规定 ATA 单证册有效期最长为 1 年。但我国海关只接受展览会、交易会、会议及类似活动中展示或使用的货物使用 ATA 单证册报关，我国规定 ATA 单证册项下货物暂时进出境期限为自货物进出境之日起 6 个月。超过 6 个月须经直属海关批准，有特殊情况超过 1 年的须经海关总署批准。

6）ATA 单证册的印刷文字和申报文字

ATA 单证册必须使用英语或法语，如果需要也可以同时使用第三种语言印刷。我国海关接受中文或英文填写的 ATA 单证册的申报，用英文填写的 ATA 单证册，海关可以要求提供中文译本，用其他文字填写的 ATA 单证册则必须随附忠实原文的中文或英文译本。

7）ATA 单证册的使用

ATA 单证册的担保协会和出证协会一般是国际商会国际局和各国海关批准的各国国际商会，中国国际商会是我国 ATA 单证册的担保和出证机构。

①ATA 单证册的正常使用。ATA 单证册的正常使用过程是：持证人向出证协会提出申请，缴纳手续费并按出证协会的规定提供担保，出证协会审核后签发 ATA 单证册；持证人凭 ATA 单证册将货物在出境国（地区）暂时出境，又暂时进境到进境国（地区）。进境国（地区）海关查验后签章放行；货物完成暂时进境的特定使用目的后，从进境国（地区）复运出境，又复运进境到原出境国（地区）；持证人将使用过的、经各海关签注的 ATA 单证册交还给原出证协会。

②ATA 单证册未正常使用。ATA 单证册未正常使用一般有两种情况：一是货物未在规定的期限内复运出境，产生了暂时进境国（地区）海关对货物征税的问题；二是 ATA 单证册持证人未遵守暂时进境国（地区）海关的规定，产生了暂时进境国（地区）海关对持证人罚款的问题。出现这两种情况时，暂时进境国（地区）海关可以向本国担保协会提出索赔；暂时进境国（地区）担保协会代持证人垫付税款、罚款等后，可以向暂时出境国（地区）担保协会追偿；暂时出境国（地区）担保协会垫付款项后，若该国担保协会和出证协会不是同一单位，则该国担保协会可以向出证协会追偿，若该国担保协会和出证协会是同一单位，则该国担保协会向持证人追偿。

8）适用 ATA 单证册报关的暂准进出境货物的申报

①进境申报。进境货物收货人或其代理人先在海关核准的出证协会即中国国际商会将 ATA 单证册的内容预录入海关与商会联网的 ATA 单证册电子核销系统，然后持 ATA 单证册向海关申报，提交纸质 ATA 单证册、提货单等单证。

海关在白色进口单证上签注，留存白色进口单证正联，存根联随 ATA 单证册其他各联退进境货物收货人或其代理人。

②出境申报。出境货物发货人或其代理人向海关提交国家主管部门的批准文件、纸质 ATA 单证册、装货单等单证。

海关在绿色封面单证和黄色出口单证上签注，留存黄色出口单证正联，存根联随 ATA 单证册其他各联退出境货物发货人或其代理人。

③过境申报。过境货物承运人或其代理人持 ATA 单证册向海关申报，海关在两份蓝色过境单证上分别签注后，留存蓝色过境单证正联，存根联随 ATA 单证册其他各联退过境货物承运人或其代理人。

④担保和许可证件。持 ATA 单证册向海关申报时，不需向海关提交进出口许可证件，也不需再另外提供担保。但 ATA 单证册项下货物涉及公共道德、公共安全、公共卫生等限制的，则应当向海关提交进出口许可证件。

⑤核销结关。持证人在规定期限内将 ATA 单证册项下货物复运出境或复运进境，海关在白色复出口单证或黄色复进口单证上签注，留存单证正联，存根联随 ATA 单证册其他各联退持证人，则正式核销结关。

(2) 展览品的报关

暂准进出境展览品的海关监管有使用 ATA 单证册的，也有不使用 ATA 单证册直接按展览品监管的，以下介绍的是后一种情况。

1) 暂准进出境展览品范围

①进境展览品。包括在展览会中展示或示范用的货物、物品，为示范展出的机器或器具所需用的物品，展览者设置临时展台的建筑材料及装饰材料，供展览品做示范宣传用的电影片、幻灯片、录像带、录音带、说明书、广告等。

以下与展出活动有关的物品也可以按展览品申报进境：

- 在操作示范展出的机器或器具的过程中被消耗或损坏的物料。
- 展览者为修建、布置或装饰展台而进口的一次性廉价物品，如油漆、涂料、壁纸等。
- 展览者在展览中免费散发的与展览活动有关的宣传印刷品、商业目录、说明书、价目表、广告招贴、广告日历等。
- 供各种国际会议使用或有关的档案、记录、表格及其他文件。

以下货物虽然在展览活动中使用，但不是展览品：

- 展览会期间出售的小卖品属于一般进口货物。
- 展览会期间使用的含酒精饮料、烟叶制品、燃料虽然不属于一般进口货物，但海关对这些商品一律征收关税。

②出境展览品。包括国内单位赴境外举办展览会或参加境外博览会、展览会而运出的展览品，以及与展览活动有关的宣传品、布置品、招待品及其他公用物品。与展览活动有关的小卖品、展卖品属于一般出口货物。

2) 展览品暂准进出境期限

进境展览品的暂准进境期限是 6 个月，自展览品进境之日起 6 个月内复运出境。该期限经主管海关批准可以延长，延长期限最长不超过 6 个月。出境展览品的暂准出境期限是 6 个月，延长期限要向主管海关申请。

3) 暂准进出境展览品报关

①进境申报。展览品进境之前，展览会主办单位应当将举办展览会的批准文件连同展览品清单送展出地海关，办理备案手续并提供担保。展览品进境申报时，展览会主办单位或其代理人应当向展出地海关提交报关单、展览品清单、提货单、发票、装箱单等，展览品中涉及检验检疫等管制的，还应当向海关提交许可证件。展览品进境后，海关一般在展览会举办地对展览品开箱查验，查验时展览品所有人或其代理人应当到场，并负责搬移、开拆、重封货物包装等。展览会展出或使用的印刷品、音像制品及其他需要审查的物品，在展出或使用前，要经过海关的审查。

②出境申报。展览品出境申报时，在境外举办展览会或参加境外展览会的企业应当向出境地海关提交国家主管部门的批准文件、报关单、展览品清单一式两份等单证。海关对

展览品开箱查验，核对展览品清单，查验完毕后，海关留存一份清单，另一份交还给企业，凭此办理展览品复运进境申报手续。

③核销结关，包括：

• 复运进出境。展览品在期限届满复运进出境后，海关签发报关单证明联，即可凭此向主管海关办理核销结关。

• 转为正式进出口。进境展览品在展览期间被购买的，由展览会主办单位或其代理人向海关办理进口手续，属于许可证件管理的，还应当提交进口许可证件。出境展览品在境外展览期间被购买的，由海关核对展览品清单后要求企业补办出口手续。

• 放弃或赠送。展览品放弃给海关的，由海关拍卖后将款项上缴国库；有单位接受放弃展览品的，应当向海关办理进口手续。展览品赠送的，受赠人应当按照进口礼品或经贸往来赠送品的规定办理进口手续。

• 毁坏、丢失、被窃。展览品因毁坏、丢失、被窃不能复运进出境的，应当向海关报告。展览品毁坏的，海关根据毁坏程度估计征税。因不可抗力造成损毁或灭失的，减征或免征关税。展览品丢失或被窃的，海关按同类货物征税。

（3）集装箱箱体的报关

1）集装箱箱体的含义

集装箱箱体既是一种运输设备，也是一种货物。当货物用集装箱装载进出口时，集装箱箱体就作为一种运输设备；当企业购买进口或销售出口集装箱时，集装箱箱体就与普通进出口货物一样了。集装箱箱体在一般情况下是作为运输设备暂时进出境的，以下介绍的就是这种情况。

2）暂准进出境集装箱箱体报关

①境内集装箱箱体暂准进出境。境内生产的集装箱及我国营运人购买进口的集装箱在投入国际运输前，营运人应当向所在地海关办理登记手续。无论是否装载货物，海关准予登记并符合规定的集装箱箱体暂准进出境时无须办理报关手续，进出境也没有期限限制。

②境外集装箱箱体暂准进境。无论是否装载货物，境外集装箱箱体暂准进境时应向海关申报，并应自进境之日起 6 个月内复运出境。特殊情况经海关批准可以延期，但延长期最长不得超过 3 个月。

（4）暂时进出口货物的报关

1）暂时进出口货物的范围

上述第一类 9 种暂准进出境货物中，除使用 ATA 单证册报关的货物、不使用 ATA 单证册报关的展览品及集装箱箱体外，其余均属于暂时进出口货物。

2）暂时进出口货物的期限

暂时进出口货物应当自进出境之日起 6 个月内复运出入境。特殊情况经海关批准可以延期，延长期最长不能超过 6 个月。

3）暂时进出口货物的报关

①暂时进口货物进境申报。暂时进口货物进境申报时，收货人或其代理人应当向海关提交主管部门的批准文件、进口货物报关单、商业及货运单据等。暂时进口货物除涉及公共安全、公共卫生等原因而实施对外贸易管制外，一般无须提交进口货物许可证件。暂时进口货物免缴进口税，但收货人或其代理人必须向海关提供担保。

②暂时出口货物出境申报。暂时出口货物出境申报时，发货人或其代理人应当向海关提交主管部门的批准文件、出口货物报关单、商业及货运单据等。除涉及公共安全、公共卫生等原因、国家实施对外贸易管制的暂时出口货物外，暂时出口货物一般无须提交出口货物许可证件。

③核销结关，包括：

- 复运出入境。暂时进出口货物复运出入境后，收发货人或其代理人凭海关签章的复运出入境报关单向海关报核，申请结关。海关经审核，退还保证金或办理其他担保销案手续，予以结关。
- 转为正式进口。暂时进口货物转为正式进口的，收货人或其代理人应当向海关提出申请，办理货物正式进口的报关手续，再凭海关签章的进口报关单向海关报核，申请结关。海关经审核，退还保证金或办理其他担保销案手续，予以结关。
- 放弃。暂时进口货物放弃给海关处理的，收货人或其代理人凭海关签发的处理放弃货物的收据向海关报核，申请结关。海关经审核，退还保证金或办理其他担保销案手续，予以结关。

2.2.7 特别出境货物通关

2.2.7.1 过境、转运、通运货物通关

1. 过境货物通关

过境货物是指由境外起运，在中国边境不论换装运输工具与否，通过中国境内陆地继续运往境外的货物。

过境货物由中国境内的经营人代理货物的所有人，向海关办理通关手续。经营人向进境地海关申报并递交有关单证，包括过境货物入境报关单、过境货物运输单据、其他单证等。过境货物在入境地海关审核无误后，由海关在运单上加盖“海关监管货物”印戳，并将两份过境货物报关单和过境货物清单制作关封后，加盖“海关监管货物”专用章，连同运单一并交经营人。经营人或承运人应负责将进境地海关签发的关封完整及时地代交出境地海关。过境货物出境时，经营人应向出境地海关申报，并递交进境地海关签发的关封和海关需要的其他单证。出境地海关审核有关单证、关封或货物后，由海关在运单上加盖放行章，在海关监管下出境。

海关认为必要时，可以查验货物。海关在查验过境货物时，经营人或承运人应当到

场，并按照海关要求负责搬移货物、开拆和重封货物的包装，并在海关查验的记录上签字。过境货物应自入境之日起6个月内运输出境，因特殊情况需要延长期限，应向海关申请延期，但延长期限不得超过3个月。过境货物在规定期限内不能出境的，海关按货物等值以下予以罚款处理。过境货物入境后未向海关申报，超过3个月的，海关将予以提取变卖处理。

2. 转运货物通关

转运货物系指由境外运至中国口岸后，不通过陆地运输而在设关地点换装运输工具运往境外的货物。准许办理转运货物必须具备下列条件之一：

（1）持有通运或联运提货单的；

（2）进口载货清单上注明是转运货物的；

（3）持有普通提单但于起卸前已向海关声明转运的；

（4）误卸的进口货物，经运输工具经理人提供确实证件的；

（5）因特殊情由申请转运，经海关批准的。

载有转运货物的运输工具进境后，运输工具负责人填写《外国货物转运准单》向海关申报，并提供进口载货清单。经海关审核后，转运货物在海关监管下换装运输工具并在规定时间内出境。

转运货物自进境起至出境止，接受海关监管。转运货物在进境后3个月内办理海关手续转运出境，在规定时间内未转运出境的，海关按有关规定予以提取变卖处理。

3. 通运货物通关

通运货物系指由船舶或航空器载运进境，经该国设立海关地点不换装运输工具，仍由原运输工具载运出境的货物。载有通运货物的运输工具负责人，应在进入中国境内第一个口岸时办理国际运输工具进境申报手续，在向海关申报《国际航行船舶进口报告书》或《国际民航飞机进口舱单》上注明通运货物及有关资料，海关对申报内容审核无误后监管有关通运货物出境。

通运货物自进境起至出境止，接受海关监管。未经海关许可，不得从运输工具上卸下。运输工具因装卸货物需申请搬倒货物时，运输工具负责人则应向海关申请，并在海关监管下进行。过境、转运、通运货物比较和小结如表2－9和表2－10所示。

表2－9　　过境、转运、通运货物比较

	运输方式	是否在我国境内换装运输工具	起运地/目的地
过境货物	通过我国境内陆路运输	不论是否换装运输工具	我国境外
转运货物	不通过我国境内陆路运输	换装运输工具	
通运货物	原装航空器、船舶载运进出境	不换装运输工具	

表 2－10　　过境、转运、通运货物通关的小结

	过　境	转　运	通　运
含义	境外起运——通过我国境内运输——继续运往境外		
	通过我国陆路运输。属于国际多式联运的一个环节	在我国境内设立海关的地点换装运输工具，通过我国非陆路运输	原船舶、航空器，通过我国海路、空中运输
境内期限	6 个月，可延期 3 个月	3 个月	无明确规定
	逾期按《海关法行政处罚实施细则》罚款	超过期限 3 个月不复运出境，比照超期未报货物，由海关变卖处理	
特征要件（所列有之一者）	1. 货物来自于或前往与我国签有过境货物协定或铁路联运协定的国家 2. 不符合上述第 1 条要求，但经国家经贸、运输主管部门批准、海关备案的 3. 境内运输由经国家主管部门批准、海关注册登记的全程经营人或承运人进行	1. 持有转运或联运提单 2. 进口载货清单注明为转运货物 3. 起卸前向海关声明为转运货物的 4. 误卸进口货物，经运输工具经理人提供确实证件的 5. 特殊情由申请转运，经海关批准的	运输工具进境时，《船舶进口报告书》或国际民航机的《进口载货舱单》上注明为通运货物，并列明名称和数量的
申报凭证	《中华人民共和国海关过境货物报关单》	《进口载货清单》 《出口载货清单》	《船舶进口报告书》或国际民航机的《进口载货舱单》

4. 过境、转运、通运单证

（1）过境货物报关单（见样单 2－14）主要由申报单位基本情况，报关货物基本情况及海关总管三部分内容组成。

（2）转运单证主要由进/出境载货清单组成，此载货清单一式两联，第一联由进境地/起运地海关存，第二联由运地/出境地海关存，可分为中华人民共和国海关进/出境载货清单（见样单 2－15）和香港海关进/出境载货清单（见样单 2－16）。

（3）通运单证

2.2.7.2　进出境快件通关

1. 快件概述

（1）进出境快件的概念

进出境快件，是指快件营运人在特定的时间内，以快速的商业运输方式承运进出境的物品、货物。

（2）快件货物的分类

样单 2－14 过境报关单

JG15

中华人民共和国海关

条码区

过境货物报关单

申报单位编号： 海关编号：

申报单位	过境运输工具及编号
地址及电话	装货单据号
进境口岸及日期	运单或提单号
进境运输工具	出境口岸
国际联运单据号	出境日期
进境地海关关封号	出境运输工具及编号

兹有下列货物从__________________国（地区）通过中国关境运往__________________国（地区），保证自入境之日起__________________天内运输出境，在中国境内通过路线（地区）有__________________,请予审核、查验放行。

标记及号码	件数	货名	商品编号	重量	单位（千克）	价格	封志号
总数							

以上申报各项准确无讹，如有违反《中华人民共和国海关对过境货物监管办法》及有关规定，愿意接受海关处理。

申报单位（签章）

申报日期 年 月 日

此栏由海关填写	入境地海关 查验、封缄和押运情况 验放日期 其他 经办关员（签章）	出境地海关 复核放行情况 放行出境日期 其他 经办关员（签章）

样单 2－15　中华人民共和国海关进/出境载货清单

JG23

中华人民共和国海关进/出* 境载货清单

载货清单编号：0000000000000

车牌号码：（内地车牌：＿＿＿＿　香港车牌：＿＿＿＿）

进/出* 境日期：＿＿＿＿　装货地点：＿＿＿＿　卸货地点：＿＿＿＿　此联载货清单共＿＿＿＿页

项目	货物名称及规格	标记及编号	包装方式及数量	重量/净重*（千克）	价格	付货人名称及地址	收货人名称及地址

总件数：＿＿＿＿总重量/总体积*：＿＿＿＿货柜箱编号：＿＿＿＿（如果是冷藏柜，要注明）

运输公司声明：兹证明，下列货物由＿＿＿＿公司委托承运，保证无讹。

运输公司名称：＿＿＿＿

运输公司地址：＿＿＿＿　运输公司（盖章）：

运输公司电话：＿＿＿＿　司机姓名：（正楷）＿＿＿＿　签名：＿＿＿＿　日期：＿＿＿＿

<table>
<tr><td>合同（协议）号</td><td></td><td colspan="2">海关关锁号（条形码）NO</td><td rowspan="6">香港适用</td><td>转运货物</td><td>是/否*</td></tr>
<tr><td>监管方式</td><td></td><td rowspan="5">（进境地/起运地）海关批注、签章：

关员签名：
日　　期：</td><td rowspan="5">（指运地/出境地）海关批注、签章：

关员签名：
日　　期：</td><td>进/出口*
许可证编号</td><td></td></tr>
<tr><td>原产国（地区）/
最终目的国（地区）</td><td></td><td>提单/空运*
提单或空运托运单编号：</td><td></td></tr>
<tr><td>进（出）境地/
指（起）运地*</td><td></td><td rowspan="2">香港货柜车：
拖架号码：</td><td rowspan="2"></td></tr>
<tr><td>车辆海关编号</td><td></td></tr>
</table>

* 请删去不适用者

第一联　进境地/起运地海关存

样单 2－16　内地海关及香港海关陆路进/出境载货清单

JG24

内地海关及香港海关陆路进/出*境载货清单

内地　载货清单编号：

香港　载货清单编号：0000000000000

车牌号码：（内地车牌：＿＿＿＿　香港车牌：＿＿＿＿）

进/出*境日期：＿＿＿＿　装货地点：＿＿＿＿　卸货地点：＿＿＿＿　此联载货清单共＿＿＿＿页

项目	货物名称及规格	标记及编号	包装方式及数量	重量/净重*（千克）	价格	付货人名称及地址	收货人名称及地址

总件数：＿＿＿＿总重量/总体积*：＿＿＿＿货柜箱编号：＿＿＿＿（如果是冷藏柜，要注明）

运输公司声明：兹证明，下列货物由＿＿＿＿公司委托承运，保证无讹。

运输公司名称：＿＿＿＿

运输公司地址：＿＿＿＿　运输公司（盖章）：

运输公司电话：＿＿＿＿　司机姓名：（正楷）＿＿＿＿　签名：＿＿＿＿　日期：＿＿＿＿

<table>
<tr><td rowspan="6">内地适用</td><td>合同（协议）号</td><td></td><td colspan="2">海关关锁号（条形码）NO</td><td rowspan="6">香港适用</td><td>转运货物</td><td>是/否*</td></tr>
<tr><td>监管方式</td><td></td><td rowspan="5">（进境地/起运地）海关批注、签章：

关员签名：
日　期：</td><td rowspan="5">（指运地/出境地）海关批注、签章：

关员签名：
日　期：</td><td>进/出口*
许可证编号</td><td></td></tr>
<tr><td>原产国（地区）/
最终目的国（地区）</td><td></td><td rowspan="2">提单/空运*
提单或空运托运单编号：</td><td rowspan="2"></td></tr>
<tr><td>进（出）境地/
指（起）运地*</td><td></td></tr>
<tr><td rowspan="2">车辆海关编号</td><td rowspan="2"></td><td rowspan="2">香港货柜车：
拖架号码：</td><td rowspan="2"></td></tr>
<tr></tr>
</table>

*请删去不适用者

第一联　进境地/起运地海关存

①A 类快件货物，是指海关现行法规规定予以免税的无商业价值的文件、资料、单证、票据；

②B 类快件货物，是指海关现行法规规定限值内予以免税的物品；

③C 类快件货物，是指超过海关现行法规规定限值但不超过人民币 5000 元的应税物品；

④D 类快件货物，指前 3 类以外的货物，又称普货快件。

2. 进出境快件的申报

（1）进出境快件报关手续办理的方式

进出境快件的营运人应当按照海关的要求采用纸质文件方式和电子数据交换方式向海关办理进出境快件的报关手续。

（2）进出境快件报关手续的办理时间

进境快件自运输工具申报进境之日起 14 天内，出境快件在运输工具离境 3 小时之前，应当向海关申报。出境的快件应当在运输工具离境前 4 小时向海关办理报关手续。

（3）进出境快件的分类报关

1）文件类进出境快件报关时，运营人应当向海关提交《中华人民共和国进出境快件 KJ1 报关单》（见样单 2 - 17）、总运单（副本）和海关需要的其他单证。

样单 2 - 17　中华人民共和国海关进出境快件 KJ1 报关单

JG12　　**中华人民共和国海关**　　NO：

进出境快件 KJ1 报关单

报关单编号：

运营人名称：　进/出口岸：　运输工具航次：　进/出口日期：　总运单号码：						
序号	分运单号码	名称	件数	重量（kg）	收/发件人名称	验放代码
兹声明以上申报无讹并承担法律责任。 （运营人报关专用章）　报关员：　申报日期：						
以　下　由　海　关　填　写						
海关签章：　经办关员：　日期：　查验关员：　日期：						

第一联

中华人民共和国海关总署监制

2）个人物品类进出境快件报关时，运营人应当向海关提交《中华人民共和国进出境快件个人物品报关单》、每一进出境快件的分运单、进境快件收件人或出境快件发件人身份证件影印件和海关需要的其他单证。

3）货物类进境快件报关时，运营人应当按下列情形分别向海关提交报关单证：

①对关税税额在人民币 50 元以下的货物和海关规定准予免税的货样、广告品，应提交《中华人民共和国进出境快件 KJ2 报关单》（见样单 2－18）、每一进境快件的分运单、发票和海关需要的其他单证。

样单 2－18　中华人民共和国海关进出境快件 KJ2 报关单

JG13　　　　中华人民共和国海关　　　　NO：

进出境快件 KJ2 报关单

报关单编号：

运营人名称：	进/出口岸：		运输工具航次：		进/出口日期：		总运单号码：
序号	分运单号码	货物名称	价值（RMB）	重量（kg）	件数	收/发件人名称	验放代码
兹声明以上申报无讹并承担法律责任。 （运营人报关专用章）　报关员：　申报日期：							
以　下　由　海　关　填　写							
海关签章：　经办关员：　日期：　查验关员：　日期：							

第一联

中华人民共和国海关总署监制

②对应予征税的货样、广告品（法律、行政法规规定实行许可证件管理的、需进口付汇的除外），应提交《中华人民共和国进出境快件 KJ3 报关单》（见样单 2－19）、每一进境快件的分运单、发票和海关需要的其他单证。

③其他货物类进境快件，一律按进口货物的报关程序报关。

4）货物类出境快件报关时，运营人应当按下列情形分别向海关提交报关单证：

①对货样、广告品（法律、行政法规规定实行许可证管理的、应征出口税的、需进

口收汇的、需出口退税的除外)，应提交《中华人民共和国进出境快件 KJ2 报关单》、每一出境快件的分运单、发票和海关需要的其他单证。

②其他货物类出境快件，一律按出口货物报关程序报关。

3. 进出境快件的查验

(1) 海关查验进出境快件时，运营人应派员到场，并负责进出境快件的搬移、开拆和重封包装。

(2) 海关对进出境快件中的个人物品实施开拆查验时，运营人应通知进境快件的收件人或出境快件的发件人到场，收件人或发件人不能到场的，运营人应向海关提交其委托书，代理收、发件人的义务，并承担相应的法律责任。

(3) 海关认为必要时，可对进出境快件予以径行开验、复验或者提取货样。

4. 进出境快件单证

样单 2－19　中华人民共和国海关进出境快件 KJ3 报关单

JG14　　中华人民共和国海关　　NO:

进出境快件 KJ3 报关单

报关单编号：

<table>
<tr><td colspan="13">运营人名称：　进/出口岸：　运输工具航次：　进/出口日期：　总运单号码：</td></tr>
<tr><td>序号</td><td>分运单号码</td><td>货物名称</td><td>价值(RMB)</td><td>重量(kg)</td><td>件数</td><td>商品编号(HS)</td><td>关税税额</td><td>增值税税额</td><td>消费税税额</td><td>总税额</td><td>收/发件人名称</td><td>验放代码</td></tr>
<tr><td></td><td></td><td></td><td></td><td></td><td></td><td></td><td></td><td></td><td></td><td></td><td></td><td></td></tr>
<tr><td colspan="13">兹声明以上申报无讹并承担法律责任。

(运营人报关专用章)　报关员：　申报日期：</td></tr>
<tr><td colspan="13">以 下 由 海 关 填 写</td></tr>
<tr><td colspan="13">海关签章：　经办关员：　日期：　查验关员：　日期：</td></tr>
</table>

第一联

中华人民共和国海关总署监制

2.2.7.3 无代价抵偿货物通关

1. 无代价抵偿货物的概念

无代价抵偿货物，是指进口货物在征税或者免税放行后，发现货物有残损、短少或品质不良而由境外的承运人、发货人或保险公司免费补偿或更换的同类货物。在新修订的《进出口关税条例》不再使用无代价抵偿货物，直接使用“因残损、短少、品质不良或者规格不符原因，由进出口货物的发货人、承运人或者保险公司免费补偿或者更换的相同货物”。为简便起见，这里继续沿用“无代价抵偿货物”概念。

2. 无代价抵偿进口货物的基本特征

（1）无代价抵偿货物是执行合同过程中发生的损害赔偿；

（2）海关对原申报进口的货物已经放行；

（3）抵偿货物是对直接损失部分进行赔偿。

3. 无代价抵偿的常见形式

（1）补缺；

（2）更换错发货物；

（3）更换品质不良货物；

（4）贬值（削价）；

（5）补偿修理费用；

（6）修理。

4. 无代价抵偿进口货物在申报时应提供的单证

（1）原进口货物报关单；

（2）原税款缴纳凭证；

（3）商检证明或买卖双方会签的有关抵偿记录；

（4）买卖双方签订的抵偿协议或备忘录；

（5）若货物已经出口或交海关处理的，应递交海关签发出口报关单或处理货物的相关证明。

5. 无代价抵偿货物的报关程序

（1）对于不属于国家限制进口的商品的无代价抵偿货物的报关程序

1）该类型货物进口时，收货人应凭原进口货物报关单、税款缴纳凭证、索赔协议和商检证书向海关申报。

2）申报后海关按有关规定查验以上单证外，还应凭相对应的出口报关单办理有关进口手续。

3）如果无代价抵偿货物进口时不向海关报明货物已退运出口或虽已报明货物已退运出口但无法提供相应的出口证明，则海关应按一般进口货物办理有关通关手续。

（2）对于属于国家限制进口商品的无代价抵偿货物的报关程序

对于属于国家限制进口商品的无代价抵偿货物的报关程序与不属于国家限制进口商品的无代价抵偿货物的报关程序一致，但以下两点情况应引起注意：

1）如与原进口的货物在品名、数量、价值及贸易性质等方面是完全一致的，可以在原进口货物已经退运出口的条件下，免领有关进口许可证件免税放行。

2）如原进口货物未退运出境或无法提供相应单证说明原进口货物已经退运出境的，则应补办相关进口许可证件征税放行。

无代价抵偿货物的通关见表 2－11。

表 2－11　　无代价抵偿货物的通关

征免税规定	1. 原货已退运国外或已放弃给海关，已征税款未退还的，其抵偿货物免税 2. 原货短少，短少部分已征税款尚未退还的，补偿进口短少的部分免税 3. 原货残损、不良，但未退运国外或放弃给海关，其抵偿货物照章征税
许可证管理	进口货物属于应证商品，原进口时已提交许可证件的： 1. 原货已退运国外或已放弃给海关，免领许可证 2. 原货短少，补偿进口短少的部分，免领许可证 3. 原货残损、不良，但未退运国外或放弃给海关，其抵偿货物申领许可证
报关单证	1. 原进出口货物报关单 2. 原进出口税款缴款证书 3. 商检机构出具的原进口货物残损、短少或品质不良的检验证明，以及买卖双方的索赔协议或有关证明

2.2.7.4　溢卸或误卸的进境货物、放弃进口货物、超期未报关进口货物通关

1. 溢卸或误卸的进境货物、放弃进口货物、超期未报关进口货物概念

（1）进口溢卸货物

进口溢卸货物，是指未列入进口载货清单、运单的货物，或者多于进口载货清单、提单或运单所列数量的货物。

（2）进口误卸货物

进口误卸货物，是指将运往境外港口、车站或境内其他港口、车站而在本港（站）卸下的货物。

（3）放弃进口货物

放弃进口货物，是指进口货物的收货人或其所有人声明放弃的，由海关提取依法变卖处理的货物。根据有关规定不得放弃的货物除外。

（4）超期未报关进口货物

超期未报关进口货物，是指收货人自运输工具申报出境之日起，超过 3 个月未向海关

申报的进口货物（超过 14 日未向海关申报的，由海关按规定征收滞报金；超过 3 个月未向海关申报的，由海关对进口货物提取变卖处理）。

（5）溢卸、误卸货物申请办理退运出境或申报进口的期限

溢卸、误卸货物至运载该货物的运输工具卸货之日起 3 个月内申请退运出境或申报进口。经申请，期限可以延长 3 个月。

2. 进口误卸、溢卸、放弃、超期未报货物的通关

其通关过程，见表 2－12。

表 2－12　进口误卸、溢卸、放弃、超期未报货物的通关

<table>
<tr><th></th><th>误卸</th><th>溢卸</th><th>放弃</th><th>超期未报</th></tr>
<tr><td>适用范围</td><td>指运其他境外口岸的货物在本港卸</td><td>未列入或多于载货清单、运单的货物
*进口短卸货物凭理货报告、商务签证或商检证书，经海关核准可减缴短卸部分税款，已缴的可退税</td><td>收货人或所有人申明放弃，交由海关处理的货物
*国家禁限的废物、污染环境的货物不得放弃，海关责令收货人/所有人/运输工具负责人将货物复运出境或者负责销毁</td><td>运输工具进境 3 个月，仍未申报的进口货物
*以下情况比照超期未报办理：
1. 保税货物、暂时进口货物超过规定期限 3 个月，未向海关办理复运、延期或其他手续的
2. 过境、转运、通运货物超过规定期限 3 个月，未向海关办理复运出境手续的</td></tr>
<tr><td rowspan="2">处理</td><td colspan="2" rowspan="2">经海关审定，在运输工具进境 3 个月内办理退运或正式进口手续</td><td colspan="2">海关变卖货物，扣除以下费用后，余款上缴国库</td></tr>
<tr><td>1. 变卖处理费用（包括检验检疫费用）
2. 物流仓储费用</td><td>1 年内申请发还余款，向海关补办进口手续，提交：
（1）证明本人为收货人的相关资料
（2）应证商品提供进口许可证件
（3）其他有关单证</td></tr>
<tr><td>税收征管</td><td colspan="3">如改变性质、转为实际进出口时，则比照一般进出口货物征收税款</td><td>完税价格：（变卖价款－变卖费用－运储费用）/（1＋关税率＋增值税率＋关税率×增值税率）/（1－消费税率）</td></tr>
<tr><td>国检</td><td colspan="2">不适用</td><td colspan="2">在检验检疫商品目录内的，海关变卖前提请国检实施检验、检疫</td></tr>
</table>

2.2.7.5　退运货物和退关货物

1. 退运货物

退运货物包括一般退运货物、加工贸易退运货物、直接退运货物三种。

（1）一般退运货物

一般退运货物是因品质不良或交货时间延误等原因，被国外买方拒收退运或因错发、错运造成的溢装、漏卸而退运的货物。

退运进出口货物的通关见表2－13。

表2－13　　退运进出口货物的通关

		进　口	出　口
退运原因		1. 出口货物被境外买方拒收退还 2. 出口货物在境外误卸、溢卸	1. 进口货物被境内买家拒收退运 2. 进口货物误卸、溢卸
通关手续	单证	1. 进口报关单 2. 原出口报关单 3. 保险公司证明 4. 承运人溢装、漏卸证明 5. 原出口退税报关单或税务局《出口商品退运已补税证明》	1. 出口报关单 2. 原进口报关单 3. 保险公司证明 4. 承运人溢装、漏卸证明
	税收	免进口税，原征出口税不退	免出口税，原征进口税不退

（2）加工贸易退运货物

1）若加工贸易《登记手册》未核销，则按加工贸易退运货物报关。

2）若加工贸易《登记手册》未核销，则按“暂准进出口”申报，备案号为空。在备注栏内注明手册编号，退运进口需提供担保。对进口属于许可证件管理的，应另提供相当于进口货值30%的风险担保金；待货物再次出境后，凭出口报关单及相关证明销保。

（3）直接退运货物

1）直接退运货物

进口货物进境后向海关申报，但由于特殊原因无法继续办理进口手续，经主管海关批准将货物全部退运境外的货物。

2）直接退运货物的申请退运期限

自载运该货物的运输工具申报进境之日起或自该运输工具卸货之日起3个月内办理退运手续。

3）直接退运进口货物的通关（放行前退运的货物）见表2－14。

2. 退关货物

退关货物又称出口退关货物，在海关范围而言，是指出口中货物在向海关申报出口后被海关放行，因故未能装上运输工具，发货单位请求将货物退运出海关监管区不再出口的货物。

表 2－14　　直接退运进口货物的通关

<table>
<tr><td rowspan="2">范围</td><td>准予直接退运</td><td>1. 按国家规定责令直接退运的货物
2. 合同执行期间国家贸易管制政策调整，收货人无法补办有关审批手续，并能提供有关证明的
3. 收货人因故不能支付进口税费，或收货人未按时支付货款致使货物所有权已发生转移，并能提供发货人同意退运的书面证明的
4. 属错发、误卸货物，并能提供承运部门书面证明的
5. 发生贸易纠纷，尚未向海关申报，能提供法院判决书、贸易仲裁部门仲裁决定书或无争议的货权凭证的</td></tr>
<tr><td>不准直接退运</td><td>1. 属于无许可证到货的（按国家规定责令直接退运的货物除外）
2. 经海关审单、查验，发现有走私违规嫌疑的
3. 超过规定时限又没有特殊批准的
4. 有其他原因海关认为不能直接退运的</td></tr>
<tr><td rowspan="2">通关手续</td><td>时限</td><td>1. 应领许可证货物：在运输工具申报进境之日起 14 日内提出书面申请
2. 错发、错运货物：
1）在正式申报或海关确定查验前提出书面申请
2）已申报或已决定查验，在海关查验确认为错发、错运货物后提出书面申请
3. 其他：在运输工具申报进境或卸货之日起 3 个月内提出书面申请</td></tr>
<tr><td>程序</td><td>1. 货物所有人或代理人在规定时限内提出直接退运申请，海关签发一式两份审批单
2. 货物尚未正式申报，凭海关一式两份审批单：
1）退运手续在同一口岸办理的，同时申报进口和出口，贸易方式填“直接退运”
2）退运手续不在同一口岸办理的，先向出境地海关申报出口，再凭出境地海关关封到进境地海关申报进口，贸易方式填“直接退运”
3. 货物已申报未放行：
1）办理“直接退运”出口申报
2）向进境地海关撤销进口申报电子数据
3）向进境地海关办理“直接退运”进口申报</td></tr>
<tr><td colspan="2">其他</td><td>免缴进口税费、滞报金；不需交验许可证件</td></tr>
</table>

（1）退关货物的申请退关期限

自出口货物的发货人或其代理人应当在得知出口货物未被装上出境的运输工具，并决定不再出口之日起 3 日内申请退关。

（2）退运货物与退关货物的区别

退运货物指进出口货物与合同约定不一致，被收货人拒收，或者因溢装、漏装造成的。退运货物经海关验核后退运，不再征税，但已征税的不再退还。出口退关货物指出口货物在海关放行之后，因故未能装上运输工具，发货人或其代理人要求将货物退运出海关监管区的货物。已征出口税的，可在一年内提出退税申请。

（3）出口退关手续见表 2－15。

表 2－15　　出口退关手续

<table>
<tr><td colspan="2">定义</td><td colspan="3">出口货物放行后因故全部或部分未能装上出境运输工具。请求将货物退运出海关监管区域</td></tr>
<tr><td rowspan="5">通关手续</td><td>时限</td><td colspan="3">货物未能装上运输工具，并决定不再出口之日起 3 天内向海关申请退关</td></tr>
<tr><td rowspan="2">税收</td><td>货物不再出口</td><td colspan="2">货物仍要出口</td></tr>
<tr><td>已缴出口税款可在 1 年内申请退还</td><td colspan="2">已缴出口税款不退</td></tr>
<tr><td rowspan="2">手续</td><td rowspan="2">海关直接办理退关手续</td><td>全部未出</td><td>部分未出</td></tr>
<tr><td>1. 先办本次退关手续
2. 确定下次运输工具后，重新办理出口报关手续</td><td>1. 先办本次全部货物退关手续，补办出运部分货物的出口手续
2. 确定下次运输工具后，办理剩余部分货物的出口报关手续</td></tr>
</table>

2.3　转关运输货物通关

2.3.1　转关运输货物定义

转关运输货物是指由进境地入境后，运往另一设关地点办理进口海关手续的货物；在起运地已办理出口海关手续运往出境地，由海关放行的货物；由国内一设关地点转运到另一设关地点的应受海关监管的货物。转关运输货物属海关监管货物。承运转关运输货物的国内运输工具也受海关监管。

转关运输可分为进口转关运输和出口转关运输。进口转关是指货物由进境地入境后，向海关申请运往另一个设关地点（指运地）办理进口海关手续。出口转关是指在境内一设关地点（起运地）办理出口海关手续，后运往出境地，由出境地海关监管放行。

2.3.2　转关货物通关流程

转关货物通关的工作流程可用图 2－5 和图 2－6 来表示。

转关货物通关的办理程序可归纳如下：

第一步，进口货物的收货人或其代理人，在进口货物抵达进境地前，向指运地海关提出转关申请，并递交有关审批所需单证。经指运地海关审查批准，签发进口转关运输货物

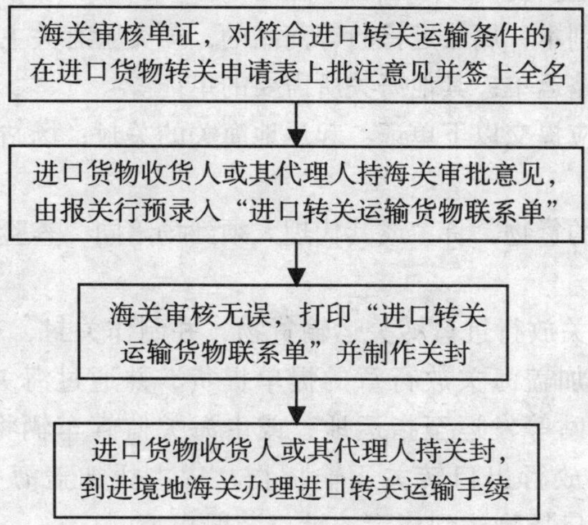

图 2－5　进口转关通关工作流程简图

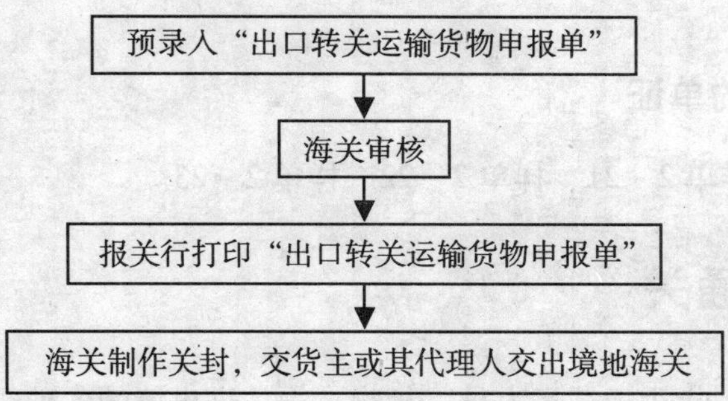

图 2－6　出口转关通关工作流程简图

联系单和进口转关货物关封。

出口转关货物的发货人或其代理人向起运地海关提出出口转关申请。申请人除递交满足报关纳税手续所需的单证外，还应填报出口货物转关运输申报单。经起运地海关审查批准，签发出口报关单和出口转关货物关封。

第二步，进口货物的收货人或其代理人在进口货物抵达进境地后，进行进口转关运输货物申报单预录入（一式三份），并向入境地海关发送电子数据，进行电子申报；出口货物的发货人或其代理人在出口货物运抵出境地海关监管港区装船前，根据出口报关单上的有关内容进行预录入，并向出境地海关发送电子数据，进行电子申报。

第三步，转关运输货物的收发货人或其代理人到入出境地海关接单窗口递交书面单证，办理货物验放手续。

进口转关运输货物应提交以下单证：进口转关运输货物申报单（一式三份）；指运地

海关签发的进口转关运输货物联系单；转关运输手册；发票、装箱单；属进口许可证商品的，须提供进口许可证副本；属法定检验等商品的，须交验有关主管部门签发的证件；进口货物的海运提单或铁路运单；其他海关所需要的单证。

出口转关运输货物应提交以下单证：起运地海关的关封；场站清单；境内运单；其他海关所需要的单证。

第四步，凡需查验的货物，货主或其代理人须到场陪同，查验结束后须在查验记录单上签字。

第五步，入境地海关放行进口转关运输货物，并制作关封，交货运代理人签收后代交指运地海关。货主凭加盖海关放行章的提单提货，并通过海关监管车辆将进口转关货物运到指定港门、车站等发运至指运地，或由海关监管车辆将进口转关货物直接运到指运地。出境地海关放行出口转关运输货物，货主凭加盖海关放行章的场站清单，通过海关监管车辆将出口货物运到指定的港口装船出境。

第六步，出口货物的代理人必须在船舶离港、海运清洁舱单输入海关电脑后 3 天内，凭盖有出境地海关关员工号章的出口转关运输申报单的复印件向起运地海关办理回执核销。

2.3.3 转关货物的单证

见样单 2－20、样单 2－21、样单 2－22、样单 2－23。

2.4 运输工具通关

进出境运输工具系指用于载运人员、货物、物品进出境的各种船舶、车辆、航空器和驮畜。根据中国海关的有关规定，进出境运输工具属海关监管对象。海关把进出境货物与进出境运输工具的监管合称货运监管。

2.4.1 进出境运输方式

现代国际贸易中使用的运输方式主要有海上运输、内河运输、铁路运输、公路运输、航空运输、邮包运输和联合运输等。

1. 海上运输

在国际贸易货物运输中，海上运输以其运量大、运费低、通过能力大等特点，成为运用最为广泛的运输方式。以船舶经营方式不同，可分为班轮运输和租船运输。班轮是指按照预定的航行时间表在固定的航线和港口往返运载货物的船只。租船是指租船人向船东租赁船舶用于运输货物。两者的最大区别是班轮具有固定航线、固定港口、固定船期、固定运费率，而租船的有关事宜则由租船人与船东双方商定。

样单 2－20　海关进口转关运输货物申报单

JG19

中华人民共和国海关进口转关运输货物申报单

预录人号：　　　　　　　　编号：

申报人：　　电话：　　许可证号：

收货人：　　地址及邮政编码：　　联系人：　　电话：

进出境运输工具名称及航次(航班)：　　境外起运地：　　进境日期：

集装箱号：　　规格：　　数量：　　提单号(分/总)：

货物存放地点及编号：　　承运单位：　　司机代号：　　电话：

境内运输工具：　　指运地：　　预计运抵指定地时间：

商品编号	件数 包装式样	货名及规格	数量	重量	成交价格	备注

承运人声明：1. 保证承运的上列申报之转关运输货物的封志和运输车辆封志的完整。
2. 保证将承运的转关货物完整地按照海关指定路线在规定期限内运至指运地海关。
承运人(签字盖章)：
年　月　日

进境地海关查验情况批注：
封志号：
经办关员
年　月　日

申报人声明：1. 以上申报属实，并承担法律责任；
2. 保证在______日内将上述货物完整地运抵指运地海关。
申报人(签字盖章)
年　月　日

指运地海关查验情况批注：
经办关员
年　月　日

进口转关运输货物申报单回执

编号：

海关：
上述编号关封号已收到，我关已接受申报
此复。

经办关员签字

海关(盖章)

年　月　日

回执寄送地址：

邮政编码：

样单 2-21 海关出口转关运输货物申报单

JG20

中华人民共和国海关出口转关运输货物申报单

预录入号： 编号：

申报人：		电话：		地址及邮政编码：		
收货人：		电话：		发货地点及编号：		
运输工具：		起运日期：		预计运抵口岸日期：		
集装箱号：		规格：		数量：		
承运单位及司机代号：		电话：		出境口岸：		
商品编号	件数 包装式样	货名及规格	数量	重量	成交价格	备注

承运人声明：1. 保证承运的上列申报之转关运输货物的封志和运输车辆封志的完整。 2. 保证将承运的转关货物完整地按照海关指定路线在规定期限内运至指运地海关。 承运人（签字盖章）： 年 月 日	启运地海关查验情况批注： 封志号： 经办关员 年 月 日
申报人声明：1. 以上申报属实，并承担法律责任； 2. 保证在______日内将上述货物完整地运抵指运地海关。 申报人（签字盖章） 年 月 日	出境地海关查验情况批注： 经办关员 年 月 日

出口转关运输货物申报单回执

编号：

海关：

上述编号关封号已收到，货物已核对放行。

此复。

经办关员签字

海关（盖章）

年 月 日

回执寄送地址：

邮政编码：

样单 2－22　承运转关运输货物汽车申报表

JG28

承运转关运输货物汽车申报表

<table>
<tr><td>企业名称</td><td colspan="3"></td><td colspan="2">法定代表人</td><td colspan="2"></td></tr>
<tr><td>地址</td><td colspan="3"></td><td colspan="2">开户银行账号</td><td colspan="2"></td></tr>
<tr><td>营业执照</td><td></td><td>申请车辆数量</td><td colspan="2"></td><td>联系人</td><td></td><td>电话</td></tr>
<tr><td colspan="4">本运输公司（厂）保证遵照《中华人民共和国海关关于转关运输货物监管办法》及有关规定，载运转关运输货物，并承担法律责任。现向你关申请载运转关运输货物车辆______部，配备驾驶人员______名，清单如下，请予批准。

申请企业：（盖章）
年　月　日</td><td colspan="4">主管海关：（盖章）
年　月　日</td></tr>
</table>

申请登记车辆情况	车牌号码	吨位	汽车型号	发动机号码	车辆类型	颜色	车厢情况	驾驶员	驾驶证号码	备注

2. 铁路运输

铁路运输主要指国际铁路货物联运，凡是从发货国家的始发站到收货国家的终点站，只要在始发站办妥托运手续，使用一份运输单据，即可由铁路以连带责任办理货物的全程运输。在由一国铁路向另一国铁路移交货物时，无须收、发货人参加。它具有受气候条件影响小、运量大、速度较快、运输手续简单、费用较低等特点。

3. 航空运输

航空运输是一种现代化的国际货运方式，具有速度快、航线不受地形限制、手续简便等特点，在国际贸易运输中的地位日益提高。以经营方式不同，可分为班机运输、包机运输、集中托运、航空快件传送等。

4. 邮包运输

邮包运输是一种较简便的运输方式，按照国际贸易惯例，卖方将邮包交给邮局取得邮包收据后，即视为完成交货义务。这种运输方式一般只适用于量轻体小的商品，如精密仪器、小工具、零配件、药品、样品和生产急需物品。

样单 2－23　承运转关运输货物船舶申报表

JG29

承运转关运输货物船舶申报表

<table>
<tr><td>企业名称</td><td colspan="3"></td><td colspan="2">法定代表人</td><td colspan="3"></td></tr>
<tr><td>地址</td><td colspan="3"></td><td colspan="2">开户银行账号</td><td colspan="3"></td></tr>
<tr><td>营业执照</td><td></td><td>申请船舶数量</td><td colspan="2"></td><td>联系人</td><td></td><td>电话</td><td></td></tr>
<tr><td colspan="5">本运输公司（厂）保证遵照《中华人民共和国海关关于转关运输货物监管办法》及有关规定，载运转关运输货物，并承担法律责任。现向你关申请载运转关运输货物船舶______艘，清单如下，请予批准。

申请企业：（盖章）
年　　月　　日</td><td colspan="4">

主管海关：（盖章）
年　　月　　日</td></tr>
</table>

申请登记船舶情况	船名	船籍港	船舶种类	净吨位	载重吨位	营运航线	证书号	负责人

5. 联合运输

联合运输是指使用两种以上的运输方式完成某一运输任务的连贯运输方式。主要包括陆空联运、陆海联运、大陆桥运输、国际多式联运等方式。

2.4.2 进出境运输工具

新中国成立以来，特别是改革开放以后，我国对外贸易发展迅速，进出口贸易额逐年增长，进出口货运量成倍上升，载运进出口贸易货物的运输工具进出我国关境的艘（次）数越来越多。据海关统计，1998 年全国海关监管的进出境运输工具达 1104 万辆（艘），是改革开放前的 16 倍。众所周知，我国疆域辽阔，毗邻国家和地区多，边境线、海岸线长，对外口岸多且经济发展不均衡，因而构成我国对外贸易运输业务形式多样、多种运输方式相互交错并存的局面。从具体承运工具来看，既有先进的民用航空器，也有大吨位的远洋船舶；既有现代化的列车、汽车等车辆，也有往返于边境互市的原始驮畜。从运输工具所属国籍来看，既有中国国籍的运输工具，也有外国国籍的运输工具。具体来说，包括以下几个方面：

1. 船舶

船舶包括机动和非机动的进出我国关境的海上、国界江河上的往来船舶；转运、驳运进出口旅客或货物的船舶；兼营境内旅客或货物运输的船舶以及其他进出境船舶。

2. 车辆

车辆包括进出关境的客车、货车、行李车、邮政车、机车、发电车、轨道车和其他进出境的机动车、非机动车等。

3. 航空器

航空器主要指载运进出境旅客或进出口货物的民用飞机。

4. 驮畜

驮畜指载运进出境旅客或进出口货物的马、驴、牛、骆驼等用于运输的牲畜。

2.4.3　进出境运输工具通关程序

进出境运输工具自进境之日起至出境止，接受海关监管。进出境运输工具负责人应如实向海关申报。根据不同的国际运输方式，进出境运输工具的通关程序各不相同。

1. 国际航行船舶通关

进出境国际航行船舶是指进出我国关境在国际间运营的境内船舶和境外船舶。国际航行船舶在进出中国关境时，应按中国海关的规定递交相应的报关单证，并按国际惯例递交有关船舶的证明文件。

船舶应当通过设有海关的港口进境或者出境，应当在设有海关的港口停泊、装卸货物、物品和上下人员，并接受海关监管。船舶在海关监管区内停泊、移泊、装卸货物、物品和上下人员的地点由当地港务局提前通知海关；船舶在非海关监管区停泊、移泊、装卸货物、物品和上下人员须由当地港务局会商海关。

船舶如需通过未设立海关的港口进出境，或者在未设立海关的港口停泊、装卸货物、物品和上下人员，应当经国务院或国务院授权的机关会商海关后批准，接受海关监管，并应当按规定向海关缴纳规费。

（1）进境船舶通关

国际航行船舶在进入我国关境时，船方或其代理人应在船舶抵达口岸前或者抵达口岸后24小时内，向进境地海关递交有关单证进行申报。国际航行船舶到港时，船舶负责人及其代理人如果不能及时提供齐全的载货清单，须向海关出具保函，并经海关同意后可以先行卸货，但应当在卸货后24小时以内将齐全的载货清单补交给海关。国际航行船舶应当向海关缴纳船舶吨税。

国际航行船舶在进入中国关境时，船舶负责人应按规定向进境地海关申报，并递交有关单证如《船舶进口报告书》、《进口载货清单》（无进口货物的交“无货清单”）、《进境旅客清单》（无旅客的免交）、《船员清单》、《船员自用和船舶备用物品、货币、金银清单》、《船员自用和船舶备用烟、酒、加封清单》、《船舶进出境（港）海关监管簿》（外籍船舶免交)、《船舶吨税执照》及海关监管需要的其他单证。国际航行船舶到港时，船舶负责人或其代理人如果不能及时提供齐全的《进口载货清单》，须向海关出具保函，并经海关同意后可以先行卸货，但应当在卸货后24小时以内将齐全的《进口载货清单》补交给海关。

(2) 出境船舶通关

船舶负责人及其代理人应当在船舶驶离口岸前24小时通知海关（船舶在口岸停泊时间不足24小时的，在抵达口岸时)，向海关交验有关单证，办理出口岸手续，在海关审核符合监管条件作出放行决定后，驶离关境。

国际航行船舶驶离中国关境时，船舶负责人应按规定向出境地海关申报，并递交有关单证如《出口载货清单》(无出口货物交“无货清单”)、《出境旅客名单》(无出境旅客免交)、《船员名单》(无出境旅客免交)、《船舶进出境（港）海关监管簿》(外籍船舶免交)、《船舶吨税执照》及海关监管需要的其他单证。

海关在接受上述有关申报单证并经审核符合监管条件后，可作出放行决定，船舶可以进入关境或驶离关境。

(3) 海关对国际航行船舶停港期的监管

国际航行船舶在停港期间装卸进出口货物、物品或上下进出境人员，应当如实向海关申报并接受海关检查。进口货物、物品起卸完毕后，国际航行船舶负责人应在24小时内递交反映实际起卸情况的交接单据和双方登记的溢、短、误、损记录。

经海关确认的溢卸、误卸货物，从起卸之日起3个月内，可由原装载船舶负责人或货物所有人向海关办理退运或进口手续。过期不办的，由海关依法办理。国际航行船舶装载出口货物前，货物代理人应将预装清单报送海关。海关监管出口货物装船的依据是经海关签章放行的装货单。出口货物发生退载的，船舶负责人或其代理人应于货物装船完毕前向海关报明。

国际航行船舶在停港期间，船舶、船员所有烟酒应由海关加封。对船用物料和船舶船员所有的货币、金银可由海关视情况予以加封，船舶负责人有保护海关封志完整的义务。启封前应报经海关核准。

国际航行船舶如添装卸船用燃料、物料或船舶间调拨船用燃料、物料、物品、公用烟酒、食品，其负责人须编制清单，报请海关核准，并在海关监管下进行。

国际航行船舶起卸处理扫舱地脚和废旧物料，其负责人应书面向海关申请，由境内有经营权的单位向海关办理有关手续。

(4) 船舶吨税的缴纳

船舶吨税是海关代表国家交通管理部门在设关口岸对进出我国国境的船舶征收的用于航道设施建设的一种使用税。

船舶吨税的征收对象是：使用我国港口或行驶于我国港口之间的外籍船舶、外商租用的中国籍船舶、中外合营企业租用的外籍船舶。

船舶吨税自船舶申报进境之日起征收，并分3个月期缴纳和30天期缴纳两种，纳税人（亦即船舶负责人）可根据船舶航行的船次、航期和滞留港口时间自行选择纳税种类，如按3个月期缴纳的，按法定税级税率征收吨税，如按30天期缴纳的，按法定税级税率减半征收吨税。纳税人（船舶负责人）应自海关签发吨税缴款书之日起5日内缴清吨税，并由海关签发船舶吨税执照。

国际航行船舶船员携带自用物品上下船，亦应按规定向海关申报，办理有关手续。

2. 来往港澳小型船舶的通关

（1）来往中国香港、澳门小型船舶是指经交通部或者其授权部门批准，专门来往于内地和中国香港、澳门之间，在境内注册从事货物运输的机动或非机动船舶。

（2）小型船舶中的拖带船舶和被拖带船舶应按交通部或其授权部门批准的配对编号进行运输。

（3）小型船舶应按规定向指定的海关监管站（大铲岛、湾仔、桂山岛、大三门岛）办理海关关封和舱单确认手续；经海关监管站在《海关监管簿》上签批后，方可继续驶往境内目的港，同时应当将海关制作的关封完整无损地代交目的港海关。

（4）小型船舶从中国香港、澳门驶入内地境内口岸或者从内地境内口岸驶向中国香港、澳门时，小型船舶负责人应持《海关监管簿》向指运地或起运地口岸的海关递交下列单证进行申报：

①《船舶报告书》；

②《船舶载货清单》（无货的免交）；

③《旅客清单》（无旅客的免交）；

④《船员清单》（船舶报告书内列有船员名单的可免交）；

⑤《船舶航行签证簿》（由海关签证后发还）；

⑥海关监管需要的其他单证。

3. 国际民航机通关

国际民航机除特准的以外，只准在国际航空站降停或起飞。国际航空站应于飞机降停或起飞前两个小时通知海关，经海关同意后，方可上下旅客，驳卸货物、邮件、物品。

（1）进境民航机

国际民航机在降停后，机长或其代理人应持有关单证向海关申报。其中，申报的单证有入境和过境旅客以及行李物品舱单、进口和过境的货物、物品、金银清单，进口货物货运单及机组人员及其自用物品、货币、金银清单等。

留置在飞机上的机用燃料、油料、零备件、正常设备、供应品及金银、货币等物品，必要时需接受海关检查或加封。机长应保护海关封志的完整，不准出售或移作他用。卸下上述物品以备本民航企业所属飞机使用的，也应接受海关监管检查，并存放在海关同意的仓库场所，使用或复运出口时，向海关申报核销。

（2）出境民航机

国际民航机在出境起飞前，机长或其代理人持有关单证向海关申报。其中，申报的单证有出境旅客及行李物品舱单、出口货物、邮件和其他物品舱单、出口货物运单及机组人员及其自用物品、货币、金银清单等。

飞机申报添装机用燃料、油料、零备件、正常设备、供应品等物品，应向海关报明，接受监管，不需缴税。

飞机停站期间，海关监管货物、行李、邮件的装卸，监管旅客和机组人员的上下机和监管机用物料、燃料、金银和货币。

4. 国际联运列车通关

国际联运列车必须在中国境内设有海关的边境进出车站停留，接受海关检查和监管。

(1) 申报

国际联运列车必须在我国境内设有海关的边境进出车站停留，接受海关监管和检查。进出境车站应向海关递交反映进出境列车载运的货物、物品以及上下进出境旅客等实际情况的交接单据及商务记录，同时将列车驶入或驶离进出境列车站的时间、车次、停发地点等事先通知海关。

进境列车自到达进境车站起到海关检查完毕止；出境列车自海关开始检查起到海关放行止，未经海关许可不得移动、解体（客车改轮除外），或擅自驶离进出境车站。海关对进出境列车进行检查时，除口岸有关检查、检疫部门和铁路执行职务人员外，其他人员不得上下列车。

进出境列车装卸进出境货物、物品，上下进出境旅客，应当接受海关监管。货物、物品装卸交接完毕，车站应当向海关递交反映实际情况的交接单据及商务记录。海关查验进出境货物、物品，发现有走私情形或走私嫌疑的，可以书面通知车站将货物、物品卸到海关指定地点或将有关车辆调到指定地点进行处理。

海关监管货物、物品，无论在海关监管区内或区外存放，均应接受海关监管。海关派往车站、货运监管区的仓库、货物换装场所的人员执行监管任务时，应当遵守铁路有关规定，必要时须出示证件。铁路各部门应予配合。

进出境列车驶离进出境车站的时间、车次、停发车地点，车站应事先通知海关。对进出境货物列车，车站应向海关递交列车编组顺序表和货物交接单。海关检查列车结束后，应及时通知进出境车站。如果在进境旅客列车停留时间内检查不完，海关可以派员随车继续检查，由进境车站站长按规定提供至最近前方停车站往返免费乘车证和工作条件。

①进出境列车载运的货物、物品，由进出境车站向海关递交下列单据：

- 货物运单或行李、包裹运行报单及添附文件；
- 货物交接单或行李、包裹交接单；
- 海关需要的其他有关文件。

②进口货物（含包裹）的收货人、出口货物（含包裹）的发货人或者他们的代理人办理货物进出口手续时，应当填写进出口货物报关单，向海关申报，并按规定交验下列

单据：

- 货物运单（或包裹运行报单）及添附文件；
- 进出口货物许可证件；
- 海关需要的其他文件。

进境的起票行李、出境的托运行李，由行李的所有人向海关办理进出口手续。

（2）查验与放行

海关查验货物时，进出境车站应当派人按照海关的要求负责开拆车辆封印、开启车门或揭开篷布；货物的收、发货人或其代理人应当搬移或起卸货物，开拆或重封货物的包装。海关认为必要时，可以自行开验、复验或提取货样。海关应对提取货样的名称、数量出具证明。因不符合我国进口管理规定，海关决定退运境外的货物、物品，车站凭海关书面退运通知办理有关手续；因违反国际铁路联运规定的拒收货物，海关凭铁路部门的拒收记录准予退运。

海关对准予放行的进出境货物、物品，在货物运单或行李包裹运行报单上加盖放行章，铁路方可交付或运往境外。

转关运输货物起运之前，海关对有关单证、货物、物品查核无讹后，在货物运单上加盖“海关监管货物”戳记，连同关封退还车站凭以起运。海关关封由车站转交列车负责人，连同运单一起交指运地或出境地海关。

海关监管货物，如果变更国内到站或出境站，办理变更的车站应通知海关。变更后的指运站或出境站必须是设有海关的车站。有关车站应当将海关关封转交列车负责人连同运单一起交变更后的指运地或出境地车站海关。如果指运地车站没有海关，则只有在变更申请人取得指运地车站就近海关同意的情况下，入境地车站才能受理变更。

5. 进出境汽车通关和来往港澳汽车的通关

进出境汽车运输是我国与毗邻国家和地区进行联系、交流物资的主要运输工具。它具有运输灵活、方便、快捷的特点。公路汽车运输对加快进出口货物的运输、提高周转速度具有重大意义。对经济发展速度较快的毗邻港澳的华南地区来说，来往港澳的汽车更是大陆与港澳之间的重要运输工具。

（1）进出境汽车通关

汽车进出国境必须经设有海关的地方通过，并且在海关规定的地点停留，向海关申报，接受海关检查。装载进出口货物的汽车，向海关申报进出国境的时候，应当由汽车驾驶人员向海关交验载货清单（或者运单）一份。

进境汽车自进境起到办结该车辆及其所载货物的海关手续前，出境汽车自发车起到该车辆及其所载货物办结海关手续前，驾驶人员必须将《签证簿》所列项目填写清楚，其中对进境的汽车还应申明在境内停留的时间。装载进出口货物的汽车，还应向海关交验载货清单一份。海关检查汽车的时候，汽车驾驶人员和押运人员应当在场，并且按照海关的要求开拆车上必要的部件或者搬移货物。需到另一设关口岸办理放行手续的，应交验载货清单3份。进出境汽车经海关查验并在《签证簿》上签印放行后，方可继续内驶或出境。

（2）来往港澳汽车的通关

来往中国香港、澳门汽车包括专营客运、货运车辆，境内外企业、厂商自有的运输车辆和个人自用、不承运客、货的其他车辆。

来往中国香港、澳门车辆必须向海关申请登记，办理登记手续时，需交验下列证件：

①政府主管部门准其进出境的批准文件及行驶证件；

②工商行政管理部门签发的经营客、货运输车辆所属企业的营业执照；

③经海关认可的境内单位出具的保证函（或缴纳保证金）；经海关审核符合规定的车辆，发给的《来往香港、澳门汽车进出境签证簿》。

6. 进出境邮包的通关

邮运进出境的物品，经海关查验放行后，有关经营单位方可投递或者交付。由邮袋承装经邮递进出境的邮包是邮运进出境物品中的主要部分，也是海关管理的重点，是否准许进出境，应否征税或可免税等都需在办理通关手续时由海关审核确定。经海关查验放行，邮政企业方可封发。

（1）进出境邮包的申报

进出境邮包的申报方式是由特殊的邮递运输方式决定的。我国是《万国邮政公约》的签约国，自然应遵守公约的有关规定。根据《万国邮政公约实施细则》的规定，进出境个人邮包必须由寄件人填写“报税单”（小包邮件填写绿色验机标签），列明所寄物品的名称、价值、数量，向邮包寄达国家的海关申报。除出境个人邮包如在设有海关的地方寄出，寄件人应直接向当地驻邮政企业的海关申报并呈验外，通常是随同物品通过邮政企业呈递给海关的。申报人对申报是否属实负有法律责任。

（2）进出境邮包接受查验

进出境邮包中除按规定享受免税待遇者外，都必须通过海关查验。海关查验的目的是核对邮包内装物品与申报是否一致，有无禁限制品，有无超出自用合理数量，并以此确定邮包内装物品的征免验放措施。查验在设有海关办事机构的邮政企业进行。除设有海关驻邮政企业办事处的市区内的出境个人邮包由寄件人向海关申报交验外，其余的出境个人邮包和所有进境个人邮包均由邮政企业代理收、寄件人向海关办理申报查验手续，负责邮包的开拆和重封。海关查验采用“机验”和“开验”的方式进行。

（3）进出境邮包的纳税

进境邮包中的物品（享受免税除外），均应由收件人或其代理人按照《入境行邮物品进口税税率表》向海关缴纳进口税。海关对应税物品按《行邮物品税则归类表》进行归类，确定适用税率。由于进境邮包收件人分散，为便利纳税人就地纳税并使税款能及时入库，海关委托邮政企业代收进口税。进出境个人邮包查验完毕，应税物品缴纳进口税，并经复核放行后，有关邮政企业方可投递。在海关放行前，邮政企业应承担有关物品的保管责任。

（4）各种特殊情况的处置

①退寄邮包的处置。超出限值规定或不准进境的邮包，除经海关特准以外，应由收件人或其代理人在接到海关通知之日起3个月内退寄境外（港澳邮包由邮政企业直接退寄）。过期不退，由邮政企业送交海关变卖处理。收件人拒收的邮包或要求退寄的邮包，也按上述办法处置。

②改寄邮包的处置。进口个人邮包若因收件人搬迁别处，或收件人要求改寄其他地方，其处置规定是：改寄其他国家（地区），须经海关查验后放行；改寄国内，属邮政企业业务范围，海关一般不予过问；改寄涉及应税物品，应办妥注销进口税手续。

③放弃邮包的处置。凡收件人拒收又要求不退寄并声明放弃的，或寄件人在报税单上声明如无法投递则放弃的邮包，邮政部门定期送海关变卖处理。

下　　篇

国际物流运输实务

3 国际航空运输实务

本章主要介绍国际航空运输的概念、分类、作用、特点，阐述国际航空运输出口/进口流程，介绍国际航空运输托运书、货运单及进/出口业务所涉及的单证制作和填写。

3.1 国际航空运输概述

航空运输，是指承运人根据旅客或货主的需求，在规定的时间内，利用相关设施，按照某种价格，使用航空器将货物运送到指定目的地。这种货主的需求与航空承运人实施该需求的承诺所产生的等价交换关系形成了航空运输市场。实际上，民用航空运输市场是一定区域范围内航空运输需求与实现这种需求的协调与组织的过程，也是航空承运人向客户提供航空运输服务的过程。

3.1.1 国际航空运输业务类型

航空运输业务类型有以下三种：

1. 航空运输业

它是为适应他人需要，使用飞机有偿地进行物品运输的事业。

2. 航空运送代理业

它是为航空运送商缔结运送契约代理的事业，即作为航空业者的代理人，承担航空物品运送经营，并与委托者签订航空运送契约的事业。

3. 航空运送作业

以自己的名义进行飞机物品运送作业的事业。

3.1.2 国际航空运输市场分类

就航空运输市场而言，对其分类是航空运输企业的生存之本。航空运输企业在制订企业发展规划和市场营销计划时，会针对不同的市场类型采用不同的发展策略和促销行动。航空运输市场有多种类型。

1. 按运载对象分类

根据航空运输运载的对象特征，航空运输市场可以分为：

(1) 民用航空旅客运输市场；

（2）民用航空货物运输市场，包括航空邮件运输。

2. 按地理范围分类

根据航空运输的地理范围，航空运输市场可以分为：

（1）航空国内运输市场，是指营运的国内航线及其关联区域；

（2）航空国际运输市场，是指营运的国际航线及其关联区域；

（3）航空地区运输市场，是指营运的地区航线及其关联区域。

3. 按运送时限分类

根据航空运输的时间规律，航空运输市场可以分为：

（1）航空定期运输市场，是指定期航班运输；

（2）航空不定期运输市场，是指不定期航班运输，包括包机运输；

（3）航空快捷运输市场，是指航空快递货邮协会运输业务。

3.1.3 国际航空运输方式

1. 班机运输（Scheduled Airline）

班机是指在固定的航线上定期航行的航班，这种飞机有固定始发站、目的站和途经站。由于班机所具有的特点，收发货人可以准确地把货物安全运达世界各地，及时投入市场，尤其对运送国际市场上急需的商品、鲜活易腐货物以及贵重物品非常有利。不足之处是舱位有限，难以适应市场需求，而且运费较为昂贵。

2. 包机运输（Chartered Carrier）

包机运输可分为整机包机和部分包机两种形式。

（1）整机包机是指航空公司或包机代理公司按照与租机人双方事先约定的条件和费率，将整架飞机租给租机人，从一个或几个航空站装运货物至指定的目的地的运输方式。它适合运送大宗货物，运费随国际航空运输市场的供求变化情况而定，通常一次一议，但一般来说，较班机运价低。通常租机事宜应在货物装运前一个月与航空公司谈妥，以便航空公司安排飞机运载和向起降机场及有关政府部门申请入境及办理有关手续。

（2）部分包机是指几家航空货运代理（或发货人）联合包租一架飞机，或者由包机公司把一架飞机的舱位分别卖给几家航空货运代理。这种部分包机方式适合于1吨以上但不足装一整架飞机的货物，运费较班机低，但运送时间比班机长。

3. 集中托运（Consolidation）

集中托运方式是指航空货运代理把若干批单独发运的货物组成一整批，用一份总运单集中发运到同一到站，或运到某一预定的到站，由航空货运代理在目的地指定的代理收货、报关、分拨后交实际收货人的运输方式。

航空公司有按不同重量批准公布的多种运费率，并采用递减原则，这就使航空货运代理可以把从不同发货人处收集的小件货物集中起来后出运，享受汇总后重量的运价，从而赚取运价的差额。这种集中托运业务在国际航空运输业中较为普遍，也是航空货运代理的主要业务之一。但贵重物品、活体动物、尸体、骨灰、外交信袋、危险物品不得以集中托运形式运输。

4. 联运方式（Combined Transport）

联运方式是包括空运在内的两种以上运输方式的联合运输，具体做法有陆—空—陆联运方式——简称 TAT（Train - Air - Truck）和陆—空联运方式——简称 TA（Train - Air）。

5. 航空快件传送（Air Express）

航空快件传送又称航空速递，是国际航空运输中最快捷的运输方式。该方式不同于一般的航空货运，而是由一个专门经营这项业务的公司与航空公司合作，设专人以最快的速度在货主、机场和用户之间传送急件。

6. 送交业务（Delivery Business）

通常用于目录、样品、宣传资料、书籍报刊之类的空运业务，由国内空运代理委托国外代理办理报关、提取、转运和送交收货人。其有关费用均先由国内空运代理垫付，然后向委托人收取。

7. 货到付款（Cash on Delivery）

它是承运人在货物到达目的地交给收货人时，根据其与发货人之间的协议，代向收货人收取航空货运单上所记载的货款，并汇寄给发货人的一项业务。我国航空公司暂未开办此项业务。

3.1.4　国际航空运输组织

国际航空运输组织，是国家之间、航空公司之间为协调航空器过入境、经停及开展业务等系列事项和相关问题，确保国际航空运输顺利进行，提高航空运输和业务服务质量，促进国际航空业的发展而成立的国际性专业团体和专门组织。国际上最具影响力的组织有：

1. 国际航空运输协会（International Air Transport Association，IATA）

简称"国际航协"，是各国或地区航空运输企业之间的联合组织，会员必须是有国际民用航空组织的成员方颁发的定期航班运输许可证的航空公司。国际航协筹建于 1944 年，1945 年 12 月 18 日正式成立，总部设在加拿大的蒙特利尔。其宗旨是调解有关商业飞行上的法律问题，简化和加速国际航线的客货运输，促进航空运输的安全和世界范围内航空运输事业的发展。

2. 国际民用航空组织（International Civil Aviation Organization，ICAO）

它是各国政府之间组成的国际航空运输机构，该组织于 1947 年正式成立并于同年 5 月 13 日正式成为联合国的一个专门机构，总部设在加拿大的蒙特利尔。其任务主要有：确保全世界民航事业安全而有秩序地发展壮大；鼓励各国为发展民航事业的航路、航站及助航设备而努力；确保各缔约方的权利获得完全的尊重，避免各缔约方间的差别待遇，促进各国和平交换空中通过权和国际民用航空器的飞行安全。我国于 1974 年正式加入该组织，成为理事成员之一。

3. 国际电信协会(SITA)

它是联合国民航组织认可的一个非营利的组织，是航空运输业世界领先的电信和信息技术解决方案的集成供应商。SITA 成立于 1949 年，在全球拥有 4 300 名雇员。目前在全世界拥有 650 家航空公司会员，其网络覆盖全球 180 个国家，SITA 的发展目标就是带动全球航空业使用信息技术的能力，并提高全球航空公司的竞争能力，SITA 不仅为航空公司提供网络通信服务，还可为其提供共享系统，如机场系统、行李查询系统、货运系统、国际票价系统等。

SITA 从 20 世纪 80 年代初在中国成立办事处后，中国已有 11 家航空公司成为该组织的会员。SITA 货运系统已在中国国际航空公司（简称国航）、中国货运航空有限公司（简称中货航）使用。系统开通后，与外地营业部、驻外办事处联网，货运工作人员可及时地将航班信息、运单信息、入库信息、装载信息、货物到达信息及中转信息等数据网络系统在航班闭关后自动给本站拍发仓单报、运单报等货运电报。本站只要打开网络，就能全程追踪货物的情况，从而为货主查询联程货物和进口货物提供极大方便。

此外，世界一些国家中非政府性的航空运输和航空货运代理人组织，它们的主要职能是：协调航空货运经营人之间相关关系、航空货运经营人与航空承运人之间的关系，协调与政府及其他运输、贸易和货运组织之间的关系，维护航空货运经营人的权益等。

3.1.5 国际航空运输当事人

国际航空运输当事人主要有发货人、收货人、承运人、代理人以及地面运输公司。承运人一般指航空公司，代理人一般指航空货运公司。

1. 航空公司

航空公司自身拥有飞行器并借以从事航空运输活动，它的主要业务是把货物和旅客从某地机场用飞机运到另一地机场。多数航空公司有定期航班，如开航我国的法航、日航、德航、瑞航、美联航等。有些则无定期航班，只提供包机服务，如卢森堡货运航空公司、马丁航空公司，拥有货机，对运输大批量货物、超限货物及活种畜等十分方便。目前，我国的航空公司主要有中国国际航空公司、深圳航空公司、中国西南航空公司、中国西北航空公司等。

2. 航空货运公司

航空货运公司又称空运代理，是随着航空运输的发展以及航空公司运输业务的集中化而发展起来的一种服务性行业。它们从事航空货物在始发站交给航空公司之前的揽货、接收、报关、订舱，以及在目的地从航空公司手中接货、报关、交付或送货上门等业务。具有以下优点：

第一，使航空公司能更加集中精力搞好空中运输业务而不必担心货源。

第二，方便货主，货主可以及时托运、查询、跟踪货物。

第三，将零散货物集中拼装托运，简便手续，降低运输成本。

航空货运公司在经营进出口货运业务时，可以向货主提供以下服务：提供上门收货、送货服务，订舱、报关、制作航空运单、办理保险、结汇及费用代付业务，办理货物转运业务，提供信息查询及货物跟踪服务。

要提供上述服务，航空货运公司必须具备广泛的知识，了解相关的法律、法规、规章、制度及所需的文件和单证，货物在集中托运时的尺码、比重、各种超限数字、飞机机舱的可用容积及有关质量限制，以及各种附加费用、货损处理、进出口许可证等方面的知识。

3.1.6 国际航空货物运价

1. 国际航空货物运价体系

航空运价，又称航空费率，是指承运人对所运输的每一重量单位（千克或磅）货物所收取的自始发地机场至目的地机场的航空费用。货物的航空运价一般以运输始发地的本国货币公布。

目前，国际航空货物运价按制定的途径划分，主要分为协议运价和国际航协运价。

(1) 协议运价

协议运价是指航空公司与托运人签订协议，托运人保证每年向航空公司交运一定数量的货物，航空公司则向托运人提供一定数量的运价折扣。

目前，航空公司使用的运价大多是协议运价，但在协议运价中又根据不同的协议方式进行细分，如图 3－1 所示。

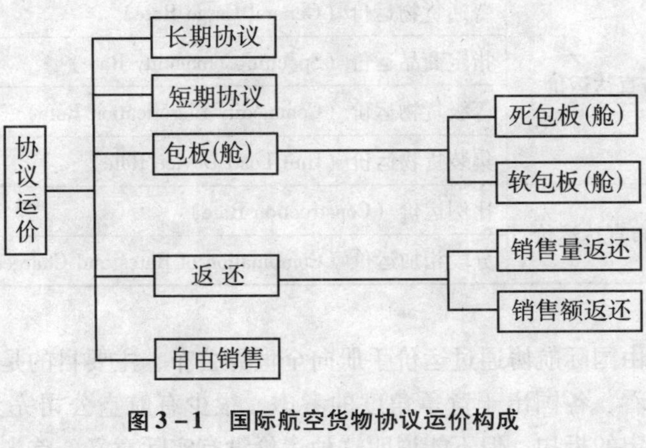

图 3－1 国际航空货物协议运价构成

长期协议是指航空公司与托运人或代理人签订的一年期限的协议。

短期协议是指航空公司与托运人或代理人签订的半年或半年以下期限的协议。

包板（舱）是指托运人在一定航线上包用承运人的全部或部分的舱位或集装器来运

送货物。

包板（舱）又分为死包板（舱）和软包板（舱）。死包板（舱）是指托运人在承运人的航线上通过包板（舱）的方式运输时，托运人无论向承运人是否交付货物，都必须付协议规定的运费。

软包板（舱）是指托运人在承运人的航线上通过包板（舱）的方式运输时，托运人在航班起飞前72小时内如果没有确定舱位，承运人则可以自由销售舱位，但承运人对代理人的包板（舱）的总量有一个控制。

销售量返还是指如果代理人在规定期限内完成了一定的货量，航空公司则可以按一定的比例返还运费。

销售额返还是指如果代理人在规定期限内完成了一定的销售额，航空公司则可以按一定的比例返还运费。

自由销售也称议价货物或一票一价，是指除订过协议的货物外，都是一票货物一个价。

（2）国际航协运价

国际航协运价，是指IATA在TACT（The Air Cargo Tariff，TACT）运价资料上公布的运价。国际货物运价使用IATA的运价手册——TACT Rates Book（表3－1），结合并遵守国际货物运输规则——TACT Rules共同使用。按照IATA货物运价公布的形式划分，国际航协运价可分为公布直达运价和非公布直达运价。

表3－1　运价体系

IATA运价	公布直达运价	普通货物运价（General Cargo Rate）
		指定商品运价（Specific Commodity Rate）
		等级货物运价（Commodity Classfication Rate）
		集装货物运价（Unit Load Device Rate）
	非公布直达运价	比例运价（Construction Rate）
		分段相加运价（Combination of Rates and Charges）

国际航协运价由国际航协通过运价手册向全世界公布，主要目的是协调各国的货物运价。从实际操作来看，各国出于竞争角度的考虑，很少有航空公司完全遵照国际航协运价，大多进行了一定的折扣，但不能说明这种运价没有实际意义。首先，它把世界各城市之间的运价通过手册公布出来，每个航空公司都能找到一种参照运价，所以在制定本公司运价时，都是按照国际航协这个标准运价进行的；其次，国际航协对特种货物运价进行了分类，航空公司在运输这种货物时一般都采用国际航协标准运价；最后，它在全世界确定了一种标准运价，使得国际航空货物的运输价格有了统一的参考标准，使得这个市场得到

了规范。公布直达运价是指航空公司在运价本上直接注明甲乙两地金额的运价。公布直达运价又分为指定商品运价（是特定航线上运输特种货物的运价，代号为 C）、等级货物运价和普通货物运价。

等级货物运价是用于指定地区内部或地区之间的少数货物的运价，通常是在普通货物运价的基础上减少或增加一定的百分比。减少的为附减运价，代号为 R。增加的为附加运价，代号为 S。

普通货物运价又称一般货物运价。当一批货物不适用指定商品运价和等级货物运价时，则适用普通货物运价。普通货物运价分为：45 千克以下运价，代号为 N；45 千克以上运价，代号为 Q；45 千克以上运价又可分为 100 千克、300 千克、500 千克、1000 千克、2000 千克等的运价。

非公布直达运价是指航空公司在运价本上未注明甲乙两地金额的运价，可选择比例运价或分段相加运价。

此外，航空货物运价还有集装货物运价、比例运价、分段相加运价。集装货物运价是成组货物运价，适用于托盘或集装器/集装箱运输。比例运价采用货物运价手册中公布的一种不能单独使用的运价附加数（add - on amount），当货物运输始发地至目的地无公布直达运价时，采用此附加数与已知的公布运价相加，构成非公布直达运价。分段相加运价，对于相同运价种类，当货物运输的始发地至目的地无公布直达运价和比例运价时，只能采用分段相加的办法组成运输起讫地点间的运价，一般采用最低组合运价。

2. 国际航空运费

航空货运运费是指将一票货物自始发地机场运输到目的地机场所收取的航空运输费用，包括运费和附加费。运费是指根据适用的运价所计算的应核收的每批货物的费用。附加费包括声明价值费、地面运费、中转手续费、制单费、货到付款附加费、提货费、送货费等。用来计算运费的货物质量称为计费重量。承运人按货物的实际质量和按体积折算的质量择大计费。

起码运费是航空公司能接受的最低运费，代号为 M。即按上述运价计算的一批货物的运费低于起码运费时，按起码运费核收。

（1）运价计费重量（Chargeable Weight）

一架飞机所能装载的货物是受飞机的载重量和舱容限制的，重量大、体积小的货物，往往是受飞机的载重量限制而舱容可能装不满，对于体积大、重量小的货物，往往会有载重量未达到额定限度而舱容已经用完了的情形。

1）实际重量（Gross Weight）

实际重量是指一批货物包括包装在内的实际总重量，作为计费重量。这主要针对那些重量大体积小的货物，如机械、金属零件等，通常称为重货（High Density Cargo），具体界限是货物的重量大于 1 千克/6000 立方厘米，或 1 千克/366 立方英寸，或 1 磅/166 立方英寸。

当实际毛重用千克表示时，不足 1 千克的尾数，不足 0.5 千克的按 0.5 千克，0.5 千克以上的进为 1 千克；如用磅表示，不足 1 磅的尾数进为 1 磅。

2）体积重量（Volume Weight）

货物在体积大、重量相对小时，即货物的重量小于 1 千克/6000 立方厘米，或 1 千克/366 立方英寸，或 1 磅/166 立方英寸，计费重量是按货物的体积而不是实际毛重作为计费重量。例如：

要计算一批货物的体积重量，其步骤是：

①分别量出货物的最长、最宽和最高的部分的数值，而不管它的外观状况，同时将该数值四舍五入；

②将得出的长、宽、高相乘得出体积；

③将得到的体积数值根据使用的不同度量单位分别除以 6000 立方厘米或 366 立方英寸或 166 立方英寸，折合成以千克或磅为单位的重量，尾数的处理方法与毛重尾数处理方法相同。

在确定计费重量时，原则是按实际毛重和体积重量二者之中较大的那个确定。

3）集中托运货物的计费重量

在集中托运情况下，一批货物由几件不同的货物组成，可能有轻泡货也有重货，如果全部货物都使用一个运价，其计费重量以整批货物的毛重或总体积重量两者之中较高的为准。

（2）航空附加费

1）声明价值费（Valuation Charges）

与海运或铁路运输的承运人相似，航空承运人也要求将自己对货方的责任限制在一定的范围内，以限制经营风险。《华沙公约》中对由于承运人自身的疏忽或故意造成的货物的灭失、损坏或延迟规定了最高赔偿责任限额，这一金额一般被理解为每千克 20 美元或每磅 9.07 英镑或其他等值货币。如果货物的价值超过了上述值，即增加了承运人的责任，承运人要收取声明价值费。否则即使出现更多的损失，承运人对多出的部分也不承担赔偿责任。

货物的声明价值是针对整件货物而言，不允许对货物的某部分声明价值。声明价值费的收取依据货物的实际毛重，计算公式为：

声明价值费 =（货物价值 - 货物毛重 ×20 美元/千克）× 声明价值费费率

声明价值费的费率通常为 0.5%。大多数航空公司在规定声明价值费费率的同时还要规定声明价值费的最低收费标准。根据上述公式计算出来的声明价值费低于航空公司的最低标准，则托运人要按照航空公司的最低标准缴纳声明价值费。例如：

北京（PEK）到东京（TYO）运金块一批，毛重 25 千克，托运人的声明价值是人民币 15000 元。

声明价值费的计算如下（1 美元折合人民币 8.30 元）：

声明价值费 = （15000 - 20 × 8.30 × 25） × 0.5% = 54.25 元

2）其他附加费

其他附加费包括制单费（Air Waybill Fee）、货到付款劳务费（Charges Collect Fee）、中转手续费（Transit Charges）等，一般只有在承运人或航空货运代理人或集中托运人提供服务时才收取。

3.2 国际航空运输业务流程

3.2.1 国际航空运输出口业务流程

航空货物出口程序，是指航空货运代理公司从发货人手中接货直到将货物交给机场货运站这一过程所需通过的环节、所需办理的手续以及必备的单证。出口程序的起点是从发货人手中接货，终点是货交航空公司或代航空公司在机场进行地面操作业务的机场货运站。因此航空公司只负责从一个机场至另一个机场的空中运输，具体如图 3 - 2 所示。

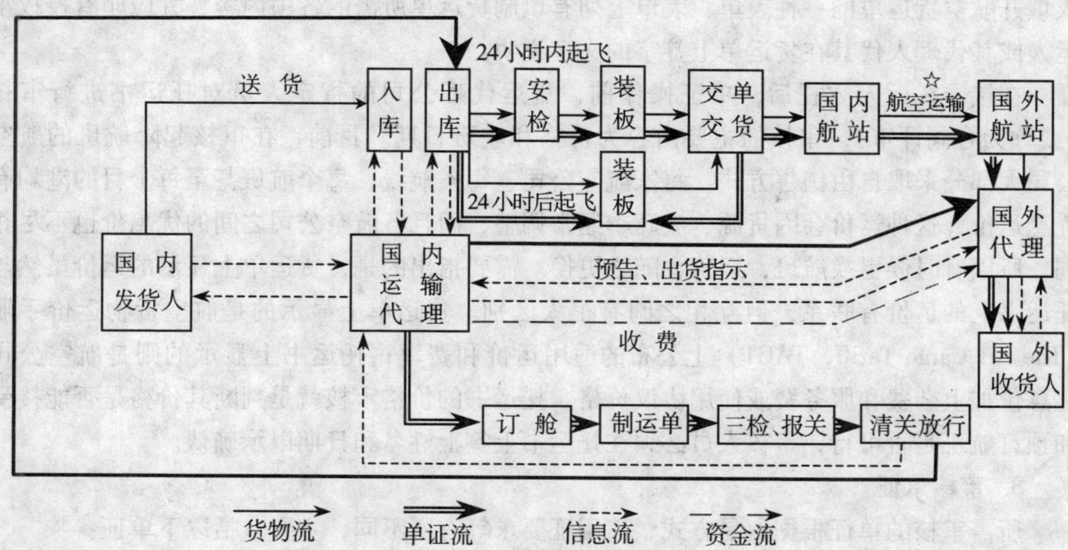

图 3 - 2 国际航空运输出口业务流程图

国际航空运输出口业务流程包括以下 20 个环节：1. 市场销售→2. 委托运输→3. 审核单证→4. 预配舱→5. 预订舱→6. 接单→7. 制单→8. 接货→9. 标签→10. 配舱→11. 订舱→12. 出口报关→13. 出仓单→14. 提板箱→15. 装箱板→16. 签单→17. 交接发运→18. 航班跟踪→19. 信息服务→20. 费用结算。

1. 市场销售

作为航空货物运输销售代理，销售的产品是航空公司的舱位，只有飞机舱位配载了货物，航空货运才真正具有了实质性的内容，因此承揽货物处于整个航空货物出口运输代理业务程序的核心地位，这项工作的成效直接影响代理公司的发展，是航空货运代理的一项至关重要的工作。一个业务开展得较强、较好的货运代理公司，一般都有相当数量的销售人员或销售网点从事市场销售工作。

在具体操作时，须及时向出口单位介绍本公司的业务范围、服务项目、各项收费标准，特别是向出口单位介绍优惠运价，介绍本公司的服务优势等。航空货运代理公司与出口单位（发货人）就出口货物运输事宜达成意向后，可以向发货人提供所代理的有关航空公司的“国际货物托运书”。对于长期出口或货量大的单位，航空货运代理公司一般都与之签订长期的代理协议。

2. 委托运输

发货人发货时，首先需填写国际货物托运书，并加盖公章，作为货主委托代理承办航空货运出口货物的依据。航空货运代理公司根据托运书要求办理出口手续，并据以结算费用。

因此，国际货物托运书是一份重要的法律文件。它是托运人用于委托承运人或其代理人填开航空货运单的一种表单，表单上列有填制货运单所需的各项内容，并应印有授权承运人或其代理人代其在货运单上签字的文字说明。

在接受托运人委托后，单证操作前，货运代理公司的指定人员对托运书进行审核（或称为合同评审）。审核的主要内容为价格和航班日期。目前，在审核起降航班的航空公司大部分采取自由销售方式。每家航空公司、每条航线、每个航班甚至每个目的港均有优惠运价，这种运价会因货源、淡旺季经常调整，而且各航空公司之间的优惠价也不尽相同。所以有时候更换航班，运价也随之更换。需要指出的是，货运单上显示的运价虽然与托运书上的运价有联系，但互相之间有很大区别。货运单上显示的是航空货物运价手册（The Air Cargo Tariff，TACT）上公布的适用运价和费率；托运书上显示的则是航空公司优惠价加上杂费和服务费或使用协议价格。托运书的价格审核就是判断其价格是否能接受和预订航班是否可行，审核人员必须在托运书上签上姓名和日期以示确认。

3. 审核单证

所需审核的单证根据贸易方式、信用证要求等有所不同，主要包括以下单证：

①发票、装箱单：发票上一定要加盖公司公章（业务科室、部门章无效），标明价格术语和货价（包括无价样品的发票）；

②托运书：一定要注明目的港名称或目的港所在城市名称，明确运费预付或运费到付、货物毛重、收发货人、电话/电传/传真号码。托运人签字处一定要有托运人签名；

③报关单：注明经营单位注册号、贸易性质、收汇方式，并要求在申报单位处加盖公章；

④外汇核销单：在出口单位备注栏内，一定要加盖公司公章；

⑤许可证：合同号、出口口岸、贸易国别、有效期，一定要符合要求，与其他单据

相符；

⑥商检证：商检证、商检放行单、盖有商检放行章的报关单均可。商检证上应有“海关放行”字样；

⑦进料/来料加工核销本：注意本上的合同号是否与发票相符；

⑧索赔/返修协议：要求提供正本，要求合同双方盖章，外方没章时，可以签字；

⑨到付保函：凡到付运费的货物，发货人都提供；

⑩关封。

4. 预配舱

代理人汇总所接受的委托和客户的预报，并输入电脑，计算出各航线的件数、重量、体积，按照客户的要求和货物重、泡情况，根据各航空公司不同机型对不同板箱的重量和高度要求，制订预配舱方案，并对每票货配上运单号。

5. 预订舱

代理人根据所制订的预配舱方案，按航班、日期打印出总运单号、件数、重量、体积，向航空公司预订舱。这一环节称为预订舱，是因为此时货物可能还没有入仓库，预报和实际的件数、重量、体积等都会有差别，等待配舱时再作调整。

6. 接单

接受搬运人或其他代理人送交的已经审核确认的托运书及报关单证和收货凭证，将电脑中的收货记录与收货凭证核对。制作操作交接单，填上所收到的各种报关单证份数，给每份交接单配一份总运单或分运单。将制作好的交接单、配好的总运单或分运单、报关单证移交制单。如此时货未到或未全到，可按照托运书上的数据填入交接单并注明，货物到齐后再进行修改。

7. 填制货运单

填制航空货运单，包括总运单和分运单。填制航空货运单是空运出口重要的环节，货运单填写的准确与否直接关系到货物能否及时、准确地运达目的地。

航空货运单是发货人收结汇的主要有价证券。因此运单的填写必须详细、准确，严格符合单货一致和单单一致的要求。

填制航空货运单的主要依据是发货人提供的国际货物托运书。货运单一般用英文填写，目的地为中国香港地区的货运单可以用中文填写，但货物的品名用英文填写。托运书上的各项内容都应体现在航空货运单上，如发货人和收货人的全称、详细地址、电话、电传、传真和账号；出口货物的名称、件数、重量、体积、包装方式；承运人和代理人的名称和城市名称；始发地机场和目的地机场等。对于运输过程中需要特殊对待的货物（如须冷藏或保持干燥），应在货运单“Handling Information”一栏注明。

按体积重量计算运费的货物，在货运单上“货物品名”一栏中须注明体积、尺寸。托运人提供的货物合同号、信用证号码等，如有必要应在货运单上注明。货运单因打字错误或其他原因需要修改时，应在更改处加盖本公司修改章。货物的实际重量，以航空公司的重量为准。重量单位一般以千克来表示。运价类别一般用“M、N、Q、C、R、S”来表示。

“M”代表最低运费；

“N”代表45千克以下普通货物运价；

“Q”代表45千克以上普通货物运价；

“C”代表指定商品运价；

“R”代表附减的等级货物运价；

“S”代表附加或既不附加也不附减的等级货物运价。

所托运货物，如果是直接发给国外收货人的单票托运货物，填开航空公司运单即可。如果货物属于以国外代理人为收货人的集中托运货物，必须先为每票货物填开航空货运代理公司的分运单；然后再填开航空公司的总运单，以便国外代理对总运单下的各票货物进行分拨。接到移交来的交接单、托运书、总运单、分运单、报关单证，进行分运单、总运单直单、拼总运单的运单填制。总运单上的运费填制按所适用的公布运价，并注意是否可以用较高重量点的运价，分运单上的运费和其他费用按托运书和交接单的要求。

8. 接收货物

接收货物，是指航空货运代理公司把即将发运的货物从发货人手中接过来并运送到自己的仓库。接收货物一般与接单同时进行。对于通过空运或铁路从内地运往出境地的出口货物，货运代理按照发货人提供的运单号、航班号及接货地点、接货日期，代其提取货物。如货物已在始发地办理了出口海关手续，发货人应同时提供始发地海关的关封。

接货应对货物进行过磅和丈量，并根据发票、装箱单或货物送货单清点货物，核对货物的数量、品名、合同号或唛头等是否与货运单上所列一致。

检查货物的外包装是否符合运输的要求：

①托运人提供的货物包装要求坚固、完好、轻便，应能保证在正常的操作（运输）情况下，货物可完好地运达目的站。同时，也不损坏其他货物和设备；

②为了不使密封舱飞机的空调系统堵塞，不得用带有碎屑、草末等材料做包装，如草袋子、草绳、粗麻包等。包装的内衬物，如谷糠、锯末、纸屑等不得外漏；

③包装外部不能有突出的棱角，也不能有钉、钩、刺等。包装外部需清洁、干燥，没有异味和油腻；

④托运人应在每件货物的包装上详细写明收货人、被通知人和托运人的姓名和地址。如包装表面不能书写时，可写在纸板、木牌或布条上，再拴挂在货物上，填写时字迹必须清楚、明晰；

⑤包装窗口的材料要良好，不得用腐朽、虫蛀、锈蚀的材料。无论木箱或其他容器，为了安全，必要时可用塑料、铁箍加固；

⑥如果包装件有轻微破损，填写货运单时应在“Handing Information”标注出详细

情况。

9. 标记和标签

①标记。在货物外包装上由托运人书写的有关事项和记号，其主要内容包括托运人、收货人的姓名、地址、联系电话和传真；合同号；操作注意事项；单件超过150千克的货物。

②标签。从标签的作业来区分，包括识别标签、特种货物标签、操作标签。按标签的类别来分，可以分为航空公司标签和分标签两种。航空公司标签是对其承运货物的标识，各航空公司的标签虽然在格式、颜色上有所不同，但内容基本相同。标签上三位阿拉伯数字代表所承运航空公司的代号，后八位数字是总运单号码。

10. 配舱

配舱时，须运出的货物都已入库。这时需要核对货物的实际件数、重量、体积与托运书上预报数量的差别。对预订舱位、板箱的有效领用、合理搭配，按照各航班机型、板箱型号、高度、数量进行配载。同时，对于货物晚到、未到情况以及未能顺利通关放行的货物做出调整处理，为制作仓单做准备。实际上，这一过程一直延续到单、货交接给航空公司后才完毕。

11. 订舱

订舱，就是将所接收空运货物向航空公司申请并预订舱位。货物订舱须根据发货人的要求和货物标识的特点而定。

订舱的具体做法和基本步骤是：接到发货人的发货后，向航空公司领取并填写订舱单（Cargo Booking Advance，CBA），同时提供相应的信息：①货物的名称；②体积（必要时提供单件尺寸）；③重量；④件数；⑤目的地；⑥要求出运的时间；⑦其他运输要求（温度、装卸要求、货物到达目的地时限等）。

航空公司根据实际情况安排航班和舱位。航空公司舱位销售的原则：①保证有固定舱位配额的货物；②保证邮件、快件舱位；③优先预订运价较高的货物舱位；④保留一定的零散货物舱位；⑤未订舱的货物按交运时间的先后顺序安排舱位。

货运代理公司订舱时，可依照发货人的要求选择最佳的航线和最佳的承运人，同时为发货人争取最低、最合理的运价。

订舱后，航空公司签发舱位确认书，同时给予装货集装器领取凭证，以表示舱位订妥。预订的舱位有时会由于货物原因、单证原因、海关原因使得最终舱位不够或者空舱，此类情况需要综合考虑和有预见性等经验，尽量减少此类事情发生，并且在事情发生后作及时必要的调整和补救措施。

12. 出口报关

出口报关，是指发货人或其代理人在货物发运前，向出境地海关办理货物出口手续的过程。出口报关的基本程序：

①首先将发货人提供的出口货物报关单的各项内容输入电脑，即电脑预录入；

②在通过电脑填制的报关单上加盖报关单位的报关专用章；

③然后将报关单与有关的发票、装箱单和货运单综合在一起，并根据需要随附有关的证明文件；

④以上报关单证齐全后，由持有报关证的报关员正式向海关申报；

⑤海关审核无误后，海关官员即在用于发运的运单正本上加盖放行章，同时在出口收汇核销单和出口报关单上加盖放行章，在发货人用于产品退税的单证上加盖验讫章，粘贴上防伪标志；

⑥完成出口报关手续。

出运修理件、更换件时，须留取海关报关单，以备以后进口报关用。

出口货物根据动卫检部门的规定和货物种类，填制相应的动、卫检单。非动植物及其制品类，要求填制卫检申报单，加盖卫检放行章。动植物类货物除填制卫检申报单外，还须动植检报验单并加盖放行章。化工类产品须到指定地点检验证明是否适合空运。不同的出口货物也有各种不同的规定和限制。

13. 出仓单

配舱方案制订后就可着手编制出仓单。出仓单交给出口仓库，用于编制出库计划，出库时点数并向装板箱交接。出仓单交给装板箱环节用于向出口仓库提货的依据。出仓单交给货物的交接环节用于从装板箱环节收货凭证和制作国际货物交接清单的依据，该清单用于向航空公司交接货物。

14. 提板箱

根据订舱计划向航空公司申领板、箱并办理相应的手续。提板、箱时，应领取相应的塑料薄膜和网。对所使用的板、箱子要登记、销号。

15. 装板箱

除特殊情况外，航空货运均是以“集装箱”、“集装板”形式装运。货运代理公司将体积为 2 立方米以下货物作为小货交给航空公司拼装，大于 2 立方米的大宗货或集中托运拼装货，一般均由货运代理自行装板、装箱。

16. 签单

货运单在盖好海关放行章后还须到航空公司签单。主要是审核运价使用是否正确以及货物的性质是否适合空运，例如危险品等是否已办理了相应的证明和手续。航空公司的地面代理规定，只有签单确认后才允许将单、货交给航空公司。

17. 交接发运

交接是向航空公司交单交货，由航空公司安排航空运输。交单就是将随机单据和应有承运人留存的单据交给航空公司。随机单据包括第二联航空运单正本、发票、装箱单、产地证明、品质鉴定书等。

18. 航班跟踪

单、货交接给航空公司后，航空公司可能会因种种原因，例如航班取消、延误、溢载、故障、改机型、错运、倒垛或装板不符合规定等，未能按预定时间运出，所以货运代理公司从单、货交给航空公司后就须对航班和货物进行跟踪。

19. 信息服务

航空货运代理公司须在以下多个方面为客户做好信息服务：

①订舱信息：应将是否订妥舱位及时告诉货主或委托人以便及时备单、备货；

②审单及报关信息：应在审阅货主或委托人送来的各项单证后，及时向发货人通告。如有遗漏失误，及时补充或修正。在报关过程中，遇有任何报关、清关的问题也应及时通知货主，协商解决；

③仓库收货信息：应将货物送达货运代理，将仓库的出口货物的到达时间、货量、体积、缺件、货损情况及时通告货主以免事后扯皮；

④交运称重信息：运费计算标准以航空公司称重、所量体积为准，如在交运航空公司称重过磅过程中发现称重、体积与货主声明的重量、体积有误且超过一定比例时，必须通告货主，求得确认；

⑤一程及二程航班信息：应及时将航班号、日期及以后跟踪了解到的二程航班信息通告货主；

⑥集中托运信息：对于集中托运货物，还应将发运信息预报给收货人所在地的国外代理，以便对方及时接货、查询、进行分拨处理；

⑦单证信息：货运代理在发运出口货物后，应将发货人留存的单据，包括盖有放行章和验讫章的出口货物报关单、出口收汇核销单、第三联航空运单正本以及用于出口产品退税的单据交付或寄送发货人。

20. 费用结算

从出口货代的角度，费用结算主要涉及发货人、承运人和国外代理人三方面的结算。

①与发货人结算费用。在运费预付的情况下，收取航空运费、地面运输费、各种服务费和手续费；

②与承运人结算费用。向承运人支付航空运费及代理费，同时收取代理佣金；

③与国外代理人结算费用。结算主要涉及到付运费和利润分成。到付运费实际上是发货方的航空货运代理为收货人垫付的，因此收货方的航空货运代理公司在将货物交收货人时，应收回到付运费并将有关款项退还发货方的货运代理。同时发货方的货运代理应将代理佣金的一部分分给其收货地的货运代理。

由于航空货运代理公司之间存在长期的互为代理协议，因此与国外代理结算一般不采取一票一结的办法，而采取应收应付相互抵消、在一定期限内以清单冲账的办法。

3.2.2 国际航空运输进口业务流程

航空货物进口程序，是指空运货物从入境到提取或转运的整个流程所需通过的环节、所需办理的手续以及必备的单证。

所谓“环节、手续和单证”，是指同一过程中的三个方面。航空货物入境后，要通过各个环节才能从海关监管仓库或场所提出，而每经过一道环节都要办理一定的手续，而办理手续不能单凭口头阐述，必须出具有关的单证，如商业单据、运输单据及所需的各种批文和证明等。具体要经过以下几个环节：接单接货→货物驳运进仓→单据录入和分类→发到货通知或查询单→制报关单、预录入→检验、报关→送货或转送（见图3－3）。

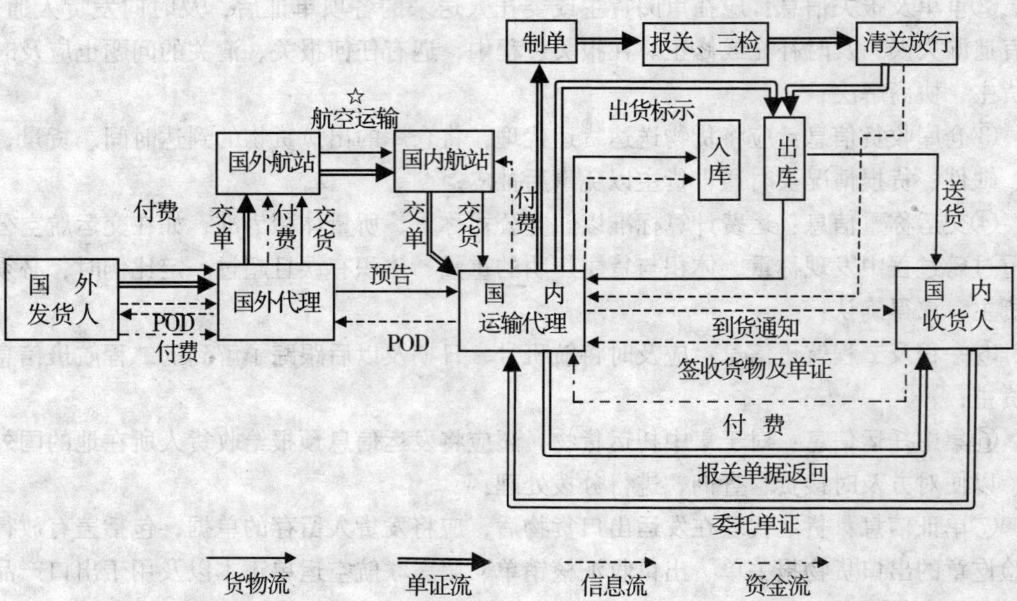

图3－3　航空运输进口货物操作流程图

整个业务流程如下：

1. 代理预报

在国外发货之前，由国外代理公司将运单、航班、件数、重量、品名、实际收货人及其地址、联系电话等内容通过传真或E-mail发给目的地代理公司，这一过程被称为预报。

2. 交接单、货

航空货物入境时，与货物相关的单据（运单、发票、装箱单等）也随之到达，运输工具及货物处于海关监管之下。货物卸下后，将货物存入航空公司或机场监管仓库，进行进口货物舱单录入，将舱单上总运单号、收货人、始发站、目的站、件数、重量、货物品名、航班号等信息通过电脑传输给海关留存，供报关用。

交接时应做到：单、单核对，即交接清单与总运单核对；单、货核对，即交接清单与货物核对。核对后，出现问题的处理方式见表3－2。

表 3-2　　交接清单与总运单核对

总运单	清　单	货　物	处理方式
有	无	有	清单上加总运单号
有	无	无	总运单退回
无	有	有	总运单后补
无	有	无	清单上画去
有	有	无	总运单退回，清单上画去
无	无	有	货物退回

3. 货物驳运进仓

航空货运代理公司与航空公司或其地面服务公司的单货交接手续办理完毕，则应根据货量安排运输工具，并驳运至货运代理公司自行使用的海关监管仓库内。

4. 单据录入和分类

为便于用户查询和统计货量的需要，航空货运代理公司在取得航空运单后，则将每票入库的货物空运单及仓单的相关信息输入计算机，同时进行分类整理。

分类的标准和方法很多，可根据进口货物的类别或贸易方式划分，也可根据发货人或发货代理的国别和地区划分，还可以按照收货人的企业性质和经营范围划分。究竟如何分类，各公司可根据自己的具体情况而定，但一般说来，集中托运货物和单票货物、运费预付货物和运费到付货物应分开来。

集中托运货物需要对总运单项下的货物进行分拨，对每一份分运单的货物分别处理。单票货物则无须分拨。所以，航空货运代理公司在分单时一般将它们区分开来。

运费到付货物和运费预付货物因财务结算的需要，一般也应分开来。运费到付货物应在运单正本上加盖“运费支付”章，在结清运费或办理托收后才能提取。

5. 到货通知

货物到达目的港后，货运代理人应从航空运输的时效出发，为减少货主仓储费和避免海关滞报金，应尽早、尽快、尽妥地通知货主到货情况，提请货主配齐有关单证，尽快报关。

尽早：到货后，第一个工作日内就要设法通知货主。

尽快：尽可能用传真、电话预先通知货主，单证需要传递的，尽可能使用特快专递，以缩短传递时间。

尽妥：一星期内须保证以电函、信函形式第三次通知货主，并应将货主尚未提货情况告知发货人的代理人。

两个月时，再以电函、信函形式第四次通知货主；三个月时，货物可能需交海关处理，此时，再以信函形式第五次通知货主，告知货主货物将被处理，提醒货主采取补救办法。

6. 制单并预录入

制单是指按海关要求，依据提单、发票、装箱单及证明货物合法进口的有关批准文件，制作“进口货物报关单”。因此，制单一般在收到用户的回询并获得必备的批文和证明之后方可进行；不需批文和证明的，可直接制单。

报关单上由报关人填报的项目有进口口岸、收货单位、经营单位、合同号、批准机关及文号、运输工具名称及号码、贸易性质（方式）、贸易国别（地区）、原产国别（地区）、进口日期、提单或运单号、运杂费、件数、毛重、海关统计商品编号、货名规格及货号、数量、成交价格、价格条件、货币名称、申报单位、申报日期，等等。

在手工完成制单后，将报关单的各项内容输入电脑，打制出报关单一式三份（指一般进口货物）；完成电脑预录入后，在报关单右下角盖报关单位的“报关专用章”；然后将报关单连同有关的运单、发票订成一式两份，并随附批准货物进口的证明和批文，由经海关认可并持有海关签发的报关员证件的报关员正式向海关申报。

7. 进行进口商品的相关检验

根据进口商品的种类和性质，按照进口国家的有关规定，对其进行商品检验、卫生检验、动植物检验等。进行上述检验前要填制“中华人民共和国出入境检验检疫入境货物报检单”，并到当地的出入境检验检疫局进行报检报验。

8. 进口报关

进口报关是进口运输中关键的环节。报关程序中还有许多环节，如在向海关申报后，海关有初审、审单、征税、验放等主要工作环节。

9. 收费、发货

办完报关、报验等进口手续后，货主须凭盖有海关放行章、检验检疫章（进口药品须有药品检验合格章）的进口提货单到所属监管仓库付费提货。

仓库发货时，须再次检查货物外包装情况，遇有破损、短缺，应向货主作出交代。货运代理公司仓库在发放货物前，一般先将费用收妥。收费内容有：到付运费及垫付佣金；单证、报关费；仓储费（含冷藏、冷冻、危险品、贵重品特殊仓储费）；装卸、铲车费；航空公司到港仓储费；海关预录入、动植检、卫检报验等代收费用；关税及垫付佣金。除了每次结清提货的货主外，经常性的货主要与货运代理公司签订财务付费协议，实施先提货、后付款、按月结账的付费方法。

10. 送货与转运

许多货主或国外发货人出于多种因素，要求将进口到达货由货运代理人报关、垫税，提货后把货物直接运送到收货人手中。

货物无论送到当地还是转运到其他地区，都得先将货物从海关监管仓库或场所提取出来。提取货物的凭证是海关盖有放行章的正本运单。未经海关放行的货物处于海关的监督之下，不能擅自提出监管场所。

货主或其委托人在提取货物时还须结清各种费用，如国际段到付运费、报关费、仓储费、劳务费等。货物出库时，提货人应与仓库保管员仔细检查和核对货物外包装上的合同号、运单号、唛头、件数、重量等与运输单据所列是否完全一致。若出现单货不符或货物短少、残损及外包装异形的情况，航空货运代理公司应将民航出具的商务事故记录交给货主，如属于航空货运代理公司的责任，则由航空货运代理公司出具事故记录。

航空货运代理公司可以接受货主的委托送货上门或办理转运。航空货运代理公司在将货物移交货主时与其办理交接手续，并向其收取货物进口进程中所发生的一切费用。如转运外地货物，原则上空来空转，无法空运的货物则采用其他运输方式。

11. 进口货物转关手续

进口货物转关是指货物入境后不在进境地海关办理进口海关手续，而运往另一设关地点办理进口海关手续。在办理进口报关手续之前，货物一直处于海关监管之下，包括运输过程。

（1）转关条件

进口货物办理转关运输必须具备下列条件：

①指运地设有海关机构，或虽未设海关机构，但分管海关同意办理转关运输。也就是说，收货人所在地必须设有海关机构，或邻近地区设有分管该地区的海关机构；

②运输工具和货物符合海关监管要求，并具有加封条件和装置。海关规定，转关货物采用汽车运输时，必须使用在海关登记备案并赋予海关编号的封闭式的货柜车，由进境地海关加封，由指定地海关启封；

③办理转关运输的单位必须是经海关核准、认可的具有报关权的航空货运代理公司。一般运输企业，尤其是个体运输者，即使拥有货柜车，也不能办理转关运输。

办理转关运输还应遵守海关的其他有关规定，如转关货物必须存放在海关同意的仓库、场所，并按海关规定办理收存、交付手续；转关货物未经许可，不得擅自开拆、改装、调换、提取、交付海关加封的运输工具和货物，应当保持海关封志完整，不得擅自开启或损坏；必须负责将进境地海关签发的关封完整、及时地递交指运地海关，并在海关规定的期限内办理进口手续。

（2）转关手续

办理进口货物转关运输手续时，应向进境内外地海关递交“进口转关运输货物申报单”一式三份，并随附四份国际段运单和三份发票，进行海关预录入后，由持有报关员证的报关员向海关申办转关手续。

海关审核货运单证后，将货物的运单号和指运地的地区代号输入电脑进行核销。销号后，将运单、发票、进口转关运输货物申报单各两份装入海关关封内，其余一份海关留存，然后由海关关员将关封号填写在关封的右上角并在关封背面加盖验讫章，再在运单正本上加盖放行章。

转关货物因其运输方式不同，手续也不尽相同。采用海关监管汽车运输时，转关申请人应先向进境地海关提供货物的名称、商品编号及贸易性质等信息，在办理转关手续时，由进境地海关签发监管本，并由申请人或承运人带交指运地海关。采用航空运输时，可由申请人或代理人在进境地直接办理转关手续，但需随附自进境地至指运地的航空货运单。进境地海关开具的关封随机带至指运地，待收货人办理进口手续时交给指运地海关。

(3) 进口转运货物报关期限

这是指货物转运至指运地后，收货人或其代理向海关报关的时间限制。《海关法》规定的报关期限为：自运输工具申报抵达指运地之日起的 14 日内。超过这一期限报关的，由海关收取滞报金。

滞报金的计征时间为：自运输工具申报抵达指运地之日起的第 15 日到货物报关之日。滞报金每天的征收金额为货物到岸价格的 0.5‰；3 个月期限内未办理进口手续的货物，上缴当地海关处理。

3.3 国际航空运输单证

3.3.1 国际航空运输托运书

1. 基本概念

托运书（Shipper's Letter of Instruction，SLI，如样单 3－1 所示）是搬运人用于委托承运人或其代理人填开航空货运单的一种表单，表单上列有填制货运单所需的各项内容，并印有授权于承运人或其代理人代其在货运单上签字的文字说明。根据《华沙公约》第五条第一款和第五款规定，货运单应由托运人填写，也可由承运人或其代理人代为填写。实际上，目前货运单均由承运人或其代理人代为填制。为此，作为填开货运单的依据——托运书，应由托运人自己填写，而且托运人必须在上面签字或盖章。

2. 托运书的主要内容

中国对外贸易运输公司总公司及其在各地的分支机构或其他空运代理可接受各进出口公司的委托，负责航空运输出口货物的提货、制单、报关和托运工作。在委托时，委托人应填妥国际货物托运书连同合同副本（或出口货物明细单）、发票、装箱单以及海关、商检需要的文件交给空运代理，再由空运代理办理仓库提货、市内运输、报关和托运手续。对大宗出口货物，需采用包机方式运输的，要提前填写包机委托书交由空运代理负责办理租机手续。对于紧急物资，如药品、疫苗、鲜活易腐货物，要尽可能利用直达优先发运；需在国外中转的，要事先联系衔接航班，保证在中途不致延误。

样单 3－1 国际货物托运书

SHIPPER'S LETTER OF INSTRUCTION

<table>
<tr><td rowspan="4">托运人姓名及地址
SHIPPER'S NAME AND ADDRESS</td><td>托运人账号
SHIPPER'S ACCOUNT NUMBER</td><td colspan="2">供承运人用
FOR CARRIAGE ONLY</td></tr>
<tr><td rowspan="3"></td><td>班期/日期
FLIGHT/DAY</td><td>航班/日期
FLIGHT/DAY</td></tr>
<tr><td></td><td></td></tr>
<tr><td></td><td></td></tr>
<tr><td rowspan="2">收货人姓名及地址
CONSIGNEE'S NAME AND ADDRESS</td><td rowspan="2">收货人账号
CONSIGNEE'S ACCOUNT NUMBER</td><td colspan="2">已预留吨位
BOOKED</td></tr>
<tr><td colspan="2">运费
CHARGES</td></tr>
<tr><td colspan="2">代理人的名称和城市
ISSUING CARRIER'S AGENT NAME AND CITY</td><td colspan="2" rowspan="3">ALSO NOTIFY</td></tr>
<tr><td colspan="2">始发站
AIRPORT OF DEPARTURE</td></tr>
<tr><td colspan="2">到达站
AIRPORT OF DESTINATION</td></tr>
</table>

<table>
<tr><td colspan="2">托运人声明价值
SHIPPER'S DECLARED VALUE</td><td rowspan="2">保险金额
AMOUNT OF INSURANCE</td><td rowspan="2">所附文件
DOCUMENT TO ACCOMPANY AIR WAYBILL</td></tr>
<tr><td>供运输用
FOR CARRIAGE</td><td>供海关用
FOR CUSTOMS</td></tr>
<tr><td colspan="4">处理事项（包括包装方式、货物标志及号码）
HANDLING INFORMATION（INCL. METHOD OF PACKING IDENTIFYING MARKS AND NUMBERS）</td></tr>
</table>

件数包装方式 NUMBER AND KIND OF PACKAGES	实际毛重（千克）ACTUAL GROSS WEIGHT(kg)	运价类别 RATE CLASS	计费重量（千克）CHARGEABLE WEIGHT(kg)	费率 RATE/CHARGE	货物品名及数量(包装尺寸或体积) NATURE AND QUANTITY OF GOODS (INCL. DIMENSION OR VOLUME)

出运货物要根据货物性质、形状、重量、体积和中转次数妥善包装，每件货物的包装上都要正确详细地填写收货人和托运人的姓名、地址、箱号及唛头标记等。每件货物均应粘贴或拴挂货物标签，对在运输途中需要进行特殊处理或照顾的货物，还应粘贴“易碎”、“不可倒置”等能引起注意的标记。每件货物的重量，一般以不超过 80 千克、体积不小于5 厘米 ×10 厘米 ×20 厘米或不大于 40 厘米 ×60 厘米 ×100 厘米为宜，否则须航空公司同意后方可办理。

向航空公司托运后，取得公司签发的航空运单，即为承运开始。从承运到目的站交货期间，航空公司要负责货物的安全运送。如在运输途中发生短少、残损等事故，应由航空公司负责赔偿。

大多数托运书的主要内容包括如下：

（1）托运人（SHIPPER'S NAME AND ADDRESS）。本栏填写托运人的全称、街名、城市名称和国家名称及便于联系的电话、电传号或传真号。

（2）收货人（CONSIGNEE'S NAME AND ADDRESS）。本栏填写收货人的全称、街名、城市名称、国家名称（特别是在不同的国家内有相同的城市名称时，更应注意填上国名）以及电话、电传号或传真号，本栏内不得填写“TO ORDER”或“TO ORDER OF THE SHIPPER”（按托运人的指示）等字样，因为航空货运单不能转让。

（3）始发站机场（AIRPORT OF DEPARTURE）。本栏填写始发站机场的全称，可填城市名称。

（4）目的地机场（AIRPORT OF DESTINATION）。本栏填写目的地机场（机场名称不明确时，可填城市名称），如果某一城市名称用于一个以上国家时，应加上国名，如 LONDON CA 伦敦、加拿大。

（5）要求的路线/申请订舱（REQUESTED ROUTING/REQUESTED BOOKING）。本栏用于航空公司安排运输路线时使用，但如果托运人有特别要求时，也可填入本栏。为保证承运人收运的货物可以被所有承运人接受，可查阅 TACT – Rules 8. 1 的双边联运协议。中转站的装卸及仓储条件情况在 TACT – Rules 7. 3 中。

（6）供运输用的声明价值（DECLARED VALUE FOR CARRIAGE）。本栏填写供运输用的声明价值金额，该价值即为承运人赔偿责任的限额。承运人按有关规定向托运人收取声明价值费。但如果所交运的货物毛重每千克不超过 20 美元（或等值货币），则无须填写声明价值金额，可在本栏内填入“NVD”（No Value Declared）（未声明价值）；如本栏空着未填写时，承运人或其代理人可视为货物未声明价值。

（7）供海关用的声明价值（DECLARED VALUE FOR CUSTOMS）。国际货物通常要受到目的站海关的检查，海关根据此栏所填数额征税。

（8）保险金额（INSURANCE AMOUNT REQUESTED）。中国民航各空运企业暂未开展国际航空运输代理保险业务，本栏可空着不填。

（9）处理事项（HANDLING INFORMATION）。本栏填写附加的处理要求。例如，另请通知（ALSO NOTIFY），除填收货人之外，如托运人还希望在货物到达的同时通知其他人，请另填写通知人的全名和地址；外包装上的标记；操作要求，如易碎、向上等。

（10）货运单所附文件（DOCUMENT TO ACCOMPANY AIR WAYBILL）。本栏填写随附在货运单上运往目的地的文件，应填上所附文件夹的名称。例如，托运人所托运的动物证明书（SHIPPER'S CERTIFICATION FOR LIVE ANIMALS）。

（11）件数包装方式（NUMBER AND KIND OF PACKAGES）。本栏填写该批货物的总件数，并注明其包装方法，如包裹（Package）、纸板盒（Carton）、盒（Case）、板条箱（Crate）、袋（Bag）、卷（Roll）等。如货物没有包装时，就注明为散装（Loose）。

（12）实际毛重（ACTUAL GROSS WEIGHT）。本栏内的重量应由承运人或其代理人在称重后填入。如托运人已填上重量，承运人或其代理人必须进行复核。

（13）运价类别（RATE CLASS）。本栏目填写适用的运价、协议价、杂费、服务费。

（14）计费重量（CHARGEABLE WEIGHT），（千克）。本栏内的计费重量应由承运人或其代理人在量过货物的尺寸（以厘米为单位）后，由承运人或其代理人算出计费重量后填入，如托运人已经填上，承运人或其代理人必须进行复核。

（15）费率（RATE/CHARGE）。本栏可空着不填。

（16）货物的品名及数量（包括尺寸或体积）[NATURE AND QUANTITY OF GOODS（INCL. DIMENSION OR VOLUME）]。本栏填写货物的品名和数量（包括尺寸或体积）。若一票货物包括多种物品时，托运人应分别申报货物的品名，填写品名是不能使用“样品”、“部件”这类笼统名称的。货物中的每一项内容均须分开填写，并需填写详细，如“9 筒 35 毫米的曝光动画胶片”、“新闻短片（美国制）”等。本栏所填写的内容应与出口报送发票、进出口许可证列明的货物相符。

运输下列货物，按国际航协有关规定办理（参阅 TACT – Rules 2. 3. 3/7. 3/8. 3）活体动物；个人物品；枪械、弹药、战争物资；贵重物品；危险物品；汽车；尸体；具有强烈气味的货物；裸露的机器、铸件、钢材；湿货；鲜活易腐物品。危险物品应填写准确名称及标贴的级别。

（17）托运人签字（SIGNATURE OF SHIPPER）。托运人必须在本栏内签字。

（18）日期（DATE）。本栏填写托运人或其代理人交货的日期。

3. 托运书的审核

从接受托运人委托至单证操作期间，货运代理公司的指定人员会对托运书进行审核，或称之为合同评审。审核的主要内容包括价格和航班日期等。目前，航空公司大部分采取自由销售方式。每家航空公司、每条航线、每个航班，甚至每个目的港均有优惠运价。这种运价会因货源、淡旺季等因素经常调整，而且各航空公司之间的优惠运价也不尽相同，有时候由于更换航班，运价也随之变换。

需要指出的是，货运单上显示的运价虽然与托运书上的运价有联系，但相互之间有很大区别。货运单上显示的是TACT上公布的适用运价和费率，托运书上显示的是航空公司优惠运价加上杂费和服务费或是协议价格。托运书的价格审核就是判断其价格是否能被接受、预订航班是否可行。审核人员必须在托运书上签名并写上日期以示确认。

3.3.2 国际航空运输货运单

1. 航空货运单的概念

航空货运单是由托运人或者以托运人名义填制的，托运人和承运人之间在承运人的航线上运输货物所订立的运输契约。它是航空货运中的一种重要单据，但不代表货物所有权，是不可以议付的单据。

航空货运单既可用于单一种类的货物运输，也可用于不同种类货物的集合运输；既可用于单程货物运输，也可用于联程货物运输。航空货运单不可转让，属于航空货运单所属的空运企业。

2. 航空货运单的性质

①承运合同：航空货运单是发货人与承运人之间的运输合同，并在双方共同签署后产生效力；

②货物收据：航空货运单是承运人签发的已接收货物的证明，除非另外注明，它也是承运人收到货物并在良好条件下装运的证明；

③运费账单：航空货运单上分别记载着收货人应负担的费用和属于代理的费用，是承运人据以核收运费的账单；

④报关单证：航空货运单是必备的报关单证之一，也是海关最后检查放行的基本单证；

⑤保险证书：如果承运人承办保险，航空货运单也可用来做保险书；

⑥内部业务的依据：航空货运单是承运人内部业务的依据。

3. 航空运单的作用

①航空运单是发货人与航空承运人之间缔结的运输合同，必须由双方或双方当事人共同签署后方能生效。与海运提单不同，航空运单不仅证明航空运输合同的存在，而且航空运单本身就是发货人与航空运输承运人之间缔结的货物运输合同，并在货物到达目的地交付给运单上所记载的收货人后失效。

②航空运单是承运人或其代理人签发的收到货物的证明即货物收据。在发货人将货物交给承运人或其代理人后，承运人或其代理人就会将航空运单中的“发货人联”交给发货人，作为已经接收货物的证明。在承运人没有另外注明的情况下，航空运单即是承运人收到货物并在良好条件下装运的证明。

③航空运单是承运人交付货物和收货人核收货物的依据。航空运单的正本一式三份，每份都印有背面条款，第一份为蓝色，交发货人保存，是承运人或其代理人接收

货物的依据；第二份为绿色，由承运人留存，作为内部记账凭证；最后一份为粉红色，随货同行，在货物到达目的地交付给收货人时作为核收货物的依据。此外，航空运单还有多于六份的副本，其中黄色副本是提货收据，由收货人在提货时签字后留存到达站备查；其余的副本均为白色，分别给代理人、第一、第二、第三承运人和目的港有关业务之用。

④航空运单的正本可作为承运人的记账凭证，是承运人据以核收运费的账单。航空运单分别记载着收货人所负担的费用和代理费用，并详细地列明费用的种类、金额，因此可作为运费账单和发票。

⑤航空运单是货物出口时的报关单证之一，也是货物到达目的地机场进行进口报关时海关履行检查时的基本依据。

⑥航空运单是承运人承办保险或发货人要求承运人代办保险时的保险证书。办完保险的航空运单称为红色航空运单。

4. 航空货运单的构成

我国国际航空货运单由一式十二联组成，包括三联正本（正本的背面印有运输条款）、六联副本和三联额外副本。航空货运单各联的分布如表 3－3 所示。

表 3－3　航空货运单的构成

序　号	名称及分发对象	颜　色
A	Original 3（正本 3，给托运人）	浅蓝色
B	Copy 9（副本 9，给代理）	白色
C	Original 1（正本 1，交给航空公司）	浅绿色
D	Original 2（正本 2，给收货人）	粉红色
E	Copy 4（副本 4，提取货物收据）	浅黄色
F	Copy 5（副本 5，给目的地机场）	白色
G	Copy 6（副本 6，给第三承运人）	白色
H	Copy 7（副本 7，给第二承运人）	白色
I	Copy 8（副本 8，给第一承运人）	白色
J	Extra Copy（额外副本，供承运人使用）	白色
K	Extra Copy（额外副本，供承运人使用）	白色
L	Extra Copy（额外副本，供承运人使用）	白色

5. **航空运单的分类**

(1) 航空主运单 (Master Air Waybill, MAWB)

主运单是由航空运输公司签发的航空运单。它是航空公司和航空货运代理公司之间订立的运输合同，是航空运输公司据以办理货物运输和交付的依据，每一批航空运输的货物都有自己相对应的航空主运单。

(2) 航空分运单 (House Air Waybill, HAWB)

航空分运单又称“小运单”，是航空货运代理公司在办理集中托运业务时签发的航空运单。在集中托运的情况下，航空货运代理公司把从各个托运人那里收到的各小批量货物集中办理托运，航空运输公司集中托运物资为一大件。代理公司为方便工作，就另发给委托人自己签发的分运单，即航空分运单。

航空主运单是航空运输公司与航空货运代理公司之间签订的货物运输合同，合同双方为集中托运人和航空运输公司；而航空分运单是航空货运代理公司与托运人之间签订的货物运输合同，合同双方分别为货主和航空货运代理公司。货主与航空运输公司没有直接的契约关系。在起运地由航空货运代理公司将货物交付航空运输公司，在目的地再由航空货运代理公司或其代理从航空运输公司处提取货物，然后转交给收货人。但航空分运单具有与航空主运单相同的法律效力，只是由航空货运代理公司承担货物的全程运输责任。其关系如图 3-4 所示。

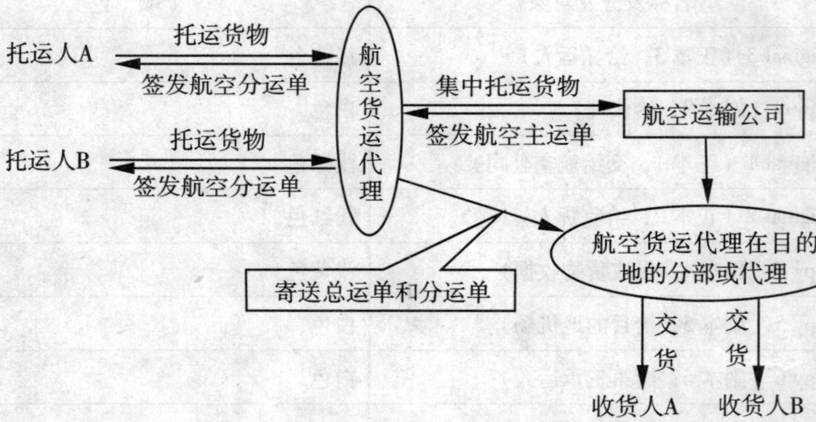

图 3-4　航空总运单与分运单的关系图

6. **航空货运单的填写**

航空货运单一般由承运人根据托运人填写并签字的托运书填制。在没有相反证据的情况下，应当视为代托运人填写，托运人对货运单内容的正确性负责，承担法律后果。国际航空主运单填写说明如表 3-4 所示。

表 3 -4　　国际航空主运单填写说明

序号	项　目	说　明
1	托运人名称和地址（Shipper's Name and Address）	详细填写托运人全名，地址应详细填明国家、城市、门牌号码及电话号码
2	托运人账号（Shipper's Account Number）	有必要时填写
3	收货人名称和地址（Consignee's Name and Address）	详细填写收货人全名，地址应详细填明国家、城市、门牌号码及电话号码。此栏不得出现“The Other”字样
4	收货人账号（Consignee's Account Number）	有必要时填写
5	始发站（第一承运人地址）和所要求的线路（Airport of Departure（Address of First Carrier）and Requested Routing）	填写始发站城市的英文全称
6	路线和目的站（Routing and Destination）	由民航填写经由的航空路线
7	货币（Currency）	填写运单上所用货币代码
8	运费/声明价值费（WT/VAL）、其他费用（Other）。选择预付或到付，并在选择付费方式栏内作“×”记号	预付费用包括预付的运费总额、声明价值附加费、税金、代理人需要产生的其他费用、承运人需要产生的其他费用。到付费用包括需到付运费总额、声明价值附加费、税金、分别属于代理人与承运人需要产生的其他到付费用。其他费用主要包括容器费（包括集装箱费）、中转费、地面运输费、保管费与制单费等
9	托运人向承运人声明的货物价值（Declared Value for Carriage）	填写托运人在运输货物时声明货物的价值总数。如托运人不需办理声明价值，则填写“NCS”
10	托运人向目的站海关声明的货物价值（Declared Value for Customs）	填写托运人向海关申报的货物价值。托运人未声明价值时，必须填写“NCV”
11	目的站（Airport of Destination）	填写目的站城市的英文全称，必要时注明机场和国家名称
12	航班/日期（Flight/Date）	填写已订妥的航班日期
13	保险金额（Amount of Insurance）	托运人委托航空公司代办保险时填写
14	处理事项（Handling Information）	本栏填写下列内容：货物上的唛头标记、号码和包装等；通知人的名称、地址、电话号码；货物在途中需要注意的事项；其他需要说明的特殊事项；运往美国商品的规定

续 表

序号	项 目	说 明
15	件数/运价组成点（No. of Pieces/RCP）	各种货物运价不同时，要分别填写，总件数另行填写
16	毛重（Gross Weight）	质量单位（kg/lb）为“千克”，分别填写时，另行填写总质量
17	运价类别（Rate Class）	用M、N、Q、C、R或S分别代表起码运费、45千克以下普通货物运价、指定商品运价、附减运价（低于45千克以下普通货物运价的等级运价）、附加运价（高于45千克以上普通货物运价的等级运价）
18	品名编号（Commodity Item Number）	指定商品运价则填写其商品编号；按45千克以下普通货物运价的百分比收费的，则分别填写具体比例
19	货物品名及体积（Nature and Quantity of Goods）	货物体积按长、宽、高的顺序，以厘米为单位填写最大的长、宽、高度
20	托运人或其代理人签字（Signature of Shipper or its Agent）	表示托运人同意承运人的装运条款
21	运单签发日期（Executed on（Date））	日期应为飞行日期，如货运单在飞行日期前签发，则应以飞行日期为货物装运期
22	承运人或其代理人签字（Signature of Issuing Carrier or its Agent）	有此签字，航空货运单才能生效

下面具体介绍航空主运单填写内容，航空主运单如样单3-2所示。

1. 始发站机场（AIRPORT OF DEPARTURE）❶

填国际航协（IATA）机场三字代号（如不知道机场名称，可填城市IATA三字代号，本栏内所填三字代号应与❾所填一致）。

2. 托运人（SHIPPER）

（1）托运人姓名和地址（SHIPPER'S NAME AND ADDRESS）❷填托运人的姓名、地址、国家（或国家两字代号）以及电话号、电传号或传真号。

（2）托运人的账号（SHIPPER'S ACCOUNT NUMBER）❸本栏一般不填，除非填开货运单承运人需要。

3. 收货人（CONSIGNEE）

（1）收货人姓名和地址（CONSIGNEE'S NAME AND ADDRESS）❹填收货人的姓名、

地址和国家（或国家两字代号），以及电话号、电传号或传真号。

（2）收货人的账号——仅供承运人使用（CONSIGNEE'S ACCOUNT NUMBER—FOR CARRIER USE ONLY）❺本栏一般不填，除非最后承运人需要。

4. 填开货运单承运人的代理人（ISSUING CARRIER'S AGENT）

（1）姓名和城市（NAME AND CITY）❻

①填承运人收取佣金的国际航协代理人的姓名和所在地（机场或城市）。

②根据货运代理机构管理规则，该佣金必须支付给目的地国家的一个国际航协代理人，则该国际航协代理人的姓名和所在地（机场或城市）必须填入本栏，冠以"收取佣金代理人"（COMMISSION－ABLE AGENT）字样。

（2）国际航协代号（IATA CODE）❼

①按照下列规定填写（1）中所指货运代理人的国际航协代号。在非货账结算区（NON－CASS），填国际航协7位代号。

②在货账结算区（CASS），填国际航协7位代号，后面是3位CASS地址代号和一个冠以10的7位代号的检查位。

（3）账号（ACCOUNT NUMBER）❽

本栏一般不填，除非填开货运单承运人需要。

5. 路线（ROUTING）

（1）始发站机场（第一承运人地址）和所要求的路线［AIRPORT OF DEPARTURE（ADDRESS OF FIRST CARRIER）AND REQUESTED ROUTING］❾

①填与1中一致的始发站机场名称。

②填所要求的任意路线。

（2）路线和目的地（ROUTING AND DESTINATION）

①至（由第一承运人）TO（BY FIRST CARRIER）11A

填目的地机场或第一承运人转运点的IATA三字代号（当该城市有一个以上机场，不知道机场名称时，可填城市名称）。

②由（第一承运人）BY（FIRST CARRIER）11B

填第一承运人的名称（全称或IATA两字代号）。

③ 至（由第二承运人）TO（BY SECOND CARRIER）11C

填目的地机场或第二转运点的IATA三字代号（当该城市有一个以上机场，不知道机场名称时，可填城市名称）。

④ 由（第二承运人）BY（SECOND CARRIER）11D

填第二承运人的IATA两字代号。

⑤ 至（由第三承运人）TO（BY THIRD CARRIER）11E

填目的站或第三个转运点的IATA三字代号（当该城市有一个以上机场，不知道机场名称时，可填城市名称）。

⑥ 由（第三承运人）BY（THIRD CARRIER）⑪F

填第三承运人的 IATA 两字代号。

（3）目的地机场（AIRPORT OF DESTINATION）⑱

填最后承运人的目的地机场（当该城市有一个以上机场，不知道机场名称时，可填城市名称）。

（4）航班/日期——仅供承运人使用（FLIGHT/DATE—FOR CARRIER USE ONLY）⑲A和⑲B本栏一般不填，除非参加运输各有关承运人需要。

6. 项（ACCOUNTING INFORMATION）⑩

参加运输各有关承运人，要求按下列规定填写财务事项：

（1）填支票或现金。

（2）使用旅费证（MCO）付款时，只接受作为货物运送的行李。本栏内应填入 MCO 号和兑换成货运单中货币的换取联价值（按需要也可以是从旅费证联中所减去的金额数）。此外还应填入客票号和所使用的航班号/路线。

注意：代理人不得接受托运人使用 MCO 作为付款方式。

（3）货物由于无法交付退运时，应将原始货运单号填在为退运货物所填开新货运单的本栏内。

7. 货币（CURRENCY）⑫

（1）按照适用的运价规则，填适用于始发国的国际标准组织（ISO）货币三字代号。

（2）除"在目的地国家收费栏"（即㉝A～㉝D）外，货运单上所列明的金额均按 1 项中所指货币。

8. 货币代号

仅用于承运人（CHARGES CODES—FOR CARRIER USE ONLY）⑬，本栏一般不填写。

9. 运费（CHARGES）

（1）运费/声明价值费（RATE/VALUATION CHARGES）⑭A和⑭B

①填在㉔A，㉕A或㉔B栏内的费用，必须分别地全部预付或部分到付。

②根据需要，在⑭A或⑭B栏内填入一个"×"符号。

（2）在始发站的其他费用（OTHER CHARGES AT ORIGIN）⑮A和⑮B

①填在㉗A（如适用），㉘A，㉗B，㉘B栏内的费用，必须分别地全部预付或全部到付。

②根据需要，在⑮A或⑮B栏内填入一个"×"符号。

③如果⑭A，⑭B，⑮A和⑮B与㉔A，㉔B，㉕A，㉕B，㉗A（如适用），㉗A，㉘A和㉘B中所填内容相抵触时，应以后者为准。

10. 供运输用声明价值（DECLARED VALUE FOR CARRIAGE）⑯

（1）填托运人所指定的供运输的声明价值。

（2）如果没有声明价值，应在本栏内填入"NVD"。

11. 供海关用声明价值（DECLARED VALUE FOR CUSTOMS）⑰

本栏内可填托运人或其代理人所声明的供海关用的价值，也可填“NCV”（即不声明价值），或空着不填。

12. 保险金额（AMOUNT OF INSURANCE）⑳

（1）如果本栏内无阴影，以及该填开货运单承运人提供此项服务，可将保险数额填入本栏。

（2）如果本栏内无阴影，以及该填开货运单承运人不提供此项服务，或托运人不要求保险时，应在本栏内填入“×××”符号。

13. 处理事项（HANDLING INFORMATION）㉑

本栏内只填写参加运输承运人所要求的处理事项。要求填写得尽量清楚、简明，使涉及该批货物的所有人员能够一目了然。

（1）如果是危险货物，有两种情况，一种是需要附托运人的申报单，则本栏内应填“DANGEROUS GOODS AS RER ATTACHED SHIPPER'S DECLARATION”字样，对于要求装货机上的危险货物，还应再加上“CARGO AIRCRAFT ONLY”字样。另一种是属于不要求附申报单的危险货物，则应在本栏内填入“SHIPPER'S DECLARATION NOT REQUIRED”字样。

（2）下列情况应参照《国际危规》规定（即一批货物中有危险货物也有非危险货物时，就分列，但危险货物必须列在第一项）。

①不要求托运人申报单的危险货物；

②除外的放射性物质；

③除外数量的危险货物；

④声称按“不受限制”类别的货物。

（3）其他处理事项尽可能地使用“货物交换电报程序”（CARGO—IMP）中的代号和简语，例如：

①货物上的标志和号码以及包装方法；

②除收货人外的另请通知人姓名、地址、国家（或国家两字代号），以及电话号、电传号或传真号；

③货运单所附文件，如托运人的动物证明“SHIPPER'S CERTIFICATION FOR LIVE ANIMAL”；

④所要求的特别处理事项。

14. 货物运价细目（CONSIGNMENT RATING DETAILS）㉒至㉚

一批货物中如含两种或两种以上按不同运价类别计费的货物应分别填写，每填一项另起一行，如果含有危险货物，该危险货物应列在第一项。填写的每一组（行）按表3－5说明，每项的详细说明见本条（1）至（13）。

表 3－5　　不同运价类别计费的货物填写规则

件数/运价组成点	毛重	千克或磅	运价类别	商品品名编号	计费重量	运价/运费	总计	货物品名
22A	22B	22C	22D	22E	22F	22G	22H	22I
件数	毛重	千克或磅	M	——	计费重量	最低运价	同 22G	货物品名
件数	毛重	千克或磅	N	——	计费重量	每一重量单位运价	用 22F 重量×22G 运价	货物品名
件数	毛重	千克或磅	Q	——	计费重量	每一重量单位运价	用 22F 重量×22G 运价	货物品名
件数	毛重	千克或磅	C	商品品名编号	计费重量	每一重量单位运价	用 22F 重量×22G 运价	货物品名
件数	毛重	千克或磅	R	在适用运价类别代号栏后的本栏内填入所适用运费折扣百分比	计费重量	折扣运费	同 22G	货物品名
件数	毛重	千克或磅	R	在适用运价类别代号栏后的本栏内填入所适用运费折扣百分比	计费重量	每一重量单位的折扣运价	用 22F 重量×22G 运价	货物品名
件数	毛重	千克或磅	S	在适用运价类别代号栏后的本栏内填入所适用运费折扣百分比	计费重量	附加运费	22G	货物品名
件数	毛重	千克或磅	S	在适用运价类别代号栏后的本栏内填入所适用运费折扣百分比	计费重量	每一重量单位的折扣运价	用 22F 重量×22G 运价	货物品名
集装运价：略								
运价组成点：如适用，在填写 22B～22I 后另起一行的 22J 处填运价组成点								货物品名
22J	22K						22M	22I
填货物总件数	填总重量						填运费总计	货物品名

（1）件数/运价组成点（NUMBER OF PIECES/RCP）(22A)

①填该适用运价项货物的件数。

②如(22)中所填运价或运费为组成运价或运费，则在另起一行的本栏内填该运价组成点的 IATA 城市三字代号。

（2）毛重（GROSS WEIGHT）22B

填该适用运价项货物件数的毛重。

（3）千克/磅（kg/lb）22C

就所使用的重量单位（K 或 L）填在第一项运价行内。

（4）服务代号22L

本栏一般不填。

B——公务货物（SERVICE SHIPMENT）

C——公务物资（COMPANY MATERIAL）

D——门到门服务（DOOR TO DOOR SERVICE）

J——优先服务（PRIORITY SERVICE）

P——小件货服务（SMALL PACKAGE SERVICE）

T——包机（CHARTER）

（5）运价类别（RATE CLASS）22D

按需要，填入下列代号之一。

M（Minimum Charge）低运费

N（Normal Rate）一般运价

Q（Quantity Rate）折扣运价

C（Specific Commodity Rate）指定商品运价

R（Class Rate Reduction）折扣等级运价

S（Class Rate Surcharge）附加等级运价

U（Unit Load Device Basic Charge or Rate）集装设备基础运费或运价

E（Unit Load Device Additional Rate）集装设备另加运价

X（Unit Load Device Additional Information）集装设备附加项

Y（Unit Load Device Discount）集装设备折扣

（6）商品品名编号（COMMODITY ITEM NUMBER）22E

本栏应按下列要求填写：

①如果某一指定商品运价适用，该商品的品名编号应填在标有“C”代号同一行的本栏内。

②如果某一折扣等级运价适用，该项所适用的运费或运价的百分比应填在标有“R”代号同一行的本栏内，冠以该适用运费或运价的类别代号（例如在普通货物 45kg 以下运价基础上折扣 33%，应用 N67 表示）。

③ 如果某一附加等级运价适用，该所适用的运费或运价的百分比应填在标有“S”代号同一行的本栏内，冠以该适用运费或运价的类别代号（例如最低运费附加 50%，应用 M150 表示）。

（7）计费重量（CHARGEABLE WEIGHT）22F

按运价规则计算出的适用的计费重量。

(8) 运价/运费22G

该适用的运价或运费应按下列要求填入。

①如果某一最低运费适用，该运费应填在标有“M”代号同一行的本栏内。

②如果某一普通货物45kg以下运价适用，该每一重量单位的适用运价应填在标有“N”代号同一行的本栏内。

③如果某一折扣运价适用，该每一重量单位的适用运价应填在标有“Q”代号同一行的本栏内。

④如果某一指定商品运价适用，该每一重量单位的适用运价应填在标有“Q”代号同一行的本栏内。

⑤如果某一折扣等级运价适用，该每一重量单位的适用运价或该批货物的适用运费应填在标有“R”代号同一行的本栏内。

⑥如果某一附加等级运价适用，该每一重量单位的适用运价或该批货物的适用运费应填在标有“S”代号同一行的本栏内。

(9) 总计（TOTAL）22H

为每项货物所计得的总运费应填在同一行的本栏内。

(10) 货物品名和数量（包括尺寸或体积）［NATURE AND QUANTITY OF GOODS (INCL. DIMENSION OR VOLUME)］22I本栏应按要求填写，尽可能地清楚、简明，使涉及该批货物的所有人员能够一目了然。

①组成本批货物的。

②一批货物中含有危险货物和非危险货物时，必须分列，危险货物应列在第一项。

③下列情况应按IATA DANGEROUS GOODS REGULATIONS（国际航协危险货物规定）中有关规定办理：

——不要求附“托运人申报单”危险货物；

——除外的“放射性物质”；

——除外数量的危险货物；

——声称按“不受限制”的类别。

④运输动物应按IATA LIVE ANIMAL REGULATION（国际航协动物规定）中有关规定办理。

⑤对于集合货物，本栏内应填“Consolidation as per Attached List”（集合货物，按所附的每一票）。

⑥按照适用的运价规则，如果体积重量用于计费重量时，本栏内应填入测量单位的最大长度、最大宽度、最大高度和有关件数或体积及所测量的单位。

⑦本栏内所填实际件数与22A中不同时，应在实际件数后面加上“SLAC”（Shipper's Load and Count）字样。

⑧可将货物的产地国填入本栏。

(11) 总件数 (TOTAL NUMBER OF PIECES) (22J)

如(22A)中所填件数超过一组时，应将总件数填入本栏。

(12) 总重量 (TOTAL GROSS WEIGHT) (22K)

如(22B)中所填重量超过一组时，应将总重量填入本栏。

(13) 总计 (TOTAL) (22M)

当(22H)中所填费用超过一组时，应将费用总计数填入本栏。

15. 其他费用 (OTHER CHARGES) ㉓

(1) 填始发站发生的其他费用，按全部预付或全部到付。

也可填途中或目的地发生的费用，按全部预付或全部到付。

作为到付的其他费用，应视为“代垫付款”，按代垫付款规定办理。

在途中或目的地发生的费用只能到付，按㉛规定办理。

(2) 填除税收外的其他费用种类和金额。

(3) 填“其他费用”时，应冠以下列代号：

AC (Animal Container) 动物容器租费；

AS (Assembly Service Fee) 集中货物服务费；

AT (Attendant) 押运员服务费；

AW (Air Waybill) 货运单费；

BR (Bank Release) 银行放行；

DB (Disbursement Fee) 代垫付款手续费；

DF (Distribution Service Fee) 分发服务费；

FC (Charges Collect Fee) 运费到付手续费；

GT (Government Tax) 政府捐税；

HR (Human Remains) 尸体、骨灰附加费；

IN (Insurance Premium) 代保险服务费；

LA (Live Animals) 动物处理费；

MA (Miscellaneous—Due Agent) 代理人收取的杂项费用 (如无其他代号可用)；

MZ (Miscellaneous—Due Issuing Carrier) 填开货运单承运人收取的杂项费用 (如无其他代号可用)；

PK (Packaging) 包装服务费；

RA (Dangerous Goods Surcharge) 危险品处理费；

SD (Surface Charge—Destination) 在目的地的地面运输费；

SJ (Stop in Transit) 中途停运费；

SO (Storage Origin) 在始发站的保管费；

SR (Storage Destination) 在目的地的保管费；

SU (Surface Charge) 地面运输费；

TR（Transit）过境费；

TX（Taxes）捐税；

UH（ULD Handling）集装设备操作费。

承运人收取的其他费用用“C”表示，代理人收取的其他费用用“A”表示。

如 AWC 表示货运单费为承运人所收取，AWA 表示货运单费为代理人所收取。

（4）将㉓中各项其他费用总金额填入㉗A（如适用），㉗B，㉘A或㉘B。

（5）如果货物由于无法交付而迟运，原货运单上所列明的费用，应向原收货人收取，而未收取的各项费用填入新填开的货运单的本栏内。

16. 预付（PREPAID）

（1）预付运费（Prepaid Weight Charge）㉔A

①按重量/体积所计得的航空运费，本栏内所填金额数应与㉒H或㉛B中所填一致；

②所填按重量/体积计得的航空运费，声明价值费和税款按全部预付或全部到付。

（2）预付声明价值费（Prepaid Valuation Charge）㉕A

①如适用，填入声明价值费，该声明价值费的收取是按⑯中所填供运输用的声明价值金额数以及适用的运价规则而确定的；

②所填按重量/体积计得的航空运费，声明价值费和税款按全部到付。

（3）预付税款（Prepaid Tax）㉖A

①本栏内如无阴影，可填入适用的税款；

②所填按重量/体积计得的航空运费，声明价值费和税款按全部预付或全部到付；

③有关税款事项不得填入㉕栏中。

（4）预付的其他费用总额（Total Other Prepaid Charge）

填㉓中所填预付的各项其他费用总金额。

①供代理人（Due Agent）㉗A，本栏一般不填；

②供承运人（Due Carrier）㉘A，填㉓的供承运人的其他费用总金额；

③未命名栏（Untitled Box）㉙A，本栏一般不填，除非填开货运单承运人需要；

④预付总计（Total Prepaid）㉚A，填所有的预付费用总金额，如按重量/体积计得的航空运费，声明价值费，供承运人的其他费用，以及如适用，填入税款和供代理人的其他费用。

17. 到付（COLLECT）

（1）到付运费（Collect Weigth Charge）㉔B

①填按重量/体积所计得的航空运费，本栏内所填金额数应与㉒H或㉓B中所填一致；

②所填按重量/体积计得的航空运费，声明价值费和税款按全部预付或全部到付。

（2）到付声明价值费（Collect Weight Charge）㉕B

①如适用，填声明价值费，该费用的收取是根据⑯中所填供运输用的声明价值金额数以及适用的运价规则而确定的；

②所填按重量/体积计得的航空运费，声明价值费和税款按全部预付或全部到付。

（3）到付税款（Collect Tax）㉖B

①本栏内如无阴影，可填入适用的税款；

②所填按重量/体积计得的航空运费，声明价值费和税款按全部预付或全部到付；

③有关税款事项不得填入㉕栏中。

（4）到付的其他费用总金额（Total Other Collect Charges）

填㉓中所填到付的各项其他费用总金额。

①供代理人（Due Agent）㉗B，填㉓中供代理人代垫付款的总金额；

②供承运人（Due Carrier）㉘B，填㉓中供承运人代垫付款的总金额。

（5）未命名栏（Untitled Box）㉙B

本栏一般不填，除非填开货运单承运人需要。

（6）到付总计（Total Collect）㉚B

填所有的到付费用总金额，如按重量/体积计算的航空运费，声明价值费，供承运人和供代理人的其他到付费用，如适用，也包括填入税款。

18. 托运人的证明栏（Shipper's Certification Box）㉛

托运人或其代理人应在本栏内的“Signature of Shipper or its Agent”处签字（打印或盖章均可），如根据托运人已经签了字的托运书填制货运单，承运人或其代理人可代表托运人签字。

19. 承运人的填写栏（Carrier's Execution Box）㉜

（1）填开日期［Executed on（Date）］㉜A

按日、月、年的顺序填入货运单的填开日期，月份可用缩写或全称。

（2）填开地点［At（Place）］㉜B填入货运单的填开地点（机场或城市）。

（3）填开货运单承运人或其代理人签字（Signature of Issuing Carrier or its Agent）㉜C填开货运单承运人或其代理人在本栏内签字。

20. 仅供承运人在目的地使用（For Carrier's Use only at Destination）㉝

本栏不填。

21. 用目的地货币付费

仅供承运人使用（Collect Charges in Destination Currency——For Carrier Use Only）㉝A～㉝D，最后承运人可在正本2（收货人联）按下列填写：

（1）货币兑换比价（Currency Conversion Rate）㉝A

填目的地货币代号，后面是换算比价。

（2）用目的地货币付费（Collect Charges in Destination Currency）㉝B

将㉝B中所列到付总金额，使用㉝A中倒换算比价拆成的目的地货币金额数填入本栏。

（3）在目的地的费用（Charges at Destination）㉝C

最后承运人将目的地发生的费用金额包括利息等（自然增长的）填入本栏。

（4）总的到付费用（Total Collect Charges）㉝D

填㉝B和㉝C栏内费用的合计总数。

样单3－2 航空主运单

999 ❶ 999-

Shipper's Name and Address ❷ | Shipper's Account Number ❸

NOT NEGOTIABLE 中国民航 *CAAC*

AIR WAYBILL(AIR CONSIGNMENT NOTE)

ISSUED BY:THE CIVIL AVIATION ADMINISTRATION OF CHINA

BEIJING CHINA

Copies 1,2 and 3 of this Air Waybill are originals and have the same validity

Consignee's Name and Address ❹ | Consignee's Account Number ❺

It is agreed that the goods described herein are accepted in apparent goods order and condition(except as noted)for carriage SUBJECT TO THE CONDITIONS OF CONTRACT ON THE REVERSE HEREOF THE SHIPPER'S ATTENTION IS DRAWN TO THE NOTICE CONCERNING CARRIER'S LIMITATION OF LIABILITY Shipper may increase such limitation of hability by declaring a higher value for carriage and paying a supplemental charge if required

ISSUING CARRIER MAINTAINS CARGO ACCIDENT LIABILITY INSURANCE

Issuing Carrier's Agent Name and City ❻

Accounting Information ❿ 15B

Agent's IATA Code ❼ | Account No. ❽

Airport of Departure(Address of First Carrier)and Requested Routing ❾

to	By First Carrier	Routing and Destination	to	by	to	by	Currency	CHGS Code	WTNAL PPD	WTNAL COLL	Other PPD	Other COLL	Declared Value for Carriage	Declared Value for Customs
11A	11B		11C	11D	11E	11F	12	13	14A	14B	15A	15B	16	17

Airport of Destinatic	Flight/Date	For Carrier Use Only	Flight/Date	Amount of Insurance	INSURANCE if carrier offers insurance,and such insurance is requested in aceordance with conditions on reverse here of indicate amount to be insured infigure in box marked amount of insurance
18	19A		19B	20	20B

Handling Information ㉑ 20A

(for USA only)Those commodities licensed by U.S. for ultimare destination……Diversion contrary to U.S. law is prohibited

No.of Pieces/ RCP	Gross Weight	kg/ lb	Rate Class	Commodity Item No.	Chargeable Weight	Rate / Charge	Total	Nature and Quantity of Goods (Incl. Dimension or Volum)
22A	22B	22J	22D	22E	22F	22G	22H	22I
22J	22K	22L					22M	

Prepaid	Weight Charge	Collect	Other Charges
24A		24B	㉓
25A	Valuation Charge	25B	
26A	Tax	26B	
27A	Total Other Charges Due Agent	27B	
28A	Total Other Charges Due Carrier	28B	㉛
29A		29B	Signature of Shipper or its Agent
Total Prepaid 30A		Total Collect 30B	32A 32B 32C
Currency Conversion Rates 33A		CC Charges in Dest. Curreney 33B	Executed on (Date) / At (Place) / Signature of Issuing Carrier or its Agent
For Carrier's Use only at Destination ㉝		Charges at Destination 33C	Total Collect Charges 33D

At(Place) 999- ❶

3.3.3 国际航空运输出口业务单证

出口货物所需的单证主要是指报关单证。它大致可分为两类：基本单证和证明货物合法出口的各种批准文件。前者为所有货物出口所必须，后者取决于出口货物的类别及其贸易方式。下面将分别介绍货物出口所需的主要单证及其使用范围。

1. 基本单证

(1) 出口货物报关单（格式见样单3-3）

出口报关单一般由发货人自己填写。其基本格式和需要填写的项目与进口报关单相同，只是出口报关单上应注明出口收汇核销单的编号。

一般出口货物需填写报关单一式两份，出口转关货物需要报关单一式三份，需要由海关核销的货物，应再增加一份，并使用专用报关单。

(2) 国际货物托运书（格式见样单3-4）

国际货物托运书由发货人填写。主要项目有：托运人名称、地址及账号，收货人名称、地址及账号，代理人名称及城市名称，货物的始发站、到达站、件数、重量及包装方式等。托运书应有发货人签字、盖章。

(3) 发票与装箱单

发票上应注明发货人和收货人的名称和地址，货物的品名、原产国别、声明价值、价格条件、货币名称等。发票需由发货人签字盖章。装箱单上应有每箱货物的箱号、重量、体积及唛头标志，每箱内装的件数及其品名。

(4) 合同副本

即发货人与国外进口商签订的贸易合同的复印件或影印件。

(5) 航空运单

航空运单（Air Waybill 或 Master Air Waybill）是航空运输中最重要的单据，它是承运人出具的一种运输合同，但它不能作为物权凭证，因而是一种不可议付的单据。

航空运单有3联正本和6份以上的副本。第1联正本交发货人，是承运人收到货物后出具的收据；第2联由承运人留存作为记账凭证；第3联作为随机单据与货同行，到目的地后交收货人作为核收货物的依据。航空运单的主要作用可以从航空运单的各项内容中体现出来。

1) 承运合同

航空运单正本的背面印有承运条款，所以航空运单一经发出，即可作为签署承运合同的书面证据。

2) 接收货物的证明

当货物出运后，承运人即将航空运单的第1联正本交给发货人，作为接收货物的证明。

样单 3－3　中华人民共和国海关出口货物报关单

中华人民共和国海关出口货物报关单

预录入编号：　　　　　　　　　　　　海关编号：

<table>
<tr><td>出口口岸</td><td colspan="2">备案号</td><td>出口日期</td><td>申报日期</td></tr>
<tr><td>经营单位</td><td colspan="2">运输方式</td><td>运输工具名称</td><td>提运单号</td></tr>
<tr><td>发货单位</td><td colspan="2">贸易方式</td><td>征免性质</td><td>结汇方式</td></tr>
<tr><td>许可证号</td><td>运抵国（地区）</td><td colspan="2">指运港</td><td>境内货源地</td></tr>
<tr><td>批准文号</td><td>成交方式</td><td>运费</td><td>保费</td><td>杂费</td></tr>
<tr><td>合同协议号</td><td>件数</td><td>包装种类</td><td>毛重（千克）</td><td>净重（千克）</td></tr>
<tr><td>集装箱号</td><td colspan="3">随附单据</td><td>生产厂家</td></tr>
<tr><td colspan="5">标记唛码及备注</td></tr>
<tr><td colspan="5">项号　商品编号　商品名称、规格型号　数量及单位　最终目的国（地区）　单价　总价　币制　征免</td></tr>
<tr><td colspan="5">税费征收情况</td></tr>
<tr><td>录入员　录入单位
报关员
单位地址
邮编　电话</td><td colspan="2">兹声明以上申报无讹并承担法律责任
申报单位（签章）
填制日期</td><td colspan="2">海关审单批注及放行日期（签章）
审单　审价
征税　统计
查验　放行</td></tr>
</table>

样单 3－4　国际货物托运书

中国国际航空公司
（AIRCHINA）
国际货物托运书

货运单号码

SHIPPER'S LETTER OF INSTRUCTION NO. OF AIR WAY BILL

<table>
<tr><td rowspan="2">托运人姓名及地址
SHIPPER'S NAME AND ADDRESS</td><td rowspan="2">托运人账号
SHIPPER'S ACCOUNT NUMBER</td><td colspan="2">供承运人用
FOR CARRIER USE ONLY</td></tr>
<tr><td>航班/日期
FLIGHT/DAY</td><td>航班/日期
FLIGHT/DAY</td></tr>
<tr><td>收货人姓名及地址
CONSIGNEE'S NAME AND ADDRESS</td><td>收货人账号
CONSIGNEE'S ACCOUNT NUMBER</td><td colspan="2">已预留吨位
BOOKED</td></tr>
<tr><td colspan="2">代理人的名称和城市
ISSUING CARRIER'S AGENT NAME AND CITY</td><td colspan="2">运费
CHARGES</td></tr>
<tr><td colspan="2">始发站
AIRPORT OF DEPARTURE</td><td colspan="2" rowspan="2">ALSO NOTIFY</td></tr>
<tr><td colspan="2">到达站
AIRPORT OF DESTINATION</td></tr>
</table>

<table>
<tr><td colspan="2">托运人声明价值
SHIPPER'S DECLARED VALUE</td><td rowspan="2">保险金额
AMOUNT OF INSURANCE</td><td rowspan="2">所附文件
DOCUMENTS TO ACCOMPANY AIR WAYBILL</td></tr>
<tr><td>供运输用
FOR CARRIAGE</td><td>供海关用
FOR CUSTOMS</td></tr>
<tr><td></td><td></td><td></td><td></td></tr>
<tr><td colspan="4">处理情况（包括包装方式、货物标志及号码等）
HANDLING INFORMATION（INCL. METHOD OF PACKING IDENTIFYING MARKS AND NUMBERS. ETC.）</td></tr>
</table>

件数 NO. OF PACKAGES	实际毛重（千克）ACTUAL CROSS WEIGHT（kg）	运价类别 RATE CLASS	收费重量（千克）CHARGEABLE WEIGHT（kg）	费率 RATE/CHARGE	货物品名及数量（包括尺寸或体积）NATURE AND QUANTITY OF GOODS（INCL. DIMENSION OR VOLUME）

托运人证实以上所填全部属实并愿遵守承运人的一切载运章程。

THE SHIPPER CERTIFIES THAT THE PARTICULARS ON THE FACE HEREOF ARE CORRECT AND AGEES TO THE CONDITIONS OF CARRIAGE OF THE CARRIER.

托运人签字　SIGNATURE OF SHIPPER　　日期　DATE　　经手人　AGENT　　日期　DATE

3）运费账单

航空运单上分别记载着收、发货人应负担的费用和属于代理的费用，因此，航空公司将第2联正本运单留存作为运费账单和发票。同时，货运代理之间的费用结算也以航空运单作为凭证。

4）报关单证

第3联运单正本由航空公司随机带交收货人或目的地指定的货运代理公司，以便后者核收货物，同时可作为向目的地海关报关的基本单证和海关验放的主要凭证。

5）保险证书

如果承运人承办保险或发货人要求承运人代办保险，航空运单即可作为保险证书。

6）承运人内部业务交接的依据

承运人必须根据运单上记载的各项内容办理货物的发货、转运、交付等事宜。如果货物出现漏发、错发等情况，航空运单是查询和办理交涉的主要依据。

空运出口货物若采取集中托运的方式发运，除航空公司将出具并签发空运总运单外，航空货运代理公司还将为每票货物的收货人出具航空分运单。

航空分运单共有正本3联、副本12联。第1联正本交发货人，第2联正本由货运代理公司留存，第3联正本随货同行交收货人。副本分别作为报关、财务结算和国外代理办理中转分拨等之用。

附中国国际航空公司航空货运单（格式见样单3－5）和中外运空运发展股份有限公司航空分运单（格式见样单3－6）。

2. 法定单证

（1）商检证明

出口货物的商检证明在两种情况下需要：一种是国家为维护出口商品质量，而规定某些商品出口必须经过商检机构检验并出具检验证书，此为法定商检，具体可参阅海关总署公布的海关税则归类目录；另一种是进口商为保证商品质量而要求出具的商检证书，即合同商检。

属于法定商检的出口商品包括：

①《中华人民共和国进出口商品检验条例》规定的出口商品；

②《中华人民共和国食品卫生法》规定应实施检疫的动植物产品；

③《中华人民共和国动植物检疫条例》规定应实施检疫的动植物产品。

另外，危险品和易腐烂变质的食品出口时，其包装也应经商检机构检验并发给合格证书后方能出口。

该类产品出口报关前，先报请出入境检验检疫机构实施检疫，海关凭出入境检验检疫机构签发的证书验放。属于合同商检的出口商品，也应在出口报关前报请商检机构对商品的品质、规格、重量、数量、包装以及卫生条件等进行检验，凭商检机构出具的检验证书向海关办理报关手续，见样单3－7。

商检证书是出口业务中十分重要的单证，使用范围非常广泛。

（2）出口许可证

凡出口国家限制出口的商品，均应向出境地海关交验出口许可证。实行出口许可证管理的商品主要有：珍贵稀有野生动植物及其制品、文物、金银制品、精神药物、音像制品、重要的原材料、贵金属等。某些属于进口许可管理的商品也需要出口许可证。具体可参阅海关总署公布的海关税则归类目录。出口许可证的申领办法和审批部门与进口许可证相同。

（3）出口收汇核销单

出口收汇管理办法是保证出口外汇收缴国家而采取的一种行政管理手段。

出口收汇核销单由出口单位向当地外汇管理部门申领，出口报关时交出境地海关审核。核销单上必须加盖外汇管理部门印章和出口单位的公章。

（4）配额许可证

一些进口国对从我国进口的某种商品进行数量和品种的限制，如纺织品等。因此，向上述国家出口实行配额管理的商品时，必须向对外经济贸易管理部门申领出口配额许可证。

（5）登记手册

凡以来料加工、进料加工、补偿贸易等方式出口的货物，均须向海关交验《登记手册》。

附中华人民共和国出入境检验检疫出境货物报检单，见样单3－7。

3.3.4 国际航空运输进口业务单证

进口业务单证大体上可分为两大类：基本单证和按海关法必须提供的单证。

1. 基本单证

基本单证包括进口货物报关单、航空运单和发票。这三者是任何货物进口报关所必需的，缺一不可。有些货物只需这三种单证即可通关，如小量的资料、单一品名且单一规格的货物和合同项下不属于国家政策限制的进口产品。

一般进口货物应向海关交验进口报关单一式多份（具体份数视贸易性质决定），运单两份（正本及副联或复印件各一份），发票正本一份。

2. 法定单证

法定单证，即证明货物合法进口的各种批准文件。这类单证主要有：进口许可证、商检证明、机电产品进口审批表、无线电管委会证明、海关核发的加工贸易登记手册、减免税证明、重工业产品证明、音像制品许可证等。这类单证并非所有货物进口报关都需要，是否需要和需要哪一种，基本上取决于商品的类别及贸易性质。

样单 3－5　中国国际航空公司国际航空货运单

中国国际航空公司国际航空货运单

Shipper's Name and Address	Shipper's Account Number	Not Negotiable Air Waybill Issued by　中国国际航空公司 AIR CHINA
		Copies 1,2 and 3 of this Air Waybill are originals and have the same validity
Consignee's Name and Address	Consignee's Account Number	It is agreed that the goods described herein are accepted for carriage in apparent goods order and condition (except as noted) and SUBJECT TO THE CONDITIONS OF CONTRACT ON THE REVERSE ANY OTHER CARRIER UNLESS SPECIFIC CONTRARY INSTRUCTIONS ARE GIVEN HEREON BY THE SHIPPER..THE SHIPPER'S ATTENTION IS DBAWN TO THE NOTICE CONCERNNING CARRIER'S LIMITATION OF LIABILITY Shiper may increase such limitation of liablilty by declaring a higher value for carriage and paying a supplemental charge if required.
Issuing Carrier's Agent Name and City		Accounting Information
Agent's IATA Code	Account No.	
Airport of Departure(Address of First Carrier)and Requested Routing		

To	By First Carrier	Routing and Destination	to	by	to	by	Currency	CHGS Code	WTNAL PPD	WTNAL COLL	Other PPD	Other COLL	Declared Value for Carriage	Declared Value for Customs

Airport of Destination	Flight/Date	For Carrier Use Only	Flight/Date	Amount of Insurance	INSURANCE-if carrier offers insurance. and such insurance is requested in accordance with the conditions thereot. indicate amount to be insured in figures in box marked "Amount of Insurance"

Handing Information

(For USA noly)These commodities licensed by U.S.for ultimate destination　　Diversion contrary to U.S.law is prohibited

No. of Pieces/ RCP	Gross Weight	kg/ lb	Rate Class	Commodity Item No.	Chargeable Weight	Rate/Charge	Total	Nature and Quantity of Goods (Incl.Dimension or Volum)

Prepaid	Weight Charge	Collect	Other Charges
	Valuation Charge		
	Tax		
	Total Other Charges Due Agent		Signature certifies that the particulars on the face hereof are correct and that insofar as any part of the Consignment contains dangerous goods, such part is properly described by name and is in proper condition for carriage by air according to the applicable Dangerous Goods Regulations.
	Total Other Charges Due Carrier		
			Signature of Shipper of its Agent
Total Prepaid		Total Collect	
Currency Conversion Rates		CC Charges in Dest. Currency	Executed on(Date)　At(Place)　Signature of Issuing Carrier or its Agent
For Carrier's Use only at Destination		Charges at Destination	Total Collect Charges

QRIGINAL 3(FOR SHIPPER)A

样单 3－6　中外运空运发展股份有限公司国际航空分运单

中外运空运发展股份有限公司国际航空分运单

Shipper's Name and Address	Shipper's Account Number	Not negotiable Air Waybill Issued by SINOTRANS DEVELOPMENT IATA 中外运空运发展股份有限公司 SLNOTRANS AIR TRANSPOKTATION DEVELOPMENT CO., LTD.
Consignee's Name and Address	Consignee's Account Number	Copies 1,2 and 3 of this Air Waybill are originals and have the same validity It is agreed that the goods described herein are accepted for carriage in apparent goods order and condition(except as noted)and SUBJECT TO THE CONDITIONS OF CONTRACT ON THE REVERSE HEREOF.ALL GOODS MAY BE CARRIED BY ANY OTHER MEANS INCLUDING ROAD OR ANY OTHER CARRIER UNLESS SPECIFIC CONTRARY INSTRUCTIONS ARE CIVEN HEREON BY THE SHIPPER.THE SHIPPER'S ATIENTION IS DRAWN TO THE NITICE CONCERNING CARRIER'S LIMITATION OF LIABILITY. Shipper may increase such limitation of liablilty by declaring a higher value for carriage and paying a supplemental charge if required.
Issuing Carrier's Agent Name and City		Accounting Information
Agent's IATA Code	Account No.	
Airport of Departure (Address of First Carrier) and requested Routing		

To	By First Carrier	Routing and Destination	to	by	to	by	Currency	CHGS Code	WT/VAL PPD	WT/VAL COLL	Other PPD	Other COLL	Declared Value for Carriage	Declared Value for Customs

Airport of Destination	Flight/Date	For Carrier Use Only	Flight/Date	Amount of Insurance	INSUEANCE if carrier offers insurance. and such insurance is requested in accordance with conditions on reverse hereof indicate amount to be insured in figures in box marked "Amount of Insurance"

Handing Information

No.of Pieces/ RCP	Gross Weight	kg/ lb	Rate Class Commodity Item No.	Chargeable Weight	Rate / Charge	Total	Nature and Quantity of Goods (Incl.Dimension or Volum)

Prepaid	Weight Charge	Collect	Other Charges
	Valuation Charge		
	Tax		
	Total Other Charges Due Agent		Signature certifies that the particulars on the face hereof are correct and that insofar as any part of the Consignment contains dangerous goods, such part is properly described by name and is in proper condition for carriage by air according to the applicable Dangerous Goods Regulations.
	Total Other Charges Due Carrier		
			Signature of Shipper or its Agent
Total Prepaid		Total Collect	
Currency Conversion Rates		CC Charges in Dest. Currency	Executed on(Date)　At(Place)　Signature of Issuing Carrier or its Agent
For Carrier's Use only at Destination		Charges at Destination	Total Collect Charges

QRIGINAL 3(FOR SHIPPER)

样单 3 -7　中华人民共和国出入境检验检疫出境货物报检单

中华人民共和国出入境检验检疫
出境货物报检单

报检单位（加盖公章）：　　　　　　　　　　　　　　　　*编　号 ________

报检单位登记号：　　　　　联系人：　　　　电话：　　　　报检日期：　　年　月　日

发货人	（中文）	
	（外文）	
收货人	（中文）	
	（外文）	

货物名称（中/外文）	H. S. 编码	产地	数/重量	货物总值	包装种类及数量

运输工具名称号码		贸易方式		货物存放地点	
合同号		信用证号		用途	
发货日期		输往国家（地区）		许可证/审批号	
起运地		到达口岸		生产单位注册号	
集装箱规格、数量及号码					

合同、信用证订立的检验检疫条款或特殊要求	标记及号码	随附单据（画“✓”或补填）	
		□合同	□包装性能结果单
		□信用证	□许可/审批文件
		□发票	□
		□换证凭单	□
		□装箱单	□
		□厂检单	□

需要证单名称（画“✓”或补填）				*检验检疫费	
□品质证书	__正__副	□植物检疫证书	__正__副	总金额（人民币元）	
□重量证书	__正__副	□熏蒸/消毒证书	__正__副		
□数量证书	__正__副	□出境货物换证凭单	__正__副		
□兽医卫生证书	__正__副	□		计费人	
□健康证书	__正__副	□			
□卫生证书	__正__副	□		收费人	
□动物卫生证书	__正__副	□			

报检人郑重声明：	领取证单	
1. 本人被授权报检。	日期	
2. 上列填写内容正确属实，货物无伪造或冒用他人的厂名、标志、认证标志，并承担货物质量责任。		
签名：________	签名	

注：有“*”号栏由出入境检验检疫机关填写。　　　　◆国家出入境检验检疫局制

[1 -2（2000. 1. 1）]

(1) 由商品类别决定的法定单证

1) 进口许可证

凡进口国家限制进口的商品，均需申领进口许可证。随着国家对外政策的逐步开放以及加入世界贸易组织，属于进口许可证管理的商品逐步减少。具体可参阅海关总署公布的海关税则归类目录。

进口许可证由进口单位向对外经济贸易管理部门申领。

2) 商检证明

凡进口属于法定商检的商品，均需向海关交验国家商检机构及有关检验部门出具的检验证书。实施法定商检的进口商品主要包括：

①《中华人民共和国进出口商品检验条例》规定的商品；

②《中华人民共和国食品卫生法》规定的应实施卫生检验检疫的食品、食品添加剂、食品容器、包装材料等；

③《中华人民共和国进出口动植物检疫条例》规定应实施检疫的动植物产品；

④国家卫生部有关条例规定应实施检验的药品；

⑤该类产品进口报关前，可参阅海关总署公布的海关税则归类目录，先报请出入境检验检疫机构实施检疫，海关凭出入境检验检疫机构签发的证书验放。

属于合同商检的商品，一般由收、用货部门自行检验，发现不合格后报请当地商检机构复验。商检机构主要对商品的品质、数量、重量、包装残损等情况进行检验。这种检验属于公证鉴定的性质，检验后签发的证书主要是作为买方提出索赔的依据，而不是海关验放的凭证。因此，以一般贸易方式进口货物时，海关不要求提供合同商检，合同商检主要用于以索赔、补发、换货等无代价抵偿形式进口的货物或修理物品的进口。

3) 机电产品进口审批表

凡进口机电产品和仪器、仪表类商品，均需向海关交验机电产品进口审批表。该类商品的范围十分广泛，进口量大，尤其在空运进口货物中占有很大比例。

机电产品进口审批表一般表现为在进口订货卡片上加盖部、委级机电审查办公室或当地机电办公室审查专用章；特殊的机电产品，需加盖国务院机电审查办公室专用章。

4) 无线电管委会证明

凡进口无线电器材、通信设备，如对讲机、无线寻呼机、无线电话、电报发送和接收设备等，均应向海关交验无线电管理委员会的批准文件。凡中央系统的单位进口无线电设备，需出具国家无线电设备审查委员会的批准文件；地方单位和中央驻地方单位，需出具省、自治区、直辖市无线电委员会的批准文件。

(2) 由贸易性质决定的法定单证

1) 登记手册

《登记手册》一般适用于以来料加工、进料加工和补偿贸易等方式进口的物品。进料加工和来料加工项下进口的料、件和补偿贸易项下进口的机器设备及用于加工返销产品的料、件，海关凭《登记手册》办理免税和验放手续。每次进口报关时，海关在《登记手册》上核销进口的数量和金额。进口辅料时，可以不办理《登记手册》，海关凭签约单位盖章并经海关备案的合同副本办理免税、验放手续。

2）减免税证明

外商独资企业、中外合资企业和中外合作企业，进口属于减免税范围内的物品，均应向海关交验“减免税证明”。每次报关时，海关凭“减免税证明”办理免税、验放手续。

以一般贸易方式进口的货物，按国家规定可以给予减免税者，如科研用品和改良品种用产品，进口报关时也应向海关交验“减免税证明”，以办理免税、验放手续。

3）商检证书、索赔协议和税款缴纳证明

凡以无代价抵偿形式进口的货物，包括索赔、更换和补发的货物，均应在进口报关单的贸易性质一栏内填报“无代价抵偿”。报关时应随附商检证书、有国外发货人签字的索赔协议（或补发协议、换货协议）以及原进口货物的税款缴纳证明（如当时为征税进口）。对于金额较小的无代价抵偿货物，可以不提供商检证书。

上述单证齐备的无代价抵偿货物，海关予以免税放行。

4）保证函

凡申请担保进口的货物，包括暂时进口货物、因故不能及时提供已领取的进口许可证的货物、不能在报关时交验有关单证的货物、正在申办减免税收政策手续而要求海关缓办纳税手续的货物、经海关同意将未放行的货物暂时存放于海关监管区之外的货物等，进口报关时均应向海关交验进口单位主管部门（司、局级以上）出具的保证函。

保证函必须是按照海关要求填写的、明确确立权利义务的一种担保文件。担保进口，除提供保证函外，一般还需向海关缴纳相当于进口税费之和的保证金，保证金于销保时退还。

5）赠送函和接收函

外商免费提供的物品进口报关地时，应向海关交验发货人出具的赠送函和收货人出具的接收函。

6）海关关封

海关关封（非海关转关关封）是指外国企业常驻机构进口办公用品或常驻机构代表的私人安家物品时，向海关申办的一种批准证明。进口办公用品向海关递交办公用品申请表，详细列出货物的品名、数量和金额，并随附一份进口发票；进口安家物品填写私人物品申请表，并随附发票和到货清单。

海关对申请进行审核，如确系外企常驻机构公用或常驻代表自用，且数量和金额在合理范围内，即在申请表上签字、盖章，以示批准。然后将申请表装入海关关封，由收货人带交口岸海关办理报关手续。

具体单证如样单 3－8 至样单 3－13 所示。

样单3－8 中华人民共和国海关进口货物报关单

中华人民共和国海关进口货物报关单

预录入编号： 海关编号：

进口口岸	备案号	进口日期	申报日期
经营单位	运输方式	运输工具名称	提运单号
收货单位	贸易方式	征免性质	征税比例
许可证号	起运国（地区）	装货港	境内目的地

批准文号	成交方式	运费	保费	杂费
合同协议号	件数	包装种类	毛重（千克）	净重（千克）
集装箱号	随附单据	用途		

标记唛码及备注

项号	商品编号	商品名称、规格型号	数量及单位	原产国（地区）	单价	总价	币制	征免

税费征收情况

录入员 录入单位	兹声明以上申报无讹并承担法律责任	海关审单批注及放行日期（签章）
报关员 单位地址 邮编 电话	申报单位（签章） 填制日期	审单 审价 征税 统计 查验 放行

样单3－9　中华人民共和国出入境检验检疫入境货物报检单

中华人民共和国出入境检验检疫

入境货物报检单

报检单位（加盖公章）：　　　　　　　　　　　　　　　　　*编　号 ____________

报检单位登记号：　　　　　　　　联系人：　　　电话：　　　报检日期：　　年　月　日

<table>
<tr><td rowspan="2">发货人</td><td colspan="3">（中文）</td><td colspan="2">企业性质（画“✓”）</td><td>□合资 □合作 □外资</td></tr>
<tr><td colspan="6">（外文）</td></tr>
<tr><td rowspan="2">收货人</td><td colspan="6">（中文）</td></tr>
<tr><td colspan="6">（外文）</td></tr>
<tr><td colspan="2">货物名称（中/外文）</td><td>H. S. 编码</td><td>原产国（地区）</td><td>数/重量</td><td>货物总值</td><td>包装种类及数量</td></tr>
<tr><td colspan="2"></td><td></td><td></td><td></td><td></td><td></td></tr>
<tr><td colspan="2">运输工具名称号码</td><td colspan="2"></td><td colspan="2">合同号</td><td></td></tr>
<tr><td>贸易方式</td><td></td><td>贸易国别（地区）</td><td></td><td>提单/运单号</td><td colspan="2"></td></tr>
<tr><td>到货日期</td><td></td><td>起运国家（地区）</td><td></td><td>许可证/审批号</td><td colspan="2"></td></tr>
<tr><td>卸货日期</td><td></td><td>起运口岸</td><td></td><td>入境口岸</td><td colspan="2"></td></tr>
<tr><td>索赔有效期至</td><td></td><td>经停口岸</td><td></td><td>目的地</td><td colspan="2"></td></tr>
<tr><td colspan="2">集装箱规格、数量及号码</td><td colspan="5"></td></tr>
<tr><td colspan="2" rowspan="2">合同订立的特殊条款以及其他要求</td><td colspan="2" rowspan="2"></td><td>货物存放地点</td><td colspan="2"></td></tr>
<tr><td>用途</td><td colspan="2"></td></tr>
<tr><td colspan="2">随附单据（画“✓”或补填）</td><td>标记及号码</td><td colspan="3">*外商投资财产（画“✓”）</td><td>□是 □否</td></tr>
<tr><td>□合同
□发票
□提/运单
□兽医卫生证书
□植物检疫证书
□动物检疫证书
□卫生证书
□原产地证书
□许可/审批文件</td><td>□到货通知
□装箱单
□质保书
□理货清单
□磅码单
□验收报告
□
□
□</td><td></td><td colspan="4">*检验检疫费
总金额（人民币元）：
计费人：
收费人：</td></tr>
<tr><td colspan="2">报检人郑重声明：
1. 本人被授权报检。
2. 上列填写内容正确属实。
签名：</td><td colspan="5">领 取 证 单
日　期：
签　名：</td></tr>
</table>

注：“＊”号栏由出入境检验检疫机关填写。　　　　◆ 国家出入境检验检疫局制

［1—2（2000. 1. 1）］

样单 3－10　中华人民共和国海关进口转关运输货物申报单

中华人民共和国海关进口转关运输货物申报单

编号

申报人	电话	许可证号	
收货人	地址及邮政编码	联系人	电话
进境运输工具名称及航次（航班）	境外起运港	进境日期	
集装箱号	规格	数量	提单号（总/分）
货物存放地点及编号	承运单位	司机代号	电话
境内运输工具	指运地	预计运抵指定地时间	

商品编码	件数　包装式样	货名及规格	数量	重量	成交价格	备注

承运人声明：1. 保证承运的上列申报之转关运输货物的封志和运输车辆封志的完整。 2. 保证将承运的转关货物完整地按照海关指定路线在规定期限内运至指运地海关。 承运人（签字盖章） 年　月　日	进境地海关查验情况批注： 封志号 经办关员 年　月　日
申报声明：1. 以上申报属实，并承担法律责任； 2. 保证在____日内将上述货物完整地运抵指运地海关。 申报人　（签字盖章） 年　月　日	指运地海关查验情况批注： 经办关员 年　月　日

进口转关运输货物申报单回执

编号

海关：

上述编号关封已收到，我关已接受申报。

此复。

经办员签字

海关（签章）

年　月　日

回执寄送地址：

邮政编码：

样单 3 - 11　中国东方航空公司国内货物托运书

中国东方航空公司国内货物托运书

现委托你公司空运以下货物，一切有关事项如下：

始发站	上海	目的站	
托运人姓名，地址：			邮政编码 联系电话
收货人姓名，地址：			邮政编码 联系电话

件数	毛重（kg）	运价类别	计费重量（kg）	费率	货物品名及数量（包括体积或尺寸）

付款方式（预付）	付款方式（到付）	运输声明价值	运输保险价值

储运注意事项：	货运单号码

托运人应对本书内所填写的正确性和真实性负责

托运人单位 经办人 身份证号码 经办人签名 年　月　日	经办人	X 光机检查 检查货物 重量计算 标签填写 其　他 年　月　日

注：粗线框内由承运人填写。

样单 3－12 国内航空货运单

国内航空货运单

999 －41476153 999 －4147615 3

始发站 Airport of Departure		目的站 Airport of Destination		不得转让 NOT NEGOTIABLE 航空货运单 AIR WAYBILL 印发人 Issued by	中国国际航空公司 AIR CHINA 中国 北京 首都机场 CAPITAL AIRPORT BEIJING,CHINA 邮政编码 Post Code ： 100621		
托运人姓名、地址、邮编、电话号码 Shipper's Name, Address, Postcode & Telephone No.				航空货运单一、二、三联为正本，并具有同等法律效力 Copies 1, 2 and 3 of this Air Waybill are originals And have the same validity			
收货人姓名、地址、邮编、电话号码 Consignee's Name, Address, Post code & Telephone No.				结算注意事项 Accounting Information 填开货运单的代理人名称 Issuing Carrier's Agent Name			
航线 Routing	到达站 To	第一承运人 By First Carrier		到达站 To	承运人 By	到达站 To	承运人 By
航班/日期 Flight/Date		航班/日期 Flight/Date		运输声明价值 Declared Value for Carriage		运输保险价值 Amount of Insurance	
储运注意事项及其他 Handling Information and Others							

件数 No. of Pieces 运价点 RCP	毛重 (千克) Cross Weight (kg)	运价 种类 Rate Class	商品 代号 Comm. Item No.	计费重量 (千克) Chargeable Weight(kg)	费率 Rate/ kg	航空运费 Weight Charge	货物品名(包括包装、尺寸或体积) Description of Goods (Incl. Packaging，Dimension or Volume)

预付 Prepaid		到付 Collect	其他费用 Other Charges
	航空运费 Weight Charge		本人郑重声明：此航空货运单上所填货物品名和货物运输声明价值与实际交运货物品名和货物实际价值完全一致，并对所填航空货运单和所提供的运输有关文件的真实性和准确性负责。 Shipper certifies that description of goods and declared value for carriage on the face hereof are consistent with actual description of goods and actual Value of goods and that particulars on the face herent are correct
	声明价值附加费 Valuation Charge		
	地面运费 Surface Charges		托运人或其代理人签字、盖章------------------ Signature of Shipper or its Agent
	其他费用 Other Charges		
			填开日期 填开地点 填开人或其代理人签字、盖章 Executed on (Date) At(Place) Signature of Issuing Carrier or its Agent
	总额(RMB) Total(CNY)		
付款方式 Form of Payment			**999-4147615 3** 正本 3(托运人联)甲 ORIGINAL 3 (FOR SHIPPER) A

样单 3－13　中外运空运发展股份有限公司国内航空分运单

中外运空运发展股份有限公司国内航空分运单

分运单号：

始发站		目的站		外运发展　SINOTRANS
托运人姓名、地址、邮编、电话				国内分运单
				货运单一、二、三联为正本，并具有同等法律效力，不得转让。
收货人姓名、地址、邮编、电话				填开货运单的代理人名称

运费方式	杂费方式	声明价值

运输方式	运输工具	里程	日期/时间	总运单号

运输途径	到达站	承运人	到达站	承运人	到达站	承运人

注意事项：双方交接签收时，应仔细检查核对，一经验收，则视同外包装完好无损。

件数	毛重	运价等级	商品编号	计费重量	费率	航空运费	货物名称、包装形式

郑重声明：此货运单上所填货物品名和货物运输声明价值与实际交运货物品名和货物实际价值完全一致，并对所填货运单和所提供的与运输有关文件的真实性和准确性负责。

托运人或其代理人签字、盖章

填开人或其代理人签字、盖章

填开日期

填开地点

其他费用

费用项目	预付	到付		
运费			派送人： 电话： 日期/时间：	签收人： 电话： 日期/时间：
操作费				
保险费			货物异常描述	
其他费用				
总额			情况反映人：	日期/时间：

正本 3（托运人联）甲　　　　分运单号：

4 国际集装箱运输实务

本章先简要介绍国际集装箱运输的种类、方式、运价，然后阐述国际集装箱进出口运输业务的流程，重点介绍国际集装箱整箱进口/出口业务、国际集装箱拼箱进口/出口业务流程和单证填写。

4.1 国际集装箱运输概述

4.1.1 国际集装箱运输的种类

由于集装箱货物运输有其特点，所以并不是所有的货物都适合集装箱化。按国际贸易分类的货物品目来划分，运输中所有的货物可归纳为60种品目，适合集装箱化的货物有40种，占总数的66.6%，可分为以下三类。

1. 最适合集装箱化的货物

最适合集装箱化的货物是指货价高、运价也比较高的商品。这些商品按其属性可有效地装载于集装箱内运输。货物的属性是指商品的大小、容积与重量的关系。最适合集装箱化的货物有针织品、酒、医药品、打字机、各种小型电器、光学仪器、电视机、收音机、小五金等。

2. 适合集装箱化的货物

适合集装箱化的货物是指货价、运费较最适合集装箱化的货物低的商品。该类货物有纸浆、天花板、电线、电缆、面粉、生皮、炭精、金属制品等。

3. 边缘集装箱化的货物

边缘集装箱化的货物是指可以装载于集装箱运输的，但是在大量运输时使用专用船反而能提高运输效率的商品。这类货物有废钢铁、大型卡车、桥梁、铁塔、发电机、钢铁结构物件等。

4.1.2 国际集装箱运输形式

1. 根据货物分量多少，可以分为整箱运输（FCL）和拼箱运输（LCL）方式

(1) 整箱货（Full Container Load，FCL）运输过程

整箱货是指货主托运的批量较大，足以由发货人负责装箱、计数、积载并加铅封的货

运。承运人对整箱货是以箱为交接单位，只要集装箱外表与收箱时相似和铅封完好，承运人就完成了承运任务。

整箱货运输过程：

①发货人在自己的工厂或仓库装箱地点配置集装箱；

②发货人在自己的工厂或仓库装箱地点装箱；

③通过内陆运输或内河运输将集装箱货物运至集装箱码头；

④在集装箱码头堆场办理交接，根据堆场计划在堆场内暂存集装箱货物，等待装船；

⑤根据装船计划将集装箱货物装上船舶；

⑥通过水上运输将集装箱货物运到卸船港；

⑦根据卸船计划从船上卸下集装箱货物并在堆场内暂存；

⑧通过内陆运输将集装箱货物运至收货人的工厂和仓库；

⑨收货人在自己的工厂或仓库掏箱地点掏箱；

⑩集装箱空箱回运。

（2）拼箱货（Less Than Container Load，LCL）运输过程

拼箱货是指装不满一整箱的小票货物，这种货物通常是由承运人分别揽货并在集装箱货运站或内陆站集中，然后将两票或两票以上的货物拼装在一个集装箱内，并在目的地的集装箱货运站或内陆站拆箱，分别交货。对于这种货物，承运人要负担装箱与拆箱作业，装拆箱费用仍向货主收取，承运人对拼箱货的责任基本上与传统的件杂货运输相同。

拼箱货运输过程：

①发货人自己负责将货物运至集装箱货运站；

②集装箱货运站负责配箱、装箱；

③集装箱货运站负责将装载货物的集装箱运至集装箱码头；

④根据堆场计划将集装箱暂存堆场，等待装船；

⑤根据装船计划将集装箱货物装上船舶；

⑥通过水上运输将集装箱货物运抵卸船港；

⑦根据卸船计划从船上卸下集装箱货物并在堆场内暂存；

⑧将集装箱货物运到货运站；

⑨集装箱货运站掏箱交货；

⑩集装箱空箱回运。

2. 根据运输形式，可分为集装箱集疏运输，集装箱班轮运输，集装箱定期直达列车，集装箱专运列车、快运列车和多式联运等方式

（1）集装箱集疏运输

集装箱集疏运输是干线运输的首尾衔接性支线运输，是集装箱运输的基本组成部分，这种集疏运输是在内陆进行，所以又称内陆集运。有内陆公路集疏运、内河集疏运及铁路

集疏运三种形式。集疏运的任务是将各用户的集装箱通过上述三种形式或其中某种形式集中为能采用专用集装箱船或集装箱列车进行干线运输的批量，或将大批量到港、到站的集装箱运送给用户，完成疏运任务。

（2）集装箱班轮运输

集装箱班轮运输是利用集装箱船在固定港口之间进行定期、定航线的集装箱运输。这种运输形式在各国普遍采用，运输量巨大。我国也开辟有到美洲、欧洲、日本、中国香港、地中海、东南亚等地的定期班轮航线。

（3）集装箱定期直达列车

集装箱定期直达列车是采用固定车底的专用集装箱车皮组成的专列，定点、定线、定期运行。

（4）集装箱专运列车、快运列车

集装箱专运列车、快运列车也采用专用集装箱货车，但是在运输上有其特点，专运列车在专门线及站之间运行，但不确定时间表，快运列车是专门对小批量集装箱进行没有固定时间表的快运。

（5）集装箱多式联运

集装箱多式联运是指采用两种以上不同运输方式运送集装箱。这主要有三种形式，一是国内集装箱联运，是指在干线运输区段，由几种不同运输工具实行的协作运输；二是国际集装箱联运，是指在国际间由多种运输工具进行的协作运输；三是大陆桥集装箱联运，是指利用大陆桥实行集装箱的运输。

4.1.3　国际集装箱的交接方式和交接地点

1. 整箱交接

①门到门交接。此种交接形式习惯上只有一个发货人、一个收货人，由承运人负责内陆运输。门到门交接的货物系整箱货。

②场到场交接。这是一种在装船港堆场接收货物，并将其运至卸船港码头堆场交货的交接方式。

③门到场交接。在发货人的工厂或仓库接收货箱后，由承运人负责运至卸船港集装箱码头堆场交货，目的地的内陆运输则由收货人自己负责安排。

④场到门交接。这是指在装船港集装箱码头堆场接收货箱，由承运人负责运至收货人工厂或仓库交货的交接方式，即整箱接收、整箱交付。

2. 拼箱交接

在这种交接方式下集装箱的具体交接地点只有一种情况，即站到站。这是指发货人将货物送往起运地或集装箱货运站，货运站将货物拼装后交承运人，承运人负责运至目的地或卸箱港的集装箱货运站进行拆箱，当地的货运站按件交给各个有关收货人。

3. 整箱交货、拆箱收货

集装箱具体的交接地点有以下两种情况：

①门到站交接。在发货人的工厂或仓库接收货箱后，由承运人负责运至目的地集装箱货运站交货，即整箱货接收、拼箱货交付。

②场到站交接。这是一种在装船港集装箱码头堆场接收货箱，并将其运至目的地集装箱货运站的交接方式。

4. 拼箱交货、整箱收货

①站到门交接。这是一种承运人在起运地集装箱货运站接收货箱，并将其运至收货工厂或仓库的交接方式。

②站到场交接。这是一种承运人在起运地集装箱货运站接收货箱后，负责运至卸船港集装箱码头堆场，整箱交收货人的交接方式。

4.1.4 国际集装箱的运输管理

1. 集装箱管理工作的主要内容

(1) 集装箱船公司或其代理对集装箱在运输过程中的调度、分派、分配和使用进行跟踪管理；

(2) 对集装箱的起租、退租、修理、保险、报关进行跟踪记录；

(3) 协调各个货源地区的箱量，合理调配货箱以提高使用效率和加快周转率，最大限度地减少和避免集装箱的闲置、致残和丢失。

只有认真做好上述三个方面的工作才能降低运输成本，提高服务质量。

2. 集装箱的管理机制

大型集装箱船公司在集装箱管理机制上通常采用四级制：(1) 全球的调配和管理；(2) 地区的调配和管理（如欧洲地区、北美地区、亚太地区等）；(3) 国家的调配和管理；(4) 各港口的调配和管理。各级箱管部门要对上一级箱管部门负责并应及时沟通货源和箱量，力求箱货平衡。

3. 箱管的一般操作程序

港口的箱管是基层箱管，它从集装箱进港到集装箱出港都要进行跟踪管理，具体的程序如下：

(1) 进港前的准备

在集装箱船尚未进港前，该船所载的集装箱情况便由上一级箱管或该船发运港箱管代理通过电脑或传真或电传通知卸货港箱管。这一通知通常称为“进口电”或“TDR (Terminal Departure Report)”或“CNTNR LIST”，其上均记载了该船所载的全部集装箱的箱号、尺寸、箱属（集装箱的所有人）、空重等情况，有的还载明各箱的收货人、货物、数量和重量等内容。卸货港的箱管根据上述通知便可了解到港的集装箱情况，随即根据这一情况作出具体调度和安排并录入电脑，打印进口设备交接单，通知各环节的箱管人员做好有关的准备工作。

（2）重箱进港

重箱进港按交接方式分整箱交和拆箱交两种。无论按哪种方式交接，收货人均需持提单和其他必要的单证到船公司或其代理的进口调度部门换取提货单，亦称小提单即 D/O (Delivery Order)。提箱时，整箱的收货人要向箱管缴纳集装箱押金，收取押金标准各地区、各港口规定不一，以天津为例，一般杂货箱为 3000～10000 美元/20′、5000～20000 美元/40′。收货人交完押金后，箱管部门才开具放箱单和进口设备交接单，然后凭所开单据提箱提货。对于拆箱交的集装箱于卸船后直接发往指定的货运站（CFS），然后由货运站拆箱放货。拆后的空箱由箱管码头调度，调回箱管指定的堆场。

整提集装箱又分汽车整提和火车整提。不管采取何种整提，收货人将整箱运抵自己的仓库或工厂拆箱后，应负责将空箱按时送回箱管指定的堆场，如超出免费使用天数，箱管要在押金中扣除滞箱费，滞箱费按集装箱的种类不同而不同，一般杂货箱的免费期为 10 天。凡超过 10 天从第 11 天至第 20 天时，按 5 美元/20′天，10 美元/40′天，从第 21 天至第 40 天时按 10 美元/20′天，20 美元/40′天，从第 41 天起按 20 美元/20′天，40 美元/40′天收取滞箱费。

（3）空箱进港

空箱进港多为上一级箱管进行宏观调配和平衡箱量而安排的。进港时应由箱管码头调度按规定向海关办理申报，通关后将空箱运至指定的堆场备用。

（4）堆场管理

无论是整箱、拆箱还是空箱，都要安排到指定的堆场进行堆存。堆场在货箱进出场时都要进行检查，并在现场与提箱人或还箱人或拆箱人会签设备交接单以便分析、分清货箱残损的责任以有利于箱管向有关责任方进行索赔。

在堆场内对集装箱的码放一般都是按箱属分类堆存，并根据堆场的坐标进行记录。例如，按排、行、高进行记录，以利管理和使用。堆场应严格服从箱管的统一调度，根据“先进先出”的原则，合理派放货箱。凡有修箱能力的堆场，还应负责集装箱的维修和保养。

（5）空箱使用

发货人或货代向船公司或船代订箱委载时，分箱站（CFS）装箱和自提装箱两种方式。箱管根据各箱站装箱的货量安排空箱箱量，以借箱站拼装所委载的货物，箱站集拼后按统一规定将货箱集港。自提箱的发货人应先到箱管缴纳集装箱使用押金，然后由箱管开具提箱单，发货人凭此单到堆场提取空箱，并自行安排到工厂或仓库装箱，然后将重箱送回堆场或自行集港。

（6）重箱出口

箱站拼装的重箱及自提自装的重箱按规定集港装船后，港口箱管根据出口舱单按目的港、箱号、箱型、尺寸、箱属制作“出口电”通知上一级箱管或卸货港箱管代理。

(7) 空箱出口

箱管根据上一级箱管平衡量的安排，办理空箱委载，向海关申报，通关后集港装船发送指定的港口。

(8) 起租和退租

有时上一级箱管为了缓解某地箱源的紧张情况或为了减少某地货箱的闲置，便需向租箱公司起租或还租一部分货箱，使货箱保持平衡，以降低费用成本。当地箱管在取得租箱公司的租约号、放箱号和退租号后应及时安排运力进行提箱或退箱，还需做好设备的交接手续。

4.1.5 国际集装箱运输费用

1. 集装箱海运运费

目前，集装箱货物海上运价体系较内陆运价体系成熟。基本上分为两个大类，一类是沿用件杂货运费计算方法，即以每运费吨为单位（俗称散货价或接箱货运费），另一类是以每个集装箱为计费单位（俗称包箱价或整箱货运费）。

(1) 整箱货运费计算

1) 费率

由于集装箱运输与传统运输方式不同，所以其运费构成与传统运输的运费构成也有差别。集装箱运费由基本运费和附加费用两部分组成。一批货物达到一个或几个集装箱容积的70%或集装箱负荷质量的95%，即可作为整箱货。其特征是箱内货物属于一个货物托运人，货物的装、拆箱作业由货主处理。整箱货运输形式的计费是以每个集装箱为计费单位的，即适用包箱费率。它是以每个集装箱为计费单位，而不计实际装货量，这类费率常用于整箱交货方式（CFS - CY 或 CY - CY 条款）。常见的包箱费率有以下三种表现形式。

①FAK 包箱费率（Freight for All Kinds）。即对每一集装箱不细分箱货类，不计货量（在质量限额之内）统一收取的运价。

②FCS 包箱费率（Freight for Class）。即按不同货物等级制定的包箱费率。集装箱普通货物的等级划分与杂货运输分法一样，仍是1~20级，但是集装箱货物的费率级差大大小于杂货费率级差，一般低价货物采用集装箱运输收费高于传统运输，高价货物采用集装箱运输收费低于传统运输。同一等级的货物，重货集装箱运价高于体积货运价。可见，航运公司鼓励人们把高价货和体积货装箱运输。在这种费率下，拼装货运费计算与传统运输一样，根据货物名称查得等级和计算标准，然后去查相应的费率，乘以运费吨，即得运费。

③FCB 包箱费率（Freight for Class or Basis）。这是按不同货物等级或货类以及计算标准制定的费率。

集装箱除了上述基本运费外，另外尚有为集装箱服务和管理等费用。诸如拆箱和装箱费、滞期费、堆存费、交接费等。这些费用由谁负担，视托运条件、当地规定和习惯做法而各不相同。

2）运费计算

①整箱货的最低运费。凡以整箱货发运的最低运费的标准不是金额，而是运费重吨。凡是以整箱托运的货物，为避免运费收入不足以弥补运费成本，对不同规格的集装箱分别规定计收运费的最低应计收的运费重吨或尺码吨，如实际运费低于最低运费，则运费按最低标准计算。

②最高运费的计算。最高运费的规定是集装箱运输的独有的特点。目前国际上对最高计费吨的规定，一般是 20 英尺集装箱为 31 立方米，40 英尺集装箱为 67 立方米。如超过上述规定，则超出部分可免计运费。所以提高集装箱内积载技术，充分利用集装箱容积对节省运费有很大作用。

在整箱货运的情况下，如托运人仅提供部分货物的计算运输资料，这部分运费即按规定的等级和费率计算运费，其余未提供资料的货物运费，则按最高运费吨减去已提供资料的货物运费吨计算。如这部分货物的计费等级或费率又有差异时，则按其中最高费率计算。例如：

一个 20 英尺集装箱的整箱货运，内装有 8、9、10、11 级四种货物，托运时，仅提供 10 级货物的尺码为 16 立方米，该集装箱运费计算标准如下：

已提供资料的货物运费为：

$$运费1 = 16立方米 \times 10级费率$$

未提供资料的 8、9、11 级货物的运费为：

$$运费2 = (31立方米 - 16立方米) \times 11级费率$$

整箱货的总运费为：

$$运费1 + 运费2$$

这样，对于 8、9 级货物来说，按 11 级货物计费，就等于多交了运费。所以，应尽量提供所装货物的全部资料。

（2）拼箱货运费计算

凡是不足整箱货的容积或质量的货载，即需要两批或两批以上同装一箱的货载，称为拼箱货，其特征是箱内货物属于多个托运人，货物的装、拆箱作业由承运人负责。

1）费率

拼箱货运费费率一般由件杂货基本费率和附加费构成。

①基本费率：参照传统件杂货运价，以运费为计算单位，多数航线上采用等级费率。

②附加费：除传统杂货所收的常规附加费外，还要加收一些与集装箱货物运输有关的附加费。

2）运费计算

袭用传统件杂货运费计算方法，即根据商品的等级不同规定有不同的费率，它主要适用于拼装交货方式，但采用这种方法具体计算集装箱运输时还应该注意它的一些特殊规定。

第一，最低运费的规定。许多船公司为了保证营运收入不低于营运成本，都制定有起码收费标准，任何一批货物，其运费金额若低于规定的最低运费金额时，均按最低运费金额计算核收。

第二，最高运费的规定。即规定凡高于规定计费吨或等级的货物均以规定的最高计费标准收费而免计超过规定部分的运费。

拼箱货按货物的尺码或质量计算运费总额，择其大者收取；整箱货则按货物等级及航程远近核算运费。有的采用不分货种，按箱计收运费，称为“均一费率”（FAK）。

运费的核收涉及面很广，如因船公司所提供的服务项目的多少而有所不同等，所以对运费的核收方法只能概括加以介绍。

2. 公路运输集装箱运费的计算方法

按照《汽车运价规则》，公路运输集装箱运费的计算方法为：

（1）集装箱运价按计价类别和货物运价费目计算。

（2）集装箱运费计算公式为：

重（空）集装箱运费 = 重（空）箱运价 × 计费箱数 × 计费里程 +
箱次费 × 计费箱数 + 货物运输其他费用

3. 铁路运输集装箱运费的计算方法

《铁路货物运价规则》第 21 条和第 22 条的规定：

（1）集装箱货物的运费按照使用的箱数和“铁路货物运价率表”中规定的集装箱运价率计算，但危险货物集装箱、罐式集装箱、其他铁路专用集装箱的运价率，按“铁路货物运价率表”的规定分别加 30%、30%、20% 计算。

自备集装箱空箱运价率按其适用重箱运价率的 50% 计算。

承运人利用自备集装箱回空捎运货物，在货物运单铁路记载事项栏内注明，免收回空运费。

（2）运价率不同的货物在一个包装内或按总质量（或按箱）托运时，按该批或该项货物中最高的运价率计费。

（3）铁路运输集装箱运费计算公式为：

集装箱运费 = 每箱运价 × 箱数

其中：

每箱运价 = 发到基价 + 运行基价 × 运行里程

4.2　国际集装箱运输业务流程

4.2.1　国际集装箱进出港货运流程概述

1. 订舱承运

托运人在选定船公司、班期后，填制托运单向船公司或其代理人（一般是船公司的船务代理，简称船代）申请订舱。船公司或船代根据托运人的订舱申请，考虑船舶舱位、货物性质、运输要求等因素后确定能否接受订舱委托。在船公司或船代审核托运单、确认可以接收后，会在装货单上签章，以表明承运该货物。托运人凭签章后的装箱单向海关办理出口货物报关手续。船公司或船代则根据托运单缮制预配清单等单据，以便于托运人、集装箱码头、集装箱空箱堆场等相关运输部门安排集装箱空箱的发放和重箱的进港等交接工作。

2. 装箱交接

船公司或船代在接受订舱后，其现场经办人员根据预配清单的用箱要求安排集装箱空箱发放的堆场，并缮制集装箱设备交接单。托运人根据其出运货物所使用集装箱的情况不同，或托运人安排集装箱门点装箱，或将货物送到承运人指定仓库收货和装箱。装箱前，负责装箱运输的集卡车队向船代领取集装箱设备交接单。凭设备交接单，到指定集装箱空箱堆场领取所需空箱。或在托运人指定的门点装箱，或在承运人指定的内装仓库装箱。装箱完毕，根据货物的实际装箱情况，填制集装箱装箱单。集装箱重箱与设备交接单、集装箱装箱单一起，由集装箱重箱运输司机送至集装箱港口。在集装箱港口的入口处（俗称道口、卡口）完成箱、单交接。双方在设备交接单、集装箱装箱单上签字确认。

3. 配载装船

船公司或船代接受订舱后，根据托运单中的货物订舱数据，由船公司的集装箱配载中心或船舶大副，根据分类整理的订舱单编制航次集装箱预配图。航次集装箱预配图由船公司直接转给集装箱港口装卸公司。港口装卸公司在收到集装箱预配图后，由码头船长（Terminal Captain）或集装箱配载员根据预配图和码头实际进箱情况编制集装箱实配图。待集装箱船靠泊后，码头配载员持实配图，交集装箱船的大副审查。经船方签字同意，码头凭确认后的集装箱实配图安排集装箱装船作业。集装箱装船完毕后，由理货公司的理货员按船舶实际装箱情况，编制最终积载图。托运人在船开后向船代申领提单。船代凭从集装箱装卸码头返回的已经由大副签注的“场站收据”联签发提单。

4. 卸船交货

集装箱货物运抵卸货港后，船公司或船代负责卸货至港口集装箱堆场。货主在办理了进口手续后，海关在提货单上加盖放行章。货主凭合法有效的提货凭证到港口集装箱堆场办理提货拆箱。通常情况下，货主还需负责空箱的还箱工作。

集装箱进出港口码头如图 4－1 所示。

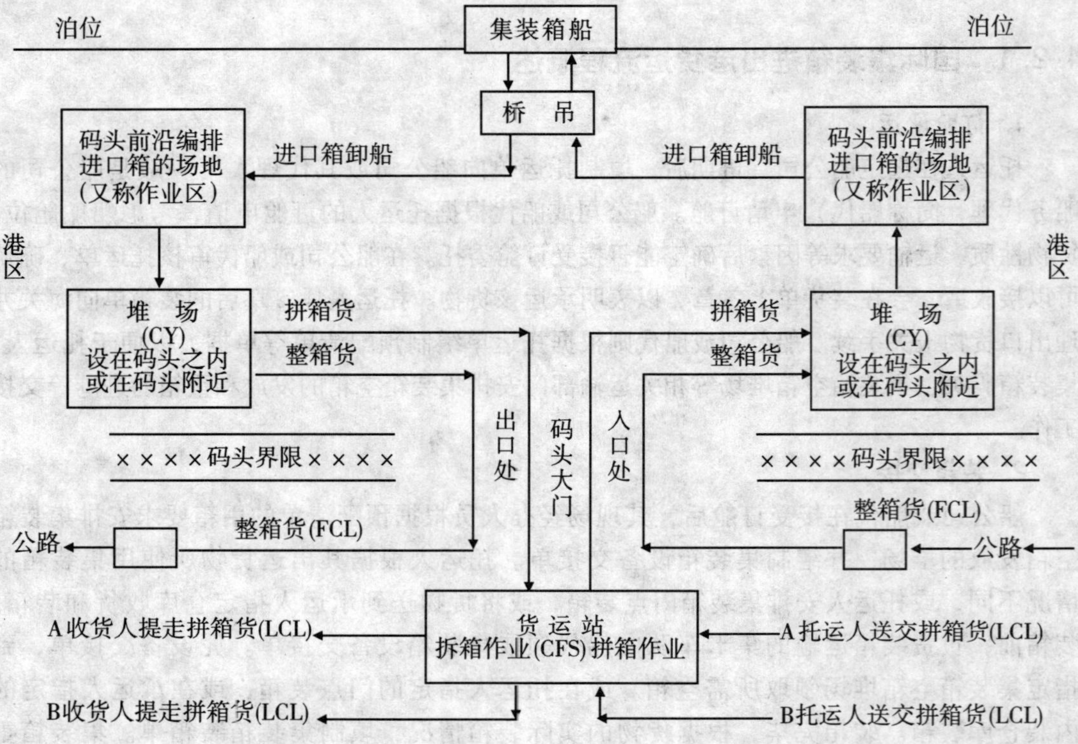

图 4－1 集装箱进出港口码头示意图

4.2.2 国际集装箱整箱出口货运业务流程

4.2.2.1 国际集装箱整箱出口货运业务流程

1. 委托代理

在集装箱班轮货物运输过程中，货主一般都委托货运代理人为其办理有关的货运业务。货运代理关系由作为委托人的货主提出委托、由作为代理人的国际货运代理企业接受委托后建立。

在货主委托货运代理时，会出具一份货运代理委托书。在订有长期货运代理协议时，可能会用货物明细表等单证代替委托书。

2. 订舱

货运代理人接受委托后，应根据货主提供的有关贸易合同或信用证条款的规定，在货物出运之前的一定时间内，填制订舱单向船公司或其代理人申请订舱。船公司或其代理人在决定是否接受发货人的托运申请时，会考虑其航线、船舶、运输要求、港口条件、运输时间等方面能否满足运输的要求。船方一旦接受订舱，就会着手编制订舱清单，然后分送集装箱码头堆场、集装箱空箱堆场等有关部门，并将据此安排办理空箱及货运交接等工作。

在订舱时，货运代理人会填制“场站收据”联单、预配清单等单据。

3. 集装箱设备交接

在订舱后，货运代理人应提出使用集装箱的申请，船方会给予安排并发放集装箱设备交接单。凭设备交接单，货运代理人就可安排提取所需的集装箱。

在整箱货运输时，通常是由货运代理人安排集装箱卡车运输公司到集装箱空箱堆场领取空箱，但也可以由货主自己安排提箱。无论由谁安排提箱，在领取空箱时，提箱人都应与集装箱堆场办理空箱交接手续，并填制设备交接单。

4. 货物装箱

整箱货的装箱工作大多由货运代理人安排进行，并可以在货主的工厂、仓库装箱或是由货主将货运代理人的集装箱运至货运站装箱。当然，也可以由货主自己安排货物的装箱工作。

装箱人应根据订舱清单的资料，并核对场站收据和货物装箱的情况，填制集装箱货物装箱单。

5. 整箱货交接签证

由货运代理人或发货人自行负责装箱并加封志整箱货，通过内陆运输运至承运人的集装箱码头堆场，并由码头堆场根据订舱清单，核对场站收据和装箱单接收货物。整箱货出运前也应办妥有关出口手续。

集装箱码头堆场在验收货箱后，即在场站收据上签字，并将签署的场站收据交还给货运代理人或发货人。货运代理人或发货人可以凭据已签署的场站收据要求承运人签发提单。

6. 换取提单

货运代理人或发货人凭已签署的场站收据，向负责集装箱运输的人或其代理人换取提单。发货人取得提单后，就可以去银行结汇。

由于集装箱运输方式下承运人的责任早于非集装箱运输方式下承运人的责任，所以理论上在装船前就应签发提单。这种提单是收货待运提单，而收货待运提单在使用传统贸易术语的贸易合同下是不符合要求的。因此，为了满足贸易上的要求，也为了减少操作程序上的麻烦，实践中的做法是在装船后才签发提单，即已装船提单才符合使用传统贸易术语的贸易合同的需要。

7. 装船

集装箱码头堆场或集装箱装卸区根据接收待装的货箱情况，制订出装船计划，等船靠泊后即可装船。

［例］CIF 术语下 FCL 货物出口流程

CIF 术语要求卖方承担办理订舱、购买海运保险等货物出口的手续。因此在货物准备完毕后和在合同规定的交货日期之前，卖方首先要向班轮公司订舱。一般出口公司不直接向班轮公司订舱，而是通过货运代理人订舱，因此出口公司的国际 FCL 海运业务流程办理订舱手续首先从委托货运代理人开始。以下我们用图详细地描绘了 CIF 条件下集装箱整箱“门到门”出口业务的流程，如图 4－2 所示。

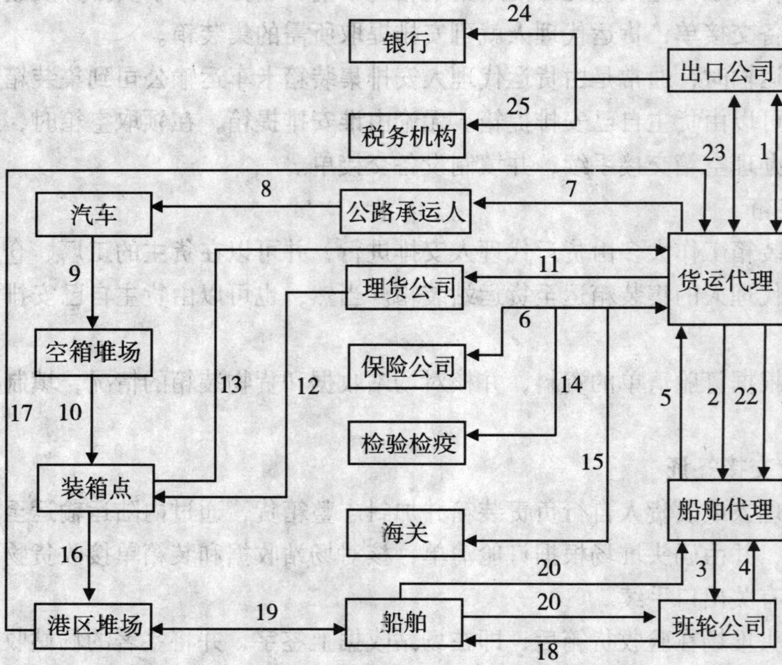

图 4－2　CIF 术语下 FCL 货物出口流程

在图 4－2 中：

（1）出口商向货运代理人发出出口货运委托书（附随单据：出口货运委托书、贸易合同副本、商业发票副本、出口报关委托书、出口商检委托书、产地证书副本、出口许可证、出口配额证明等）；货运代理人审核委托书决定受理后缮制十联单，将第一联交还出口商，以表明代理关系成立。如果不受理则应当退回出口货运委托书及全套附随单据。不受理的主要理由有：货物属于违禁品、单证不齐、委托事项超出货运代理人的经营范围等。

（2）货运代理人接受委托后，必须判断货物是否可以按照整箱托运。如果不能，则寻求预拼箱，并制作“集装箱预配清单”。实现整箱后缮制“十联单”，并根据贸易合同副本中有关承运人的规定将其中 8 联（2～9 联）递交船舶代理人，办理订舱手续（如果贸易合同或出口商指定班轮公司，则货运代理人只能向该班轮公司的船舶代理人订舱，如果贸易合同或出口商没有指定班轮公司，则货运代理人可以根据具体交货时间和船期情况自由选择班轮公司及其船舶代理人)。

(3) 船舶代理人接受订舱并简要计算运费等必要费用后，向班轮公司发出确认请求。

(4) 班轮公司向船舶代理人确认订舱并核准运费。

(5) 船舶代理人向货运代理签发订舱回单和设备交接单。

(6) 货运代理人向保险公司办理国际货运保险。

(7) 货运代理人获得订舱回单和设备交接单后，立即寻找公路运输承运人，委托办理从空箱堆场提空箱、到出口商仓库提货装箱和将重箱运至港区堆场的运输业务（附随单据：设备交接单、订舱回单、装箱单、公路运单)。

(8) 公路承运人根据运单的规定向汽车和司机发出指令，派车单。

(9) 司机凭设备交接单前往空箱堆场提取空箱。

(10) 司机将空箱运至出口商指定的装货地点装箱。

(11) 货运代理人委托理货公司理货。

(12) 理货公司派专人前往装箱点理货。

(13) 装箱人员按照“集装箱预配清单”装箱，并根据实装结果编制“集装箱装箱单”，理货人员根据理货情况出具理货报告。理货报告和装箱单交给货运代理人。

(14) 货运代理人申请报验，主要单据有：检验委托书、检验申请书、商业发票、装箱单、设备交接单、贸易合同副本等。

(15) 货运代理人申请报关，主要单据有：报关委托书、报关申请书、商业发票、装箱单、设备交接单、贸易合同副本、出口许可证或者配额、检验检疫证明、退税申请等。

(16) 司机将重箱运至海关监管港区堆场，将设备交接单、集装箱装箱单、海关放行单、未签发的场站收据等交付港区堆场。

(17) 港区签发场站收据给货运代理人（D/R)。

(18) 班轮公司将编制好的船舶预配舱单传送船舶。

(19) 船舶根据预配舱单接收码头交付的集装箱，并签发大副收据。

(20) 船舶根据装船情况编制实载舱单，并将舱单传送班轮公司和船舶代理。

(21) 货运代理凭场站收据向船舶代理换取提单。

(22) 船舶代理核对场站收据和实载舱单后签发提单给货运代理人。

(23) 货运代理人结算费用，向出口商提交货运代理发票、提单、保险单以及退税单。出口商向货运代理人支付货运代理费及货运代理人垫付的保险费、运费、报关费、检验检疫费、公路运费、理货费、装箱费等费用。

(24) 出口商凭贸易合同规定的单据向银行要求结汇，交单取款。

(25) 出口商凭全套出口文件副本及海关签发的退税单，向税务局要求退税。

4.2.2.2 整箱出口退关、漏装处理

1. 整箱出口退关（Shut Out or Draw Back）

整箱出口退关是指托运人委托货运代理人办妥整箱出口货运订舱手续后，因种种原因在货物配载装船前中止货运过程的事件。

由于退关后处理手续的繁杂，稍有疏忽即可能造成非常被动的货运责任事故，并引起额外的费用支出，因此在发生退关后，货运代理与委托人之间应及时分清责任。货运代理人应在取得托运人的明确指示后，尽量迅速、妥善地处理退关事宜。整箱退关的原因多种多样：尚未提取集装箱空箱即退关、已提取空箱但货物尚未装箱即退关、已经装箱但尚未送进港区即退关、已送进港区但尚未报关成功即退关、已经送进港区且已报关成功但因超配或船舶吃水等原因退关等。货运代理人要区别不同的情况，采取不同的应对措施。

（1）单证的处理

退关的结果是货物的装货单 S/O 失去配载的作用。在货物退关后，货运代理人应及时通知船公司或船代注销退关货物的订舱，以便其注销相应的场站收据等单证。

在货物报关成功前退关的，货运代理人需及时将托运人的报关资料退还托运人；若在货物报关成功后退关的，货运代理人需及时向海关办理退关手续，将注销的报关单及相关单证尽早取回后退还托运人。

委托人提出退关时集装箱设备交接单尚未领取的，则由船公司或船代的现场工作人员予以注销；若集装箱设备交接单已经领取但尚未提取空箱的，则货运代理人要及时通知委托人或空箱提箱人（一般是货运站或集卡运输车队）及时返还设备交接单。

（2）货物及集装箱设备的处理

已经提取空箱但尚未装箱即退关的，货运代理人需督促托运人或空箱提箱人及时将集装箱空箱还回船公司的集装箱堆场。

已装箱但尚未将整箱货物送进港区或船公司集装箱重箱堆场即退关的，货运代理人要及时安排重箱拆箱，货物交还托运人，空箱返还船公司集装箱堆场。

重箱进港后退关的，货运代理人需向港区办理申请手续并缴纳相关费用后，安排将重箱拉出拆箱。货物交还托运人，空箱返还船公司集装箱堆场。

2. 整箱出口漏装

整箱出口漏装是指整箱货物重箱进港报关成功后，因船舶超载、船舶吃水、码头作业等非托运人原因造成货物未装上预先订舱配载船舶的货运事件。

在整箱漏装发生后，货运代理人应及时与托运人、船公司或船代取得联系，听取托运人和承运人双方对漏装事件的处理意见，积极沟通和协调双方利益。在取得托运人的书面处理意见后，迅速处理漏装货物的后续操作事宜。

（1）漏装操作

托运人同意由原船公司或船代将漏装货物安排在同一港区，由下一班船装船出运的，货运代理人负责将盖有海关放行章的场站收据副本联统一交船公司或船代，由其制作整船漏装清单，到海关办理相关货物放行手续。托运人不必重新报关，货物则留在港区待装下一班船。通常情况下，船公司或船代负担漏装货物在港区的堆存费、搬移费、海关单证费等费用。也有例外情况，则依据船公司或船代与托运人之间的协商结果办理。

(2) 改配操作

托运人决定换装其他承运人的船，或由原船公司在其他港区码头的其他船出运的，则货运代理人需及时向海关办理退关手续，将注销的报关单及相关单证尽早取回后退还托运人。在向港区办理申请手续并缴纳相关费用后，安排将重箱拉出。若仍配原船公司船出运，则按照重新订舱的程序安排货运。在征得船公司同意的情况下，可以使用原集装箱，不必重新提取空箱进行货物倒箱作业；须注意，集装箱装箱单仍需重新制作。若托运人准备另行安排货运委托事宜，则货运代理人在安排拆箱后将货物交还托运人，拆箱后的空箱返还原船公司集装箱堆场。至于产生的费用结算事宜，则依据船公司或船代和托运人之间的协商结果办理。

4.2.3 国际集装箱拼箱出口货运业务流程

所谓拼箱货就是有集拼条件的货运代理人，将不同委托人、不同收货人、同一卸货港的零星货物集中起来，以货运代理人的名义办理整箱运输，国际上又称为 Consolidation，集拼货运代理人称为 Consolidator。

1. 承办集拼业务的货运代理企业必须具备的条件

(1) 具有集装箱货运站装箱设施和装箱能力。

(2) 在国外有自己的货运代理人，具备拆箱分拨能力。

(3) 政府部门批准有从事集拼业务经营范围且能签发货代提单（House B/L)。

通常情况下，从事集拼业务的货运代理人，由于其签发自己的提单，其法律地位相当于无船承运人。办理拼箱业务的货物托运人，其接受的提单是货运代理人签发的以（LCL）CFS/CFS 交接方式的 House B/L。货运代理人作为集拼整箱的托运人，从船公司或其代理人处签得（FCL）CY/CY 交接方式的集拼整箱的 Master B/L。

例外情况，因集拼业务的货运代理人，在整箱货物的卸货港没有其自己的代理人，则货运代理人会使用船公司或其船代的代理，将拼箱货物送到船公司的 CFS 安排内装箱，向客户签发船公司的提单。这种业务相对于船公司或其船代而言，称为自拼箱（Self Container Load，SCL)，即将货运代理人视同货主，由货主自行组织零星货物拼成整箱后运输，船公司在卸货港的代理负责拆箱交货。在这种情况下，实际货物托运人接受的是船公司签发的以 CFS/CFS 为交接方式的 M－B/L。在此状况下，船公司提供的是类似杂货班轮的服务，因此操作程序也类似。

2. 拼箱货业务流程

集拼货运代理人预先以（LCL）CFS/CFS 集装箱交接方式向船公司或船代预订整箱，并为该整箱项下的每票货物单独缮制场站收据联单（D/R）。船代接受订舱后，依照场站收据联单操作流程将相关报关等单证退给货代，货代通知各委托人在规定时间内将运输的货物送进货代指定的货运站 CFS，同时将相关报关资料送交货代。货代安排货运站适时向船代现场领取 EIR 后，将空箱运到 CFS 装箱。CFS 中的装箱人根据实际装箱情况缮制 CLP，并将实际装箱数据通知货代操作人员，以便于与订舱时的 D/R 数据核对。若有误，则及时要求船代更正。货代整理报关资料统一向海关进行出口申报。海关验放后，货代应及时将有关单证送交船代现场配载装运。船开后，货代向船代申领整箱货下的全部 M－B/L 提单，同时向各委托人分别签发货代的 H－B/L。拼箱货出口货运代理业务流程如图 4－3 所示。

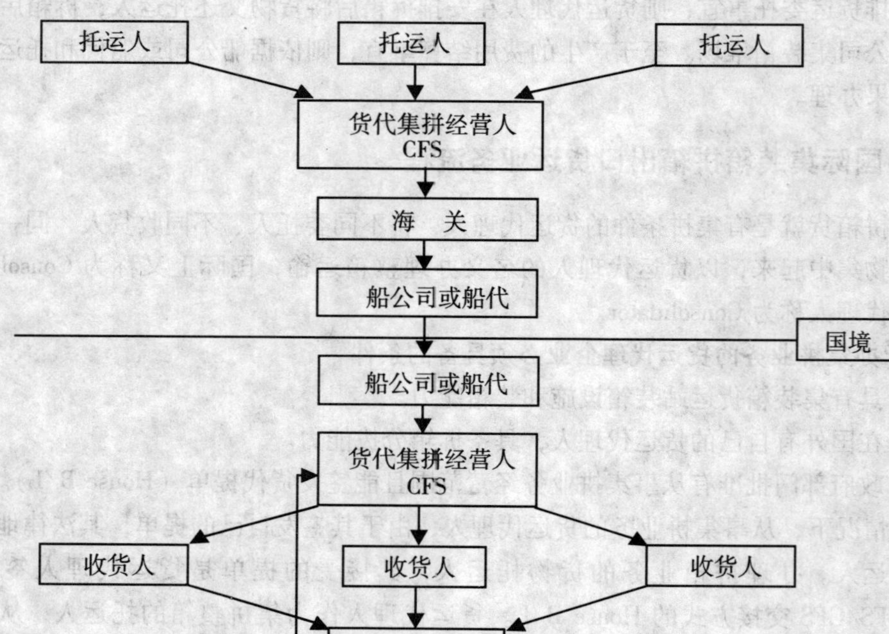

图 4－3　拼箱货出口货运代理业务流程

4.2.4　国际集装箱整箱进口货运业务流程

海运进口的货运代理业务是我国货代业务中涉及面最广、线最长、量最大、货种最复杂的货代业务。完整的海运进口业务，从国外接货开始，包括安排装船、安排运输、代办保险，直至货物运到我国港口后的卸货、接运、报关报检、转运等业务。

1. **货运代理人接受委托**

货运代理人与货主双方建立的委托关系可以是长期的，也可以是就某一批货物而建立的。在建立了长期代理关系的情况下，委托人往往会把代理人写在合同的一些条款中，这样，国外发货人在履行合约有关运输部分时会直接与代理人联系，有助于提高工作效率和避免联系脱节的现象发生。

在货代与货主双方之间订立的协议中，通常应明确以下项目：

（1）委托人和代理人的全称及其注册地址。

（2）代办事项的范围，如是否包括海上运输，是否包括装运前的拆卸工作、集港运输等，到港后是提单交货还是送货上门等。明确了代办事项范围，则一旦发生意外，就能判明双方责任，避免因双方职责不明而造成的损失。

（3）委托方应该提供的单证及提供的时间。提供的时间应根据该单证需用的时间而定。

（4）收费标准及支付时间、支付方法。

（5）委托方和代理人的特别约定。

（6）违约责任条款。

（7）有关费用如海洋运费、杂费及关税等的支付时间。

（8）纠纷后，协商不成的解决途径及地点。通常解决争议的途径有仲裁或诉讼等，地点可以在双方同意的地点，仲裁一般在契约地，诉讼则可以在契约地，也可以在被告所在地。

（9）协议必须加盖双方公章并经法定代表人签字，这是协议成立的要件。

2. **卸货地订舱**

如果货物以 FOB 价格条件成交，货代接受收货人委托后，就负有订舱或租船的责任，并有将船名、装船期通知发货人的义务。特别是在采用特殊集装箱运输时，更应尽早预订舱位。

3. **接运工作**

接运工作要做到及时、迅速。其主要包括：①内部管理，做好接货准备，及时地告知收货人，汇集单证并与港方联系；②慎接卸。

4. **报检报关**

根据国家有关法律、法规的规定，必须办理完进口货物的验放手续后，收货人才能提取货物。因此，收货人必须及时办理有关报检、报关等手续。

5. **监管转运**

进口货物入境后，一般在港口报关放行后再进行内陆运输，但经收货人要求，经海关核准也可运往另一设关地点办理海关手续，称为转关运输货物，属于海关监管货物。

6. **提取货物**

货运代理人向货主交货有两种情况：一是象征性交货，即以单证交接，货物到港经海关验收，并在提货单上加盖海关放行章，将该提货单交给货主，即为交货完毕；二是实际性交货，即除完成报关放行外，货运代理人负责向港口装卸区办理提货，并负责将货物运至货主指定地点，交给货主，集装箱运输中的整箱货通常还需要负责空箱的还箱工作。在这两种情况下，货运代理人都应做好交货工作的记录。

同样在 CIF 术语下，进口方的义务主要是接收货物，整个流程从船舶进港开始，具体流程略为简单，如图 4－4 所示。

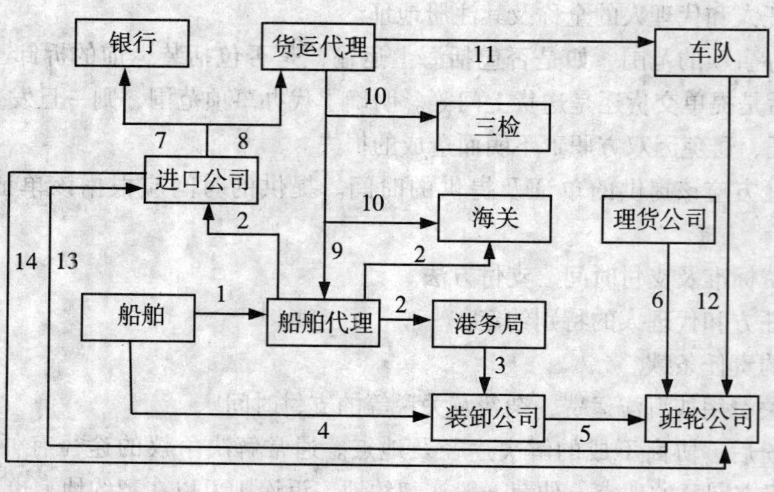

图 4－4　CIF 术语下 FCL 货物进口流程

在图 4－4 中：

（1）船舶到达港口前向目的港船舶代理发出船舶到港信息以及卸货舱单。

（2）船舶代理落实船舶泊位，向海关申报卸货舱单并向收货人发出到货通知。

（3）港务局通知装卸公司安排卸货。

（4）装卸公司将集装箱从船上卸下。

（5）装卸公司将集装箱存放在港区指定的堆场。

（6）理货公司理货。

（7）收货人向银行结汇，付款赎单。

（8）收货人委托货运代理办理进口手续。

（9）货运代理人凭委托书、提单、到货通知向船舶代理换取提货单。

（10）货运代理人凭提货单、委托书、检验检疫证明、报关单到三检和海关办理进口清关手续。

（11）货运代理人指派车队到港区提货。

（12）车队派车前往港区堆场交付提货单，提取集装箱，并填写设备交接单。

（13）车队将货物运至收货人仓库，货交收货人。

（14）车队将集装箱空箱归还到港区或者承运人指定的还箱点，交验设备交接单。

4.2.5 国际集装箱拼箱进口货运业务流程

集装箱拼箱进口货物按照交货人的不同分为两种情况：或由船公司负责拆箱交货；或由有拼箱分拨权的货代负责拆箱交货。两者的共同之处在于：货物在交付前均需处于海关监管下，即存放在海关监管仓库或监管港区内，具体流程为：

1. 卸船拆箱

载运集装箱的船舶到港后，由船代根据积载舱单数据向海关进行货物进港申报。船公司以 LCL 交付方式交货的集装箱则转入港区监管仓库或船公司的海关监管仓库拆箱仓储。经海关核准具备拼箱分拨权的货代则先向海关办理整箱放箱手续，同时将整箱内所装货物的明细制作为分拨舱单，向海关发送分拨舱单信息以供验放核对之用。货物则转入海关监管仓库拆箱仓储。

2. 理货及到货通知

船代或有分拨权的货代在货物入库拆箱后，根据舱单内容对货物进行清点、整理、分类、仓储。同时向提单上显示的收货人、通知人发到货通知。货主或其委托的货代凭背书后的提单向船代或有分拨权的货代缴清运杂费后换取提货单。提货单须有船代或有分拨权货代的放货章方为有效。

3. 报关报检

货主或其委托的货代，携提货单和其他海关规定的报关资料向海关申请货物验放。有检验检疫要求的货物，须在报关申报前办理检验检疫手续。例外情况，非口岸地货物的检验手续须客户自行到货物目的地申请当地检验机构办理的，则接受进口报关报检委托的货代有义务提醒货主及时办理检验手续，以免招致相关职能部门的处罚而产生委托代理纠纷。

4. 提货转运

货主或其委托的货代在海关验放后，携盖有海关放行章及其他相关单位放行章的提货单，到港区监管仓库或船公司监管仓库或有分拨权的货代监管仓库中提货。若货主有委托货代转运要求的，则货代还须负责将货物转运到货主的指定地点交付货物。

5. 转关运输

进口货物涉及转关运输必须具备若干条件：货主所在地设有海关机构；向海关交验的进境运输单据上列明到达目的地为非首达口岸，需转关运输；运输工具和货物符合海关监管要求；转关运输的单位须经海关核准等。货代在接受货主委托办理转关运输时，须明确海关的相关规定，对涉及的报关注意事项、转关关封等文件的管理和移交，以及转关运输工具及运输单位的选择等事务必须谨慎办理。

4.3 国际集装箱运输业务的主要单证

该类单证可分为基本单证和特殊单证。

基本单证通常是每批托运货物都须具备的单证，包括出口货运代理委托书、出口货物报关单、外汇核销单、商业发票、装箱单、重量单、规格单等单证。

特殊单证是在基本单证以外，根据国家规定，按不同商品、不同业务性质、不同出口地区需向有关主管机关及海关交验的单证，如出口许可证，配额许可证，商检证，动植物检疫证，卫生证明，进料、来料加工手册，危险货物申请书，包装证，品质证，原产地证书等单证。

4.3.1 国际集装箱运输出口货运代理委托单证（Entrusting Order for Export Goods）

由于在实际操作中，常常由货运代理人代替货主进行货运业务活动。为规范代理行为，明确代理权限范围，在货主委托货运代理时，出口委托方必须要向货运代理人出具委托书。在货主与货运代理人订有长期货运代理合同的情况下，也可以用双方事先约定的货物出运明细表、货物入仓交接单等单证代替委托书。委托书如样单 4-1 所示。

出口货运代理委托书（Entrusting Order for Export Goods）是委托方（货主）向货运代理人委托办理货运代理事项的文件，或称为运输合同的“要约”。该委托书上应详列委托办理事项和各项数据资料，是货运代理人的工作依据。一旦货运代理人接受委托，双方之间的运输契约即告成立。因此，出口货运代理委托书应包含如下基本事项：

（1）委托人的单位公章或经当事人事先约定的业务订舱章。

（2）委托单位的名称、编号。

（3）制作场站收据联单的资料：发货人、收货人、通知人、装港、卸港、目的港、运费预付或到付。

（4）托运货物的资料：标记、件数、包装、商品名称、毛重、体积。

（5）装运事项：集装箱交接方式、可否转船、可否分批装运、装运期限、信用证有效期限及配船要求。

（6）提单签单要求：签正本提单或海运单或电报放货，提单正副本份数，信用证规定的在提单上必须记载的事项等。

（7）集装箱陆路、水路运输要求：集装箱类别、数量、提箱要求、装箱要求、装箱地点、联系电话、联系人等。

（8）涉及运费的事项：与船公司的运价协议号、运费结算方式等内容。

（9）其他特殊委办事项：危险品、冷藏箱、框架箱、开顶箱等特殊装箱要求等。

样单 4-1　出口货运代理委托书

出口货运代理委托书

经营单位（托运人）						托运人编号	
提单	发货人：Shipper：					代理编号	
提单	收货人：Tel：					合同号	
提单	通知人：Notify Party：					信用证号	
运费预付 Prepaid		运费到付 Collect				贸易国别	
船名		起运港		目的港		提单号	
可否转运		可否分批		装运限期	有效限期	提单正本 副本	
标记唛码	件数及包装名称	中、英文货名		总毛重（千克）		总体积(立方米)	长×宽×高
集装箱装运	20 尺× 只	货物存放地点					
集装箱装运	40 尺× 只	货物存放地点	联系人		电话/传真		休息日
货物备妥日期		特殊集装箱要求				□ 冷藏	□ 危险
重大件货物	最重件：每件毛重　千克	最大：每件长　cm×宽　cm×高　cm					
海运运货		人民币包干费				托运人	姓名：
支付方式	1. 银行托收		支付方式	1. 银行托收		托运人	电话：
支付方式	开户银行		支付方式	开户银行		托运人	传真：
支付方式	账　号		支付方式	账　号		托运人	地址：
支付方式	2. 银行汇款		支付方式	2. 银行汇款		托运人	签章：
支付方式	3. 现　金		支付方式	3. 现　金		托运人	
备注							制单日期：

4.3.2　国际集装箱货物托运单（Booking Note）

托运单是由托运人根据贸易合同和信用证的有关内容向承运人或其代理人办理货物运输的书面凭证。托运单主要详细记载有关货物情况及对运输要求等内容。托运单的格式如样单 4-2 所示。

样单 4－2　集装箱托运单

▽

Shipper（发货人）

Consignee（收货人）

D/R No.(编号)

Notify Party（通知人）

集装箱货物托运单
货主留底

第一联

Pre-carriage by(前程运输)　Place of Receipt(收货地点)

Ocean Vessel(船名)　Voy. No.（航次）　Port of Loading（装货港）

Port of Discharge（卸货港）　Place of Delivery（交货地点）　Final Destination for Merchant't Reference(目的地)

Particulars Furnished by Merchants（托运人提供详细情况）

Container No.（集装箱号）	Seal No.（封志号）Marks & Nos.（标记与号码）	No. of Containers or Pkgs.（箱数或件数）	Kind or Packages Description of Goods（包装种类与货名）	Gross Weight 毛重（千克）	Measurement 尺码（立方米）

TOTAL NUMBER OF CONTAINERS OR PACKAGES(IN WORDS)
集装箱数或件数合计(大写)

FREIGHT & CHARGES（运费与附加费）	Revenue Tons（运费吨）	Rate（运费率）Per（每）	Prepaid(运费预付)	Collect（到付）

Ex Rate：（兑换率）	Prepaid at(预付地点)	Payable at（到付地点）	Place of Issue(签发地点)
	Total Prepaid（预付总额）	No. of Original B(s) /L（正本提单份数）	

Service Type on Receiving （ ）-CY,（ ）-CFS,（ ）-DOOR	Service Type on Delivery （ ）-CY,（ ）-CFS,（ ）-DOOR	Reeter Temperature Required（冷藏温度）	℉	℃

TYPE OF GOODS（种类）	( )Ordinary(普通) ( )Reefer(冷藏) ( )Dangerous(危险品) ( )Auto.裸装车辆 ( )Liquid液体 ( )Live Animal(活动物) ( )Bulk(散货) ( )_____	危险品	Glass: Property: IMDG Code Page: UN No.

可否转船：	可否分批：
装　　期：	效　　期：
金　　额：	
制单日期：	

在集装箱运输中，为简化手续，是以场站收据（Dock Receipt）联单的第一联作为集装箱货物的货运单，该联单由货主或货主委托货代缮制，并送交船公司或其代理人订舱。

4.3.3　国际集装箱场站收据（Dock Receipt）

场站收据联单又称场站收据、港站收据、码头收据。场站收据是货物的托运单，也是货物的订舱单，是发货人向船方或其他代理申请订舱的形式单据，它是全套货运单证中最重要的单据。场站收据（样单4-3，样单4-4）在各地的联数各有不同，上海是一式十联，有的口岸是一式九联。以上海为例：

第一联：货主留底（托运单原先由货主初步缮制后将此联留底，故作为第一联）。

第二联：船代留底（船代留底联上盖有货主的公章或订舱章，船代据以缮制载货清单，船公司据以编制预配图）。

第三联：运费通知（1）（船代在此联上批注运价，作为船代结算部门办理运费结算的参考依据）。

第四联：运费通知（2）（这联作为货代向发货人办理运费结算的参考依据）。

第五联：装货单（Shipping Order，S/O），又称场站收据副本、海关联（船代在此联上盖“订舱章”，表示确认接受发货人的订舱；海关凭此接受出口报关申报）。

第五联（附页）：缴纳出口货物港务申请书（由港区核算应收的港务费用）。

第六联（浅红色）：场站收据副本大副联（为理货单据，表示大副已代表船方接收了单据上的货物。一般由理货公司签署后将此联留存）。

第七联（黄色）：场站收据（Dock Receipt，D/R），又称收货单（货物装货完毕后，由大副签字和批注，即表示所列货物已装上船，所以此联又叫“大副收据”。装船结束后，船舶代理凭此联签发已装船提单）。

第八联：货代留底（此联由货运代理公司留存以备查询）。

第九联：配舱回单（1）、第十联：配舱回单（2）（配舱后交还发货人，发货人凭此缮制提单，如果货运代理代为统一缮制提单，第九、第十联就不必退还给发货人了）。

1. 场站收据联单的流转过程

一式十联的场站收据联单的流转过程是：

（1）货主填制集装箱货物托运单一式十联，委托货运代理人代办托运手续。

（2）货运代理人审核托运单后接受委托，将货主留底联退还货主。

（3）货运代理人持其他九联托运单到船公司的指定代理人（船代）处代办托运手续。

（4）船代审核托运单，确认订舱数据无误后，接受订舱；并在托运单上缮制提单号、船名、航次等运输信息。在场站收据副本（S/O）上盖章确认订舱。船公司或其代理人留下船代留底联、运费通知（1）联、运费通知（2）联共三联，将其余各联退还给货运代理人。

（5）代理人留存货代留底联，据以缮制货物业务记录表。

样单 4－3　场站收据联单（第七联）

Shipper (发货人)
①

D/R No.（编号）
④

奥吉

Consignee(收货人)
②

场站收据
DOCK RECEIPT
⑤

第七联

Notify Party(通知人)
③

Received by the Carrier the Total number of containers or other packages of units stated below to be transported subject to the terms and conditions of the Carrier's regular form of Bill of lading(for Combined Transport or Port to Port Shipment) which shall be deemed to be incorporated herein.
DATD（日期）:

场站章

Pre-carriage by(前程运输)	Place of Receipt(收货地)
⑥	⑦

Ocean Vessel(船名) Voy. No.(船次)	Port of Loading(装货港)
⑧	⑨

Port of Discharge(卸货港)	Place of Delivery (交货地点)	Final Destination for the Merchant's Reference(目的地)
⑩	⑪	⑫

Particulars Furnished by Merchants（托运人提供详细情况）

Container No.（集装箱号）	Seal No.(封志号) Marks & Nos.（标记与号码）	No. of Containers or Pkgs.（箱数或件数）	Kind or Packages Description of Goods（包装种类与货名）	Gross Weight 毛重（千克）	Measurement 尺码(立方米)
⑬	⑭	⑮	⑯ ⑫	⑰ ⑲	⑱
TOTAL NUMBER OF CONTAINERS OR PACKAGES(IN WORDS) 集装箱数或件数合计（大写）			⑳		

Container No.（集装箱号）	Seal No.（封志号）	Pkgs.（件数）	Container No.（集装箱号）	Seal No.（封志号）	Pkgs.（件数）
㉑					

Received(实数)	By Terminal Clerk（场站员签字）

FREIGHT & CHARGES（运费与附加费）	Prepaid at（预付地点）	Payable at（到付地点）	Place of Issue(签发地点)
	Total Prepaid（预付总额）	No.of Original B(s)/L（正本提单份数）	BOOKING APPROVED BY（订舱确认）

Service Type on Receiving ( )-CY,( )-CFS,( )-DOOR	Service Type on Delivery ( )-CY,( )-CFS,( )-DOOR	Reefer Temperature Required（冷藏温度）	℉	℃

TYPE OF GOODS（种类）	( ) Ordinary（普通） ( )Reefer（冷藏） ( )Dangerous（危险品） ( )Auto（裸装车辆） ( ) Liquid（液体） ( )Live Animal(活动物) ( )Bulk（散装） ( )______	危险品	Class Property IMDG Code Page UN No.

样单 4-4 场站收据联单（第八联）

Shipper (发货人)	D/R No. (编号)	奥吉
Consignee (收货人)	货代留底	第八联
Notify Party (通知人)		
Pre-carriage by (前程运输) Place of Receipt (收货地)		
Ocean Vessel (船名) Voy. No. (船次) Port of Loading(装货港)		
Port of Discharge(卸货港) Place of Delivery (交货地点)	Final Destination for the Merchant's Reference (目的地)	

Particulars Furnished by Merchants (托运人提供详细情况)

Container No. (集装箱号)	Seal No. (封志号) Marks & Nos. (标记与号码)	No. of Containers or Pkgs. (箱数或件数)	Kind or Packages Description of Goods (包装种类与货名)	Gross Weight 毛重 (千克)	Measurement 尺码 (立方米)
TOTAL NUMBER OF CONTAINERS OR PACKAGES(IN WORDS) 集装箱数或件数合计(大写)					

FREIGHT & CHARGES (运费与附加费)	Revenue Tons (运费吨)	Rate (运费率)	Per (每)	Prepaid (运费预付)	Collect (运费到付)

Ex. Rate (兑换率)	Prepaid at (预付地点)	Payable at(到付地点)	Place of Issue (签发地点)
	Total Prepaid (预付总额)	No. of Original B(s)/L (正本提单份数)	

Service Type on Receiving ( )-CY,( )-CFS,( )-DOOR	Service Type on Delivery ( )-CY,( )-CFS,( )-DOOR	Reefer Temperature Required (冷藏温度)	℉	℃

TYPE OF GOODS (种类)	( )Ordinary (普通) ( )Reefer (冷藏) ( )Dangerous (危险品) ( )Auto (裸装车辆)	危险品	Class Property IMDG Code Page UN No.
	( )Liquid(液体) ( )Live Animal (活动物) ( )Bulk(散装) ( )________		

可否转船:	可否分批:
装　期:	有 效 期:
金　额:	
制单日期:	

（6）货运代理人根据船代退回的配舱回单（1）联缮制提单和其他货运单证。

（7）货运代理人持盖有船代订舱章的场站收据副本联（S/O）、第五联（附页）、第六联大副收据副本和第七联场站收据联，随同出口货物报关单和其他出口报关用的单证一起到海关办理货物出口报关手续。

（8）海关审核有关报关单证，同意出口的，则在第五联场站收据副本（S/O）上加盖放行章，然后将经过海关加盖放行章的装货单和其他各三联退还给货运代理人。

（9）货运代理人将海关退还的四联单证及配舱回单（2）联同集装箱或待装箱货物转交集装箱堆场或集装箱货运站。

（10）集装箱堆场或集装箱货运站验收集装箱或货物后，若无异常状况，则在正本场站收据（D/R）及配舱回单（2）上签章，并退还给货主或货运代理人；如实际收到的集装箱货物与场站收据和配舱回单（2）的记载不符，则须在正本场站收据和配舱回单（2）上作出批注，退还货主或货运代理人，而货主或货运代理人则须根据配舱回单（2）的批注，修改已缮制的提单。

（11）集装箱堆场或集装箱货运站收下 S/O，集装箱装船后将大副收据交船方大副；第五联（附页）交港务局计算港建港杂费。

（12）货主或货运代理人持正本 D/R 和事先缮制的提单至船公司或其代理人处，办理签发正本提单手续。船公司或船公司代理人收回 D/R，签发提单。

由于集装箱业务的快速发展，海关报关程序的改变，电子数据交换在船公司、船代、货代间的广泛应用，货代为货主代为制作集装箱托运单现象的普遍存在等因素，造成相关原先针对十联单设计的单证流转程序也发生了很大的变化。例如，实际操作中已将场站收据联单，由原先的一式十联单，简化为一式四联，即第五联装货单，第五联（附页）缴纳出口货物港务申请书，第六联场站收据副本大副联和第七联场站收据联；货物进港，也不再遵循必须先将集装箱送交船公司的集装箱场的惯例，而是直接送交集装箱码头，海关予以盖章放行的场站收据副本第四联单据，由货运代理人直接送交船公司在码头的现场经办人员，码头配载会据此安排集装箱装船；船公司或其代理人依据从码头现场理货公司返还的正本场站收据缮制并签发提单；货运代理人或货主直接到船公司或其代理人处申领提单；集装箱货物的运费通过船公司或其代理人向货主或货运代理人收取。

2. 场站收据联单的填制规范

场站收据联的填写，要求用英文打字机或针式电子打印机缮制，英文字母必须大写（委托人信息可以是中文机器缮制）。以第七联（场站收据）和第八联（货代留底）为例，具体填制规范如下：

（1）发货人（Shipper）：托运人、货主、信用证上的卖方、无船承运人等。

（2）收货人（Consignee）：货主、信用证上的买方、无船承运人、某某指示人等。

（3）通知人（Notify Party）：详列通知方的名称、地址、电话、传真等；当没有通知人时，以“SAME AS CONSIGNEE”显示。

（4）场站收据号（D/R No.）：或称为关单号，为船代接受订舱时提供的号码，或作为提单号码。

（5）委托方（Forwarder）：货运代理人的业务编号、托运人的名称、托运人的编号等。

（6）前程运输（Pre－carriage by）：联程运输时，相对收货地之前一段的货物运输承运方式或承运人填列在此栏中。一般海运托运单中，此栏不填。

（7）收货地（Place of Receipt）：货物实际收货地点（一船为港口所在城市）。

（8）船名/航次（Ocean Vessel/Voy. No.）：船代在接受订舱时，按照配船要求确定。

（9）装货港（Port of Loading）：货物实际装运海港名称。

（10）卸货港（Port of Discharge）：将货物卸下的港口（一般是班轮航线上的港口，但未必是货物的交货地）。

（11）交货地（Place of Delivery）：承运人将货物实际交付的地点（可以是班轮航线上的港口，也可以是通过其他船舶转运过去的交货港口，或通过铁路、公路运输方式转运过去的内陆交货地点）。

（12）目的地（Final Destination for Merchant's Reference）：客户或应贸易文件要求需要在提单上显示的货物交付的最终目的地。因为承运人是以交货地作为联运的交货点，所以承运人一般在出具的提单上并不显示此项内容。经承运人的同意，承运人或其签单代理人可以在提单的“包装种类与货名”栏中的包装、货名下空白处显示该项内容。

（13）集装箱号（Container No.）：此栏对应正本提单的相应栏，提单上的集装箱号显示在此栏的靠下空白部分。在场站收据联单中，若有集装箱号的显示需要，则填制在下列第21栏中。

（14）标记与号码（Seal No./Marks & Nos.）：贸易合同上、发票上、集装箱单上标明的、信用证等文件规定的货物标记与号码。

（15）箱数或件数（No. of Containers or Packages）：贸易合同上、发票上、集装箱单上标明的、信用证等文件规定的货物件数。

（16）包装种类与货名（Kind of Packages Description of Goods）：贸易合同上、发票上、集装箱单上标明的、信用证等文件规定的货物的包装种类、商品名称、商品规格等。

（17）毛重（Gross Weight）：每一类货物的包装毛重，单位是KGs（千克）；两类以上，要有合计数。

（18）尺码（Measurement）：每一类货物的包装尺码（体积），单位是CBM（立方米）；两类以上要有合计数。

（19）交接方式、箱量、箱型、运费条款：货物的交接方式（如FCL）、箱量（如1×20′）、箱型（如GP）、运费条款（如FREIGHT PREPAID）等。

（20）集装箱或件数大写：若是多票托单自拼整箱，则相应托单上根据货物的件数、包装用英文大写字母予以表示托单上的件数（如3票托单拼1×20′GP，其中1票的货物包装是10CTNS，则大写为SAY TEN CARTONS ONLY）；若是1票托单中多个集装箱，则用英文大写字母予以表示集装箱数量或包装件数（如100CTNS，装2×20′普箱，FCL CY/CY交接，可以表示为SAY TWO CONTAINERS ONLY，或SAY ONE HUNDRED CARTONS ONLY）。

（21）集装箱号（Container No.）/运费与附加费（Freight & Charges）：此位置在第七联中，是“集装箱号”栏，由理货公司人员在此栏中填写集装箱号码和封志号等；此位置在第八联中，是“运费与附加费”栏，一般在此栏填写与集装箱海运有关的海运运费和海运附加费的结算金额，或由货代填写，或由船代确认后填列货主与船公司约定的运价协议号（船公司），以运价协议号的形式确定与货主的运费结算标准，如S/C SHA0450）。

其他各联单的“集装箱数或件数大写”栏目下的各栏目不尽相同，由相关人员按实际情况填写。

4.3.4 国际集装箱装箱单（Container Load Plan）

集装箱装箱单（Container Load Plan，CLP）是详细记载集装箱内货物的名称、数量等内容的单据。不论是由发货人自己装箱，还是由集装箱货运站负责装箱，负责装箱的人都要制作集装箱装箱单。集装箱装箱单是详细记载每一个集装箱内所装货物详细情况的唯一单据，所以在以集装箱为单位进行运输时，它是一张极其重要的单据。如样单4－5所示。

集装箱装箱单的主要作用有：①可作为发货人、集装箱货运站与集装箱码头堆场之间交接货物的单证；②可作为向船方通知集装箱内所装货物的明细表；③单据上所记载的货物与集装箱的总重量是计算船舶吃水差、稳性的基本数据；④在卸货地点是办理集装箱保税运输的单据之一；⑤当发生货损时，是处理索赔事故的原始单据之一；⑥是卸货港集装箱货运站安排拆箱、理货的单据之一。

目前各港口使用的装箱单大同小异，上海港使用的集装箱装箱单一式五联，由装箱人（仓库、供货工厂）或装箱站于装箱时缮制，其中一联由装箱人留存，其他四联随箱送装运港区，供港区编制集装箱装船舱位配置计划和船公司或其代理缮制提单时作参考。

装箱单记载事项必须与场站收据和报关单据上的相应事项保持一致，否则会引发不良后果。例如，装货港在装箱单上的记录与场站收据不符，港区有可能不予配装，造成退关；也有可能配错舱位，以致到达卸货港时无法把集装箱从错误的舱位上卸下；装箱单重量或尺码与报关单或发票不符，船公司按装箱单重量或尺码缮制提单、舱单，与出口单位结汇时发生单单不一致，不能结汇。最后一种情况屡见不鲜，主要原因在于发货人托运时未从仓库或工厂处取得正确数据。对此，发货人应加强注意，所装货物如品种不同时必须按箱子前部（Front）到箱门（Door）的先后顺序填写。

样单4－5 装箱单

中远集装箱运输有限公司
COSCO CONTAINER LINES
① Terminal's Copy 码头联

CONTAINER LOAD PLAN
装 箱 单

Reefer Temperature Required 冷藏温度 ℃ ℉			
Class 等级	IMDG Page 危规页码	UN No. 联合国编码	Flashpoint 闪点

Ocean Vessel/Voy. No. 船名/航次	Port of Loading 装货港	Port of Discharge 卸货港	Place of Delivery 交货地	SHIPPER'S / PACKER'S DECLARATIONS: We hereby declare that the container has been thoroughly cleaned without any evidence of cargoes of previous shipment prior to vanning and cargoes has been properly stuffed and secured.		
Container No. 箱号	Bill of Lading No. 提单号	Packages & Packing 件数与包装	Gross Weight 毛 重	Measurement 尺 码	Description of Goods 货 号	Marks & Numbers 唛 头
Seal No. 封号	Front 前					
Cont. Size 箱型 20′ 40′ 45′ / Cont. Type 箱类 GP=普通箱 TK=油罐箱 RF=冷藏箱 PF=平板箱 OT=开顶箱 HC=高箱 FR=柜架箱 HT=挂衣箱						
ISO Code For Container Size/Type 箱型/箱类 ISO标准代码						
Packer's Name/Address 装箱人名称/地址 TEL No. 电话号码	Door 门					
Packing Date 装箱日期	Received By Drayman 驾驶员签收及车号	Total Packages 总件数	Total Cargo Wt. 总货重	Total Meas. 总尺码	Remarks: 备注	
Packed By 装箱人签名	Received By Terminals/Date of Receipt 码头收箱签收和收箱日期		Cont. Tare Wt. 集装箱皮重	Cgo/Cont Total Wt. 货/箱总重量		

装箱单一式五联，其中，码头堆场、承运人、船代各一联，发货人/装箱人两联。整箱货的装箱单由发货人填制，拼箱货的装箱单由作为装箱人的集装箱货运站填制。

集装箱装箱单的流转过程是：

（1）发货人或装箱人将货物装箱后，依据装箱顺序（由里至外）填制装箱货物的船名/航次、箱号、封号、箱型、箱类、提单号、件数与包装、毛重、尺码、货名和唛头（标志）和其他货运资料。对于特种货物还应加注特定要求，如对冷藏货物要求注明对箱内温度的要求等。

（2）将集装箱和五联装箱单一起送集装箱堆场或码头。码头或堆场的业务人员在五联单上签收后，留下第一联、第二联、第三联，将第四联、第五联退还给集装箱货物的发货人或装箱人留存。

（3）码头或堆场留下的三联中，码头联用以编制装船计划；船代联交船代缮制积载计划；承运人联作为处理货损事故的依据。

4.3.5 国际集装箱发放/设备交接单证（Equipment Interchange Receipt）

集装箱设备交接单简称设备交接单（Equipment Interchange Receipt，E/R），是集装箱所有人（集装箱船公司）或集装箱经营人委托集装箱堆场、码头、仓库（集装箱货运站）、装箱人（或用箱人）等使用集装箱的各关系人之间交接集装箱设备的凭证，也是明确各关系人的责任范围和发生经济关系的依据。如样单4－6所示。

设备交接单分进场联、出场联各三联。三联出场联依序为：船代联；码头、堆场联；用箱人、运箱人联。三联进场联依序为：船代联；码头、堆场联；用箱人、运箱人联。

设备交接单的各栏目分别由集装箱代理人（一般是船公司指定的船舶代理人）、码头或堆场、用箱人或运箱人等工作经办人员填写。

由集装箱代理人填写的内容为：用箱人/运箱人；提箱地点；船名/航次；集装箱尺寸/地点和集装箱号等栏目。

由码头、堆场填写的内容为：集装箱出场、进场日期；检查记录；出场联还要填写提箱地点和集装箱号等栏目。

由用箱人、运箱人填写的内容为：运输工具的车辆牌照号；进场联还要填写来自地点、集装箱号、提单号、铅封号等栏目。

1. 设备交接单的流转过程

设备交接单的流转过程是：

（1）由集装箱代理人根据船代的预配清单，填制设备交接单。

（2）由用箱人、运箱人凭船代预先告知的相应提单向集装箱代理人申领设备交接单。一般集装箱代理人会与用箱人、运箱人签订领取设备交接单的用箱协议，并收取一定数额的押金。

样单 4-6　集装箱设备交接单

上海中远国际货运有限公司
COSCO SHANGHAI INTERNATIONAL FREIGHT CO. , LTD.
集装箱发放/设备交接单
EQUIPMENT INTERCHANGE RECEIPT

OUT 出场

NO.

用箱人/运箱人(CONTAINER USER/HAULIER)	提箱地点(PLACE OF DELIVERY)

发往地点(DELIVERED TO)	返回/收箱地点(PLACE OF RETURN)

航名/航次 (VESSEL/VOYAGE NO.)	集装箱号 (CONTAINER NO.)	尺寸/类型 (SIZE/TYPE)	营运人 (CNTR. OPTR.)

提单号 (B/L NO.)	铅封号 (SEAL NO.)	免费期限 (FREE TIME PERIOD)	运载工具牌号 (TRUCK, WAGON, BARGE NO.)

出场目的/状态 (PPS OF GATE - OUT/STATUS)	进场目的/状态 (PPS OF GATE - IN/STATUS)	出场日期 (TIME - OUT)
		月　日　时

出场检查记录(INSPECTION AT THE TIME OF INTERCHANGE)

普通集装箱 (GP CONTAINER)	冷藏集装箱 (RF CONTAINER)	特种集装箱 (SPECIAL CONTAINER)	发电机 (GEN SET)
□正常(SOUND) □异常(DEFECTIVE)	□正常(SOUND) □异常(DEFECTIVE)	□正常(SOUND) □异常(DEFECTIVE)	□正常(SOUND) □异常(DEFECTIVE)

损坏记录及代号(DAMAGE & CODE)	BR 破损 (BROKEN)	D 凹损 (DENT)	M 丢失 (MISSING)	DR 污箱 (DIRTY)	DL 危标 (DG LABEL)

左侧(LEFT SIDE)

右侧(RIGHT SIDE)

前部(FRONT)

集装箱内部(CONTAINER INSIDE)

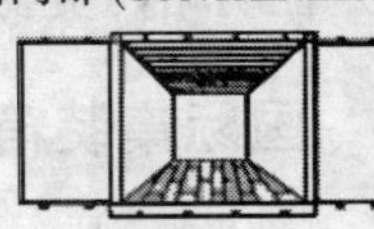

顶部(TOP)

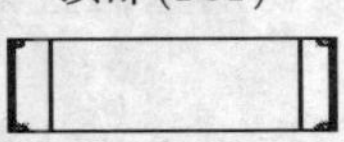

底部(FLOOR BASE)

箱门(REAR)

如有异状，请注明程度及尺寸(REMARK)

除列明者外，集装箱及集装箱设备交接时完好无损，铅封完整无误。

THE CONTAINER/ASSOCIATED EQUIPMENT INTERCHANGED IN SOUND CONDITION AND SEAL INTACT UNLESS OTHERWISE STATED.

用箱人/运箱人签署 (CONTAINER USER/HAULIER'S SIGNATURE)	码头/堆场值班人员签署 (TERMINAL/DEPOT CLERK'S SIGNATURE)

（3）用箱人、运箱人到指定的集装箱堆场，与堆场经办人员对照设备交接单、检查集装箱的外表状况后，双方在设备交接单上签字，出场联中的第一联、第二联（船代联；码头、堆场联）留在堆场，第三联由用箱人、运箱人保管。

（4）用箱人、运箱人在装完货后，根据箱封号等据实填写设备交接单的进场联相关内容。将集装箱重箱及设备交接单一同转交集装箱码头作业区的收货道口。

（5）码头与用箱人、运箱人对设备交接单、集装箱重箱检查后，双方签字确认。码头将进场联的第一联、第二联（货代联；码头、堆场联）留下，将第三联交用箱人、运箱人保存。

（6）堆场、码头分别将留下的出场第一联、进场第一联转交船代，据以结算上下车费等。

2. 集装箱交接标准

（1）空箱：箱体完好、水密、无漏光、清洁、干燥、无味、箱号及装载规范清晰，特种集装箱的机械、电器装置无异常。

（2）重箱：箱体完好、箱号清晰，封志完整无误，特种集装箱的机械、电器装置运转正常并符合进出口文件记载要求。

（3）凡箱号及装载规范不明、不全，封志破损、脱落、丢失、无法辨认或与进出口文件记载不符，箱体机构不符ISO标准，擦伤、割伤、破损、漏光、不水密、箱门无法关启，焊缝爆裂，凹损超内端面3厘米，凸损超角配件外端面，箱内污染或有虫害，装过有毒有害货物未经处理，箱体外有危险品标志未经处理，集装箱附属部件损坏或灭失，特种集装箱机械、电器装置异常，集装箱安全铭牌（CSC PLATE）丢失等，均应在《进/出场集装箱设备交接单》内注明。

设备交接单不仅是作为不同使用人对集装箱设备承担使用、保管责任的依据，而且还是集装箱设备的管理依据。集装箱交接是按整箱予以交接。在封志完好的情况下，设备交接单也是证明箱内货物交接无误的单证。

4.3.6 国际集装箱危险品单证（Container Packing Certificate）

海运危险货物中主要涉及的单证有：货物运输条件鉴定书、包装危险货物安全适运申报单、危险货物技术说明书、包装检验证明书、包装适用证明书、放射性货物剂量检查证明书、集装箱装运危险货物装箱证明书（见样单4-7）等。

由于货物的化学性质的多样性，承运人因托运人瞒报品名而造成危险货物作为普通货物装运，而导致运输中的安全隐患和事故。现在大多数承运人在接到陌生货名的货物运输委托时，会要求委托人出具《货物运输条件鉴定书》（Certification for Safe Transport of Chemical Goods）。这份鉴定书是由承运人认可的第三方化学研究机构证明文件。其鉴定结果为承运人决定是否接运此货物提供了参考依据。

样单 4－7　集装箱装运危险货物集装箱证明书

集装箱装运危险货物集装箱证明书
CONTAINER PACKING CERTIFICATE

船名：
Ship Name

航次：
Voyage No.

目的港：
Destination

集装箱编号：
Container Serial No.

箱内所装危险货物：
Dangerous Goods Packed Therein

品　名 Proper Shipping Name	联合国编号 UN No.	危险货物类别 IMDG Code Class	包　装 Packing	件　数 Package Quantity	箱　数 Total of Container	总　重 Total Weight

兹证明：装箱现场检查员已根据《国际海上危险货物运输规则》的要求，对上述集装箱和箱内所装危险货物，以及货物箱内的积载情况进行了检验，并声明如下：

1. 集装箱清洁、干燥，外观上适合装货；
2. 集装箱内未装有不相容货物；
3. 所有的包件都已经对外观破损检查，装入箱内的包件均系完好；
4. 包件装箱正确、衬垫、加固合理；
5. 集装箱及包件外表均已正确地进行了标记和标志；
6. 对集装箱内所装的每票危险货物，已经收到其根据《国际海上危险货物运输规则》总论第 9.4 段所要求的危险货物申报单。

以上正确无诈。

This is to certify that the above mentioned container, dangerous goods packed therein and their stowage condition have been inspected by the－undersigned packing inspector according to the provisions of《International Martine Dangerous Goods Code》and to declare that:

1. The container was clean, dry and apparently fit to receive goods;
2. No incompatible substances have been packed into the container;
3. All packages have been externally inspected for damage, and only sound packages, packed;
4. All packages have been properly packed in the container, damaged and secured;
5. The container and packages are properly marked and labeled;
6. The dangerous goods declaration required in subsection 9.4 of the General introduction to the IMDG Code has been received for each dangerous goods consignment packed in the container, and that all stated above are correct.

装箱现场检查员签字：
Signature of packing inspector

检查地点：
Place of inspection

装箱现场检查员证书编号：
No. of certificate of packing inspector

装箱单位（签章）：
Packing, unit (stamp)

装箱日期：
Date of packing

签发日期：
Date of issue

此证明书应由装箱现场检查员填写一式两份，正本应于集装箱装船 3 天前向港务监督部门提交，副本应在办理集装箱移交时交付给承运人。

Two copies of the certificate should be filled by the packing inspector, the original one should be submitted to Harbor Superintendency Administration three days prior to shipment and the copy should be given to the carrier on container delivery.

危险品在办理订舱托运手续时，须注意的事项和提供的货物信息如下：

（1）接受危险品货物订舱时，必须向船公司或船代事先确认；若货物装船后需涉及有关过境港、中转港和目的港的，则还须通过船代向当地代理人进行书面确认，且遵照确认中的要求予以执行。上述任何一方的拒绝，有关代理机构都不会接受订舱及安排装船。以免货物无法过境、中转或交货而引起货运纠纷。

（2）危险货物必须按照各类不同危险特性分别缮制托运单，以便船公司或船代根据不同特性的危险货物按照《国家危规》的隔离要求安排集装箱的积载和运输。

（3）托运危险货物，托运单上除一般委托信息（如发货人、装港、卸港、唛头、品名、件数、包装等）外，应提供详尽的信息；货物名称用正规的化学学名或技术名称，并用中英文全名表示；必须注明 DANGEROUS CARGO 字样，以引起船公司或船代的重视；提供危险货物的危险品等级；注明危险货物的《国际危规》页码；标明危险货物的联合国危险品编号；易燃液体必须注明闪点；其他积载的特殊要求等。

（4）随托运单附上“危险货物技术说明书”、“包装危险货物安全货运申报单”（又称货申报）一式三联、“集装箱装运危险货物装箱证明书”等申报单证。船代在配载后，凭“货申报”向海事局办理“船舶载运危险货物申报单”（又称船申报），港务监督部门必须在收到海事局审核批准的船申报后才允许船舶装载危险货物。

（5）其他危险货物资料：危险品货物中英文说明书（副本）、包装检验证明书、包装适用证明书、放射性货物剂量检查证明书、罐式集装箱检验合格证书等危险货物运输申报用资料，按照海事局的危险货物申报要求相应提供。

（6）对美国出口或需通过美国转运的危险货物，托运时应提供英文“危险货物安全资料卡”（又称 MSDS）一式两份，由船代转交承运人供美国港口备案。

（7）托运人的危险货物外包装必须贴有《国际危规》规定的危险品标志、标记。集装箱内门上应粘贴箱内危险货物装箱清单，箱外四周应贴上与箱内货物内容一致的危险品标志与标牌。

4.3.7 国际集装箱进口货运主要单证（Container Import Certificate）

1. 提货通知书（Delivery Notice）

提货通知书是在卸货港的船公司或其代理人向收货人或通知人发出的船舶预计到港时间的通知。它是根据船舶的动态，以及装货港的船公司或其代理人寄来的单据资料而编制的。

卸货港的船公司或其代理人向收货人或通知人发出提货通知的目的在于要求收货人事先做好提货准备，以便集装箱货物到港后能尽快疏运出港，避免在港口堆场的长期存放，使集装箱堆场能更充分地发挥中转、换装的作用。

提货通知书是船公司为使货运程序能更顺利地完成而发出的单证，对于这个通知是否发出、发出是否及时，以及收货人是否收到这个通知，承运人并不承担责任。

2. 到货通知书（Arrival Notice）

到货通知书是船公司在卸货港的代理人在集装箱已经卸入堆场，或拼箱货已移至集装箱货运站并做好交接准备后，向收货人或通知人发出的要求其及时提取货物的书面通知。收货人可凭到货通知书和正本提单到船公司在卸货港的代理人处换取提货单。

3. 提货单（Delivery Order，D/O）

提货单是收货人或其代理人据以向集装箱堆场或集装箱货运站提取货物的凭证。

虽然收货人或货运代理人提取货物是以正本提单为交换条件的，但在实际业务中，通常是收货人或货代先凭正本提单向卸货港的船公司或其代理人换取提货单，再持提货单到集装箱堆场或集装箱货运站提取货物。提货单的格式内容如样单4-8所示。

提货单为一式五联：①到货通知；②提货单；③费用账单（蓝色）；④费用账单（红色）；⑤交货记录。

提货单联单的流转程序为：

（1）在货物已经卸船、具备交付条件后，卸货港的船公司或其代理人向收货人或通知人发出到货通知书；

（2）收货人或其代理人凭收到的到货通知书和正本提单，向卸货港的船公司或其代理人换取提货单、费用账单（1）、费用账单（2）和交货记录单等四联；

（3）收货人或其代理人持提货单联单及相关报关单证办理报关手续。海关验放后，在提货单上盖海关放行章。若需要商检等其他手续，也应得到相关机构的认可放行；

（4）收货人或其代理人凭已盖章放行的提货单向集装箱堆场或集装箱货运站办理提货手续，集装箱堆场或集装箱货运站核对相应单证无误后，将提货单和费用账单（1）、费用账单（2）等三联留下，作为放货、结算费用的依据。在交货记录联上盖章，以示同意放货；

（5）收货人或其代理人凭已盖章的交货记录到指定的集装箱堆场或集装箱货运站提取货物。提货完毕后，双方均在交货记录上签字，集装箱堆场或货运站收回交货记录联。

4.3.8 国际集装箱提单（Container Bill of Lading）

1. 集装箱提单的内容

目前，尽管各国的集装箱提单在格式上存在一些差异，并不统一。但是，提单的下面记载事项的内容是基本一致的。通常记载的内容（见样单4-9）包括：

（1）联运经营人的姓名、地址；

（2）发货人的姓名、地址；

（3）提单的签发日期、地点；

（4）接收、交付货物的地点；

（5）识别货物的标志；

样单 4－8　进口集装箱货物提货单

进口集装箱货物提货单

DELIVERY ORDER

Certificate No.　FS 32982

港区场站　　　　　　　　　　　　　　　　　　　　　　　换单日期

收货人名称			收货人开户银行与账号	
船名	航次	起运港	目的港	船舶预计到港时间
提单号	交付条款	卸货地点	进库场日期	第一程运输
标记与装箱号	货名	集装箱数或件数	重量（kgs）	体积（m^3）

船代公司重要提示：

（1）本提货单中有关船、货内容按照提单的相关显示填制；

（2）请当场检查本提货单内容错误之后，否则本公司不承担由此产生的责任和损失；（Error And Omission Excepted）

（3）本提货单仅为向承运人或承运人委托的雇用人或替承运人保管货物订立合同的人提货的凭证，不得买卖转让；（Non－negotiable）

（4）在本提货单下，承运人代理人及雇用人的任何行为，均应被视为代表承运人的行为，均应享受承运人享有的免责、责任限制和其他任何抗辩理由；（Himalaya Clause）

（5）本提货单所列的船舶预计到港时间，不作为申报进境和计算滞报金、滞箱费、疏港费等起算的依据，货主不及时换单和提货造成的损失，责任自负；

（6）本提货单中的中文译文仅供参考。

中国上海外轮代理有限公司

（盖章有效）

年　　月　　日

注意事项：

1. 本提货单需盖有船代放货章和海关放行章后方始有效。凡属法定检验、检疫的进口商品，必须向检验检疫机构申报。

2. 提货人到码头公司办理提货手续时，应出示单位证明或经办人身份证明。提货人若非本提货单记名收货人时，还应当出示提货单记名收货人开具的证明，以表明其为有权提货的人。

3. 货物超过港存期，码头公司可以按《上海港口货物疏运管理条例》的有关规定处理。在规定期间无人提取的货物，按《海关法》和国家有关规定处理。

收货人章	海关章
1	2
检验检疫章	
3	4
5	6

REF NO.：PSH/QF－116　　　　ISSUE NO. 1　　　　ISSUE　DATE：01/10/2007

样单 4－9　集装箱提单

集装箱提单

MAERSK SEALAND	COMBINED TRANSPORT BILL OF LADING	B/L No.

Shipper/Exporter (complete's name and address)	Booking No. Export references
Consignee (complete's name and address)	Forwarding agent – references Point and country of origin
Notify Party (complete's name and address)	Domestic routing/export instructions

* Pre – carriage by	* Place of Receipt	Domestic routing/export instructions
Vessel Voyage No.	Port of Loading	
Port of Discharge	* Place of Delivery	

CARRIER'S RECEIPT		PARTICULARS FURNISHED BY SHIPPER – CARRIER NOT RESPONSIBLE		
Container No./Seal No. Marks and Numbers	No. of Containers or No. of Goods	Kind of packages; Description of goods	Gross Weight	Measurement

Freight & Charges	Rate	Unit	Prepaid	Collect
			ORIGINAL	

Declared Value Charges (see clause 6) for Declared Value of US $	Total Prepaid
Number of Original B (s) /L	Total Collect
Place of Issue	Date

* Applicable only when document used as a Combined Transport Bill of Lading

Shipped in apparent goods order and condition, unless otherwise stated herein, for transpoor tation on board the ocean vessal mentioned herein or any substituted vessel or on board the feeder vessel or other means of tmasportation (mail of truck) if place of receipt is named in this Bill of Lading the goods or packages of containers said to contain goods, hereinafter called "the Goods", specified herein for carriage from the port of loading named erein or place of receipt if mentioned herein, on a voyage as described and agreed by this Bill of Lading and discharge at the port of discharge named herein or deliver at the place of delivery if mentioned herein, such carriage, discharge or delivery being always subject to the exceptions, limitations conditions and liberties hereinafter agreed in like order and condilion at the port of discharge or ptace of delivery if named as – the case may be, for delivery unto the Consignee men – tioned herein or to his or their assigns where the Camier's responsibllities shall in all cases and in all circumstances whatsoever finally cease, It is further agreed that Containers may be stowed on deck without notice pursuant to Clause 16 on the re – Verse side of this Bill of Lading IN WITNESS where of the number of original Bills of Lading stated on this side have been signed one of which being accomplished the other (s) to be void.

For Dampskibsselskabet of 1912, Aktieselskab and Aktieselskabet Dampskibsselskabet Svendborg as camier

By ________________________

As Agent (s) only

（6）有关货物详细情况（件数、重量、尺码等）；

（7）货物外表状况；

（8）联运提单的签发份数等。

集装箱提单一般都应注明上述各项内容，如缺少其中一项或几项，只要所缺少的内容不影响货物的安全运输和各当事人之间的利益，则仍然有效。

集装箱提单除下面内容外，通常还订有下面条款，以说明货物在使用集装箱运输下所签发的提单的性质和作用，这也是集装箱货物运输的特点所要求的。下面条款包括“确认条款”、“承诺条款”、“签署条款”。

确认条款——表明负责集装箱运输的经营人是在集装箱外表状况良好下、铅封完整下接收货物，并保证以同样状况交货。同时说明该提单是一张收货待运提单。

承诺条款——表明正式签发的正本提单是运输合同成立的证明，对双方有约束力，货物托运人同意并接受提单中的所有条款。

签署条款——表明提单的签发人、正本提单签发的份数，并凭其中一份正本交货后，其余作废。

2. 提单内容填写

（1）提单号码（B/L No.）

提单号码一般列在提单右上角，以便于工作联系和查核。发货人向收货人发送装船通知时，也要列明船名和提单号码。

（2）托运人（Shipper）

托运人一般为信用证中的受益人。如果开证人为了贸易上的需要，要求作第三方提单（Third Party B/L），该栏也可填写第三方。

（3）收货人（Consignee）

如属记名提单，则可填上具体的收货公司或收货人名称；如属指示提单，则填为“指示”（Order）或“凭指示”（To Order），如需在提单上列明指示人，则可根据不同要求，填成“凭托运人指示”（To the Order of Shipper）、“凭收货人指示”（To the Order of Consignee）或“凭银行指示”（To the Order of Bank）等。

（4）通知方（Notify Party）

通知方是船公司在货物到达目的港时发送到货通知的收货人，有时即为进口方。在信用证项下的提单，如信用证上对提单被通知人有具体规定时，则必须严格按信用证要求填写。如果是记名提单或收货人指示提单，且收货人又有详细地址的，则此栏可以不填。如果是空白指示提单或托运人指示提单，则此栏必须填写被通知人名称及详细地址，否则船方就无法与收货人联系，收货人也不能及时报送提货，甚至会因超过海关规定申报时间而导致货物被没收。托运人对通知方一栏的申报应符合卸船港或交货地的习惯要求，否则产生的一切责任由托运人负责。有的国家和地区要求通知方必须是在当地，否则不允许货物进口。

（5）船名、航次（Vessel Voyage No.）

此栏填写船舶的具体名称、航次号，但在货物转运或联运或多式联运时注意：在难以确定二程船船名时请填写“To Be Named ... Vessel”。如果一程船、二程船不属于同一家船公司时，更应注意提单的签发。

（6）装货港（Port of Loading）

此栏应填写实际装货港口的具体名称。但在支、干线运输下，装货港可以是指干线船的装货港口；异地签单时，货物的实际装货港与提单签发地不在同一港口；装货港的港口名称应与所装载货物的“Vessel/Voyage/Flag”一栏中的船名相对应。

（7）卸货港（Port of Discharge）

此栏填写实际卸货港口的具体名称。如属转船，第一程提单上的卸货港填转船港，收货人填二程船公司，第二程提单上的装货港填上述转船港，卸货港填最后目的港；如由第一程船公司出联运提单（Through B/L），则卸货港即可填最后目的港，提单上列明第一程和第二程船名。如经某港转运，要显示“VIA...”字样。在运用集装箱运输方式时，目前使用的是“联合运输提单”（Combined Transport B/L），提单上除列明装货港、卸货港外，还要列明“收货地”（Place of Receipt）、“交货地”（Place of Delivery）以及“前程承运人”（Place of Receipt）、“海运船名和航次”（Ocean Vessel，Voy. No.）。填写卸货港还要注意注名港口问题，如属选择港提单，就要在这一栏中注明。

（8）接货地（Place of Receipt）

此栏在多式联运时填写，表明承运人接收到货物的地点。其运输条款可表现为门—场，门—门，门—站等。

（9）交货地（Place of Delivery）

此栏在多式联运时填写，表明承运人交付货物的地点。其运输条款可表现为场—门，门—门，站—门等。交货地填写时请注意：如托运人要求在提单上注明最终交货地，而船公司又不接受，则可在“Description of Goods”栏中加注“Final Destination of the Goods Not The Ship：…For Merchant's Reference Only”。如托运人提供了拼写错误的卸货港名称和交货地点，船公司在未与托运人核实的情况下请勿自行更正，因为提单内容记载应符合信用证的要求，如需要更改则应由托运人提出书面声明。货物的交接地点应与具体的运输条款相一致，如为CY－CY条款则在提单上注明装船港、卸船港即可，如为DOOR－CY条款则在提单上注明接货地、装船港、卸船港，否则将在责任和费用上产生争执。

（10）前程承运人（Pre－carriage by）

此栏在货物转运、联运、多式联运时填写，在海运方式下通常是一程船。

（11）货名（Description of Goods）

在信用证项下货名必须与信用证上规定的一致。如信用证上商品是Shoes（鞋子），不能擅自详细描述成Men' canvas shoes（男式帆布鞋），或Ladies' casual shoes（女式轻便鞋）等。此栏填写的情况，如内容过多，空间不够，可以添加附件，在这种情况下请注“Quantity and Description of Goods as Per Attached Schedule”。

(12) 件数和包装种类 (Number and Kind of Packages)

此栏要按箱子实际包装情况填写。

(13) 唛头 (Shipping Marks)

信用证有规定的，必须按规定填写，否则可按发票上的唛头填写。

(14) 毛重、尺码 (Gross Weight, Measurement)

除信用证另有规定者外，一般以千克为单位列出货物的毛重，以立方米列出货物的体积。

(15) 集装箱总数和货物总数 (Total Number of Containers or Packages)

在整箱货运输时，此栏填写集装箱的总数，如“Five Containers Only”。在拼箱货运输时，此栏填写货物的总件数，如“Twenty Packages Only”。在整箱货运输时，当此栏中填写集装箱总数后，不必再填写货物总件数。如同时在此栏中填写集装箱总数和货物总件数时，则以提单签发人加注的集装箱总数为准。

(16) 运费和费用 (Freight and Charges)

运费和费用一般为预付 (Freight Prepaid) 或到付 (Freight Collect)。如为 CIF 或 CFR 出口，一般均填上“运费预付”字样，否则收货人会因运费问题提不到货，虽可查清情况，但拖延提货时间并造成损失。如为 FOB 出口，则填上“运费到付”字样，除非收货人委托发货人垫付运费。

(17) 运费预付地点、运费到付地点 (Prepaid at, Collect at)

此栏表明运费支付方式和地点。在 CIF、CFR 贸易条件下，运费支付方式为 Prepaid。在 FOB 贸易条件下为 Collect。

(18) 提单的签发、日期和份数

提单必须由承运人或船长或他们的代理签发，并应明确表明签发人身份。一般表示方法有 Carrier、Captain 或“As Agent for the Carrier: …”。提单份数一般按信用证要求出具，如“Full Set of”一般理解成三份正本、若干份副本。等其中一份正本完成提货任务后，其余各份失效。提单还是结汇必需的单据，特别是在跟单信用证结汇时，银行要求所提供的单证必须一致，因此提单上所签的日期必须与信用证或合同上所要求的最后装船期一致或先于装船期。如果卖方估计货物无法在信用证的最后装船期之前装上船，应尽早通知买方，要求其修改信用证，而不应利用“倒签提单”、“预借提单”等欺诈行为取得货款。

3. 集装箱提单的作用

集装箱提单是集装箱货物运输下主要的货运单证，由负责集装箱运输的经营人或其代理人在收到货物后签发给货物托运人的货物凭证，其作用和法律效力：

(1) 集装箱提单一经签发，则表明负责集装箱运输的经营人收到外表状况良好、铅封号码完整的集装箱货物，其责任已开始；

(2) 集装箱货物运至目的港/地，提单持有人将提单交还给目的港/地集装箱运输经营人的代理人，以取得提货的权力，因此，集装箱提单是交货的凭证；

（3）集装箱提单一经签发，负责集装箱运输的经营人凭其收取运费，完成或组织完成集装箱货物的运输，所以，该提单是集装箱运输经营人与货物托运人之间运输合同成立的证明；

（4）集装箱提单是代表货物所有权的凭证，即货物的物权凭证，可以自由流通转让。

4. 集装箱提单的主要条款

提单条款都是表明集装箱运输经营人与托运人、收货人、受货人或提单持有人之间承运货物的权利、义务、责任和免责等的条款，是解决他们之间争议、纠纷的依据。集装箱提单的主要条款包括以下几个方面：

（1）承运人责任期限条款（Limit of Liability Clause）

承运人责任期限条款是列明承运人对货物运输承担责任的开始和终止时间的条款。在集装箱运输下，负责集装箱运输的承运人接货、交货地点已不再局限于港口，往往是距离港口很远的内陆货运站或货主仓库。因此，普通海运提单中对承运人规定的责任期限不再适用了。集装箱提单将承运人的责任期限规定为“从收到货开始起至交付货物时止”，代替了普通海运提单下的“钩至钩”原则。例如，中国《海商法》第46条规定：“承运人对集装箱装运的货物的责任期间，是指从装货港接收货物时起至卸货港交付货物时止，货物处于承运人掌管之下的全部期间。”

（2）承运人赔偿责任限制

承运人的赔偿责任限制是指已明确承运人对货物的灭失或损坏负有赔偿责任应支付赔偿金时，对每件或每单位货物负责赔偿的最高限额，各国的法律和船公司的提单对承运人的赔偿责任限制都有明确规定，有的按照《海牙规则》，有的按照国内法。现行的海上运输法规对承运人规定的最高赔偿责任限额：《海牙规则》规定每件或每单位100英镑；《维斯比规则》规定每件或每单位10000金法郎，或毛重每千克30金法郎，并按其中高者计算。

在集装箱运输下，如货物承运人或其代理人负责装箱，即拼箱货运输，承运人的责任与普通货提单规定的责任一样，按件或单位数负责赔偿；但在整箱货运输下，承运人收到的仅是外表状况良好、铅封完整的集装箱，至于箱内所装货物的情况，只能从有关单证上获知。

为此，《维斯比规则》在对《海牙规则》做修改时，对集装箱、托盘，或类似的运输工具在集装时作了这样的规定：“如在提单中已载明这种工具内的货物件数或单位数，则按所载明的件数或单位数赔偿，如集装箱、托盘，或类似的运输工具为货主所有，赔偿时也作为一件单件货物赔偿。”

（3）舱面货运输选择条款

在杂货班轮运输中，如果承运人将货物载于甲板上，必须事先征得货主的同意，或该种货物按习惯做法可装载于甲板运输，并要在提单上记明“装载甲板运输”的字样。如果承运人擅自将货物装载于甲板运输而导致货运事故，承运人承担由此产生的一切损失，并丧失了一切抗辩理由和免责权利。但在集装箱运输中，由于集装箱船舶构造的特殊性和经济性，要求有相当数量的集装箱装载于甲板运输。通常，一艘集装箱船在满载时有30% ~50%的货箱装载于甲板运输。在实际业务中，要事先决定将哪些集装箱装载于甲板运输并征得货主同意是不可能的，因此，集装箱提单中规定了舱面货（甲板货）条款，规定装载舱面运输的集装箱与舱内集装箱享有同样的权益，并且，提单中无须列明“装载甲板运输”字样。中国远洋运输（集团）公司联运提单规定：“集装箱（平板、托盘或其他类似装运工具除外）中所装的货物，不论是由承运人，或由货方装载，都视作舱面或舱内，就本提单所载包括共同海损在内的所有情况，都视作舱内积载。”

（4）承运人的运价本条款

由于集装箱运输的特点，特别是涉及有关集装箱运输术语、具体交接办法、计费方法、货物禁运规定以及交货方式等问题，均无法一一在提单上列举说明，这时则需要运价本补充予以详述。在国际航运业务中，各船公司一般均将运价本的主要条款装订成册，必要时对外提供，以弥补提单条款规定的不足。集装箱提单中有关承运人的运价本是提单的组成部分，运价本与提单发生矛盾时，以提单为准。如中国远洋运输（集团）总公司联运提单中规定：“在装运时使用的承运人运价本的条款与条件，已载入本提单。此种运价本的有关规定可向承运人索取，在本提单规定与所使用的运价本之间发生矛盾时，应以提单规定为准。”

（5）制约托运人的责任条款

1）发货人装箱、计数或不知条款

《海牙规则》规定，如承运人、船长，或其代理人有适当依据怀疑货物的任何标志、号码、数量、重量不能确切代表其实际收到的货物，或无适当方法进行检验，便没有必要在提单上将其注明或标明。根据《海牙规则》的这一规定，承运人可以在提单上拒绝载明箱内货物的详情。但是，如果提单上缺少这些记载，势必会影响提单的流通性，因此，在实际业务中又不得不根据货主的通知内容予以记载。但另一方面，如果承运人默认了货主提供的集装箱内的件数，则会在能否享受最高赔偿限额等责任限制方面带来不利。因此，承运人在根据货主提供的内容如实记载于提单同时，又保留了“发货人装箱、计数或不知条款”，以最大限度达到免除责任的目的。特别是集装箱运输下的整箱货，承运人收到的仅是外表状况良好、铅封完整的集装箱，对里面所装的货物一无所知。所以，有必要加注这样的条款。

在提单中订有不知条款，从表面上看能保护承运人的利益，但其保护范围也有一定的限度。如货主能举证说明承运人明知货物详细情况，且又订上不知条款，承运人仍不能免责。

2）铅封完整交货条款

集装箱提单中这一条款的规定仅适用于整箱货交接，即承运人在铅封完整下收货、交货，则表明承运人完成了货物的运输，并解除了所有的责任。因此，从某种程度上说，集装箱运输下的整箱货交接是以铅封完整与否来确定承运人责任的，如果货物受损人欲提出赔偿要求，不仅需举证说明，还应根据集装箱提单中承运人的责任形式予以确定。

3）货物检查权条款

所谓货物检查权条款是指承运人有权，但没有义务在任何时候将集装箱开箱检验，核对其所装载的货物。经过查核，如发现所装载的货物全部或一部分不能适合运输，承运人有权对该部分货物放弃运输，或是由托运人支付合理的附加费来完成这部分货物运输，或存放在岸上或水上具有遮蔽的或露天的场所，这种存放业已认为按提单交货，即承运人的责任终止。

集装箱提单上订有货物检查权条款，是为了承运人对箱内货物的实际状况怀疑，或积载不正常时启封检查。承运人在行使这一权力时，无须得到托运人的预先同意。一般来说，对由货主自行装载的集装箱启封检查时，原则上应征得货主同意，其费用由货主负担。

4）海关启封检查

检查根据《国际集装箱海关公约》的规定，海关有权检查集装箱，因此，集装箱提单中都规定：“如果集装箱的启封是由海关当局因为检查箱内货物内容打开而重新封印，由此而造成、引起任何货物灭失、损害，以及其他后果，本公司概不负责。”在实际业务中，尽管提单条款作了这样的规定，承运人对这种情况还应做好记录，并保留证据，以使其免除责任。

5）发货人对货物内容的正确性负责条款

集装箱提单中所记载的内容，通常由发货人填写，或由负责集装箱运输的承运人或其代表根据发货人所提供的有关托运文件填制。在集装箱运输经营人接收货物时，发货人应视为他已向承运人保证，他所提供的货物种类、标志、重量、数量等均为准确无误，如系危险货物，还应说明其危险特性。

如果货物的损害是由于发货人提供的内容不准确或不当所致，发货人应对承运人负责，即使发货人已将提单转让于他人也不例外。集装箱货物在由货主自行负责装箱时，货主对承运人造成的损害负责赔偿。

（6）危险货物运输条款

集装箱提单条款中也规定了运输集装箱危险货物的要求：

1）承运人在接收具有爆炸性、易燃性、放射性、腐蚀性、污染性、有毒性等危险货物时，必须在得到货主为运输此种货物而提出的书面申请后才能进行。

2）承运人或其代理人对事先不知其性质而装载的具有易燃、易爆以及其他危险性的货物，可在卸货前任何时候、任何地点将其卸上岸，或将其销毁，或消除其危害性而不予赔偿。该货物的所有人对该项货物所引起的直接或间接的一切损害和费用负责。

3）如承运人了解货物的性质，并同意装船。但该货物在运输过程中可能对船舶和其他货物造成危害时，也同样可在任何地点将货物卸上岸，或将其销毁，消除危害性而不负任何责任。

（7）索赔与诉讼

现行的海上货运公约规定，根据运输合同或提单有权提取货物的人，在收到货物时，如果发现货物业已发生灭失或损害，或损害不明显，最迟不超过从收货之日起 3 天内以书面形式通知承运人或其代理人。否则，这种交接应作为承运人已按照提单规定交付货物的初步证据。如货物的状况在货物交接时已经双方联合检验或检查，则无须发出书面的索赔通知，除非从货物交付之日或应交付之日起一年内提出诉讼。现行的集装箱提单对于拼箱货的货损事故处理，即索赔要求和诉讼时效基本上与杂货班轮提单的规定相同。但在整箱货运输下，由于整箱货在卸船港交付后往往并不立即拆箱，因此，只能根据表面状况交货，如箱子外表状况良好，铅封完整。承运人的责任即告终止。如货物或箱子外表状况并不良好，考虑到集装箱运输的特点，有的提单条款规定收货人应在 3 天或 7 天内以书面通知承运人；对于诉讼时效，有的规定为一年，有的为 9 个月；如属全损，有的提单仅规定为 2 个月，超出规定期限，承运人将解除一切责任。

5 国际海上运输实务

国际海上运输是指使用船舶通过海上航道在不同国家和地区的港口之间运送货物的一种方式，具有通过能力大，运输量大，运费低廉，对货物的适应性强，速度较低，风险较大等特点。目前，国际贸易总运量中的三分之二以上、我国进出口货运总量的90%都是利用海上运输。

本章主要介绍有关国际海上运输的基本概念；海上班轮运输及租船运输的流程及其主要单证。

5.1 国际海上运输概述

5.1.1 国际海上运输路段和特点

运输按运输通道的不同，可以分为水上运输、陆上运输、航空运输和管道运输等。其中，水上运输可以分为国际海上运输（也称为国际海洋运输，简称国际海运）和内河运输。而在国际海运中，根据其活动范围，又有远洋运输和沿海运输之分。陆上运输可分为铁路运输、公路运输和管道运输。

国际海运（International Ocean Shipping），是水上运输的构成部分，也是运输的一部分。从狭义的角度来看，它是指以船舶为运输工具，以海洋为运输通道，从事有关跨越海洋运送货物和旅客的运输经营活动，或者说它是以船舶为工具，从事本国港口与外国港口之间或者完全是外国港口之间的货物和旅客的运输，即国与国之间的海上运输。换句话说，国际海运是船舶经营人以船舶为运输工具，以海洋为通道，从事国与国之间货物和旅客的运输并收取运费的经营行为。由于国与国之间的海上运输有时并不一定需要跨越海洋作长距离的海上航行才能实现，而只需沿海航行即可实现，所以，国际海运还包括部分沿海运输。不过，需要跨越海洋，作长距离海上航行则是国际海运的主要部分。

从广义的角度来看，国际海运所包括的范围要广泛得多，它还包括那些为完成国际海运所从事的各种辅助业务或服务工作，如对所承运的货物进行装卸、理货、代理等业务都属于国际海运的范围。

国际海运主要从事国际间的运输，通常都要远涉重洋，不但活动范围广，航行距离长，运输风险大，而且其活动要受有关国家法令、规章或国际公约的约束，经营也要受国际航运市场的影响。从而使国际海运有其明显的特点，主要有：

1. 政策性强

国际海运是国际性经济活动，涉及国家间的经济利益和政治利益，其活动当然要受到有关国家的法令、法规或国际公约的约束，政策性比较强，法律的约束性比较规范。

2. 运输线长、涉及面广、环节多、情况复杂

国际间的运输，通常都要远涉重洋，航行距离长，涉及面非常广泛，涉及的环节也很多，情况自然比较复杂，而且环境多变，对环境适应性要求比较高。

3. 遭遇海上危险的可能性大

由于国际海运船舶经常是长时间远离海岸在海洋上航行，而且海洋环境复杂，气象多变，随时都可能遇上狂风巨浪、暴雨、雪、雷电、海啸、浮冰等人力不可抗拒的海洋自然灾害的袭击，因而使海运船舶在从事运输的过程中遭遇海上危险的概率大大增加。

4. 发生海上危险造成的损失巨大

国际海运船舶一旦遭遇海上危险后，给船舶和货物所造成的损失往往是十分巨大和惊人的。这是因为一艘远洋运输船舶的规模之大，一次载运货物数量之多，是任何其他运输工具都无法比拟的。特别是那些大型船舶，一旦造成损失，其损失数额都十分巨大，而且遭遇危险时获得外来力量援救的及时性差，或者根本无法得到援救而使已经遭遇的危险和损失进一步扩大。如果油船遭遇事故，除了油船本身及所载的原油损失外，还会因原油洒入海洋而造成海洋环境的污染，其后果和损失惊人，尤以那些超级大型油船发生事故后果更甚。

5. 为适应海上危险形成了一些特殊的海运制度规范

面对海上危险的客观存在，人们在长期的国际海运实践中，通过广泛总结已发生的航海事故，为分散风险，防止和减少海上事故的发生，为在发生事故和损失时能得到一定的经济补偿，为了促进海上运输事业的发展，逐渐形成、发展了一些适应海上危险的比较特殊的制度。这些制度沿袭至今，同时被普遍接受，包括共同海损制度、海上保险制度、海上救助制度、承运人责任限制制度和船舶所有人责任限制制度等。

6. 对国际海运市场的依存性

一国的海运船舶，主要是承担本国进出口货物的运输。但是，由于进出口货运量的不平衡，运输季节的不平衡，产、销地区的不平衡等，使船舶的运力不能得到充分的利用。因此，一国的海运船舶，除承担本国进出口货物的运输外，为了更充分地利用船舶的运力，以取得更好的营运经济效益，就需要使自己的船队进入国际航运市场，承揽其他国家的货载，积极开展第三国的运输。

但是，国际航运市场（特别是不定期船市场）上汇集着许多国家的船舶经营人，他们之间为争揽货载而展开激烈的竞争。在这个市场上，运力的供给与需求的平衡关系，左右着运价或租价水平的变动，任何个别的船舶经营人都不能对市场的运价或租价水平的变动造成很大的影响。相反，个别的船舶经营人的经营活动却不能不适应这个市场行情的变化。这就需要经常地对国际航运市场进行系统的调查研究，了解各条航线上船舶的航行情况及其变化趋势，以及国际政治经济形势的变动情况。在这个基础上，通过对市场变化的分析和预测，掌握和运用市场的变化规律，确定自己的经营方针和对策，合理经营，不断改进和革新技术，改善运输组织工作，努力降低运输成本，提高运输服务质量，以提高自身的竞争力。

7. 海运主要货运单证具有国际通用性

海上运输的货运单证繁多，作用各异。虽然各个国家、港口或船公司所使用的货运单证并不完全一致，但因为国际海运船舶航行于不同国家的港口之间，作为划分各方责任和业务联系主要依据的货运单证，当然要能适用于不同国家和港口的各个有关方面。在单证的内容和编制方法上，不但要符合本国法令的规定和业务需要，而且也必须适应国际公约或有关国家的法令或习惯要求，使之能为各关系方所承认和接受。所以，就一些主要的货运单证而言，在名称、作用和记载的内容上常常是大同小异，或是完全一致，可以在国际间通用。

8. 在运输中常会发生各种事故或争议

适用法规的国际统一性海上运输是国际间的运输，在运输中常会发生各种事故或争议。这些问题的发生又不一定是在本国的水域范围之内，纠纷或争议的各方也可能分属不同的国家。于是，在处理这些问题时，就有适用哪一个国家的法律规定的问题。有时同一案件按不同国家的法律来处理可能得出完全不同的结果，为此，历来不少国家的航运界都谋求制定一系列能为各国所接受并共同遵守的国际公约，各个国家在批准这些国际公约后，再相应地进行国内立法，以求得国际上的统一。当然，当一个国家需要制定本国有关国际航运方面的法律规章时，对已经生效的国际公约以及国际上的习惯做法，也要给予应有的考虑和重视，以适应国际海运的需要。

5.1.2 国际海上运输组织

随着国际海运业的不断发展，各国政府和非政府组织相继成立了一些政府间国际组织和非政府间国际组织，海运企业间也成立了一些具有经营协作性质的国际组织。这些组织在保证海运安全、建立国际公约和提供海运服务等方面发挥着重要作用。

1. 国际海事组织

1958 年 2 月 9 日联合国在日内瓦召开海事大会，并于同年 3 月 6 日通过了成立“政府间海事协商组织”（IMCO）的公约，即《政府间海事协商组织公约》。该公约于 1958 年 3 月 17 日生效。1959 年 1 月在伦敦召开的第一次大会期间，政府间海事协商组织正式成立。1982 年 5 月 22 日，该组织更名为“国际海事组织”（International Maritime Organization，IMO）。国际海事组织是联合国在海事方面的一个技术咨询和海运立法机构，是政府间的国际组织（Inter - government Organization，IGO）。所有联合国的成员国均可成为国际海事组织的会员国。

我国于1973年3月1日正式加入国际海事组织，并于1975年当选为理事国。国际海事组织设有海上安全委员会、海上环境保护委员会、法律委员会、便利委员会和技术合作委员会等五个委员会；还设有协助海上安全委员会和海上环境保护委员会的散装液体和气体分委会，危险品、固体货物和集装箱运输分委会，消防分委会，无线电和搜寻与救助分委会，航行安全分委会，船舶设计和设备分委会，稳性、载重线和渔船安全分委会，培训和值班标准分委会及船旗国履约分委会等九个分委会。

国际海事组织的宗旨是“在与从事国际贸易的各种航运技术事宜的政府规定和惯例方面，为各国政府提供合作机会；并在与海上安全、航行效率和防止及控制船舶造成对海洋污染有关的问题上，鼓励和便利各国普遍采用最高可行的标准”。国际海事组织还负责处理与这些宗旨有关的行政和法律事宜。

2. 波罗的海国际海事协会

波罗的海国际海事协会（Baltic and International Maritime Council，BIM，CO）属于非政府间的国际组织（Non - government Organization，NGO），成立于1905年，总部设在哥本哈根。协会成员有航运公司、经纪人公司以及保赔协会等团体或俱乐部组织。该协会的宗旨是保护会员的利益，为会员提供情报咨询服务；防止运价投机和不合理的收费与索赔；拟订和修改标准租船合同和其他货运单证；出版航运业务情报资料等。情报咨询是该协会的基本活动。其服务项目包括解释租船合同条款或在发生争议时提供建议；提供港口及航线情况；提供港口费用和保费账单等具体资料。它共出版了九种协会刊物，如协会每周通知、专门通告、双月通信等，同时拥有丰富的资料供会员索取并有大量资料发表在刊物上。该协会在联合国贸发会议及国际海事组织中享有咨询地位。

3. 国际海事委员会

国际海事委员会于1897年成立。它的主要宗旨是促进海商法、海运关税和各种海运惯例的统一。它的主要工作是草拟各种有关海上运输的公约，如有关提单、有关责任制、有关海上避碰、有关救助等方面的国际公约草案。

国际上第一个海上货物运输公约——著名的《海牙规则》就是由该委员会于1921年起草，并在1924年布鲁塞尔会议上讨论通过的。1968年又对《海牙规则》进行了修正，制定了《海牙—维斯比规则》，即1968年《布鲁塞尔议定书》。

5.1.3 国际海上运输业务

国际海运就其经营形态来说，通常认为只有单纯以经营国际航线上的船舶运输为主要业务的船公司或经营人，即船舶营运业才属于国际海运业，实际上，它只是国际海运业的狭义概念。

事实上，国际航线上的船舶营运业只是国际海运业的一个重要组成部分。广义地说，它除主要经营国际航线上的船舶运输业务的船舶营运业外，本身拥有船舶，但并不自行经营运输，而将船舶用于出租的船舶租赁业；本身没有货物或船舶，而以代办或代理本来应由货主或船公司自行办理的业务为经营业务的货运代理业或船舶代理业；以及以促使订舱、租船或买卖船舶交易的成交为目的，作为交易双方的媒介，以代为洽谈生意为主要业务的经纪人（Broker）；乃至港口的装卸、理货业等，都应属于国际海运业。

在国际海运业中，上述构成国际海运业的各种行业，有的是专营的，有的是兼营的。不论是专营或兼营，作为一项独立的业务，不少航运国家都以法令的形式规定了构成国际海运业的行业种类，包括它们经营的业务内容，以及它们的法定地位。这些行业的种类以及它们的业务内容主要有：

1. 海运承运人（也称船舶营运人或船舶经营人——船公司）

海运承运人是指作为船舶经营人（Operator）以自有的船舶或租用的船舶经营国际航线上客、货运输的行业。其经营方式可以是班轮运输，也可以是租船运输。

2. 海运代理人（Ocean Freight Agent）

海运代理是根据委托人的要求、委托，代办运输业务的机构。属于运输的中间人（中介机构），在承运人和托运人之间起桥梁作用。从事海运代理的人，一般都是经营海运多年、精通业务、经验比较丰富，并熟悉各种运输手续和规章制度的人。海运代理的种类可以分为租船代理、船务代理。

（1）租船代理

租船代理人又分为船东代理人（Owner's Agent）和租船人代理人（Charter's Agent）。

租船代理的主要业务是在租船市场上为租船人（即受租船人委托代理其租船），或者为船东（Shipowner）寻找货运对象（即受船东委托代理其出租船舶），他们以中间人身份使租船双方达成船舶租赁交易，从中赚取佣金或手续费。

租船代理人的主要业务包括：

①按照委托人（船东或租船人）的指示要求，为委托人提供最合适的对象和最有利的条件并促成租赁交易的成交，这是租船代理人最主要的业务；

②根据双方洽谈确认的条件制成租船合同（Charter Party，C/P），并按委托方的授权代签合同；

③为委托人提供航运市场行情、国际航运动态及有关资料信息；

④为当事人调解纠纷，使纠纷得到公平合理的解决。

租船代理佣金（Agency Commission），按照航运国际惯例，由运费或租金收入方（即船东）支付，不论是船东代理人的佣金，还是租船人代理人的佣金，都是由船东支付；代理佣金一般均按租金的1%～2.5%在租船租约中加以规定。

（2）船务代理（Shipping Agent）

船务代理是指接受承运人委托，代办与船舶在港有关的各种业务的人。船务代理业务范围很广，主要包括以下几个方面的业务：

①船舶进出港口业务

- 办理船舶进出港口的各项手续，包括引水、拖轮、靠泊、报关等；

- 办理船舶检验、修理、洗舱、熏舱以及海事处理等。

②货运业务

- 代理船方组织货物装卸、检验、交接、储存、转运、理货等；
- 办理揽货、订舱、代收运费；
- 制作有关运输单据。

③供应工作

- 代办船用燃料、淡水、食品及物资供应等；
- 代办绳索垫料等。

④其他服务性业务

- 办理船员登岸、出境手续；
- 安排船员食宿、交通、旅游、参观、医疗等；
- 其他临时性服务。

（3）货运代理人（Freight Forwarder）

货运代理业，在业界有的也把它称之为报关行（Customs Broker）或运输行（Forwarding Agent），它是指收取佣金，代货主办理货物出口、进口报关手续，或以自己的名义接受海上货物运输的托运，并将自己承运的货物交由船舶经营人运输的行业。

货运代理人是指那些专门接受货主的委托，代表货主办理有关包装、转运、订舱、检验、报关、交接、仓储和调拨等业务的佣金代理人。

如果货运代理人代表承运人向货主揽货，这时他就成为揽货代理人。还有如：

①货物装卸代理；

②货物报关代理；

③转运代理；

④理货代理；

⑤储存代理；

⑥集装箱代理。

（4）咨询代理（Consulting Agent）

咨询代理是指专门从事咨询工作，按照委托人的需要和要求，提供有关海运咨询情报、资料、数据和信息服务并收取一定报酬的人。

（5）海运经纪人（Broker）

海运经纪人是以中间人的身份代办洽谈业务，促使交易成交的中间人。在国际海运中，有关货物的订舱和揽载，托运和承运，船舶的租赁和买卖等项业务，虽然常由交易双方直接洽谈，但由海运经纪人作为媒介洽谈的做法已成为传统的习惯，尤其是船舶的租赁和买卖业务的洽谈，都离不开海运经纪人的参与。

（6）船舶租赁业

船舶租赁业是指船舶所有人本身不经营船舶的营运业务，而是将自有的船舶以光船租赁（Bare Charter）的形式出租给承租人，由承租人作为船舶经营人经营船舶营运业务的行业。它实际上属于财产租赁，与国际航运提供海运服务有根本的不同。

（7）装卸、理货业

装卸、理货业是一些接受货主或船舶经营人的委托，在港口分别为开航前或到达目的港后的船舶进行货物装卸、清点、交接、检查货物损坏程度和原因并作出公证、衡量散装货物重量等多项作业的行业。这些行业都是国际海运中不可缺少的。如果细分，这些行业主要有装卸业、理货业、鉴定业和衡重业。

装卸业是办理将货物装船和从船上将货物卸下的行业。经营这种行业的经营人也被称为装卸人或装卸业者（Stevedore）。装卸人对于所在港口经常装卸的货物的包装、性质以及装卸方法都富有经验，对各种类型的船舶也都深有了解，能参与制订装卸作业计划，委托人对他们的装卸技术也有所信任。但是，由于装卸和积载的质量对于船舶和货物的安全有密切的关系，所以，原则上这种作业都是在船长的监督和指挥下进行的。如果由于装卸人的过失、疏忽、不熟练、使用装卸工具不当，或违反船长指挥而造成船舶货物的损坏或人身伤亡，装卸人应负赔偿责任。

理货业是在装货或卸货时，对货物的件数进行清点，并对货物的交接作出证明的行业。理货业的从业人员通常被称为理货人（Tallyman or Checker）。理货通常是由货主或船公司各自委托他们的理货人，即分别由站在货主立场（Dockside）的理货人和站在船公司立场（Shipside）的理货人会同进行。在代表双方的理货人的会同确认下，才能证明货物交接的正确性。由于这种正确交接的证明有很强的公正性，所以理货人不但要有较全面的知识和熟练的方法，而且必须具有诚实、公正的品质。

上述各种代理，往往互有交错，并不一定互相排斥，各有侧重而已。如：船务代理，也有的兼营货运代理，货运代理，也有兼营一些船务代理业务的。

5.1.4　国际海上运输航线

世界各地的水域，在港湾、潮流、风向、水深及地球球面距离等自然条件的限制下，可供船舶航行的一定路径，称为航路。船舶在两个或多个港口之间从事货物运输的线路称为航线。

1. 国际大洋航线

（1）太平洋航线

太平洋沿岸有30多个国家和地区，经济水平比较发达。太平洋航线有以下几组。

①远东—北美西海岸各港航线：包括从中国、韩国、日本和俄罗斯远东海港出发到加拿大、美国、墨西哥等北美西海岸各港。目前，我国已与北美西海岸港口之间辟有定期集装箱航线。该航线以日本与美国、加拿大贸易量为最大，其次是韩国。

②远东—加勒比海、北美东海岸各港航线：该航线大多是经夏威夷群岛南北至巴拿马运河后到达。

③远东—南美西海岸航线：从我国北方沿海各港出发的船舶多经琉球奄美大岛、硫磺列岛、威克岛、夏威夷群岛之南的莱思群岛附近穿越赤道进入南太平洋至南美西海岸各港。

④远东—东南亚航线：这组航线是中国、朝鲜、韩国、日本去东南亚各港，以及过马六甲海峡去波斯湾、地中海、西北欧、东西非、南美东海岸各港常走航线。东海、中国台湾海峡、巴斯海峡、南海是该航线船舶经常进出的海域。

⑤远东—澳、新航线：由于澳大利亚面积辽阔，远东至新西兰、澳大利亚东西海岸航线有所不同。我国北方沿海各港去澳东海岸和新西兰港口，走琉球、加罗林群岛，进入所罗门海、珊瑚海。日本等国到该地区的航线也基本与我国相同。但中澳之间的集装箱航线则由我国北方港口南下经香港加载后经南海、苏拉威西海、班达海、阿拉弗拉海，然后进入珊瑚海、塔斯曼海。中国去澳西海岸航线，多半经菲律宾的民都洛海峡，然后经望加锡海峡、龙目海峡南下。

⑥澳、新—北美东西海岸航线：澳、新至北美西海岸航线大多途经苏瓦、檀香山等太平洋上重要航站。澳、新至北美东海岸航线则大多取道社会群岛中的帕皮提，后经巴拿马运河到达。

⑦北美—东南亚航线：这组航线一般要经过夏威夷、关岛、菲律宾等地，到北美东海岸和加勒比海各港要经巴拿马运河。

（2）大西洋航线

大西洋水域辽阔，海岸线曲折，有许多优良港湾和深入大陆的内海。北大西洋两侧是西欧、北美两个世界经济发达的地区，又有苏伊士运河和巴拿马运河通印度洋和太平洋。

①西北欧—北美东海岸各港航线：这组由北美东海岸经过纽芬兰横渡大西洋进入西北欧的航线历史最悠久，是美国、加拿大与西、北欧各国之间国际贸易的海上大动脉。

②西北欧、北美东岸—加勒比海各港航线：该航线大多出英吉利海峡后横渡大西洋。除去加勒比海沿岸各港外，还经巴拿马运河到达美洲太平洋西岸。

③西北欧、北美东岸—地中海、苏伊士运河去东方航线：这是世界上最繁忙的一条航线，它除与地中海各港间往来外，还与海湾国家往来密切。

④西北欧、地中海—南美东海岸航线：该航线一般经过西非大西洋岛屿、加拿利群岛、佛得角群岛上的航站。

⑤西北欧、北美大西洋岸—好望角、东方航线：该航线一般是巨型油船的运输线。西北欧、北美去海湾运油的15万吨级以上巨轮必须经过好望角。西非大西洋上的佛得角群岛、加拿利群岛是它们经常停靠的地方。

⑥南美东海岸—好望角航线：它是南美东海岸去海湾运油，或远东国家购买巴西矿石常走的路线。中国至南美东海岸运油和矿石也走该航线。

（3）印度洋航线

由于印度洋的特殊地理位置，其航线可以将大西洋与太平洋连接起来，因此经过的航线众多。

①横贯印度洋东西的航线：这组航线是从亚洲太平洋地区和大洋洲横穿印度洋西行的航线，在这组航线上的港口如塞得港、苏伊士港、亚丁、利伦坡等因地理位置的特殊性而有着极其重要的地位。

②进出印度洋北部国家各港的航线：印度洋北部包括孟加拉湾、阿拉伯海沿岸各国，即进出缅甸、孟加拉国、印度、斯里兰卡、巴基斯坦等国港口的航线。船舶来自东部太平洋地区或欧洲。

③进出波斯湾沿岸国家的航线：波斯湾沿岸大多为石油输出国，石油为这组航线的基本货物。大致分三条航线，一条是去曼德海峡和红海，经苏伊士运河、地中海进入大西洋，到达欧洲或继续驶往北美。另一条是南下印度洋，经东非的索马里、肯尼亚、坦桑尼亚附近，绕道好望角通往大西洋，到达西欧和北美。还有一条是由波斯湾东行，经印度洋、马六甲海峡、太平洋到东南亚和日本。

④进出非洲东岸国家的航线：在这条航线上货物的运量较其他航线要少，但它仍是印度洋上一组重要的航线。

2. 世界主要运河航线

(1) 苏伊士运河航线（Suez Canal Shipping Line）

1) 苏伊士运河

苏伊士运河于1869年通航，全长161公里，沟通了红海、地中海，把印度洋与大西洋联结起来，它是世界上第一大运河。

苏伊士运河现在每天通过的船舶吨位在500万吨以上，其航道水深在12~13米，25万吨的空船，8万吨满载的船都可以通过。苏伊士运河没有闸门，通行方便。

2) 航线

该航线西起北欧、西欧、北非，经地中海，通过苏伊士运河，穿过红海进入印度洋后分为两路，东至远东各主要港口，为欧亚间主要航线；南至澳洲、新西兰各主要港口，为欧澳新之间主要航线。

从远东至欧洲经印度绕道好望角的航程有13000多公里，但通过苏伊士运河航线，则可使欧亚航程缩短约7500公里，它是连接欧亚非三大洲的主要海上通道。我国上海港到欧洲各主要港口，经过苏伊士运河可缩短航程4000多公里。

(2) 巴拿马运河航线（Panama Canal Shipping Line）

1) 巴拿马运河

巴拿马运河位于美洲巴拿马共和国的中部，是沟通太平洋和大西洋的重要航运要道。巴拿马运河全长81.3公里，水深13~15米不等，河宽150~304米。因为大西洋水位高，太平洋水位低，整个运河的水位高出两大洋26米，全程设有6座船闸。船舶通过运河一般需要9个小时，可以通航76000吨级的轮船。巴拿马运河于1914年竣工，1915年通航，1920年起成为国际通航水道。由于巴拿马运河的开通，太平洋与大西洋之间的航程比原来缩短了5000~10000公里。现在，每年大约有1.2万~1.5万艘来自世界各地的船舶经过这条运河。

2）航线

巴拿马运河北起大西洋加勒比海，经里蒙湾，穿过巴拿马河，南经巴拿马湾，进入太平洋。巴拿马运河是连接大西洋与太平洋两岸各港口的重要航线，避免了绕道南美的合思角，大大缩短了航程，成为美洲大陆东西两岸之间和远东至美洲东岸之间的重要运输通道。

（3）基尔运河航线（Kiel Canal Shipping Line）

1）基尔运河

基尔市位于基尔湾，基尔运河全长98.7公里，1895年通航，开通时间比较早，位于德国境内。基尔运河西起易北河口的布龙斯比特尔，东到基尔市北的荷尔台瑙，运河水面宽162米，底宽90米，水深11米，上空飞跨7座大桥，桥梁净空42米，犹如钢铁巨龙横空出世，桥下3万吨的海轮也畅通无阻。

2）航线

基尔运河航线由波罗的海各国港口，经基尔运河，连接大西洋。成为波罗的海沿岸国家，途经德国，直接进入大西洋的国际海运的重要通道。基尔运河修通后，轮船从波罗的海到北海不必绕道日德兰半岛，节省航程600公里。基尔运河平均每8分钟过1艘船，每年通过船舶几万艘，号称世界上最繁忙的运河。

（4）圣—劳伦斯河道航线（St. Lawrence Water Way）

圣—劳伦斯河道，位于加拿大与美国之间，它把北美五大湖连接起来，直通大西洋。河道相当深，大船一般都可以进去，不足的是由于冰冻全年有四个月不能通航（一般是自当年11月15日至次年的3月15日）。我国进口的许多小麦、木材大都从这条河道运来。

3. 集装箱运输的主要航线

当前，世界上规模最大的三条主要集装箱运输航线是：远东—北美航线，远东—欧洲、地中海航线，北美—欧洲、地中海航线。

（1）远东—北美航线

远东—北美航线习惯上也称为（泛）太平洋航线，该航线实际上可以分为两条航线，一条是远东—北美西岸航线，另一条为远东—北美东岸航线。远东—北美西岸航线主要由远东—加利福尼亚航线和远东—西雅图、温哥华航线组成。其涉及港口主要有亚洲的高雄、釜山、中国上海、中国香港、东京、神户、横滨等港口和北美西岸的长滩、洛杉矶、西雅图、塔科马、奥克兰港和温哥华港，涉及亚洲的中国（含香港和台湾地区）、韩国、日本以及北美的美国和加拿大东部地区。远东—北美东岸的纽约航线涉及的北美东岸港口主要有美国东部地区的纽约、新泽西港、查尔斯顿港和新奥尔良港。

（2）远东—欧洲、地中海航线

远东—欧洲、地中海航线也被称为欧地线。该航线由远东—欧洲航线和远东—地中海航线组成。远东—欧洲航线是1879年由英国4家船公司开辟的世界最古老的定期航线。欧洲地区涉及的主要港口有：荷兰的鹿特丹港，德国的汉堡港、不来梅港，比利时的安特卫普港和英国的费利克斯托港。远东—地中海航线是1972年10月开始集装箱运输的，其地中海地区主要涉及的港口有位于西班牙南部的阿尔赫西拉斯、意大利的焦亚陶罗和位于地中海的中央、马耳他岛南端的马尔萨什洛克港。

（3）北美—欧洲、地中海航线

北美—欧洲、地中海航线也被称为跨大西洋航线。该航线实际包括三条航线：北美东岸、海湾—欧洲航线，北美东岸、海湾—地中海航线，北美西岸—欧洲、地中海航线。

5.1.5　国际海上运输港口

港口是指运输网络中水陆运输的枢纽，是货物的集散地，船舶与其他运输工具的衔接点。它可提供船舶靠泊、旅客上下船、货物装卸、储存、驳运以及其他业务，并具有明确的水域和陆域范围。

1. 港口的分类

按地理位置分类，可把港口分为海港（如湛江港、大连港）、河口港（如上海港、鹿特丹港）、内河港（如南京港、武汉港）、湖港、水库港。

按用途和权属分类，可把港口分为货主港、军用港、避风港、商业港。其中，商业港又可分为存储港、转运港和经过港。

按国家贸易政策分类，可把港口分为国际贸易港、国内贸易港和自由港。

2. 港口通过能力

港口通过能力是指一定时期内港口能够装卸船的货物数量。它由下列条件所决定：

①码头的长度和所在地；

②仓库的所在地和容量；

③交通路线；

④装卸机械的类型、位置、作业效率；

⑤港口的管理水平。

3. 现代港口应具备的设施条件

一个现代化的港口应具备相关的水面设施、导航设施。为保证船舶在港口内安全装卸货物，还应该有防波设施、装卸设施、码头设施。为及时处理疏散货物，还应该设置仓储设施、交通设施等。

4. 世界主要港口

（1）中国香港（Hong Kong）

中国香港是全球最繁忙和效率最高的国际货柜港，也是全球供应链上的主要枢纽港。港口是中国香港特区的经济命脉之一，处理的货运量80%经由港口处理。2003年，中国香港特区处理的货柜达2040万个标准箱（TEU），再次刷新货柜吞吐量纪录，再度成为全球最繁忙的港口。其中，葵涌货柜码头的吞吐量达1210万个标准货柜箱，占全港口吞吐量的59%。余下41%的货柜则是在中流作业区、内河货运码头、公众货物起卸区、浮标和碇泊处及其他私人货仓码头处理。2004年香港货柜吞吐量为2198万标准箱，2005年的港口货物装卸量为2243万标准箱，成为世界第二大集装箱港口。

香港港口素以效率高著称，设施全部由私营公司投资、拥有和经营，各营办商积极引进新的货物管理技术，增强处理效率。政府的角色是负责制订长远的策略规划，提供所需的基建配套。

预计2010年香港货柜吞吐量达2970万标准箱，到2020年，香港港口吞吐量将平均每年增长4%，2020年为4050万标准箱。

（2）上海港（Shanghai）

上海港位于北纬31°143′，东经121°29′，地处中国内地东海岸的中部，是“黄金水道”长江与沿海运输通道构成的“T”字形水运网络的枢纽港，前通中国南、北沿海和世界各大洋，后贯长江流域及江、浙、皖内河、太湖流域，公路、铁路网纵横交错，可通达全国各地和世界各国港口。

上海港过去长期位列新加坡港、鹿特丹港等世界名港之后，2004年全球港口排名第三。2005年上海港的货物吞吐量达4.43亿吨，首次超过新加坡港，成为世界第一大港。2005年上海港完成的集装箱吞吐量达到1809万标准箱，比上年增长24.2%，继续稳居世界第三位。外贸吞吐量完成1.86亿吨，比上年增长17.2%。

（3）新加坡港（Singapore）

新加坡港地处新加坡岛南端。该岛东西长42公里，南北宽22.5公里，既是新加坡的首都，也是天然良港。优越的地理位置是新加坡港迅速发展的重要条件。随着世界航运业的繁荣和马六甲海峡航运的繁忙，新加坡的作用和地位越来越重要。新加坡港内有3.4公里的码头群，能同时容纳30多艘巨轮停靠。从新加坡港起航，有250多条航线通往世界各主要港口。2005年，新加坡港的货物吞吐量为4.2亿吨，成为世界第二大港，以货物吞吐量计，2005年新加坡港集装箱货物装卸量为2319万标准箱，较2004年的2133万标准箱增长8.7%，成为世界上最繁忙的集装箱港口。这是自1999年后，其再次超越香港位居世界第一。新加坡港的管理非常现代化，采用的是最新的电子技术和机械。新加坡港还拥有40万吨级的巨型旱船坞和两个30万吨级的旱船坞，可以修理世界上最大的超级油轮，能够同时修理总吨位达210万吨级的船只，是亚洲最大的修船基地。

（4）鹿特丹港（Rotterdam）

鹿特丹港位于莱茵河与马斯河河口，西依北海，东溯莱茵河、多瑙河，可通至里海，有“欧洲门户”之称。港区面积约100平方公里，码头总长42公里，吃水最深处达22米，可停泊54.5万吨级的特大油轮。第二次世界大战后，随着欧洲经济复兴和共同市场的建立，鹿特丹港凭借优越的地理位置得到迅速发展，1961年，吞吐量首次超过纽约港

（1.8 亿吨），成为世界第一大港。此后到 2003 年一直保持世界第一大港地位，2000 年，吞吐量达 3.2 亿吨，创最高纪录。鹿特丹港现在是欧洲第一大港，世界第三大港，位列上海港和新加坡港之后。鹿特丹港有世界最先进的 ECT 集装箱码头（即无人操作装卸码头，俗称“鬼码头”），年运输量达 640 万标准箱，居世界第四位。它还是 500 多条航线的船籍港或停靠港，通往全球 1000 余个港口，平均每天进出港货物达 100 多万吨。鹿特丹港目前每年约有 3.5 万艘海轮往返，13 万艘内河船往来于鹿特丹港和其他欧陆港口之间。

鹿特丹港新建成的三大港区，第一是博特莱克港，包括港区及工业区在内占地面积为 12.5 平方公里。港区内建有各种专用码头和集装箱船、滚装船、载驳船作业区。第二是欧罗港区，占地面积为 36 平方公里。通过疏浚航道后，低潮时最大水深可达 22 米，可停靠 20 万吨级的油轮和 8 万吨级的散货船。第三是斯弗拉克特港区，占地 33 平方公里。它是利用沿岸浅滩，经过疏浚而建成的。港区在新水道入海口以南，伸入海域达 5 公里，低潮时，港内水深也能维持在 19 ~ 23 米。上述三大港区构成了鹿特丹港的主体。

鹿特丹港有着现代化的港口设施，同时，港口调度指挥也是依靠了先进的设备和科学的方法。在出海口的荷兰角上有个交通控制中心，建立于 16 世纪。当初的信号指挥调度已发展成为现在的无线电、雷达和先进的电子计算机系统控制。

鹿特丹港区服务最大的特点是储、运、销一条龙。通过一些保税仓库和货物分拨中心进行储运和再加工，提高货物的附加值，然后通过公路、铁路、河道、空运、海运等多种运输路线将货物送到荷兰和欧洲的目的地。

（5）纽约港（New York）

美国的纽约港也叫新泽西港，是世界上最大的天然深水港之一，位于纽约州东南的赫德森河口，濒临大西洋。港区面积有 3800 平方公里，有水深 9 ~ 14.6 米的深水泊位 400 多个，集装箱码头 37 个，是世界上港区面积最大的港口。整个港区有 140 多条货、客运输线通往世界各地，外贸进出口年货运量达 6000 万吨。

纽约港港口宽深，天然条件好，潮差小，冬季不冻，自然条件非常优越。纽约港初建于 1524 年，最先是意大利人来到赫德森河口，1626 年荷兰人从印第安人手中买下曼哈顿岛辟为贸易站，称之为“新阿姆斯特丹”，这也是当地开发的开始。1664 年，这一地区又为英国人占领，改称纽约。1825 年伊利河通航，大大促进了纽约港区的建设。

美国的世界级大港还有位于美国南部密西西比河畔的新奥尔良港（New Orleans）和位于墨西哥湾的休斯敦港（Huston）。新奥尔良港是美国仅次于纽约港的全美第二大港，休斯敦港是美国进出口贸易第一大港，是美国对外贸易的一个重要门户，是世界第七大港。

（6）横滨港（Yokohama）

横滨港位于东京湾西北部，港内风平浪静，航道水深 10 米以上，是一个天然良港。横滨港原是一个不出名的渔村，没有什么港口建设，最初只修建了两座码头，仅供停靠小船，稍大的船只能离岸锚泊，货物只能用驳船搬运。随着日本外贸和渔业的迅速发展，来往横滨的船只越来越多。1889 年年初，日本政府投入大量资金，对横滨港的设施进行改建和扩建，使得通过该港进行的外贸额大量增加，并成为日本通向世界的最大国际贸易港。进入 20 世纪以来，横滨港的建设有了更大的发展。通过填海造陆等工程，港区和市区不断扩大。然而，1923 年日本关东大地震使横滨损失惨重，全部港口设施受到严重损坏。地震之后，横滨的重建工程发展很快，其间虽然由于太平洋战争等原因一度被迫停建，但第二次世界大战后恢复得相当迅速。1962 年以后，横滨港开始按照现代化的要求建造码头设施。

横滨港是日本海港中距美国最近的一个，美日海上贸易多以此港为装卸港。近年来，横滨港的吞吐量大量增加，每天可以同时有 70 多艘大型船只进入。集装箱码头的发展也很快。日本政府一向重视横滨港的建设和发展，极力使之成为一个现代化的海港。

日本的世界级大港还有日本第一大港口——神户港。

（7）安特卫普港（Antwerp）

安特卫普位于北纬 50°13′，东经 4°23′，在比利时北部和斯海尔德河的下游，距北海 89 海里。

安特卫普是比利时第二大工业中心，也是北欧北部的贸易中心，安特卫普港是欧洲第二大、世界第四大港口。2004 年，安特卫普港货物吞吐量为 1. 52 亿吨（55% 进港、45% 出港），杂货约占 7000 万吨，使之成为欧洲最大的运输和物流中心。安特卫普港在 2004 年装卸了 15371 条船，总吨数达到 2. 37 亿吨。

安特卫普港是欧洲主要的管线枢纽，也是最大的化学工业群。它提供 300 多条定期班轮的服务，每年发送 14000 个海运航班，到达 800 多个目的地，现正把集装箱的吞吐能力提高到每年 700 多万个标准箱，它将把港口现在的集装箱吞吐量几乎翻一倍，达到每年 1200 万个标准箱，并拥有欧洲最大的有覆盖的仓储面积（1186 英亩或 480 万平方米）。

由于斯海尔德河和海口航道的改善，安特卫普港可容纳 10 万吨级的船舶泊靠装卸货物，吃水 47 英尺的船可自由进出。码头起重机的起卸能力为 800 吨。整个港区面积为 1. 78 万公顷。其中各类型的码头面积共 1350 公顷，码头全长 99 公里，集装箱码头泊位 18 个，储油仓 1200 万立方米，还有 339 英亩（137. 2 万平方米）的冷藏仓库。

（8）马赛港（Marseilles）

马赛位于法国南部的地中海岸边，是法国的第二大城市，也是法国最大的工业中心和港口城市。马赛港是法国的最大港口，其吞吐能力居欧洲第二位，世界第五位。

马赛港迄今有 2600 多年的历史。目前的马赛港区共有 7 个港池和 2 个外港，码头总长 19 公里。有 93 个码头泊位是专供远洋轮船使用的，所占码头长度达 13. 5 公里，码头水深 6 ~ 14. 5 米，还有 4 个等候泊位和 2 个修船泊位。马赛港区的码头主要用于处理杂货以及客货运输和修船业务。与城市经济有关的货运则通过专用转运码头处理，这一港区最多可处理 600 万吨货运量。

马赛港还拥有 10 个旱船坞，其中一个可容纳载重量为 54 万吨的货船。

马赛港的拉维拉—卡隆特—布克港区是1952年专为运输原油、石油产品、液化天然气和各种化学制品而建设的。该港水深达12.5米，有9个泊位，可容纳8万吨级的轮船。这些泊位有管道与法国炼油公司和英国石油公司的储油罐连接并与南欧管道衔接。此外，该港区还有7个泊位专门用于散装货物运输，另外还有2个修船湿坞。

马赛港还有一些专门用途的港区与码头泊位。马赛港不仅为法国，而且也为欧洲的经济发展服务，其航运路网不断扩展。由于马赛港作为石油和天然气转运基地的作用日趋重要，许多管线从港区向外呈扇形伸展。马赛港把法国和欧洲紧密地联系起来了。

（9）伦敦港（London）

伦敦港是英国最大的海港。伦敦始建于公元前43年，历史上就是一个海运昌盛的地方，自19世纪以来成为世界上重要的国际贸易中心和金融中心。1909年，英国伦敦市的一些私营码头和公司联合成立了伦敦港务局，统一管理泰晤士河和航道。首先从河床挖出了5亿吨泥沙，使这条河成为当时世界上最深的河运水道。此后，伦敦港的发展经历了曲折的历程。今天的伦敦港区主要在市中心以东40公里的提尔伯里和沿河下游。这里的港区水域面积达63公顷，码头岸线长8.2公里，有4个主要港池，水深11～12米，可以停泊3万吨级的货船。港池内有4个集装箱泊位，3个滚装泊位和其他杂货泊位。其中集装箱泊位是欧洲最现代化的集装箱码头。

欧洲的世界级大港还有德国的汉堡港等。

5. 我国主要港口

除香港外，我国的主要港口还有：上海港、深圳港、大连港、天津港、秦皇岛港、青岛港、广州港、连云港、湛江港、宁波港、烟台港、南通港、温州港、福州港、厦门港、北海港、海口港等。其中，包括上海港在内，现在已经有深圳港、大连港、天津港、秦皇岛港、青岛港、广州港、宁波港等八大港口位列世界级过亿吨的大港行列。

5.2　国际海上运输业务流程

5.2.1　国际海上运输出口业务流程

海运出口货物运输业务是根据贸易合同有关的运输条款，把国外客户订购的货物加以组织，通过海上运输方式运到目的港的一种业务。其基本的业务流程如图5－1所示。

海运出口运输业务与贸易术语和价格条件关系紧密，如以FOB条件成交的出口货物，则由买方负责运输工作；如以CIF或CFR条件签订的出口合同，则由卖方租船订舱，安排运输。下面以在CIF或CFR条件下，由卖方安排运输工作为例，介绍出口货物运输业务的流程。

1. 审核信用证中的装运条款

一般情况下，应在收到信用证后一定期限内装运。如近洋运输不少于20天，远洋运

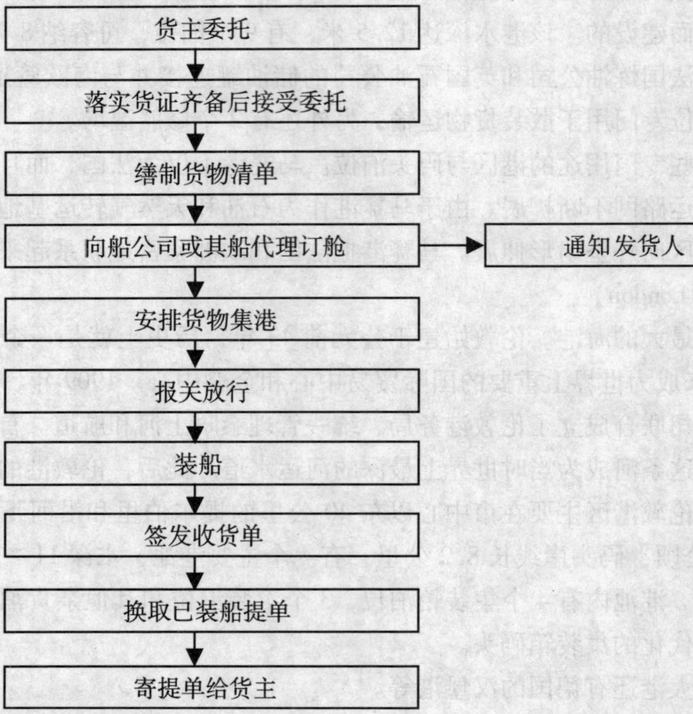

图 5－1　海运出口货运代理基本业务流程

输不少于 1 个月。因此，在合同中应订明信用证须于装运期前若干天开到卖方的期限。同时考虑到某些航线由于船期多变或装运港拥挤等情况，尽量争取在信用证中规定自动延期若干天的条款，以免卖方违约。出口单位在收到信用证以后，要对其进行严格审核，如发现信用证中的有关条款与贸易合同内容不符，应及时要求进口方修改信用证。

在审核信用证的装运条款时，要重点审核装运期、装运港、目的港、结汇日期；转船和分批装运等条款，要根据货物出运前的实际情况，决定是否对信用证中的有关运输条款接受、修改或拒绝。

2. 备货、报验和领证

出口方在收到信用证后，要严格按信用证上规定的交货期及时备好出口货物，并按合同及信用证的要求对货物进行包装、刷唛。

对需经检验机构检验出证的出口货物，在货物备齐后，应向商检机构申请检验，取得合格的检验证书。

3. 租船、订舱和配载

履行以 CIF 或 CFR 价格条件成交的出口贸易合同时，根据贸易条件应由卖方派船装运出口货物。如仅向船方洽订部分舱位装货，称为订舱；如卖方向船东具体洽租一条船装载，称为租船；至于货方根据货运需要与船公司达成协议，将货物分配给具体船只承运，称为配载。

根据贸易合同的规定，出口方要根据货物的性质和数量决定租船或订舱。在与船公司商定所需舱位、运费和其他条件后，货方应向船公司或其代理人以书面的方式提供包括货物详细的情况、卸货地点、装运数量、起运日期等内容的有关托运货物的单证，这就是"海运出口货物委托书"，即订舱单。合理配载，对货方来说，主要是考虑能够把出口货物安全、准确、迅速、节省、方便地运抵目的港交给收货人，以完成贸易合同；对船方来说，则考虑所配载的货物能使船舶保持满舱和满载，尽可能减少亏舱成本。

4. 出口货物集中起运港

在谈妥船舶或舱位后，货方应在规定的时间内将符合装船条件的出口货物发运到港区内指定的仓库或货场，以等待装船。向港区集中时，应按照卸货港口的先后和货物积载顺序发货。对可以直接装船的货物，按照装船时间将货物直接送至港口船边现装，以简化进出仓的手续，节省费用。对危险品、冷冻货或鲜活商品、散油等需特殊运输工具、起重设备和舱位的特殊货物，应事先联系安排好调运、接卸和装船作业。发货前要按票核对货物品名、数量、标记、配载船名、装货单号等各项内容，做到单、货相符和船、货相符。同时还要注意发货质量，如发现货物外包装有破损现象，发货单位要负责修理或调换。

5. 货物出口报关和装船

在货物集中港区后，发货方必须将核对无误的出口货物明细单连同装箱单（或磅码单）、发票、商检证明及其他有关单证提交给海关申报出口。经海关人员对货物进行查验后，在装货单上加盖放行章。若海关发现货物不符合出口要求时，则不予放行，直到检验合格为止。

海关放行后，发货人凭海关盖章的装货单与港务部门和理货人员联系，做好装船前的准备和交接工作。在完成准备工作后，即可开始装船。

装船方式一共有三种：

（1）码头作业。港方提供足够的劳务和机械，按照积载图进行装船作业，正常情况下应保证 24 小时连续装船；

（2）现装船。用车辆将货物直接运到码头船边进行装船作业；

（3）外舷过驳。货物由驳船集港，装船时，驳船直接靠海轮外舷，货物由驳船吊到海轮上。

值得注意的是，在装船过程中，发货人应派人进行监装，随时掌握装船情况和处理装船过程中所发生的问题。对舱容紧、配货多的船只，应联系港方或船方配合，合理配载以充分利用舱容，防止货物被退关。如舱位确实不足，应安排快到期的紧急的货物优先装船；对必须退关的货物，应及时联系有关单位设法处理。货物装船后，由理货人员将装货单一份交给船方办理签收手续，即成为大副收据，一份由发货人交给外轮代理公司代表船方签发提单。

6. 装船通知与投保

如果合同规定或根据贸易价格条件需要在装船时发出装船通知，由国外收货人自办保险，发货人应及时发出装船通知。如由发货人负责投保，一般应在船舶配妥后予以投保，但要根据合同规定明确投保险别和责任等。

以 CIP 价格条件成交的出口货物，一般应由我方保险。对我国港澳地区出口的货物，一般也由我方办理保险手续。对有法律或协议规定其进口货物须由其本国保险的国家出口，应尊重其规定，不要强制对方接受 CIF 条件，可按 CFR 价格条件成交。而对保险险别的选择，必须根据货物的性质和特点、货物的包装情况、货物的运输方式、航线、港口和装卸货的损耗情况等，目的地的货物市场价格变动趋势，季节、气候及安全等具体情况全面考虑，做到既要使货物得到充分的保险保障，又能节省保险费用开支。

7. 支付运费

船公司为了正确地核收运费，在出口货物集中到港区仓库或库场后申请商检机构对其进行衡量。对需要预付运费的出口货物，船公司或其代理人必须在收取运费后签给托运人运费预付的提单。如属到付运费货物，则在提单上注明运费到付，其运费由船公司卸港代理在收货人提货前向收货人收取。

5.2.2 国际海上运输进口业务流程

海运进口货物运输业务是根据贸易合同有关运输条件，将进口货物通过海运方式运进国内的一种业务。海运货物进口业务运输的程序包括从租船订舱、跟踪船舶动态到卸货交接，直至送交收货人的全过程。其基本业务流程如图 5－2 所示。

海运进口货物运输业务必须取决于买货条件。下面以在 FOB 成交、买方负责运输的条件下为例，介绍进口货物运输业务的流程。

1. 审核、确定贸易合同中的运输条款

贸易条件或贸易术语除了反映商品本身的价格外，同时还表明贸易双方在货物交接过程中有关责任、风险以及费用的划分界限。目前，我方派船的海运进口货物运输所使用的贸易术语主要有 FOB、FOBS、FOBST 和 FAS 等。

在确定了贸易术语之后，我们还要明确装运期限。FOB 条件下的进口货物，一般在合同中规定，卖方必须在合同规定的交货期限 30 天前将合同号、货物名称、数量、装货口岸及预计货物到达装运口岸日期，以电讯通知买方，以便买方安排舱位。买方应在船舶受载期几天前，将船名、预计受载日期、装货数量、合同号、船舶代理人，以电讯方式通知卖方。

2. 租船订舱

如果是以 FOB 成交的进口合同，租船订舱由买方负责。在合同规定交货前一定时期内，卖方应将预计装运日期通知买方。买方接到通知后，要根据货物的性质和数量来决定租船或订舱。除个别情况外，一般均委托代理人来办理。在我国一般是委托中国对外贸易

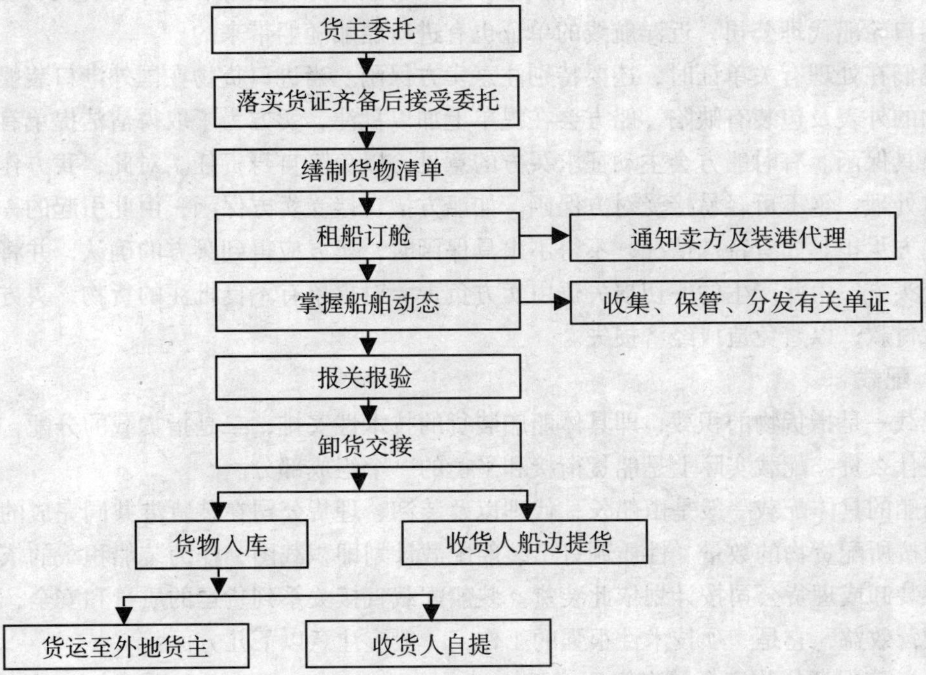

图 5－2　海运进口货运代理基本业务流程

运输总公司或其分公司来办理。在办理委托时，委托人须填写《进口租船订舱联系单》并提出具体要求。该联系单的内容一般包括货名、重量、尺码、合同号、包装种类、装卸港口、交货期、买货条款、发货人名称和地址、电话或电传号等项目。如有其他特殊要求事项，也应在联系单中注明。

3. 掌握船舶动态

掌握了进口货物船舶动态，对装卸港的工作安排，尤其对卸货港的卸船工作安排是极为重要的。这就要经常收集船舶的动态资料。船舶动态资料主要包括船名、船籍、船舶性能、装卸港顺序、预抵港日期、船舶吃水和该船所载货物的名称、数量等方面的信息。船舶动态信息来源可获自各船公司提供的船期表、国外发货人寄来的装船通知、单证资料、发货电报以及有关单位（如外贸运输公司、外轮代理公司）编制的进口船舶动态资料等。

4. 单证的收集和处理

进口货物的各项单证也非常重要，它们是港口进行卸货、报关、报验、交接和疏运不可缺少的资料。进口货物单证包括商务单证和船务单证两大类。商务单证是指贸易双方办理货物交接和货款结算所需要的单证，包括贸易合同正本或副本、发票、提单、装箱单、品质证书和保险单等。船务单证是承运人在装卸港口装卸进口货物时所需要的单证，也是反映货物装船实际情况的文件，包括提单副本、积载图、装载清单、舱单和危险货物清单等。收到单证后，须与进口合同进行核对。单证一般来源于银行、国外发货人、装货港代理、港口轮船代理公司，近洋航线的单证也有进口船舶随船带来的。

我们在处理有关单证时，还要特别注意卖方保函。当进口货物在国外港口装船时，由于货物的外表及包装有缺陷，船方会在提单上加以批注，卖方为了取得清洁提单有可能向船方出具保函。有时船方会主动征求买方的意见，以免除自身责任。对此，我方作为买方应慎重处理，绝不可轻易接受对方保函。如船方擅自接受卖方保函，由此引起的一切损失均由船方承担。如有特殊情况，不得不出具保函时，卖方应得到买方的确认，并将保函副本寄交买方，由此产生的一切损失仍由卖方负责。对提单有不良批注的货物，买方应争取货到后付款，以避免造成经济损失。

5. 配载

配载一是指货物的积载，即具体船舶装货的技术性安排；二是指货载的分配，即什么船配装什么货。配载实际上是船货衔接和平衡的一个组成部分。

船舶的具体配载一般是由船长、代理以及装卸、理货公司在装货港共同完成的。船长或代理按所配货物的数量、性质制订出装船配载计划即积载图，作为装船积载的依据，凭此指导装卸或理货公司按计划依此装货。装船配载直接关系到货运的质量和安全，关系到船舶经营效益，它是一项技术性很强的工作，一般应注意以下几方面：

（1）应保证货物安全与完好

货物运输必须保证货物质量不受损害，数量不短少，这是最基本的要求。货物装船配载得当，对保证货运质量至关重要。

（2）应有利于船舶的装卸作业

各舱货物的配载，应按货物到达目的港的先后顺序积载，即先到港的货物后装，后到港的货物先装，以免发生倒载现象。不同卸货港的货物应分隔清楚，不要混淆，以防延长卸货时间。同时货量较大时应分舱积载，以便在装卸作业时同时打开舱门，争取在最短时间内装卸完毕。

（3）应保证船舶安全性和适航性

装载时尽可能使船舶的重心稳定，配载时注意上轻下重。当货量较大时，各舱应平均装载，否则船舶不稳，影响适航、速度甚至安全性。

（4）应充分利用船舶的载重量和载货容积

经营船舶的重要指标之一是最大限度地利用船舶的载重量和载货容积。一般情况下尽量使轻、重货物搭配，如钢材搭配羊毛、生铁搭配箱装货物。为了充分利用船舶的重量吨和容积吨，对尺码较大的货物（如棉花），可以要求发货人压包，尽可能缩小其尺码。

6. 报关和报验工作

进口货物在到达目的港后，须向海关报关、填制《进口货物报关单》。报关单的内容主要有船名、贸易国别、货名、标记、件数、重量、金额、经营单位、运杂费和保险费等项，连同发票、提单、品质证明书等单证，向海关申报进口。按我国现行规定，进口货物应当自运输工具申报进境之日起14日内向海关申报。超过上述规定期限未向海关申报的，由海关征收滞纳金。

对于非贸易进口的货物，货主须填制《免领许可进口物品验放凭证》，连同有关证件，向海关申报查验放行。贸易货物不在港口查验放行的，须填制《国外货物转运准单》，向港口海关申报，经海关同意后监管运至目的地，由目的地海关查验放行。国外免费赠送的样品，须填制《进口非贸易样品申报单》，附发票一份，向海关申报。如是领事馆物品，则凭领事馆或有关单位证明文件向海关申报。进口货物属外贸进口总公司订货的，由其向中国海关总署办理集中纳税手续；属于地方进口订货的，则在当地办理纳税手续。

进口的货物还必须向商检部门申请办理检验、鉴定手续，查验进口商品是否符合我国规定或订货合同的有关规定，以保护买方利益。报验时须填写《进口商品检验申请单》，同时须提供订货合同、发票、提单、装箱单、理货清单、磅码单、质保书、说明书、验收单、到货通知单等材料。凡列入《检验检疫商品目录》的进口商品，须实施法定检验。但表内所列商品如属援助物资、礼品、样品以及其他非贸易物品，一般免于检验。如进口的货物是危险品，应在船舶到港前向港口、航运、铁路等部门提供《进口危险品货物技术说明书》，其中品名与危规号必须正确无误。对尚未列入我国危险品货物品名表的进口货物，订货单位或用货部门应提供详细的中文资料，说明货物的化学性质、消防和急救方法以及装卸搬运过程中应注意的事项，以便安排接、卸、运工作。

7. 监卸和交接

监卸和交接一般由船方申请理货，负责把进口货物按提单、标记点清件数，验看包装情况，分批拨交收货人。监卸人员一般是收货人的代表，履行现场监卸任务。监卸人员要与理货人员密切配合，把好货物数量和质量关。港方卸货人员应按票卸货，严禁不正常操作和混卸。已卸存货场的货物应按提单、标记分别码垛、堆放。对船边现提货物和危险品货物，应根据卸货进度及时与车、船方面有关人员联系，做好衔接工作，防止因卸货与拨运工作脱节而产生等车卸货或车到等工的现象。对于超限货物或集重货物应事先提供正确尺码和重量，以便准备接运车驳，加速疏运进度。对重点货物，如规格复杂的各种钢材、机械、零配件等，要有专人负责，以防错乱。在卸货中如发现残损，应及时向船方或港方办理有效签证，并共同做好检验工作。进口货物在卸船过程中，经常会发生溢卸或短卸情况，除了国外责任外，根据《海关法》和外运总公司《关于海运进口货物溢短卸处理暂行办法》的规定，对溢、短卸货物可以酌情补救。溢、短卸的依据是港口理货公司出具的并经船长或大副签认的溢短签证。

8. 进口代运

进口货物到达国内目的港卸船报关后，如果由收货人自己到码头提货称为自提。若由港口外运公司代表收货人办理接收货物，并安排运力，将货物转运到收货人指定的地点，这种业务称为进口代运。进口代运可以解决用货部门在到货港口无机构和人员的困难，并使进口货物得以及时提离港口，保证港口畅通，防止压船、压港、压货现象的出现。进口代运代办人的责任一般有以下几点：

（1）代办人应于货物到港前根据进口公司和委托人提供的单证，积极办理进口货物交接、制单、报关、报验和代运准备工作，在单证不齐全时可凭保函通关。

（2）代办人对货物外包装进行检查，发现异样及时申请检验，并做好记录。若发现包装破损，代办人有责任整修包装，如危险品包装破漏，无法修补时，应通知收货人设法处理。

（3）在正常情况下，代办人应在货物对外索赔有效期满30天前将货物运出。

（4）货船联检后三天内，代办人应立即填制《海运进口货物到货通知》，寄送收货人或订货单位。发货人另以《提货通知》通知收货人提货。

（5）代办人可以对运输方式作出选择。

9. 保险

如果我方是以FOB或CFR条件成交的进口货物，由我方办理保险。我方负责进口的单位在收到发货人装船通知后应立即办理投保手续。目前，为简化手续和防止发生漏保现象，一般采取预约保险办法，由负责进口的单位与保险公司签订进口货物预约保险合同。

5.2.3 国际班轮运输业务流程

5.2.3.1 班轮运输概述

1. 班轮运输的含义

所谓班轮运输，是指船舶在特定的航线和港口按照事先公布的船期表，从事货物运输，并按相对固定的费率收取运费的海运方式。班轮运输又可进一步分为两种形式：一种是定线定期班轮（也称核心班轮），即船舶严格按照预先公布的船期表运行，到离港口的时间是固定不变的，即所谓的定线定期班轮运输。这是班轮运输的主要形式。另一种是定线但不一定定期，虽有船期表，但船舶到离港口的时间可有一定的伸缩性；也有固定的始发港和目的港，但中途挂靠港则视货源情况可能有所增减。这就是所谓定线不严格定期的班轮运输。

自20世纪60年代后期起，随着集装箱运输的发展，班轮运输又进一步分化为传统的杂货船班轮运输和集装箱船班轮运输。由于使用集装箱船运输具有快速，装卸方便，装卸作业全部机械化，装卸效率高，货运质量高，便于开展联运等优点，越来越多的集装箱船班轮运输已逐渐取代传统的杂货船班轮运输。

班轮运输有“四固定”的特征，即具有固定航线，固定港口，固定船期和相对固定的运价。

2. 班轮船期表

班轮船期表（Liner Schedule）是班轮运输营运组织工作中的一项重要内容。货主应该了解班轮船期表的内容、作用和性质。班轮公司制订并公布班轮船期表有多方面的作用。首先是为了招揽航线途经港口的货载，既满足货主的需要，又体现海运服务的质量；其次是有利于船舶、港口和货物及时衔接，以便船舶有可能在挂靠港口的短暂时间内取得尽可能高的工作效率；最后是有利于提高船公司航线经营的计划质量。

班轮船期表的主要内容包括：航线、船名、航次编号，始发港、中途港、终点港的港名，到达和驶离各港的时间，其他有关的注意事项等。典型的班轮船期表如表5－1所示。

表5－1　班轮船期表

CEN/美国周班线　联系人：　电话：

船名 VESSEL	航次 VOY	大连 DAL	新港 XIN	青岛 QIN	神户 KOB	温哥华 VCR	长滩 LGB	大连 DAL	新港 XIN	青岛 QIN
秀河 PRETTY R.	0070E/0071E	23－23/05	24－25/05	26－27/05	29－29/05	10－11/06	14－15/06	04－04/07	05－06/07	07－08/07
荣河 HONOR R.	0079E/0080E	30－30/05	31－01/06	03－03/06	05－05/06	17－18/06	21－22/06	11－11/07	12－13/07	14－15/07
雅河 DAINTY R.	0067E/0068E	06－06/06	07－08/06	09－10/06	12－12/06	24－25/06	28－29/06	18－18/07	18－20/07	21－22/07

各班轮公司根据具体情况，编制公布的船期表是有所差异的。通常，近洋班轮航线因航程短且挂港少，船公司能较好地掌握航区和挂靠港的条件，以及港口装卸效率等实际状况，可以编制出时间准确的船期表。船舶可以严格按船期表规定的时间运行。远洋班轮航线由于航程长、挂港多、航区气象海况复杂，船公司难以掌握航区、挂靠港、船舶在航线上运行可能发生的各种情况，在编制船期表时对船舶运行的时间必然会留有余地。集装箱运输具有速度快、装卸效率高、码头作业基本上不受天气影响等优点，所以，集装箱班轮航线可以编制出较为精确的船期表。

3. 班轮运输中的主要关系人

班轮运输中，通常会涉及班轮公司、船舶代理人、无船（公共）承运人、海上货运代理人、托运人等有关货物运输的关系人。

（1）班轮公司

班轮公司是指运用自己拥有或者自己经营的船舶，提供国际港口之间班轮运输服务，并依据法律规定设立的船舶运输企业。班轮公司应拥有自己的船期表、运价本、提单或其他运输单据。根据各国的管理规定，班轮公司通常应有船舶直接挂靠该国的港口。班轮公司有时也被称为远洋公共承运人（Ocean Common Carrier）。

（2）船舶代理人

船舶代理人是指接受船舶所有人、船舶经营人或者船舶承租人的委托，为船舶所有人、船舶经营人或者船舶承租人的船舶及其所载货物或者集装箱提供办理船舶进出港口手续、安排港口作业、接受订舱、代签提单、计收运费等服务，并依据法律规定设立的船舶运输辅助性企业。由于国际船舶代理行业具有一定独特的性质，所以各国在国际船舶代理行业大多有比较特别的规定。

中国最大的国际船舶代理公司是成立于1953年的中国外轮代理公司。20世纪80年代末中外运船务代理公司成立，成为第二家从事国际船舶代理业务的国际船舶代理公司。现在，在我国对外开放的港口都有多家国际船舶代理公司。实践中，货主经常会与船舶代理人有业务联系。

(3) 无船承运人

无船承运人（Non－vessel Operating Common Carrier），也称无船公共承运人，是指以承运人身份接受托运人的货载，签发自己的提单或者其他运输单证，向托运人收取运费，通过班轮运输公司完成国际海上货物运输，承担承运人责任，并依据法律规定设立的提供国际海上货物运输服务的企业。

根据《中华人民共和国国际海运条例》的规定，在中国境内经营无船承运业务，应当在中国境内依法设立企业法人；经营无船承运业务，应当办理提单登记，并缴纳保证金；无船承运人应有自己的运价本。

无船承运人可以与班轮公司订立协议运价（国外称为服务合同）（Service Contract, SC），以从中获得利益。但是，无船承运人不能从班轮公司那里获得佣金。国际货运代理企业在满足了市场准入条件后，可以成为无船承运人。

(4) 海上货运代理人

国际海上货运代理人，也称远洋货运代理人（Ocean Freight Forwarder），是指接受货主的委托，代表货主的利益，为货主办理有关国际海上货物运输相关事宜，并依据法律规定设立的提供国际海上货物运输代理服务的企业。

海上货运代理人除可以从货主那里获得代理服务报酬外，因其为班轮公司提供货载，所以还能从班轮公司那里获得奖励，即通常所说的“佣金”。但是，根据各国的管理规定（如果有的话），国际海上货运代理人通常无法与班轮公司签订协议运价或SC。

(5) 托运人

托运人（Shipper），是指本人或者委托他人以本人名义或者委托他人为本人与承运人订立海上货物运输合同的人；本人或者委托他人以本人名义或者委托他人为本人将货物交给与海上货物运输合同有关的承运人的人。

托运人可以与承运人订立协议运价，从而获得比较优惠的运价。但是，托运人无法从承运人那里获得“佣金”。如果承运人给托运人“佣金”，则将被视为给托运人“回扣”。班轮运输中还会有收货人等关系人。

5.2.3.2 国际班轮运输业务流程

班轮运输是在固定的航线上，按照公布的船期表，在固定的航线上往返于固定港口进行运输的船舶营运方式。从事班轮运输经营的船公司是以非特定的众多货主为服务对象的，它要在船舶就航的航线两端及其挂靠港口和腹地的货物集中地设立机构从事揽货集载，承运他们所需要运输的货物。由于班轮船舶所承运货物的批量小、货主多、挂靠港口多、装卸作业频繁、出现货损和货差的情况比较复杂，为使货物在装卸、运输的过程中顺利进行，所以班轮运输在实践中逐渐形成了一套相应的货运程序。

1. 揽货订舱

班轮运输的货运（托运）程序是从揽货和订舱开始的。

揽货又称揽载，是指从事班轮运输经营的船公司为使自己所经营的班轮运输船舶能在载重量和舱容上得到充分利用，力争做到“满舱满载”，以期获得最好的经营效益而从货主那里争取货源的行为。

为了揽货集载，班轮公司首先要为自己所经营的班轮航线，船舶挂靠的港口及其到、发时间制定船期表，分送给已经建立起业务关系的原有客户，并在有关的航运杂志、报纸或其他有影响的报刊上刊载，以期达到广告宣传的作用，也使其他货主了解公司经营的班轮运输航线及船期情况，以便联系安排货运，争得货源。

订舱则是托运人或其代理人根据信用证的要求和实际货物数量，以托运单的形式，向承运人，即班轮公司或其营业所或代理机构等申请货物托运，或通过货代向船代申请，具体洽订某一艘船舶的部分舱位或全部舱位，承运人对这种托运申请给予承诺的行为。

由于出口商总是力争以 CIF 价格条件成交，在这种情况下，出口商须承担出口货物的托运工作，所以订舱工作多数在装货港或货物输出地由出口商办理。但是，如果出口货物是以 FOB 价格条件成交，则订舱工作就可能在货物的输入地或卸货港由进口商办理。这样的订舱称为卸货地订舱。

2. 接货装船

所谓接货装船，是指托运人将其托运的货物送至码头承运船舶的船边，由船方接货后将货物装到船上。

（1）集中装船

在班轮运输中，为了提高装船效率，减少船舶在港停泊时间，不致延误船期，通常都采用集中装船的方式进行。所谓集中装船，是指由船公司在各装货港指定装船代理人，在各装货港的指定地点（通常是码头仓库）接受托运人送来的货物，办理交接手续后，将货物集中并按货物的卸货次序进行适当的分类后再进行装船。船公司指定的接受货物的地点通常是码头仓库，也可以是装卸公司的仓库，等到船舶到港靠泊后，即按大副编制的装卸计划的先后次序将货物从仓库运至船边装船。这种装船方式又称为“仓库收货，集中装船”。当前对件杂货的运输几乎都采用上述集中装船的方法。但是对一些特殊的货物，如危险品、冷冻货、鲜活货、贵重货或者批量较大的同类货物，则是由托运人将货物直接送至船边，或使用托运人的驳船将货物送到船边直接装船。这就是通常所说的直接装船或现装。

需要指出的是，在普通杂货班轮运输的情况下，装船都应是在船边进行的，作为承运人的船公司的责任也是从装船时开始的。这一点，不论是直接装船或集中装船都没有什么区别。也就是说，不论在什么情况下，托运人都应承担将货物送到船边的义务。在集中装船的情况下，也只不过是由船公司指定的装船代理人代托运人将货物从仓库送至船边的一系列作业而已。因此，船公司与托运人之间的责任界限和装船费用的分担仍然以船边货物挂上吊钩为界。即仓库保管费用、驳船费用以及其他将货物送至船边所需的费用都由托运人负担。即使在使用船公司或装船代理人的驳船将货物送至船边的情况下，这种责任分担界限和费用分担原则也没有改变。与此相对，有关装船准备和装船用具的费用以及装船费用，原则上都应由船公司负担。

(2) 直接装船

如果装船的船舶是在锚地或浮筒作业，托运人还应负责使用自己的或租用的驳船将货物驳运至船边，办理交接后将货物装到船上。这种装船形态通常被称为直接装船。

在班轮运输中，所承运的货物种类繁多、性质各异、包装形态多样，而且这些货物又分属不同的托运人，货物的卸货港也不一样。因此，如果要求每个托运人都将自己托运的货物直接送到码头船边，就会因种种原因不能按规定的先后次序送到船边，而使装货现场十分混乱，影响装货效率，延长船舶在港的停泊时间，延误船期。所以，对班轮运输的货物一般都不采用直接装船的形式。

(3) 装船代理

在仓库收货、集中装船的情况下，船公司和托运人之间介入了由船公司指定并受船公司委托代行一切有关收货、保管和装船业务的代理人，这就是装船代理人。

装船代理人可以由船舶代理人兼营，也可以由装卸公司兼营。由装卸公司兼营能更有利于装船作业的顺利进行。在我国，装船代理人一般由装卸公司兼营。从托运人的立场看，把货物交给船公司指定的装船代理人，如同把货物交给船公司一样，交货后的一切风险都应由船公司负担。但是，根据提单及有关海上运输法规（如中国海商法）的规定，对于普通船舶的零件杂货运输，船公司的责任是从本船船边装货时开始的，即使是在仓库收货、集中装船的情况下，这种责任界限也并没有改变。即船公司的责任期间并没有延伸至仓库收货时。虽然装船代理人接收货物之后便产生了像船公司所应负担的那种责任，但实际上船公司和装船代理各自对托运人所应承担的责任仍存在着一定的界限，即根据船公司和装船代理之间的特约，在船边装船以前属于装船代理人的责任。

(4) 误装漏装

在集中装船时，由于各种原因，时常会出现误装或漏装的情况。这时，发现以后应及时进行更正和处理，将误装的货物发回（往）指定港口或指定收货人，变更货单，将应装货物迅速装运至指定卸货港交收货人。由于船方责任造成的误装漏装的费用由船方承担，而由于如运输标志不清等托运人的原因造成的，则由托运人承担。对于由此造成的货物往返运输和补运货物的风险由谁承担，要视具体情况而定，不能一概而论。

3. 卸船交货

卸船交货是指将船舶所承运的货物在卸货港从船上卸下，在卸货港仓库或船边将货物交收货人或其代理和办理货物的交接手续。

船公司在卸货港的代理人根据船舶发来的到港电报，一方面编制有关单证，联系安排泊位和准备办理船舶进口手续，约定装卸公司，等待船舶进港后卸货；另一方面还要把船舶的预定到港时间（ETA）通知收货人，以便收货人及时做好接收货物的准备工作。虽然船公司或其代理人应按提单上记载的"通知人"发出通知，但是这种到船通知并不是船公司或其代理所应承担的法定义务。他们之所以要逐个发出通知，只不过是为了使货物交付及收取到付运费等工作能够及时顺利地进行。通常的做法是在有关的航运报刊上公布船舶的到港时间即认为已经履行了发出到船通知的责任。

（1）集中卸货

在班轮运输中，为了使分属众多收货人的各种不同的货物能在船舶有限的停泊时间内迅速卸完，通常都采用集中卸货的办法，即由船公司所指定的装卸公司作为卸货代理人总揽卸货，并向收货人交付货物。也就是说，船舶到港后，先将货物卸至码头仓库，进行分类后再向收货人交付。因而这种方式也称为"集中卸货，仓库交付"。卸货代理人也可以由船舶代理人兼营。

如果装卸公司同时兼营货物的进口报关业务，在将货物搬入保税区（仓库）后，应随即附上必要的单证，向海关提交进口申请单，经海关核准并支付进口关税后取得进口许可证，再行办理货物交付手续。

（2）直接卸货

与装船时一样，如果各个收货人都同时来到码头船边接收货物，同样会使卸货现场十分混乱，影响卸货效率，延误船舶在港的停泊时间。因此，对普通班轮运输的货物一般都不采用直接卸货、船边交货的方式。

关于船公司的卸货责任，即使在集中卸货的条件下，也是以船边为界，即货物脱离本船的吊钩时，船公司的责任即告终止。由于是以船边为责任界限，所以卸货费用原则上也按这样的分界线来划分。即船公司只负担货物的卸船费用，此后的驳船费、岸上搬运费以及仓储保管费等由收货人向装卸公司或卸货代理人支付。可见，卸货代理人、收货人、船公司三者之间的相互关系也和前述装船代理人、托运人、船公司之间的关系一样，这里不再赘述。

通常，船公司应该在提单上记载卸货港卸货。但是由于战争、冰冻、港口罢工等特殊原因，船舶如前往原定的卸货港卸货已不可能，或者将使船舶处于不安全状态，这时，根据提单规定，船公司有权决定将船舶驶往能够安全到达的附近港口进行卸货，也视为船方已经将货物运至目的港交付。

(3) 误卸

卸货时，船方和装卸公司应根据载货清单和其他有关单证认真卸货，避免发生差错。然而，在班轮运输中，由于同时装运分属不同货主和不同卸货港的货物，而这些货物中又有许多包装、标志或形态十分相似，加上可能出现标志不清、单证填写不正确等情况，因此，船舶要在较短的停泊时间内迅速将货物卸下，就难免发生将本应在其他港口卸下的货物卸在本港，或将本应在本港卸下的货物遗漏的情况。通常将前者称为溢卸，后者称为短卸。溢卸和短卸统称为误卸。船公司或其代理人如果发现溢卸或短卸货物，应立即向各挂靠港口发出货物查询单，在调查清楚的基础上，有溢卸货物的港口应及时将溢卸的货物运回原定的卸货港。关于因误卸而引起的货物延迟损失或货物的损坏责任问题，一般在提单条款中都有规定。

通常规定，因误卸而发生的补送、退运的费用由船公司负担，但对因此而造成的延迟交付或货物的损坏，船公司不负赔偿责任。如果误卸是因标志不清、不全或错误，以及因货主的过失造成的，则所有补送、退运、卸货和保管的费用都由货主负担，船公司不承担任何责任。

(4) 交货

船方在卸货港向货方交付货物有其基本手续。

在班轮运输的情况下，货物装船后，船公司或其代理人一般都向托运人签发提单，因此，船公司把货物交付给收货人时，必须收回提单才能把货物交给收货人。也就是说，收货人在提取货物时，必须在提单上注明已经接受了船公司交付的货物，并在提单上签章后，向船公司卸货港的代理人交出这一提单才能得到货物。如果不是以提单提货，即使是真正的收货人，船公司或其代理人也没有交付货物的义务。

在实际业务中，收货人提取货物的具体过程是，收货人将注明已经接受了船公司交付的货物并签章的提单交给船公司卸货港的代理人，经代理人审核无误后，签发提货单交给收货人，然后收货人再凭提货单前往码头仓库提取货物并与卸货代理人办理交接手续。

船公司的代理人向收货人办理交付货物手续时，除要求收货人必须交出提单外，还必须要求收货人付清运费（到付运费）和其他应付的费用（如船公司或其代理人垫付的保管费、搬运费等费用以及共同海损分摊和海滩救助费等）。收货人只有付清了所有费用后，船方代理才会向其签发提货单。如果收货人没有付清上述费用，船公司有权根据提单上的留置权条款的规定，暂时不交付货物，直至付清各项应付的费用后才交付货物。如果收货人拒绝支付应付的各项费用而使货物无法交付的，船公司还可以经卸货港所在地法院批准，对卸下的货物进行拍卖，以卖得的货款抵偿应向收货人收取的费用。

4. 交付货物的方式

由于海运情况复杂，船方向货方交付货物时有各种不同的交付方式。

(1) 仓库交付货物

仓库交付货物，习惯上称为“仓库交货”，是指将从班轮船舶上集中卸下的货物先行搬入卸货港船方代理的仓库或卸货代理的仓库，然后由卸货代理人代表船公司按票向收货人交付货物的方式。也就是说，收货人凭提单向船公司在卸货港的代理人办妥提货手续后，持代理人签发的提货单到码头仓库提取货物并与卸货代理人办理货物的交接手续。这是班轮运输中最基本的交付货物的方式。

(2) 船边交付货物

船边交付货物习惯称为“船边交货”，又称“现提”。是指收货人以提单在船公司卸货港的代理处办妥提货手续换取提货单后，持提货单直接到码头船边提取货物并办理交接手续的方式。

如前所述，在班轮运输中通常都以集中卸货、仓库交付为原则。不过，对于一些必须尽快提取的货物，如贵重货物、危险货物、冷冻货物、鲜活货物、长大件货物以及其他批量较大的货物，在收货人的要求下，通常采用船边交付货物的方式。

当然，在收货人要求船边提货时，船公司或其代理人应根据货物的积载情况，考虑是否有可能实现这种要求。不过，对于冷冻货物，一般港口都不具备保管冷冻货物的条件，只能采用船边交付货物的方式。对于贵重货物、危险货物也因不宜在码头仓库堆存时间过长而常采用船边交付货物的方式。

尽管船公司或其代理人同意了收货人提出船边提货的要求，如果收货人对于在船边提货没有做好充分的准备，如因接运工具安排不及时而使卸货中断，船长就可以以他认为适宜的方法将货物卸下。

(3) 货主选择卸货港交付货物

货主选择卸货港交付货物（Optional Delivery）是指货物在装船时货主尚未确定具体的卸货港，待船舶开航后再由货主选定对自己最方便或最有利的卸货港，并在这个港口卸货和交付货物。在这种情况下，提单上的卸货港一栏内须记明两个或两个以上将被选择的卸货港的名称。如“选择神户/横滨”或“选择伦敦/鹿特丹/汉堡”。而且，货物的卸货港也只能在提单上所写明的港口中选择。

货主采用选择卸货港交付货物时，必须在办理货物托运时提出申请，而且还必须在船舶自装货港开航后，抵达第一个装卸港前的一定时间以前（通常为24小时或48小时），把决定了的卸货港通知船公司及被选定卸货港船公司的代理人，否则船长有权在任何一个装卸港将货物卸下，并认为船公司已履行了对货物运送的责任。

这种在货主选择的卸货港卸下和交付的货物称为“选港货”（Option Cargo）。为了满足货物装卸的要求，使装卸成为可能，在积载时需要对这些货物的装舱位置给予特别安排，这就难免给积载工作造成一定的困难，因而船公司对装运选港货要增收一定的附加费用，这项附加费用称为选港附加费。

因提单上已明示了卸货港的范围，即使船公司已签发了两份以上的正本提单，收货人在办理提货手续时，只要交出其中的一份正本提单即可办理提货手续。

(4) 变更卸货港交付货物

变更卸货港交付货物是指在提单上所记载的卸货港以外的其他港口卸货和交付货物。变更卸货港的申请应由收货人提出。如果收货人认为将货物改在提单上所载明的卸货港以外的其他港口卸货并交付对其更为方便或有利时，可以向船公司提出变更卸货港的申请。但是，这种变更卸货港的申请必须在船舶抵达原定卸货港之前或到达变更的卸货港（需提前卸货）之前提出，并且所变更的卸货港必须是在船舶该航次停靠港口的范围之内。

船公司接到收货人提出变更卸货港的申请后，必须根据本船的积载情况，考虑在装卸上能否实现这种变更，比如是否会发生严重的翻舱、倒载情况；在变更的卸货港所规定的停泊时间能否来得及将货物卸下，是否会延误本船的开航时间等情况后，才能决定是否同意收货人这种变更申请。

船公司接受了收货人变更卸货港的申请后，因这种变更而发生的货物的翻舱、倒载费、装卸费以及因变更卸货港的运费差额和有关手续费等费用，均应由收货人负担。

由于变更卸货港交付货物与一般情况下货物的交付不同，因而收货人在办理提货手续时，必须向船公司在变更后的卸货港的代理人交出全套正本提单才能办理提货手续，这是与正常情况下收货人只交出一份正本提单即可办理提货手续的不同之处。

(5) 凭保函交付货物

按规定收货人应以正本提单换取提货单才能提取货物。但是，在班轮运输中，有时因提单邮寄延误而出现提单到达的时间迟于船舶到港的时间（特别是装货港与卸货港距离比较短）的情况；或因为提单遗失或被窃；或者是当到港时，作为押汇的跟单票据的提单已经到达进口地银行，但因为汇票的兑现期限未到，收货人暂时还没拿到提单，因而造成船舶虽已到港，而收货人尚未收到或取得提单的情形。这时，收货人无法用提单来换取提货单提取货物。按照一般的航运习惯，通常要由收货人向船方开具保证书，以保证书交换提货单，然后拿提货单提取货物。这种交付货物的方式，称为凭保函交付货物（Delivery Against Letter of Guarantee：L/G）。

保函的内容一般都包括：收货人保证在收到提单后立即向船公司或其代理交回全套正本提单，承担应由收货人支付的运费及其他费用的责任；对因未提交提单而提取货物所产生的一切损失均承担责任，并表明对于上述保证内容由有关银行与收货人一起负连带责任。

凭保函交付货物，通常是为了收货人和船公司双方的便利，使货物交付能够迅速完成而采用的一种商业习惯做法。在船公司实际收回提单以前，虽然他可以根据保函将因凭保函交付货物而发生的损失转嫁给收货人或保证银行，但作为违反运输合同的义务，船公司对正当的提单持有人仍承担赔偿一切损失责任的风险。因此，船公司一定要尽可能使提单早日收回。在实际工作中通常都规定收货人交回提单的一定期限。收货人也应在提单到达、支付货款取得提单后，立即将全套正本提单交给船公司或其代理人换回保函。这时就恢复了正常的交付货物的形式。这就称为解除保证。如果提单已经遗失，致使这种解除保证无法实现时，则应根据该国的法律规定，经过公告形式，宣布该提单失效，或经法院的免除效力的判决，才能做到解除保证。在使用保函交付货物时，值得船公司或其代理人注意的是，近年来，国际航运中的诈骗活动不断增加，船公司或其代理人必须弄清楚提取货物的人确实是有权支配货物的人，要求提取货物的人提供可靠的银行担保或相应数额的保证金，并承担船公司不凭提单交货可能产生的一切损失。否则，船方不要轻易决定凭保函交付货物。

5.2.4　国际租船业务流程

5.2.4.1　租船运输概述

1. 租船运输（Tramp Shipping）定义

租船运输是相对于班轮运输的另一种海上运输方式，其既没有固定的船舶班期，也没有固定的航线和挂靠港，而是按照货源的要求和货主对货物运输的要求，安排船舶航行计划，组织货物运输。因此，租船运输又被称为不定期船运输（Tramp Shipping）。相对班轮运输业务而言，各国政府对租船运输业务几乎不采取任何管制，在不影响各国公共利益的情况下，几乎完全按照“合同自由”的原则，交由承租双方进行自由的协商。而所订立的租船合同的内容，在很大程度上可以体现出双方当事人的业务水平和经济实力。

2. 租船运输特点

（1）按照船舶所有人与承租人双方签订的租船合同安排船舶就航航线，组织运输；没有相对于定期班轮运输的船期表和航线。

（2）适合于大宗散货运输，货物的特点是批量大、附加值低、包装相对简单。因此，租船运输的运价（或租金率）相对班轮运输而言较低。

（3）舱位的租赁一般以提供整船或部分舱位为主，主要是根据租船合同来定。另外，承租人一般可以将舱位或整船再租与第三人。

（4）船舶营运中的风险以及有关费用的负担责任由租船合同约定。租金水平也随之相应变化。

（5）租船运输中的提单的性质也可能不同于班轮运输下签发的提单。租船合同下签发的提单基本上不是一个独立的文件，如对于承租人和船舶所有人而言，它仅相当于货物收据，要受租船合同约束。银行对根据租船合同签发的提单有与班轮运输下签发的提单不同的规定。

（6）承租人与船舶所有人之间的权利和义务是通过租船合同来确定的。

（7）租船运输中，船舶港口使用费、装卸费及船期延误，按租船合同规定由船舶所有人和承租人分担、划分及计算，而班轮运输中船舶的一切正常营运支出均由船方负担。

3. 租船运输分类

租船运输中的当事人分别为租船人（Charterer）和船东（Owner），其中船东可能是船舶的真正主人，也可能是将租来的船舶进行转租的二船东。由于航运的天然国际性，所以租用的船舶一般会在全球航行。为在世界范围内寻找最合适的租船人或船东，租船业务中普遍使用中介服务商，即租船经纪人（Broker）来协助作为当事双方信息沟通的纽带，促成租船合同的顺利签署，当双方意见出现分歧时，租船经纪人也可以从中斡旋，避免事态扩大。

租船运输的实质是租船人通过租用他人的船舶，来完成一定的货物运输任务。根据具体运营方式的不同，租船运输分为以下几种类型。

（1）定程租船

定程租船（Voyage Charter），简称程租船，或称航次租船，是以航程为基础的租船形式，是租船运输中的基本形式。

所谓定程租船是“……指船舶出租人向承租人提供船舶或者船舶的部分舱位，装运约定的货物，从一港运至另一港，由承租人支付约定运费的合同”。在定程租船方式下，一般由船方根据租船合同负责船舶的经营管理，并按租船合同规定的航程完成货物运输任务，支付航行中产生的各种费用和开支。租船人则按合同规定支付运费，协助船东完成货物的交接。

按船舶的租用形式不同程租船又可以分为：

1）单航次租船（Single Voyage Charter）。指船东向租船人提供船舶，完成由指定装货港到卸货港某单航次的货物运输服务。航程结束后，租船合同即告终止。该方式与班轮运输最为相似，但由于租船运输可以按要求提供专用船舶，按双方协议的航线航行，所以为贸易商选择大宗货物的进、出口地提供了方便。

单航次租船的费用一般以运价表示，由双方协议制订，计算时以船舶的装货量或卸货量为依据。

2）往返航次租船（Round Trip Charter）。与前者不同，往返航次租船的租船人不仅租用船舶完成由装货港到卸货港的航程，而且要求船舶在卸货港卸货后再搭载货物由原卸货港返回，至原装货港或出发港卸载后，宣告租船合同的结束，也有时候最终的卸货港并不是原出发港，而是其附近港口。

往返航次租船实际是两个单航次的合并，并因为提高了船舶的利用率而享有一定的价格优惠。现实中，也有货主联合起来签订往返航次租船合同以降低运费的做法。

3）连续单航次租船（Consecutive Trip Charter）。简单讲，连续单航次租船就是租船人要求船东在规定的装货港和卸货港之间完成多航次的运输服务。只有当最后航次结束时，租船合同才告终止。

连续航次租船合同主要适用于贸易合同较大，无法借用单航次完成运输任务，因此分批运输的情况。

4）包运（Contract of Affreightment）。该方法也称做包运租船，指船东应要求向租船人提供一定的运力，在指定的装货港和卸货港之间，按约定的时间、航次周期运送一定数量的货物。

包运租船与连续单航次租船极为相似，但包运租船通常并未严格要求以固定的船舶承载货物，船东可能根据船队调度的需要灵活安排运营船舶；同时，单航次租船一般要求船东连续安排多个航次完成货物运输任务，而包运租船的租船人则通常并不强调连续航次，而是要求船东在给定的较长时间范围内完成运输任务，因此，船东拥有更大的调度自由，能够更充分地利用船舶运力，租船人也会因为运费上的优惠来保障贸易活动的顺利进行。

因为包运租船中不明确规定船名，只规定所租用船舶的船级、性能等，与一般的定程租船有着较大的差异，因此有人将其单列为租船运输的一种形式，但因为包运合同中租船人与船东权利、义务等的划分方法同一般的程租船运输基本相同，因此一般认为是程租船的一种形式。

（2）定期租船

定期租船（Time Charter），简称期租船，指由船东按约定将船舶租给租船人使用一定时间，在规定期限内船舶的经营调度归租船人负责，租船人按约定支付租金。期租的租期可长、可短，租金的计算一般以船舶夏季载重线计算的总载重吨位为依据，按日、周或月支付。

（3）航次期租

航次期租（Time Charter on Trip Basis）是介于程租和期租模式之间的一种中间形式。在航次期租下，船东与租船人并不明确约定租期的期限，只确定特定航次，规定完成航次后合同终止。

与期租船相似，租船合同中约定日租金价格、费用和风险划分方式也与期租基本一致，不同的是租船人按实际使用船舶的天数支付租金。

（4）光船租船

所谓光船租船（Bare Boat Charter），被认为是期租的一种派生形式，与一般的期租船方式不同，光船租船的船东只负责将船舶交付租船人使用，租船人负责船舶的技术维护、经营管理，甚至根据自己的需要配备船员，组织运营所需装备和供给等。

5.2.4.2 租船运输业务流程

船舶所有人是租船市场上的船舶供给方（The Supply Side），承租人是船舶的需求方（The Demand Side）。借助于当今的通信技术条件，船舶所有人和承租人在展开租船业务时，绝大多数是通过电话、电传、电子邮件、传真等通信手段洽谈的。同时，大量的租船合同是通过经纪人签订的，这是由于租船经纪人熟悉租船市场行情，精通租船业务，并能及时掌握市场动态，因此，作为当事双方的桥梁与纽带，租船经纪人在为委托人提供市场信息、资信调查及其他信息咨询服务、促成合同的顺利签订、减少委托人事务上的烦琐手续，并为当事双方斡旋纠纷等方面能起到积极的作用。

从发出询盘到签订租船合同的租船业务全过程称为“租船程序（Chartering Procedure

or Chartering Process)”。这一程序是租船业务的重要环节，主要包括询盘、发盘、还盘和受盘四个阶段。

1. 询盘（Order/Inquiry/Enquiry）

询盘又称询价，其目的和作用是让对方知道发盘人的意向和需求的概况，通常是由承租人以其希望的条件通过租船经纪人来进行的。承租人根据自己对货物运输的特殊需要或对船舶的特殊要求，通常将基本的一些货物信息和船舶要求信息，通过经纪人传送到租船市场上，寻找合适的船东。有时船舶所有人也会发出询盘，船舶所有人发出询盘的目的是承揽货物运输业务。询盘的内容一般包括必须让对方知道的项目，简单扼要。

承租人对航次租船的询盘主要内容项目一般包括：

（1）承租人的名称及营业地点；

（2）货物种类、名称、数量、包装形式；

（3）装卸港口或地点；

（4）受载期及解约期；

（5）装卸时间和装卸费用条件；

（6）租船方式和期限以及运费率或佣金率；

（7）船舶类型、载重吨、船龄、船级；

（8）希望采用的租船合同范本等。

根据承租人发出的询价中的措辞，有时可以看出货物买卖合同是否已经签署，作为船舶出租人而言，当然是愿意和买卖合同已经签署完毕的承租人洽谈。若承租人货物买卖合同已经签署，货物已经备妥或者收到信用证（L/C），承租人往往会在询价中写明：“Firm Order”或其他措辞，但都会出现“Firm”一词，这样的措辞表明承租人准备和船舶所有人进行实质性的洽谈。若承租人货物买卖合同已经成交，但其并不希望立即签订租船合同，只是征求几家船舶所有人的报价作为参考，询价的措辞往往是“Firm or Definite”或加有“Indications Only”，“Please Indicate or Please Propose”。若在询价中写明“Firm with × × day's notice”，这表示货物已经落实，可以开始谈判租约，但要在订租确认书（Fixture）达成后× ×天才能装货。若承租人货物买卖还未落实，尚在谈判之中，他同时又想了解运价情况，这种询价开头便写有“Prospective Order”，“Order not yet Definite”或者“Order Expected to Become Definite”。

船舶所有人对航次租船询盘的主要内容项目一般包括：

（1）船舶所有人姓名及营业地点；

（2）出租船舶的类型、船名、船籍、吨位等船舶规范；

（3）运费率及运费支付条件；

（4）装卸港口或地点；

（5）受载期和解约日；

（6）装卸时间以及装卸费负担和滞期/速遣费费率；

（7）希望采用的租船合同范本及佣金；

（8）报价的有效期等。

上述内容只是一般情况，询盘人可根据实际需要、不同的租船方式及内容等作出改变。询盘阶段一般不进行具体的租船业务洽谈，主要目的是收集运输市场对询盘内容的反映。所以，询盘又分为一般询盘（General Inquiry）和特别询盘（Special Inquiry）。一般询盘具有了解市场情况的性质，向多方发出询盘，以得到更多的报盘，从而获取最佳选择。特别询盘则是看准一个合适对象具体进行洽询，不向市场公开。

询盘可以向船舶经纪人通过他们在租船市场上寻找合适的租船对象；也可直接向船舶所有人或承租人发出。

2. 发盘（Offer）

发盘又称报价，这一行为在我国合同法中被称为要约，承租人或船舶所有人围绕询盘中的内容，就租船涉及的主要条件答复询盘方即为"发盘"。予以发盘即意味着对询盘内容存在兴趣，所以在发盘时，应考虑对方接受发盘内容的可能性。在租船合同中，承租双方进行洽租，谈判条款时往往分成两步，首先洽谈主要条款（Main Terms），谈妥主要条款之后，再进一步谈细节（Details）。

如果由船舶所有人发盘，则其主要条款包括：

（1）船舶所有人姓名及营业地点；

（2）船名和船舶技术规范；

（3）租船洽谈的方式及期限；

（4）装卸港口或地点；

（5）受载期及解约日；

（6）装卸时间以及滞期和速遣条件；

（7）运费及支付条件和相应的佣金；

（8）采用的合同范本以及报价的有效期限。

有时一些主要条款还包括战争风险条款、燃油条款、附加保险费条款等。

发盘中的船舶规范应该包括船名、建造年份、船旗、登记吨位、载重吨位、包装和散装容积、舱口数以及尺寸、装卸设备、航速、燃油消耗等。由于租船合同项目很多，不可能在发盘中开列很多条款，上述的主要条款也是可变的。船舶所有人往往在发盘时对所报船舶规范留有余地，加有"All Details About"，或写上"All Details Given Without Guarantee"等。

3. 还盘（Counter – offer）

还盘是指接受发盘的一方对发盘中的一些条件提出修改，或提出自己的新条件，并向发盘人提出的过程。

还盘的目的在于要求对方更改对自己不利的，或合同执行上不可行的洽租条件。这时，要仔细审查对方发盘的内容，决定哪些可以接受，哪些不能接受，要进行修改和补充并逐一提出。还盘中没有涉及的对方发盘中的条件，都被认为是可以接受的条件。

还盘也有虚实之分，还实盘时，对方一经接受，合同即告成立。还虚盘时，必有附带条件，这时，还盘反复多次，直到双方达成协议或终止洽谈。在租船过程中，对于很多发盘都会予以还盘。承租人接到船舶所有人的发盘后，经常接受部分内容，而对其他内容提出还盘，诸如写做"Charterers accept Owner's offer，except…"等，之后列出承租人的报价，继续谈判。如果对对方的发盘完全不能接受或者可以接受的条件很少，另一方也可以采用发盘形式要求对方还盘，如写成"Charterers decline Owner's offer and offer as follows"。这表明接受最初发盘的一方不予接受对方的绝大多数条件，但仍有继续洽谈的意愿。

4. 受盘（Acceptance）

受盘即为明确接受或确认对方所报的各项租船条件，这是租船程序的最后阶段，在合同法中这一阶段被称为承诺，一旦承诺生效，则意味着合同也同时生效了。

有效的受盘必须在发盘或还盘规定的时限内，且不能有保留条件，若时限已过，则欲接受的一方必须要求另一方再次确认才能生效。当发盘方放弃"保留条件"而要求对方受盘时，受盘方应确认收到的是一项不附带任何保留条件的实盘（Clean Fixture）；而在发盘方要求对方先予以受盘，而后再取消保留条件的情况下，受盘方为保护自己的利益，避免不必要的法律纠纷，必须规定发盘方在接受受盘后取消保留条件的时间限制（all subjects to be waived ×× hours after confirmation of fixture）。如果发盘方没有在该时间限制内正式放弃保留条件，受盘方的受盘仍不具备任何约束力。

5. 签约（Conclusion of Charter Party）

正式的租船合同是在合同主要条款被双方接受后开始拟制的。受盘后，双方共同承诺的实盘中的条款已产生约束双方的效力。按照国际惯例，在条件允许的情况下，双方应签署一份"确认备忘书（Fixture Note）"，或称"订租确认书"，作为简式的租船合同。

确认备忘书没有固定统一的格式，一般包括以下内容：

（1）确认备忘书签订日期；

（2）船名，或可替代船舶；

（3）签约双方的名称和地址；

（4）货物名称和数量；

（5）装卸港名称及受载期；

（6）装卸费用负担责任；

（7）运费或租金率、支付方法；

（8）有关费用的分担（港口使用费、税收等）；

（9）所采用标准租船合同的名称；

（10）其他约定特殊事项；

（11）双方当事人或其代表的签字。

5.3　国际海上运输单证

5.3.1　国际海上运输出口货物单证概述

1. 国际海上运输出口货物单证流程程序

进口货物到卸港之前，货运代理必须取得必要的全部单据。单据的来源有银行、国外发货人、装港代理、卸港轮船代理公司，也有的是进口船舶随船带进来的。

一般来讲，买卖合同签订后，国内收货人就会给港口货运代理寄送一份合同副本（如果委托其作代理的话）。除合同以外的其他商务单据，一般买卖合同中也有规定，货物装船后，发货人应给收货人发送2份。近洋航线如日本、中国香港等，因为航程近，随船带与邮寄所需时间差不多，所以近洋航线的商务单据一般随船带走。远洋航线的商务单据一般以邮寄为主。舱单等船务单据均随船带到目的港，交目的港船公司代理分发。集装箱货物舱单等船务单据大部分由船公司使用内部EDI系统发送。

2. 国际海上运输出口货物单证

出口货物单证一般分为商务单据和船务单据两种。

(1) 商务单据

商务单据是指买卖双方办理货物交接和货款结算所需的单据，主要有合同、发票、提单、装箱单、重量单、品质证书和保险单等。

1) 合同

合同是港口货运代理办理货物进口报关、接交、代运和掌握进口货物索赔期的主要依据，发货时要以签订的合同为依据。

合同制定时注意以下几点：

①价格条款的选择除反映商品本身价格外，还关系到买、卖双方的责任、风险、费用的划分。目前，我方派船的海运进口货物使用的价格条款主要有FOB、FOBS、FOBST、FAS等几种；

②选择装运港时，要注意选择吃水深、港口设备好的大港口，特别是在货量不大的情况下，这种港口去船较多，作业较快，有利于装运。对于一些季节性港口要尽量避免在冰冻期、风季或雨季交货。在选择装运港时，还要特别注意罢工、战争等安全性因素；

③装运期限一定要在合同中订明确，对于一些较偏僻的小港口，装运期以长一点为宜；

④需整船装运的进口大宗货应订明“允许溢短装×%”条款，并应订明“由船方选择”；

⑤危险品，如爆炸品、氧化剂、压缩气体和液化气体、自燃品、易燃品、毒品、腐蚀品、放射物品等，在合同中要订明商品包装、标记等，须符合联合国政府间海事协商组织

对危险品运输的专门规定——国际危险品规则 IMCO 的规定，同时均须订明“允许装甲板”条款。

2）发票

发票是卖方向买方开具的结算货款金额的单据，是港口货运代理制作《进口货物明细单》和办理报关及船方或保险人索赔时计算货价的依据，对于免费赠送的商品，应出具形式发票（FORMAL INVOICE）。

3）装箱单和重量单

装箱单是装箱货物的明细单，上面详细列明货物的名称、包装形式和件数。重量单详细列明货物的每件重量和总重量，为国内港口卸货提供数字依据。此外还有品质证明书和保险单等。

（2）船务单据

船务单据是承运人在装卸港装卸货物时所需的一套单据，包括舱单、提单、货物积载图和租船合同等。

1）舱单

舱单是船公司或船公司代理在装货港根据提单内容编制的，是港口卸货理货的主要依据，其内容大致与提单相似。

订舱单是货运代理组织运输的重要依据。所列项目必须完整、准确地填写。

①联系单中“货名”一栏必须使用中、英文填写；

②“重量”栏要填写毛重（如有含水分的货，应注明“水量”），以便根据货物的重量准确安排舱位；

③我国对进口货物的成交合同有统一的规范编号，由商务部统一登记核发，填写“合同号”时每个代号位置不得颠倒，位数不得随意增减；

④“包装”栏要明确列明货物包装形式和种类，以便准确计算舱容；

⑤“装卸港”要具体明确，若在同一地区选择装港，必须订明由买方选择；

⑥“买货条款”栏要将交货的具体条件填写清楚，如 FOB、FOBS、FOBST 等，如果合同中对此专门有文字条款叙述，也必须详细写在订舱联系单内，如有装货率或滞/速条款也要说明，以便货运代理根据实际情况通知国外代理安排装货并划分费用；

⑦危险品订舱时，要注意危规号和危险品性质（如有毒、易燃、易爆、放射性）和 IMCO 等级及联合国危险品编号；

⑧贵重物品要加注货价，以便选配适当船只，保证货物安全；

⑨对按货价分运价等级的五金、钢材，要列明 FOB 单价，以作为支付和审核运费的依据；

⑩对于一般超长、超重货物，为便于积载和做好装卸船的准备工作，凡每件长度超过 9 米，重量超过 5 公吨的，应在进口订舱联系单上注明；

⑪成套设备和机械设备重大件（包括裸装设备及大型箱装机器），由于只在少数国内

大港口卸货，凡毛重超过 20 吨，长度超过 12 米，宽超过 3.4 米，高超过 2.35 米者，均需在订舱单上注明。各种车辆不论是否超长、超宽、超高，均需注明长、宽、高，以便计算积载费用；

⑫特殊货物如散油、冷藏货及鲜货、活货的订舱，应在订舱联系单上列明具体货运温度等要求。一般杂货商品需填写一式两份，从日本进口货填写一式四份；整船装运的大宗货，如粮食、糖、化肥等，有关进口公司需及时提供合同副本，在实际交货前 45 天委托货运代理安排舱位。

2）提单

(见 5.3.3 节)。

3）货物积载图

货物积载计划通常以图来表示，称为积载图。积载图详细列明了每一提单货物在船上所处的位置，是安排卸货、运输和船边直接提货的重要参考资料。

4）租船合同

租船合同是真正的运输协议，是船舶所有人和承租人之间签订的租船货运协议。它对双方就租船问题相互的权利和义务作了明确规定，是各方承担责任和行使权利的依据。

5.3.2　国际海上运输进口货物程序与单证

1. 国际海上运输进口货物单证流程程序

(1) 发货人或货运代理人填写好托运单后，向船东代理办理货物订、装舱手续；

(2) 如是集装箱货物，发货人或货运代理人安排提取空箱，并将货物送至指定场站装箱或拖空箱至货主指定地点装箱后回场，并在规定进场时间内将重箱船停靠码头；

(3) 发货人将装货清单和有关报关用单证送海关办理出口报关手续，也可委托货运代理代办，然后将装货单和收货单送交理货员；

(4) 海关放行后，船东代理通知装船，并将编制的装货清单分送船舶和港口有关单位；

(5) 大副根据装货清单编制积载图交船东代理，再由船东代理分送港口、理货公司；

(6) 如是散货，则港口根据积载图安排货位并通知发货人或货运代理将货物送码头仓库；如是集装箱货物，则大副配舱后，即可通知码头安排装船作业；

(7) 货物装船后，理货员将装货单、收货单交船舶大副签字后留下装货单，将收货单交回理货员；

(8) 理货员将收货单交船公司或船舶代理人（因理货员由船公司雇用）；

(9) 托运人持收货单到船代理公司换提单；

(10) 船舶装货后，开航前船代公司应制出口载货清单交船舶；

(11) 船舶开航后，船代公司将载货清单和积载图及有关货运资料寄国外代理行安排船舶卸货；

（12）托运人持提单到卖方银行结汇，卖方银行核对无误后收提单结汇；

（13）卖方银行通知买方银行付款并寄去提单；

（14）买方银行通知收货人付款，索取提单；

（15）船舶通知国外代理行抵港时间；

（16）国外代理行通知收货人船舶抵港；

（17）收货人持提单到国外代理行办理提货手续，换取提货单到港口提货。

2. 国际海上运输进口货物单证

国际海上运输进口货物单证主要包括商业单证和官方证明。商业单证主要是指国内运输单据和结汇单据。官方证明主要指许可证、配额许可证、商检证、濒危证、危险品包装鉴定使用证书。这些货物单证，在代理海运出口货物运输手续时必不可少。

（1）商业单证

1）托运单

托运单一式九联，有的地方叫“下货纸”，有的地方叫“九联单”。托运单是发货人向船方或其代理申请订舱的形式单据，它是全套托运单中最重要的单据。

托运单主要内容有：船名、提单号、目的港、运编号、唛头、件数及包装形式、品名、毛重、净重、运费付费方式、尺码、发货人、收货人运输条款及装效期、可否分批/转船的规定。

托运单一式九联（目前一些地方，一式六联也足够用），各有不同的作用：

①第1、2、3联为运费联，其中第1联为船公司代理留底，船代公司凭此联缮制载货清单和画积载图，最后存档备查和作运费资料。第2、3联在船代公司结算运费后交货运代理托收运费。货运代理接此两联后，审核无误留存一联，另一联交发货人收取运费（到付运费业务除外）。

②第4、5、9联为理货单据，其中第4联为装货单，上面列有装货细节记录、收货件数和所装货物质量情况，并须理货员签字。船代公司在签单时，在此联“经办员”处盖章，表示已代表船公司收下所列货物。装船结束后交大副留底。第5联为收货单，内容与装货单一样，货物装毕后，由大副签字和批注，即表示所列货物已装上船，所以此联又叫“大副收据”。装船结束后，船舶代理凭此联签发已装船提单。第9联为港口申请单，凭此联缴纳港务费。此单除列明货物一般内容外，还有货物进出港区前方仓库的详细记录，由仓库理货员填写。装船结束后，港方凭此单向发货人收取装船及港区一切费用。

③第6联是“留底”联，此联由货运代理公司留存以备查询。

④第7、8两联为配舱回单。配舱后交还发货人，发货人凭此缮制提单，如果由货运代理代为统一缮制提单，第7、8联就不必退发货人了。

2）出口货物明细单

出口货物明细单也叫做“分析单”，是发货人根据信用证或合同制作的一种单据，有固定格式。上面列有出口货物的详细情节，包括与运输有关的内容，如价格条款、单证分发及去留要求、存货地点、运输要求等。它的主要作用是供制作提单时参考（主要是抬头、背书、通知人、提单份数等）。它还是出口报关的重要单据之一。

3）出口货物报关单

出口货物报关单是货物出口时，发货人凭此向海关申报的单据。

报关单一般是一式四份；许可证管理商品和须退税商品申报时应增加一份黄联。

出口货物报关单的内容多达24项。其中须注意的是：

①运输工具名称，指所装船舶名及航次。转船运输，填写一程船名；

②运输编号是指提单号；

③正确填写出口货物运输包装上的唛头标记，否则海关在现场验货有困难时可能不放行。

（2）官方证明

1）商检证

商检证是国家规定某些出口商品必须经过商检并由检验机关出具的保证出口商品质量的证明。

在国际贸易中，装货港出具的商检证明是理赔的依据，也是拒绝索赔的依据。

2）出口许可证

出口许可证是国家批准某项商品出口的证明文件，是海关放行和银行结汇的依据，它具有法律效力。

以上为散杂货运输的主要单证。如果是集装箱运输，必须具备以下几种单证。

3）装箱单

每一个集装箱出口均须填制一份装箱单。装箱单列有装箱货物的具体货运资料及箱内积载情况，作为集装箱货运的辅助舱单。整箱货运由发货人填制，其货运资料必须与订舱单及其他单据一致。

装箱单填制时注意：

①整箱单由发货人填制，有关内容要与订舱单及其他收据一致；

②如在非出口港或内陆城市货运站装箱交接集装箱时，由船公司负责接运者，应列明收箱地点；

③冷藏箱应注明温度。危险品须注明危险品标志、性能、等级和危规号（写在货名下面）；

④特殊箱子如开顶、开边、框架、通风、罐装、汽车、散货箱等应予以说明；

⑤拼箱货须按照表内Front（底）、Door（门）实际装箱情况准确填写，不能颠倒；

⑥如有特殊说明如样品、过境等，应在货名下注明；

⑦如果同一票货分装两个集装箱，须在第一箱的末行或空白处说明；

⑧装箱单内列明皮重（集装箱自重），总毛重中须列明货物毛重和皮重之总和；

⑨有些国家如澳大利亚对动植物检验特别严格，在装箱单下面还要附有卫生部门检疫

申请联。

4）设备交接单

交接单是在装卸区内，集装箱所有者与使用者之间交接集装箱及设备的凭证。

5）托运单

托运单是由发货人或其代理人根据港口当地已规定的格式填制，作为向船东代理订舱、提箱，安排货物装箱、拖柜、进码头、报关、装船、签单等一系列动作的依据。托运单一式九联，各不相同，且各地的排列顺序和用途会有一些差异：

①货主留底联，作为已向船东代理订舱的凭据；

②运费计算联，由船东代理计算运费的部门存查，据此制作运费舱单；

③运费通知联，作为船东代理结算运费时的通知；

④提箱联，作为发货人或货运代理向船东代理提取空箱的凭据；

⑤场站收据，码头堆场在验收货物后签发，作为发货人或货运代理领取提单的依据；

⑥海关联，递交海关凭以验关放行后，由船东代理留存，并据此签发装船通知；

⑦场站收据（副本），在海关放行后由船东代理留存，据此制作清洁舱单；

⑧场站收据（副本），由装箱或拖车部门留存，作为缴纳港务费用的依据；

⑨船东代理留底联，作为单证资料留存。

5.3.3 班轮提单（Bill of Lading，B/L）

提单是班轮运输中的重要单证，也是国际贸易的重要单证之一。提单反映了班轮运输合同的重要内容，是约束承、托双方行为的重要文件，也是银行结汇的关键票据，在以信用证为代表的现代国际贸易体系中处于核心地位，具有不可替代的作用。

5.3.3.1 提单概述

1. 提单的定义

我国《海商法》第七十一条规定：“提单，是指用以证明海上货物运输合同和货物已经有承运人接受或者装船，以及承运人保证据以交付货物的单据……”业务中，提单所涉及的主要有承运人、托运人、收货人、提单持有人等。其中，承运人通常是与托运人签订运输合同，承担运输任务的航运公司；托运人是与承运人签订运输合同，送交所运送货物的人；收货人是有权提货的人，常常是对外贸易中的买方。以上各方之间的权利、义务关系就构成了提单关系的主要内容。

2. 提单的性质

在海上货物运输中的班轮运输和大多数航次租船运输中，承运人都会应托运人的要求签发海运提单。因此，了解提单的性质、作用对明确承运人和托运人、收货人之间的权利、义务，对更好地理解贸易、运输合同各方的关系，保护自身利益具有重要的意义。

（1）提单是承运人对货物出具的收据。提单的签发，意味着承运人已按提单上所列内容收到托运的货物。各国法律一般认为，提单是由船长、承运人或其代理人签发的证明其已收到或接管货物的证明。其中，已装船提单则表明承运人不仅已收到货物，而且已将货物装船完毕准备付运。提单正面通常记载有货物标志、包装数量或件数、重量或表面状况等，这些描述则构成承运人按此接收货物的初步证据，即一旦货物运抵目的港后被发现与所描述的状况不同，承运人就要承担相应的赔偿责任。

（2）提单是代表货物所有权的凭证。提单的主要目的是使提单的持有人能够在货物运输过程中通过处理提单来处理提单项下的货物。按照商业惯例，占有提单就等于占有货物，而提单的转让通常具有与交货本身同样的效果。因此，提单就是货物的象征。由于提单具有物权凭证的作用，在国际贸易中，它可以作为买卖的标的物、向银行押汇的担保品。

（3）提单是海上货物运输合同的证明。在班轮货物运输中，就承运人和托运人之间的关系而言，提单本身并不是它们之间的运输合同，而是运输合同存在的一种证明。其理由是，构成运输合同主要项目诸如船名、开航日期、航线、靠港及其他有关货运条件都是事先公布，而且是众所周知的；至于运价和运输条件也是承运人预先规定的，提单条款仅是承运人单方面制定的，而且，在提单上只有承运人单方的签字。因此，从合同法的基本原理来看，它不具备合同成立的基本条件。另外，提单的签发是合同成立之后，它只是在履行运输合同的过程中出现的一种证据，而合同实际上在托运人向承运人或其代理人订舱、办理托运手续时就已成立。确切地说，承运人或其代理在托运人填制的托运单上盖章时，承、托之间的合同就已成立。

（4）提单是提货凭证。承运人或其代理人在目的港交付货物时，必须向提单持有人交货，在这种情况下，即使是真正的收货人，如果不能递交正本提单，承运人也可以拒绝对其放行货物。否则，承运人将会承担很大的风险。若承运人对持有提单前来提货的收货人身份有怀疑，可要求他出具证明或提供银行担保。

3. 提单的分类

（1）按货物是否已装船分类

1）已装船提单（Onboard B/L；Shipped B/L）指整票的货物全部装船后，应托运人的要求，由承运人或其代理人向托运人签发的货物已经装船的提单。该提单上除了载明其他通常事项外，还须注明装运货物的船舶名称和货物实际装船完毕的日期。在国际贸易上按照惯例，出口人向银行议付货款所提交的提单，必须是已装船提单。

2）收货待运提单（Received for Shipment B/L）指承运人虽已收到货物但尚未装船，应托运人要求而向其签发的提单。由于该种提单上没有明确的装船日期，而且往往又不注明装运船的船名，因此，在跟单信用证的支付方式下，银行一般都不接受这种提单，货物装船后，承运人在备运提单上加注装运船名和装船日期并签字后，备运提单即可成为已装船提单。

（2）按收货人的抬头不同分类

1）记名提单是指在提单“收货人”一栏内具体填上特定的收货人名称的提单。记名提单只能由提单上所指定的收货人提取货物。

2）不记名提单是指记明应向提单持有人交付货物的提单。托运人在“收货人”一栏只填写“交与持有人”。这样，谁持有提单，谁就有权提货，不需要任何背书手续即可转让。

3）指示提单是指在提单“收货人”一栏内只填写“凭指示”或“凭某人指示”字样的一种提单。前者一般应视为托运人的指示，只有当托运人作出背书后才可转让与其他人；后者按照发出指示的人不同可分为托运人指示、收货人指示和银行指示等情况。

（3）按不同的运输方式分类

1）直达提单（Direct B/L）是指货物从装货港装船后，中途不转船而直接抵达目的港卸货的提单。

2）转船提单（Transshipment B/L）是指在装货港装货的船舶不直接驶达货物的目的港，而要在中途港换装其他船舶运抵目的港，由承运人为这种货物运输签发的提单，即称为转船提单。

3）多式联运提单（Combined Transport B/L；Inter – Modal Transport B/L；Multimodal Transport B/L）是指货物由海路、内河、铁路、公路和航空等两种以上不同运输工具共同完成全程运输时由承运人所签发的提单，这种提单主要用于集装箱运输。

多式联运提单一般由承担海运区段运输的船公司签发。但是，若经买卖双方同意并通过信用证明确规定，也可由其他承运人，甚至只经营集装箱货运揽货、装箱、拆箱、内陆运输和经营中转站或内陆站业务，而不经营船舶的所谓“无船公共承运人”（Non – vessel Operations Common Carrier，NVOCC）签发。

（4）按对货物外表状况有无批注分类

1）清洁提单（Clean B/L）是指没有任何有关货物残损、包装不良或其他有碍于结汇的批注的提单。

若承运人或其代理人在签发提单时未加任何批注，则表明承运人确认货物装船时外表状况良好。承运人必须在目的港将接受装船时外表状况良好的同样货物交付给收货人。银行办理结汇时，都规定必须交付清洁提单。

2）不清洁提单（Unclean B/L or Foul B/L）是指承运人在提单上记有货物及包装状况不良或存在缺陷等批注的提单，诸如水湿、油渍、污损、锈蚀等。

承运人通过批注，声明货物是在外表状况不良的情况下装船的，在目的港交付货物时，若发现货物损坏可归因于这些批注的范围，从而减轻或免除自己的赔偿责任，不清洁提单是不能结汇的。

（5）按船舶营运方式不同分类

1）班轮提单（Liner B/L）是指货物采用班轮运输，由班轮公司所签发的提单。

2）租船提单（Charter Party B/L）是指货物采用租船运输，由承运人根据租船合同签发的提单。这种提单上有“根据××租船合同出立”的批注，是一种受租船合同约束的提单。除非信用证另有规定，否则银行不接受这种提单。

（6）根据提单内容的繁简分类

1）全式提单（Long Form B/L）是指既有正面记载的事项，又有背面的有关承运人和托运人之间权利、义务详细条款的提单。

2）简式提单（Short Form B/L）。简式提单又称略式提单，是指只有正面必须记载的事项而无背面条款的提单。这种提单一般均加列“各项条款及例外条款以本公司正式的全式提单内所印就的条款为准”。按惯例银行不得拒收简式提单。

（7）按提单的有效性分类

1）正本提单（Original B/L）是指上面有承运人、船长或其代理人签字盖章，并标明“正本”（Original）字样的提单。这种提单在法律上、商业上都是公认有效的单据。收货人在目的港提货必须使用正本提单。

2）副本提单（Copy B/L）是指没有承运人、船长或其代理人签字盖章的提单。副本提单上一般标注“Copy”或“Non-negotiable”（不可转让）字样。凡未标明正本字样的提单即为副本提单。

（8）按商业习惯分类

1）预借提单（Advanced B/L）是指由于信用证规定的装运期和交单结汇期已到，货主因未能及时备妥货物或尚未装船完毕时，应托运人要求而由承运人或其代理人提前签发的已装船提单。

承运人签发预借提单要冒极大风险。依照许多国家法律的规定和判例法表明，一旦货物引起损坏，承运人不但要负责赔偿，而且还要丧失责任限制和援用免责条款的权利。

2）倒签提单（Ante Dated B/L）。由于货物实际装船完毕日期迟于信用证规定的装运日期，若仍按实际装船日期签发提单，肯定影响结汇，为了使签发提单日期与信用证规定的装运日期相吻合，以便结汇，承运人应托运人的要求，在提单上仍按信用证规定的装运日期签发，这种以早于该票货物实际装船完毕的日期作为签发日期而签发的提单称为倒签提单。

承运人签发这种提单风险很大，要承担因此而可能产生的损失。但是由于航运惯例和贸易的需要，在一定的条件下，比如在所签的日期是船舶已抵港并已开始装货后（虽然就签单的这一票货物而言，尚未装船或尚未装完）的某一天；或签单的货物是零星杂货而不是数量很大的大宗货；或倒签的时间与实际装完的时间间隔不太长等情况下，取得了托运人的保函后，还是可以签发的。

3）过期提单（Stale B/L）。过期提单有两种情形，一种是由于航线较短或银行单据流转速度较慢，以至于提单晚于货物到达目的港，使收货人提货受阻；另一种则是由于出口商在取得提单后未能及时到银行议付形成过期提单。《跟单信用证统一惯例》第四十三条规定，如信用证没有规定交单的特定期限，则要求出口商在货物装船日起21天内到银行交单议付，但不得晚于信用证的有效期。

4）舱面提单（On Deck B/L）。舱面提单又称甲板提单，是指货物装运于甲板上时，承运人签发的提单。这种提单上批注了“已装舱面”或“将装舱面”的字样。由于货物装在甲板上风险较大，承运人对货物的损失、灭失又不负赔偿责任，所以，除非另有规定，否则银行有权拒收舱面提单。

5）集装箱提单（Container B/L）是指以集装箱装运货物时，承运人签发的提单。这种提单有两种：一种是在普通提单上加注“用集装箱装运”（Containerized）字样；另一种是使用多式联运提单（Combined Transport B/L），但增加了集装箱号码和封号等内容。

5.3.3.2 提单的签发和流转

提单的签发和流转是涉及提单多方当事人、关系方的重要业务活动，理解这些活动的法律效力，对减少提单纠纷，加快提单流转速度意义重大，理应受到各方的重视。

1. 提单的签发

签发提单是航运公司的一项重要业务，提单内容正确与否将直接关系到承运人的切身利益。

正如提单定义中所描述的那样，提单是由船长、承运人或其代理人签发的。其中，承运人作为与托运人签订运输合同，提供运输服务的一方当然具有提单的签署权。不仅如此，对承运人来讲签署提单不仅是权利，也是一项义务。《海牙规则》第3条就有“在收到货物之后，承运人或船长或承运人的代理人，应依照托运人的请求，发给托运人提单……”的规定。至于船长，几乎所有国家的法律都认为船长是承运人的法定代理人，因此船长的签单权是不需要承运人的特别授权的，这与“承运人的代理人”不同。此处的“代理人”特指经由承运人特别委托，有权签署提单的代理。

提单除根据其不同特征划分为许多种外，还有正本和副本的区别。通常我们在提到提单时所指的都是正本提单。一般正本提单一式三份，各份提单效力相同，可独立使用。以其中一份提货后，其他各份失效。副本提单则数量不限，但提单上没有提单签发人的签章，只能用于承运人日常业务，不具有法律效力。为防止因为提单流失在外引起纠纷，损害提单善意持有人的利益，实际业务中许多银行在开立信用证时都规定，贸易商在办理结汇或其他事项时全套三份正本必须同时使用。

2. 提单的转让

提单是货物所有权的证明，提单的转让就意味着货物所有权由原提单持有人转移到提单的受让人手中，这一过程通常通过背书实现。

所谓背书是指提单所有人在提单背面写明由某人提取货物或者凭某人的指示提取货物，并签字盖章的书面声明。其中，作出背书行为的原提单持有人称为背书人；提单受让人又称为被背书人。

与汇票等其他可转让的商业票据相似，提单的背书转让不必经过提单签发人即承运人的同意；但与汇票不同的是，提单转让后，后手的权利不优于前手，所以提单只能称之为“准流通票据”。

提单的背书根据其内容不同可分为记名背书和不记名背书（又称空白背书），记名背书（Special Endorsement）时不仅需要签署背书人自己的名称，而且要写明被背书人的名称。空白背书时背书人则只签署自己的名称，而不写明谁是提单的受让人。

记名背书和空白背书在法律上都是有效的。其中，记名提单如经空白背书后效力相当于不记名提单，仅凭交付转让。

3. 提单的流转过程

在业务活动中，提单流转过程一般是这样的（假定贸易条件 CIP 信用证结汇）（见图 5－3）。

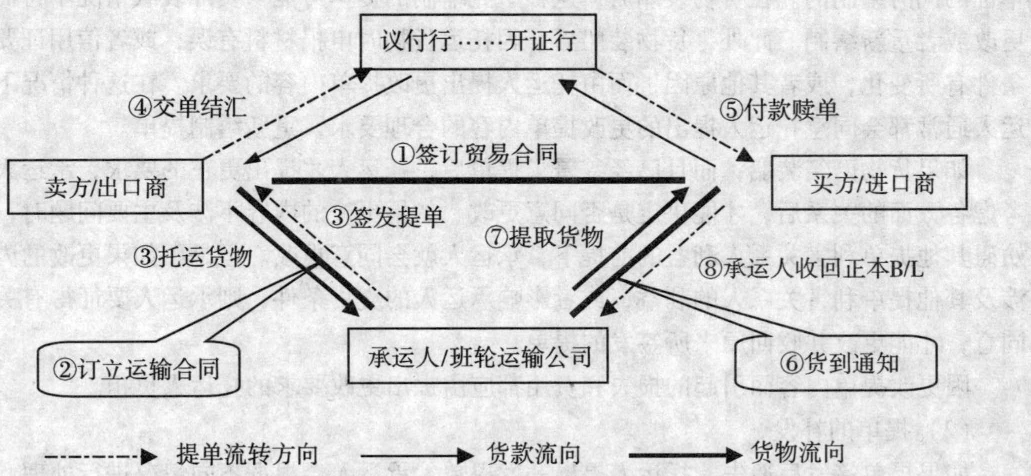

图 5－3　提单签发、流转示意图

在图 5－3 中，①出口商与进口商订立货物进出口合同，合同中写明采用 CIP 贸易条件，以信用证方式付款。②由出口商根据贸易合同中订明的交货时间、交货地点、货物数量寻找恰当的班轮运输公司预订舱位，与之订立适当的班轮运输合同。③出口商在运输合同约定的时间、地点将货物交付给承运人。承运人在接货后应托运人（此时就是出口商）的请求安排货物报关、装船，并由船上的大副签发大副收据，托运人凭借大副收据向承运人换取已装船提单。④取得已装船提单的出口商持提单及信用证规定的其他单据（如商业发票、保险单等）到议付行议付。转让提单，同时取得货款。之后，议付行再凭所持有的提单等票据向开证行提起付款请求，开证行在确认满足信用证有关要求后支付货款并取得提单。⑤随后，开证行根据与买方或进口商已有的协议通知进口商单证已到，要求进口商履行货款支付协议。进口商在支付货款后取得提单。⑥与此同时，货物由承运人运抵目的港，承运人或其代理人发出到货通知。⑦接着，进口商凭所持的正本提单按承运人的指示在指定时间、地点提取货物。⑧最后，正本提单由承运人收回，提单的整个流转过程完成。

当然，实际业务中提单的流转过程由议付行到开证行，由进口商到真正凭正本提单去提货的货主可能经过的环节还会更多，转手的次数也会不止一两次，但提单大致流转的过程都是一样的，一般都要经过以上几个步骤。

4. 提单的更改

（1）提单的更改

货运代理人应注意，提单的更改要尽可能赶在载货船舶开航之前办理，以减少因此而产生的费用和手续。

在实际业务中，提单可能是在托运人办妥托运手续后，货物装船前，在缮制有关货运单证的同时缮制的。在货物装船后，这种事先缮制的提单可能与实际装载情况不符而需要更改或者重新缮制。此外，货物装船后，因托运货物时申报材料有误，或者信用证要求的条件有所变化，或者其他原因，而由托运人提出更改提单内容的要求。在这种情况下，承运人通常都会同意托运人提出的更改提单内容的合理要求，重新缮制提单。

如果货物已经装船，而且已经签署了提单后，托运人才提出更正的要求，承运人就要考虑各方面的关系后，才能决定是否同意更改。如果更改的内容不涉及主要问题时，在不妨碍其他提单利害关系人利益的前提下，承运人就会同意更改。但是，如果更改的内容会涉及其他提单利害关系人的利益，或者影响承运人的交货条件，则承运人要征得有关方的同意，才能更改并收回原来所签发的提单。

因更改提单内容而引起的损失和费用都应由提出更改要求的托运人负担。

（2）提单的补发

如果提单签发后遗失，托运人提出补发提单，承运人会根据不同情况进行处理。一般是要求提供担保或者保证金，而且还要依照一定的法定程序将提单声明作废。《中华人民共和国海事诉讼特别程序法》第100条规定："提单等提货凭证持有人，因提货凭证失控或者灭失，可以向货物所在地海事法院申请公示催告。"

不考虑提单相关的法律法规，票据法中的相关制度也可借鉴。各国对票据丧失的补救办法大体上有两种，一种是通过公示催告宣告无效，即丧失票据者向法院提出申请，由法院宣告票据无效，这种方法为大陆法国家所采用；另一种是通过诉讼以行使权利，即丧失票据的人向法院起诉票据债务人，法院在得到足够证据后判决债务人向其履行义务，这种方法为英美法国家所采用。

实际业务中，班轮运输企业通常会要求补发申请人登报申明、提供相应担保并出具保函（如样单5-1）。

样单5-1　保函

致：×××公司
关于：船名（航次）____________________
　　货物提单号____________________
　　　　件数____________________
　　　　品名____________________
　　　　唛头____________________

发货人____________已安排上述货物由上述船舶承运（发往我公司），但正本提货单不慎被我公司遗失，现上述货物已抵达目的港。

我公司____________（全称）现请求贵公司重新签发第二套正本提货单给我公司以便提货。

考虑到贵公司接受我公司上述请求，我公司同意如下：

1. 赔偿并承担贵公司以及贵公司雇员和代理因此承担的一切责任和遭受的一切损失；
2. 若贵公司或贵公司雇员或代理因此被起诉，我公司将随时提供足够的法律费用；
3. 若贵公司船舶或财产因此被扣押或羁留，我公司将赔偿贵公司由此所受的一切损失、损害或费用；
4. 我公司以及我公司担保银行在本协议中负连带责任，无论贵公司起诉其中的任何一方；
5. 本保函适用中国法律并接受中国海事法院管辖。

法人代表签字并盖法人章　　　　　　　　担保银行法人代表签字并盖法人章

年　月　日　　　　　　　　　　　　　　年　月　日

5. 提单的背书

提单是“物权凭证”，不论是记名提单、不记名提单，还是指示提单，在凭提单提货或者换取提货单时，收货人都应在提单上记载提货的意思表示。通常是由收货人在提单的背面盖章、签字。

关于提单转让的规定为：记名提单，不得转让；不记名提单，无须背书，即可转让；指示提单，经过记名背书或者空白背书转让。所以，背书与转让是不相同的。

通常所说的“背书”是指“指示提单”在转让时所需要进行的背书。背书是指转让人（背书人）在提单的背面写明或者不写明受让人并签名的手续。实践中，背书有记名背书、指示背书和不记名背书等几种方式。

（1）记名背书。记名背书，也称完全背书，是指背书人在提单背面写明被背书人（受让人）的名称，并由背书人签名的背书形式。经过记名背书的指示提单将成为记名提单性质的指示提单。

（2）指示背书。指示背书是指背书人在提单背面写明“凭×××指示”的字样，同时由背书人签名的背书形式。经过指示背书的指示提单还可以继续进行背书，但背书必须连续。

（3）不记名背书。不记名背书，也称空白背书，是指背书人在提单背面由自己签名，但不记载任何受让人的背书形式。经过不记名背书的指示提单将成为不记名提单性质的指示提单。

6. 提单的缴还

国际公约和各国法律规定收货人提货时必须以提单为凭，而承运人交付货物时则必须收回提单并在提单上做作废的批注。这是公认的国际惯例。

有些国家对记名提单无须注销，签发不可流通的提单的承运人因将货物交给记名收货人而解脱责任。收货人不需出示提单，不需缴还提单，甚至不必占有提单就可以提取货物。写有运输合同的内容的提单本身并无重要意义。但是，在我国即使是记名提单，收货人也应向承运人缴还提单，因为“提单中载明的向记名人交付货物的条款构成承运人据以交付货物的保证”。

但是，签发了可流通的或者指示提单的承运人的地位则完全不同。承运人只有向提单持有人交付货物才能解脱责任。这时提单本身变为不可缺少的单证，货物被“锁”进到提单中。

提单的缴还和注销表明承运人已完成交货义务，运输合同已完成，提单下的债权债务也因而得以解除。但是，提单缴还和注销并不必然表明提单可能代表的物权的终止，因为缴还和注销的提单可能是全套提单中未经授权转让的一份。

提单没有缴还给承运人时，承运人就必须继续承担运输合同和提单下的义务。如果承运人无提单放货，他就必须为此而承担赔偿责任。

5.3.3.3 提单内容及主要条款

1. 提单正面内容

（1）提单的正面记载内容

为了保证提单的法律效力，国际公约和各国的国内法一般都规定了提单的记载内容。关于提单必要记载事项的证据效力，《汉堡规则》作出了与《维斯比规则》相同的规定，即承运人签发了已装船提单，则认为提单是所述货物已装船的初步证据，当提单转让给包括收货人在内的善意的第三方时，提单上的记载内容具有最终证据的效力。我国《海商法》第73条对此也作出了相似规定，即提单内容应包括以下几项：

①货物的品名、标志、包数或者件数、重量或者体积，以及运输危险货物时对危险性质的说明；

②承运人的名称和主营业所；

③船舶名称；

④托运人的名称；

⑤收货人的名称；

⑥装货港和在装货港接收货物的日期；

⑦卸货港；

⑧多式联运提单增列接收货物地点和交付货物地点；

⑨提单的签发日期、地点和份数；

⑩运费的支付；

⑪承运人或者其代表的签字。

该条款同时也规定，提单缺少前款规定的一项或者几项的，不影响提单的性质；但是，提单应当符合我国《海商法》第71条的规定。

在填写提单的各项内容时应注意以下事项：

①货名，在信用证项下货名必须与信用证上规定的一致。件数和包装种类，要按箱子实际包装情况填列。唛头，信用证有规定的，应按照信用证规定的填写，否则可按发票上的唛头填写。毛重和尺码，除信用证另有规定者外，一般以千克为单位列出货物的毛重，以立方米为单位列出货物的体积。

②船名和航次，应填写货物所装的船名及航次。若是已装船提单，须注明船名；若是收货待运提单，待货物实际装船完毕后记载船名，该项记载的意义在于，如果发生货损货差或其他合同纠纷，法院因收货人的申请采取诉前保全或诉讼保全措施时，有确定的客体。

③装货港，应填写实际装船港口的具体名称。

④卸货港，填写货物实际卸下的港口名称。如属转船，第一程提单上的卸货港填转船港，收货人填二程船公司；第二程提单装货港填上述转船港，卸货港填最后目的港。如由第一程船公司出联运提单，则卸货港即可填最后目的港，提单上列明第一和第二程船名。如经某港转运，要显示“VIA ×××”字样。

在多式联运中，使用“多式联运提单”（Multimodal Transport B/L）时，提单上除列明装货港、卸货港外，还要列明“收货地”（Place of Receipt）、“交货地”（Place of Delivery）以及“第一程运输工具”（Pre - Carriage by）、“船名和航次”（Ocean Vessel and Voy. No.）。填写卸货港时，还要注意同名港口问题，如属选择港提单，相应的港口名称也要在这栏中注明。

从法律的角度来看，装卸港及中转港的记载有利于确定法院的管辖权和确定运输合同的准据法。同时还明确了港口，如在哪个港口卸货等。

⑤托运人，一般为信用证中的受益人。如果开证人为了贸易上的需要，要求做第三者提单，也可照办。

⑥收货人，如要求制作记名提单，则可填上具体的收货人名称；如属指示提单，则可按要求制成托运人指示提单、记名指示人提单或选择指示人提单，当然，在特殊情况下，也可做成持有人抬头的不记名提单。

⑦通知人，这是船公司在货物到达目的港时发送到货通知的收件人，有时即为进口人。在信用证项下的提单，如信用证上对提单通知人有具体规定时，则必须严格按信用证要求填写。如果是记名提单或收货人指示提单，且收货人又有详细地址的，则此栏可以不填。如果是空白指示提单或托运人指示提单则此栏必须填列通知人名称及详细地址，否则船方就无法与收货人联系，收货人也不能及时报关提货，甚至会因超过海关规定申报时间被没收。

⑧提单号，一般列在提单右上角，以便于工作联系和查核。发货人向收货人发送装船通知（Shipment Advice）时，也要列明船名和提单号。

⑨承运人名称，承运人是运输合同的一方当事人，在提单记载其名称，以便收货人明白谁是合同中的承运人。

⑩提单的签发日期、地点和份数，提单的签发日期应该是提单上所列货物实际装船完毕的日期。提单签发的地点原则上应是装货地点，一般是在装货港或货物集中地签发。提单签发的份数，按航运惯例通常是正本提单一式两至三份。每份提单具有同等效力，收货人凭其中一份提取货物后，其他各份自动失去其效力。

此外，为了使提单最终生效，提单上还应有承运人或船长，或由其授权的人签字或盖章。

（2）提单中的批注

通常，大副收据上的批注将转批到提单上来，我们对提单上常见的批注类型加以区分，主要有以下几种：

1）对货物与包装状况不良的批注

提单上的关于货物与包装的批注一般是按照大副收据或场站收据上的批注转写上去的，是承运人接受货物时对货物表面状况的一种描述。提单上有关货物的不良状况的批注会使提单构成不清洁提单，但并非所有有关货物的批注都构成不清洁提单，例如，承运人对于提单上列有货物的数量、质量、价值或特性并不负责，即使托运人在提单上声明了内容、价值、重量、尺寸、标记、质量、数量等，承运人也视作不详。这些声明并不构成提单的“不清洁”。承运人对因包装性质（如装入纸袋、塑料袋内的货物）而引起损失或损坏予以保留的条款，即免责权利，也并不作为声明货物有缺陷，不构成“不清洁提单”。

常见的关于货物与包装状况的批注，如：

ONE BAG BROKEN（一包破）

ONE BALE OF RUBBER STAINED BY WATER（一包橡胶水渍）

2）对运费和附加费用的说明

如：FREIGHT PREPAID（运费已预付）

FREIGHT TO COLLECT（运费待付）

PORT EXPENSES AT DESTINATION TO BE BORNE BY THE CONSIGNEE（目的港费用

由收货人负担）

3）免费批注

如：NOT RESPONSIBLE FOR PUTREFACTION（船方不负货物腐烂之责）

NOT RESPONSIBLE FOR NUMBER OF PIECES CAUSED BY BUNDLES OFF（散捆后船方对件数不负责）

4）对运输情况的说明

如：SHIP MAY DISCHARGE THE GOODS AT THE NEAREST PORT IF UNABLE TO REACH THE DESTINATION（如不能进入目的港，船方可将货物在就近港口卸下）

5）未明确表示货物与包装不良的批注

如：SECOND - HAND CASES（用过的箱子）

USED DRUMS（旧桶）

6）对货物数量的批注

如：SHORT SHIPPED ONE JAR（少装一坛）

SHUT OUT FIVE CASES（五箱退关）

上述六类批注中，加注第1类批注的无疑是不清洁提单；第2类是说明费用的，除非信用证有相反规定，否则银行都会接受这种提单的；第3类和第4类实际上是承运人认为需要时重申他的权利和责任，一般提单条款中已有类似说明，提单上加注这些内容，对收货人的权益并无影响；第5类批注并没有明确表明货物与包装的缺陷。所以有第2类、第3类、第4类和第5类这几类批注的都不属于不清洁提单，第6类批注如果说明了货物的短少，也是一类不良批注，提单也会因此成为不清洁提单。

(3) 提单正面印刷条款

提单的正面通常会有以下印刷条款：

1）确认条款

该条款是表示承运人在货物或者集装箱外表状况良好的条件下接受货物或集装箱，并同意承担按照提单所列条款将货物或集装箱从装货港运往卸货港或交货地，把货物交给收货人的责任条款，该条款的措辞通常为："Received in apparent good order and condition except as otherwise noted the total number of containers or other packages or units enumerated below for transportation from the place of receipt to the place of delivery subject to the terms and conditions hereof."

2）不知条款

该条款是承运人表示没有适当的方法对所接受的货物或集装箱进行检查，所有货物的重量、尺码、标志、品质等都由托运人提供，并不承担责任的条款。但是，不知条款不一定有效。在一些提单中不知条款经常和确认条款合并在一起写。该条款的英文措辞通常为："Weight, measure, marks, numbers, quality, contents and value if mentioned in this Bill of Lading are to be considered unknown unless the contrary has been expressly acknowledged and

为止。承运人对于货物在装船之前和卸离船舶之后发生的灭失或损坏不负赔偿责任。"

《海牙规则》第1条"定义条款"中对于"货物运输"(Carriage of Goods)的定义规定为"包括自货物装上船舶开始至卸离船舶为止的一段时间"。

上述责任期间的规定，与现行班轮运输"仓库收货、集中装船"和"集中卸货、仓库交付"的货物交接做法不相适应。所以，一些国家的法律，如美国的《哈特法》(Harter Act)则规定：承运人的责任期间为自收货之时起，至交货之时为止。《汉堡规则》则规定：承运人的责任期间，包括在装货港，在运输途中以及在卸货港，货物在承运人掌管下的全部期间。我国《海商法》规定的承运人责任期间，集装箱货物同《汉堡规则》，而件杂货则同《海牙规则》。

(6) 装货、卸货和交货条款(Loading, Discharging and Delivery)

本条款是指对托运人在装货港提供货物，以及收货人在卸货港提取货物的义务所作的规定。

(7) 运费和其他费用条款(Freight and Other Charges)

该条款通常规定，托运人或收货人应按提单正面记载的金额、货币名称、计算方法、支付方式和时间支付运费，以及货物装船后至交货期间发生的，并应由货方承担的其他费用，运费收取后不再退还。中远提单第6条和中外运提单第8条规定：运费和费用应在装船前预付。到付运费则在货物抵达目的港时，交货前必须付清。无论是预付还是到付，船舶或货物其中之一遭受损坏或灭失都应毫不例外地全部付给承运人，不予退回和不得扣减。一切同货物有关的税捐或任何费用均应由货方支付。

另外，该条款还规定，装运的货物如系易腐货物、低值货物、活动物(活牲畜)、甲板货，以及卸货港承运人无代理人的货物，运费及有关费用应预付。

该条款通常还规定，货方负有支付运费的绝对义务。即使船舶或货物在航行过程中灭失或损害，货方仍应向承运人支付全额运费。如货物灭失或损害的责任在于承运人，则货方可将其作为损害的一部分，向承运人索赔。

(8) 自由转船条款(Transshipment Clause)

转运、换船、联运和转船条款(Forwarding, Substitute of Vessel, Through Cargo and Transshipment)或简称自由转船条款，该条款通常规定，如有需要，承运人为了完成货物运输可以任意采取一切合理措施，任意改变航线、改变港口或将货物交给承运人自有的或属于他人的船舶，或经铁路或以其他运输工具直接或间接地运往目的港，或运到目的港以外的港口转船、收运、卸岸、在岸上或水面上储存以及重新装船运送，以上费用均由承运人负担，但风险则由货方承担。承运人责任限于其本身经营的船舶所完成的那部分运输，不得视为违反运输合同。

我国《海商法》第91条规定："因不可抗力或者不能归责于承运人的原因，船舶不能在约定的目的港卸货时，船长有权将货物卸在邻近的安全港口，视为已经履行合同；否则，承运人有责任将货物运到目的港，将部分运输转交实际承运人的，承运人也应当对此负责。”

(9) 选港条款 (Option)

选港条款亦称选港交货条款 (Optional Delivery)，该条款通常规定，只有当承运人与托运人在货物装船前有约定，并在提单上注明时，收货人方可选择卸货港。收货人应在船舶驶抵提单中注明可选择的港口中第一个港口若干小时之前，将其所选的港口书面通知承运人在上述第一个港口的代理人。否则，承运人有权将货物卸于该港或其他供选择的任一港口，运输合同视为已经履行。当船舶承运选港货物时，一般要求收货人在所选定的卸货港卸下全部货物。

(10) 赔偿责任限额条款 (Limitation of Liability)

承运人的赔偿责任限额是指已明确承运人对货物的灭失和损失负有赔偿责任时，承运人对每件或每单位货物支付的最高赔偿金额。提单应按适用的国内法或国际公约规定承运人对货物的灭失或损坏的赔偿责任限额。但承运人接受货物前托运人书面申报的货物价格高于限额并已填入提单又按规定收取运费时，应按申报价格计算。如果首要条款中规定适用某国际公约或国内法，则按该公约或国内法办理。

(11) 危险货物条款 (Dangerous Goods)

此条款规定托运人对危险品的性质必须正确申报并标明危险品标志和标签，托运人如事先未将危险货物性质以书面形式告知承运人，并未在货物包装外表按有关法规予以标明，则不得装运；否则，一经发现，承运人为船货安全有权将其变为无害、抛弃或卸船，或以其他方式予以处置。托运人、收货人应对未按上述要求装运的危险品使承运人遭受的任何灭失或损害负责，对托运人按要求装运的危险品，当其危及船舶或货物安全时，承运人仍有权将其变为无害、抛弃或卸船，或以其他方式予以处置。

(12) 舱面货条款 (Deck Cargo)

提单上的舱面货条款一般订明，这些货物的接收、装载、运输、保管和卸载均由货方承担风险，承运人对货物灭失或损坏不负赔偿责任。

(13) 活的动物和植物 (Live Animals and Plants)

该条款对这类货物的接收、搬运、运输、保管和卸货规定由货方承担风险，承运人对其灭失或损坏不负责任。

(14) 共同海损 (General Average)

规定若发生共同海损，按照什么规则理算。国际上一般采用 1974 年《约克—安特卫普规则》理算。在我国，一些提单常规定按照 1975 年北京理算规则进行理算。

样单5-2 提单的背面条款

TERMS AND CONDITIONS OF BILL OF LADING

ZIM INTEGRATED SHIPPING SERVICES LTD

1. CONTAINER CARRIAGE:

The Carrier is entitled to carry goods in containers under this Bill of Lading by Zim or any other Zim Lines or otherwise in accordance with Zim's container relay system which system is comprised of container terminals, main container vessels, and feeder, and feeder vessels and to relay the goods between them. Such relay and/or transhipment from one vessel to another and/or any other means of transportation shall in no way constitute a deviation from the contracted voyage and the Carrier continues to be responsible for the transportation of the goods form the port of loading and/or the place of receipt of goods, whichever is the case, until the port of destination or final destination as contracted for. The contract of carriage evidenced by this Bill of Lading, the route, the carrying vessels, the means of transportation, the ports of call as well as the ports of loading, discharge and transhipment are always subject to, and in accordance with, the relay system as published from time to time in Carrier's sailing schedules and tariffs. The Carrier reserves the right to make changes and alterations in the service, line and the relay system and to change and/or replace and/or substitute any of the vessels and/or ports and/or terminals as it may deem fit from time to time before or after the commencement of this contract of carriage without notice to the Merchant.

2. DEFINITIONS: In this Bill of Lading:

"Zim" - means ZIM INTEGRATED SHIPPING SERVICES LTD.

"Merchant" - means jointly and severally the shipper, the consignee, the holder and any assignee of this Bill of Lading.

The words "Vessel" and/or "Ship" shall include the loading vessel and any substitute ship and any craft, lighter or other means of marine conveyance, owned, chartered, operated or employed by the Carrier used in the performance of the contract of carriage.

"Carrier" - the issuer of this Bill of Lading.

"Good" - means the cargo accepted from the shipper and includes any container, transportable tank, flat or pallet not supplied by or on behalf of the Carrier.

"Place of Receipt of Goods" - the place at which the goods are received by the Carrier for carriage, when such place is other than the port at which the goods are loaded on the loading vessel.

"Port of Loading" - the port at which the goods are loaded on the loading vessel.

"Port of Destination" - the final port to which the goods are destined.

"Final Destination" - the place to which the Carrier has contracted to deliver the goods, when such place is other than the port of destination, as defined herein.

"Loading Vessel" - the vessel on which the goods are to be first loaded. In this respect see also Clause 1 above.

"HOUSE TO HOUSE" (H/H or CY/CY) Container Carriage - means that the container has been inspected, stuffed and sealed by Merchant or his Agents, and the unsealing and unstuffing of such container shall also be performed by Merchant or his Agents, all at Merchant's sole responsibility. Carrier's responsibility with regard to such goods shall commence and terminate only in accordance with combined transhipment terms, see Clause 4 below and the asterisk marked boxes on the face of this B/L.

3. CONTRACTING PARTIES: The contract evidenced by this Bill of Lading is between the Carrier and the Merchant. The shipper, the consignee, the holder and any assignee of this Bill of Lading are jointly and severally liable towards the Carrier for all the various undertakings, responsibilities and liabilities of the Merchant hereunder or in connection herewith.

4. RESPONSIBILITY:

I. The Carrier shall be liable far the goods from the time they are received in the Carriers sole custody until delivered from the Carrier's sole custody, as follows:

(a) Port to Port Carriage – from the time of receipt at Port of Lading (but in no event prior to discharge from Merchant's means of transportation or the disconnection of Merchant's truck from the Carrier's supplied chassis, whichever is relevant) until Such time as discharge of goods from the vessel is completed (but in no event after commencement of lifting onto Merchant's means of transportation or the connection of Carrier's chassis to Merchant's truck, whichever is relevant).

(b) Combined Transport of Containers – from the time of receipt at the Place of Receipt of the goods to the Port of Destination or Final Destination, or from the time of receipt of the goods at the Port of Loading to the Final Destination.

II. (a) During the period of carriage, the Carrier's liability and responsibility shall be in accordance with the terms of this Bill of Lading and the Carrier's tariffs, and except for shipments carried to or from the U. S. A., shall be subject to the rules contained in the International Convention for Unification of Certain Rules Relating to Bills of Lading dated 25th August 1924 as amended in the Protocol to Amend the International Convention for the Unification of Certain Rules of Law Relating to Bills of Lading, Brussels, February 23, 1968 and in the Brussels Protocol, 1979 (hereinafter referred to as "the Hague Rules") which are hereby fully incorporated in this Bill of Lading along with any legislation making the Hague Rules or any amendment thereto compulsorily applicable to this Bill of Lading.

(b) For shipments to or from the U. S. A., this bill of lading shall be only subject to the U. S. Carriage of Goods By Sea ACT, 46 U. S. C. 1300 et seq. (U. S. COGSA) which act shall by this contract also apply before loading and after discharging as long as the goods remain in the Carrier's custody or control.

III. When the, place of receipt of goods or final destination set forth herein, if Contracted for by the Carrier, is an inland point, the liability and responsibility of the Carrier with respect to transportation to and from the sea terminals or ports will be as follows:

(a) Between points in Europe – to transport the goads:

(1) If by road – in accordance with the Convention on the Contract for the International Carriage of Goods by Road, dated 19th May 1956 as amended (hereinafter called "CMR").

(2) If by rail – in accordance with the International Agreement an Railway Transport dated 25th February 1951 as amended (hereinafter called "CIM").

(3) If by air – in accordance with the Convention for the Unification of Certain Rules Relating to International

Carriage by Air, signed Warsaw 12th October 1929 as amended (hereinaffer the "Warsaw Convention").

(b) Between points in the U. S. A. – to procure transportation by carriers (one or more) authorized by competent authority to engage in transportation between such points and such transportation shall be subject to the inland carriers' contracts of carriage and tariffs even though the terms may be less favourable than the terms of this Bill of Lading. The Carrier guarantees the fulfilment of such inland carriers' obligations under their contracts and tariffs. Copies of inland carriers contracts will be made available to the Merchant by the Carrier upon written request.

(c) Between points in countries other than the U. S. and other than Europe – in accordance with the prevailing compulsory regulations or legislation applicable to carriage by road, carriage by rail and carriage by air (accordingly) and in the absence of any local applicable compulsory regulations or legislation applicable or evidence thereof, in accordance with the Hague Rules referred to above.

However, the Carrier's liability for loss of or damage to the goods shall in any event not exceed 666. 67 SDR units per package or unit or 2 SDR units per kilogram of gross weight of the goods lost or damaged, whichever is the higher, or where, by the consent of the Carrier, the value of the goods has been declared in the Bill of Lading, the amount so declared. SOR units shall be defined and determined according to the Brussels Protocol – 1979 (SDR Protocol).

IV. It is hereby expressly agreed that no servant or agent of the Carrier (including any stevedore, terminal operator, sub – carrier or Independent contractor employed by the Carrier) shall in any circumstances whatsoever be under any liability whatsoever to the Merchant for any loss, damage or delay of whatsoever kind arising or resulting directly or indirectly from any act, neglect or default on his part while acting in the course of or in connection with his employment. Without prejudice to the generality of the foregoing provisions of this Clause, every right, including the right to litigate in the agreed jurisdiction as mentioned in Clause 24 hereof, every exemption, limitation, condition and liberty herein contained and every right, exemption from liability, defence and immunity of whatsoever nature applicable to the Carrier or to which the Carrier is entitled hereunder shall also be available and shall extend to every such servant or agent of the Carrier (including any stevedore, terminal operator, sub – carrier or independent contractor) acting as aforesaid and for the purpose of all the foregoing provisions of this Clause the Carrier, if necessary, is or shall be deemed to be acting as agent or trustee on behalf of and for the benefit of all persons as aforesaid, and all such persons shall to this extent be or deemed to be parties to this contract. In any event whatsoever the aggregate of the amounts recoverable from the Carrier and his servants or agents, sub – carriers or independent contractors, including any stevedore or terminal operator, shall in no case exceed the limits provided for in this Bill of Lading.

V. The defences, limits of liability, rights, including the right to litigate in the agreed jurisdiction as mentioned in Clause 24 hereof, exemptions, limitations conditions and liberties as provided in this Bill of Lading shall apply in any action against the Carrier and his servants, agents or independent contractors, sub – carriers terminal operators or stevedores for loss or damage to the goods or for delay in their delivery, whether the action be founded in contract or in tort or in whatever other manner.

VI. Limit of responsibility – In no event, including in carriage effected or performed under H/H or CY/CY carriage terms, will the Carrier be responsible after discharge of goods in port of destination or, if contracted far, after the commencement of lifting of the goods at final destination onto the Merchant's means of transportation. Whenever any details are entered on the face of this Bill of Lading on the space marked "Further Routing" such details are inserted for information only, at the Merchant's request, and have no contractual or any other legal significance whatsoever.

VII. In the event that it is proved that the goods were lost or damaged whilst in the actual and legal custody and care of the Carrier and in circumstances which impose responsibility on the Carrier, then, in the absence of evidence to the contrary, the damage or loss shall be deemed to have occurred during the sea voyage and the Hague Rules shall apply.

5. DELAY AND CONSEQUENTIAL DAMAGES: Arrival times are not guaranteed by the Carrier. The Carrier shall not be Liable for any direct or indirect loss or damage sustained by the Merchant through delay. However if it shall be adjudged that the Carrier is liable then subject to the terms and conditions of this Bill of Lading, it shall be liable only for actual physical loss or damage, but not for any consequential damages due to delay or any other cause.

6. NOTIFY CLAUSE: It shall be the responsibility of the Merchant to contact the Carrier regarding time of arrival of the goods. The Carrier is not obliged to give notice of the arrival of the goods and no responsibility whatsoever shall attach to the Carrier or his agents for not giving such notice of the arrival of the goods.

7. ROUTE: During the voyage to Port of Destination, the vessel shall call usual, customary, or advertised ports of call whether named in this contract or not.

8. SUBSTITUTION OF VESSEL AND TRANSHIPMENT: Whether expressly arranged beforehand or otherwise the Carrier shall be at liberty to carry the goods to their port of destination by the said or other vessel or vessels whether belonging to the Carrier or others, or by other means of transport by land/or water and/or air proceeding either directly or indirectly to such port and to carry the goods or part of them beyond their port of destination and to tranship and store the goods either on shore or afloat and reship and forward the same. Any discharge, transhipment, landing, delivery forwarding or otherwise dealing with the goods, under the provisions of this Clause, shall constitute due performance by the Carrier of all its obligations hereunder, and in any such event, the Carrier shall be entitled to full freight.

9. ON – DECK CARRIAGE: The Carrier or his agents or servants are entitled to stow the goods in containers, and to carry any containers on deck and if they are so carried, the Hague Rules or U. S. COGSA as incorporated herein shall be applicable notwithstanding carriage on deck, and all goods and/or containers shall contribute to General Average whether carried on or under deck. If the Bill of Lading is stamped "ON DECK", carriage on deck shall be solety at Merchant's risk.

10. CARRIAGE AND DELIVERY OF CONTAINERISED GOODS: Unless otherwise specifically endorsed on the face of this Bill of Lading, container (s) is (are) and shall remain the sole property of the Carrier, without the Merchant having any rights or interest therein. Containers will be put at the disposal of Merchant subject to appropriate Interchange Form being entered into in respect of such containers.

Container demurrage and pier/quay rent to be based on charges published by the Carrier and/or any Conference of which the Carrier is a member, whichever is applicable, and are payable by the Merchant. If the goods are not taken by the Merchant within a reasonable time but in any event not exceeding thirty (30) days, or even seven

(7) days in the case of special containers as described in Clause 11 hereunder, after the Carrier or his agent has called upon him to take delivery, the Carrier or his agent shall be at liberty to break the seal, strip the container and stow the cargo contents at the sole risk, expense and responsibility of the Merchant.

Where containers owned or leased by the Carrier are stripped by the Merchant, the Merchant is responsible for returning at his risk and expense the empty containers sound conditions with interiors brushed and clean to the port of destination, or final destination, if contracted for, or to any other point or place designated by the Carrier, his servants or agents, within the time prescribed to him. Should a container not be returned within the prescribed time and/or in sound condition and/or with the interior brushed and clean, the Merchant shall be liable for all losses and/or damage resulting therefrom.

11. SPECIAL CONTAINERS:

(a) The Carrier shall not undertake to carry the goods in refrigerated, heated, insulated, ventilated or any other special container (s), nor to carry special container (s) packed by or on behalf of the Merchant as such, but the Carrier will treat such goads or container (s) only as ordinary goods or dry container (s) respectively, unless special arrangements for the carriage of such goods or container (s) have been agreed to in writing between the Carrier and the Merchant and are noted on the face of this Bill of Lading and unless special freight as required has been paid as agreed upon. The Carrier shall not accept responsibility for the function of special container (s) supplied by or on behalf of the Merchant.

(b) As regards the goods which have been agreed to be carried in special containers the Carrier shall exercise due diligence to maintain the facilities of the special container (s) while they are in his actual custody and control and shall not be liable for any kind of loss of or damage to the goods caused by latent defects, deranaement or mechanical breakdown occurring without the fault of the Carrier.

(c) If the cargo is received by the Carrier in refrigerated container (s) into which the contents have been packed by or on behalf or the Merchant, it is the obligation of the Merchant to stow the contents properly and set the thermostatic controls exactly as required. The Carrier shall not be liable for any loss of or damage to the goods arising out of or resulting from the Merchant's failure in such obligation and further does not guarantee the maintenance of the intended temperature inside the container (s).

(d) The Merchant is fully aware that a refrigerated container does not have the capacity to freeze the contents or otherwise to significantly alter the temperature of the contents, but only to maintain the temperature set. The Carrier will exercise reasonable care to maintain temperature level at plus or minus 5℃ of the temperature noted herein.

(e) In the event of any claim in which the temperature of goods in a refrigerated container is a relevant fact, it is hereby agreed and stipulated that the temperature reflected in Carrier's records, to wit: the temperature recording device and/or log book reports maintained by the Carrier, shall be prima facie evidence of the temperature at which the goods are maintained at all time while under Carrier's responsibility.

12. CONTATNERS STUFFED BY MERCHANT:

The Carrier shall not be responsible far the safe and proper packing and stowing of goads in containers if such containers are not stowed or packed by the Carrier. Containers packed with goods by the Merchant shall be properly sealed and the seal identification reference, as well as the container reference, shall be shown herein. The Merchant shall carefully inspect containers for soundness and suitability before packing them with goods and such packing of the containers shall be prima facie evidence that the containers were sound and suitable for use. The Carrier will not be liable in any event for the particulars furnished by the Merchant as shown on the face of this Bill of Lading. The Merchant by accepting this Bill of Lading confirms that he is fully acquainted with the containers and the operation and use thereof and that the containers are completely suitable for his purposes. The Merchant further guarantees that he has secured and stuffed the goods in a safe and adequate manner having regard to the requirements of and for the containers. The Merchant assumes all and any responsibility for damage to the goods, the containers, any other goods or containers carried by the vessel and the vessel in which the containers shall be carried, if such damage or any personal injury is caused by improper stowage in and stuffing of the containers. Without prejudice to any of Carrier's rights and/or defences and/or exceptions from liability herein, in no event will Carrier be responsible for any shortage and/or damage to the containerised goods stuffed by the Merchant unless such shortage and/or damage was caused by unseaworthiness of the containers if supplied by the Carrier and/or by damage to the container itself whilst in the custody of the Carrier. The Merchant further warrants that whilst stuffing the containers he had compiled with all the regulations, requirements and conventions of the Customs and other Authorities under whose control the containers will be from the time of their stuffing until the time they are delivered at their final destination (s). The Merchant agrees to be liable and shall indemnify the Carrier for any injury, loss or damage, including fines, and any kind of damage or expenses caused to the Carrier or any third party from the Merchant's failure to execute or fulfil any of his obligations under this Clause.

13. LOADING AND DISCHARGING:

(a) If goods contracted for carriage are not tendered when thg vessel is ready to load, the Carrier is relieved of any obligation to load such cargo and vessel may leave port without further notice and deadfreight is to be paid.

(b) Notwithstanding any custom of the port to the contrary, the Merchant shall take delivery of the goods immediately upon discharge from the vessel and shall continue to receive the goods as tendered by day and night whatever the weather, including Saturdays, Sundays and Holidays, failing which the Carrier is at liberty to discharge the goods and put them into lighters, warehouses or the like, all at the risk and expense of the Merchant, such discharge to constitute a true fulfilment of the contract.

14. DANGEROUS OR HAZARDOUS GOODS:

(a) When the Merchant delivers goods of a dangerous or hazardous nature to the Carrier, he shall inform him in writing of the exact nature of the danger and indicate, it necessary, the precautions to be taken. Such goods shall be distinctly, marked art the outside so as to indicate the nature thereof and as to comply with any requirements of any applicable regulations including regulations contained in any relevant applicable international treaty or convention.

(b) The Merchant only shall be liable and shall indemnity the Carrier and any other party or legal body for all expenses, loss or damage caused to the vessel, to a cargo, whether on board or ashore, to the Carrier and to any other (s) as a result of his failure to comply with the terms set forth in paragraph (a) of this Clause.

(c) When the expressions "dangerous goods" or "goods of dangerous nature" appear in this Bill of Lading these expressions shall include explosives or other dangerous articles or substances and combustible liquids as defined in the INTERNATIONAL MARITIME DANGEROUS GOODS CODE by the INTERNATIONAL MARITIME

ORGANIZATION (IMO) and in Title 46 of the USA Code of FEDERAL REGULATIONS both as amended from time to time. In the event that IMO permits the Carrier to stow dangerous goods or goods of a dangerous nature either on or under deck, and the Carrier stows such goods on deck, such on – deck stowage will be at the Merchant's risk and liability. The Carrier shall have the right to jettison and destroy any such goods if their condition presents risk or peril to life or property at any time.

15. GOVERNMENT/CLASS/UNDERWRITERS DIRECTIONS: The Carrier, the Master and any contractor, subcontractor or agent of the Carrier (including but not limited to any land – carrier or sub – carrier), shall have liberty to comply with any orders, directors or recommendations as to loading, departure. Routes in transit (including intend routes) ports of call, roads, stoppages, destination, arrival, discharge, delivery or in any other way whatsoever given by any Govemmant or Authority or any other person or body acting or purporting to act with the authority of such Government or Authority or by any committee or person having, under the terms of the insurance of the vessel or land transport vehicle, the right to give any orders, directions or recommendations.

16. OPTIONS OF THE CARRIER: Should it appear at any time that the performance or continued performance of the transport would or is likely to expose the vessel, her crew or any goods on board to the risk of capture, seizure, detention, damage, delay, hindrance, difficulty or disadvantage of whatever kind, or that the vessel is or is likely to be prevented from reaching or entering the port of loading or there loading in the usual manner and leaving again or reaching or entering the port of destination or there discharging in the usual manner and leaving again, all of which safely and without delay, or should the Master, in his absolute discretion, consider it impossible, unsafe or inconvenient to discharge the cargo, the subject of this Bill of Lading, or any part thereof at port of destination, all of which resulting from any cause whatsoever and in particular, but not exclusively, from any war, warlike operations. Blockade, riots, civil commotion or piracy, insufficient depth of water, conditions of tide, weather conditions, epidemic, quarantine, ice, labour troubles, labour obstructions, strikes, lockouts, any of which on board or on shore, congestion to the port or at quays or berths, insufficiency of lighters, actual or threatened blockade, interdict, impracticability of entering into the said port, and unfavourable conditions at the said port, prior to or upon or subsequent to the vessel's arrival, the Carrier shall be entitled, whether or not the events or state of affairs in question existed or were anticipated at the time of entering into this contract, if the carriage has not already commenced, to cancel this contract or, in any event, to wait at or near the said port for such time as the Master, in his absolute discretion, may deem reasonable until the discharge of the said cargo can be effected there, or to discharge, tranship, land or deliver the goods at any convenient port or place, including the port of loading, or to forward them at the sole risk and expense of the Merchant or otherwise to deal with the goods as the Carrier or the Master may think advisable under the particular circumstances. The discharge of any cargo under the provisions of this Clause shall be deemed due fulfilment of the contract and if in connection with the exercise of any liberty under this Clause any extra expenses are incurred they shall be paid by the Merchant in addition to the freight together with return freight, if any, and a reasonable compensation for any extra service rendered to the goods.

17. SHIPPERS DECLARATIONS:

(a) The Merchant warrants the correctness of the declaration of contents, quantity, nature, definition, weight, measurement or value of the goods, whether containerised or not, but the Carrier reserves the right but is not obliged to have the contents inspected in order to ascertain same, and freight shall be paid on the proper classification or the excess weight or measurement or value (if any), as the case may be, so ascertained. The expenses of and incidental to the aforesaid inspection shall be borne by the Carrier if the Merchant's declarations are found to be correct, but otherwise such expenses shall be added to the freight, shall be borne and paid by the Merchant and shall not be considered as "double freight". The Merchant shall, if required by the Carrier so to do, furnish forthwith on demand to the Carrier the invoice or a true copy relating to the goods. The Merchant shall be responsible for all consequences of incorrect declarations as aforesaid, including fines that may be imposed as a result thereof, irrespective of whether or not inspection as aforesaid has taken place. Merchant warrants that the subject cargo is being shipped in compliance with every applicable law, regulation or directive. In the event any Government or authority whatsoever shall claim that the contents of the cargo are illegal, illicit etc., Merchant alone shall bear each and every consequence of such claim and shall, further indemnify Carrier, its agents and employees from any and all consequences of such claim, including but not limited to legal fees.

(b) If, on route to final destination, the cargo must pass through any port or cross any border, either as part of the anticipated routing or as the result of the exercise of any option or right granted to the Carrier by this contract or by law, shipper shall bear all related costs, including but not limited to port fees, customs, fines or taxes. Further, Merchant hereby undertakes to furnish Carrier with all permits and any other documentation required by the applicable government or authority in order to complete the carriage to final destination, including but not limited to evidence of payment of any fees, customs, fine and taxes. Merchant hereby agrees that in the event of any failure to supply all such documentation and pay all such sums to the complete satisfaction of any Government or authority as aforesaid, Carrier shall take any steps deemed as necessary at Carrier's sole discretion and Merchant shall bear all consequences thereof.

18. FREIGHT AND CHARGES: The Merchant is obliged to pay freight.

Freight to be paid in cash without discount and whether prepayable or payable at destination to be considered as earned and due on receipt of the goods by the Carrier and non-returnable in any event, ship and/or goods lost or not lost. Freight and all other amounts mentioned in this Bill of Lading are, at the option of the Carrier, to be paid in the currency named in this Bill of Lading or in the currency of the country of the port of loading or in the currency of the country of the port of destination, as contracted for, at the highest selling rate of exchange for banker's sight drafts current on the date of this Bill of Lading or, for prepayable freight, on the day of loading or date of payment whichever higher or for freight payable at destination, on the day of payment.

All dues, taxes or charges or other expenses in connection with the goods shall be paid by the Merchant on demand. The Merchant shall be liable for all fines, damages, losses, expenses which the Carrier, vessel or cargo may incur or suffer through non-observance of or a non-compliance with or non-fulfilment of formalities, wrong declarations, etc., required by any regulations, including import, export or transit regulations of any Government or authority, including customs or port authorities.

19. CARRIER'S FREIGHT TARIFF RULES & REGULATIONS: Any bookings, freight engagements, dock receipts, boat notes, interchanges or other agreements relating to the shipment previously made are superseded by this Bill of Lading and by the Carrier's Freight Tariff Rules and Regulations, which shall be deemed incorporated herein as if set forth at length. The Carriers relevant Freight Tariff Rules and Regulations are filed with the Maritime Commission, Washington, D. C. and are also available at any of the Carrier's offices. No term of this contract

shall be changed without the written consent of the Carrier.

20. LIEN: The Carrier, his servants or agents, shall have a lien on the goods or any part thereof and a right to sell such goods whether privately or by public auction for all freight (including additional freight payable as is herein stipulated) primage, deadfreight, demurrage, detention, container demurrage, charges, salvage, average of any kind whatsoever, stamps, duties, fines or penalties, C. O. D. charges to be collected as per Merchant's request prior to delivery of the goods, and for all other charges and expenses whatsoever which are for the account of the goods, or of the Merchant, and for the costs and expenses of exercising such lien, and of such sale and also for all previously unsatisfied debts whatsoever due to the Carrier, his servants or agents, by the Merchant. The lien hereby accorded may be exercised by the Carrier, his servants or agents notwithstanding that he or they may have parted with possession of the goods; and the Carrier, his servants or agents shall at all times stand authorized by the Merchant to give all such notices to any person or persons for the time being in possession of the goods as may be required for the purpose of giving effect to the provisions of this Clause. Nothing in this Clause shall prevent the Carrier from recovering from the Merchant the difference between the amount due from them or any of them to him and the amount realized by the exercise of the rights given to the Carrier under this Clause.

21. GENERAL AVERAGE: General average to be adjusted at any port or place at the Carrier's or the vessel's owner's option, and to be settled according to the York – Antwerp Rules 1994 and any amendments thereof or any substitute internationally recognized rules. In the event of accident, danger, damage or disaster before or after commencement of the voyage resulting from any cause whatsoever, whether due to negligence or not, for which or for the consequence of which the Carrier is not responsible by statute, contract or otherwise, the Merchant shall contribute with the Carrier or vessel's owner in General Average to the payment of any sacrifice, losses or expenses of a General Average nature that may be made or incurred, and shall pay salvage and special charges incurred in respect of the goods. If a salving vessel is owned or operated by the Carrier or vessel's owner, salvage shall be paid for as fully as if the salving vessel or vessels belonged to strangers. Such deposit as the Carrier or vessel's owner, or its agents without prejudice may deem sufficient to cover the estimated contribution of the goods and any salvage and special charges thereon shall, if required, be paid to the Carrier or vessel's owner or its agents in cash prior to the delivery into a special account in accordance with the provisions of the said Rules. The Merchant hereby waives his right, if any, to declare General Average and to a general average adjustment, unless the General Average sacrifices and expenditure made or incurred by the Merchant exceed US $ 250,000.

22. BOTH – TO – BLAME COLLISION CLAUSE: If the vessel comes into collision with another vessel as a result of the negligence of the other vessel and any act, neglect or default of the Master, mariner, pilot or the servants of the Carrier or vessel's owner in the navigation or in the management of the vessel, the owner of the goods Carried hereunder will indemnity the Carrier or vessel's owner against all loss or liability to the other or non – carrying vessel or her owners insofar as such loss or liability represents a loss of, or damage to, or any claim whatsoever of the owners of, said goods, paid or payable by the other or non – carrying vessel or her owners to the owners of the said goods and setoff, recouped, or recovered by the other or non – carrying vessel or her owners as part of their claim against the vessel or Carrier. The foregoing provisions shall also apply where the owners, operators or those in charge of any ship or ships or object other than, or in addition to, the colliding vessels or objects are at fault in respect of a collision, contact or other accident.

23. PACKAGE LIMITATION AND DECLARATION OF VALUE: The Carrier shall in no event be or become liable for any loss or damage to the goods or in connection therewith in an amount exceeding the per package limitation contained in any legislation making the Hague Rules or U. S. COGSA, as the case may be, compulsorily applicable to this Bill of Lading or, where no such legislation is applicable, in an amount not exceeding US $ 500, lawful money of the United States per package or unit. In the event of bulk cargo each ton of 1,000 kilos shall, as a rule, be deemed to be the customary freight unit, and the Carrier's liability for this unit shall not exceed the said per package limitation. If according to the custom of the trade, or according to special agreement the freight charged for any bulk cargo should be based upon a higher weight - unit, the limitation of liability to US $ 500, shall apply to the weight - unit in question. Furthermore, Carrier's liability if he is responsible at all, shall not exceed the market value of the goods at the time and place of shipment. Should, however, the invoice value of the goods be lower than the market value at the time and place of delivery, the Carrier will only pay the invoice value. The limitation of liability mentioned above shall not apply in the event that the nature of the goods and valuation higher than the applicable limitation, shall have been declared in writing by the Merchant upon delivery to the Carrier and inserted in this Bill of Lading and extra freight paid if required, and in such case if the actual value of the goods per package or per customary freight unit shall exceed such declared value, the value shall nevertheless be deemed to be the declared value and the Carrier's liability, if any, shall not exceed the declared value and any partial Ions or damage shall be adjusted pro rate on the basis of such declared value.

24. LAW AND JURISDICTION:

All and any claims and/or disputes arising under this Bill of Lading or in connection therewith shall be brought before and determined by the courts and in accordance with the law at:

(a) the place where the Carrier has its Head Office, namely Haifa, Israel

OR

(b) if the cargo originates in or is destined for the U. S. A., by the United States District Court for the Southern District of New York, N. Y., U. S. A..

Each of the above courts, respectively, shall have exclusive jurisdiction and, therefore, no proceedings shall be brought before any other court.

ZIB 08. 04

5.3.3.4 班轮提单的填写

班轮提单样本包括以下几个方面。

（1）提单的印制

在班轮运输中，班轮公司都是自己印备自己格式的提单。虽然如此，各个班轮公司的提单在印制的格式和印刷的条款方面大同小异，即其基本内容相同。

对于提单的个别条款而言，如适用法律等，可能就不一样。提单正面供托运人填写的栏目则基本相同。

（2）提单正面和背面的样式

在班轮运输中，由于承运人通常不仅会签订港口至港口的货物运输合同，还会签订多式联运合同，班轮公司在印制提单时，会将在港口至港口条件下的货物运输和多式联运条件下的货物运输中使用的提单一并印就。

（3）提单内容的填写

以下将以通常使用的提单所需要填写的栏目为例，详细介绍提单各栏内容的填写情况。

1）托运人/发货人（Shipper/Consignor）

如前所述，托运人可以是与承运人订立合同的人，也可以是将货物交给承运人的人。一般情况下，托运人在贸易合同中是卖方，在信用证下是受益人。关于发货人名称的问题，UCP500 第 31 条第 3 款规定，除非信用证另有规定，银行将接受表明货物发货人是信用证受益人以外一方的运输单据。（Unless otherwise stipulated in the Credit，bank will accept a transport document which indicates as the consignor of the goods a party other than the Beneficiary of the Credit.）这一栏必须填写。

2）收货人（Consignee）

这一栏通常不会发生问题，经常是填写“To order”或者“To the order of × × ×”。但是，这一栏有时也会发生问题，如填写“To the order of issuing bank”，或者“To the order of the beneficiary”，或者“To the order of the applicant”，甚至填写“To order endorsed in blank”也并不正确；总之，这一栏应该根据信用证要求和运输中的要求正确填写。例如，信用证要求：“B（s）/L issued to the order of the applicant”。查出申请开立信用证的人（Applicant）为 A Co.，Ltd.，则收货人一栏内填写：“To the order of A Co.，Ltd.”，不应该填写“To the order of the Applicant”。

记名提单应该填写收货人的具体名称。这一栏可以不填写任何字样，这种提单是“不记名提单”。

3）通知人/被通知方（Notify Party）

这一栏在实践中是有用的。但是，如前所述，通常提单中有通知条款，而提单中的通知条款说明了班轮承运人是没有义务向通知人发出“到货通知书”（Arrival-Notice）的，因此即使在提单中记载了通知人，并想让船方通知到船信息，货方仍然要自己关心自己货物的到港情况，这与人们想象中的情况是不同的。

"通知人"一栏中应填写接受船方发出到货通知的人的名称和地址。选择、确定通知人的权力在买卖合同的买方。买方可以确定自己为通知人，也可以将自己的代理人或其他联系密切的人确定为通知人。

通知人不是运输合同的当事人，并且不能因为其是通知人而有权提货。船方也不能因为通知人没有及时通知收货人而要求其承担责任。通知人接受收货人委托后，其职责是接收船方发出的到货通知并将该通知转告收货人。

在信用证支付方式下，这一栏应该按照信用证规定填写详细的名称和地址。如果信用证没有说明谁为通知人，则就应该将信用证中的申请人名称和地址填入副本提单的"通知人"一栏内，而正本提单的相应栏目应保持空白，如果信用证要求两个通知人，就应该填写两个通知人的详细名称和地址，而当该栏目填不下时，可以在结尾部分加上星号，然后在提单的空白处（Description of Goods）加上相同的星号接着缮制完应填写的内容（这种方法对其他栏目的填写也适用）。现在已经有船公司的提单中增加了"Also Notify"一栏。

在托收支付方式下，买卖合同中如果不规定通知人，而在"收货人"一栏中记载"To order"时，可以将买方作为通知人并填写详细名称和地址。

提单上可以不填写通知人。

4）前程运输（Pre-carriage by）

很多船公司的提单中都有这一栏，其主要原因是为了适应联运。一般这一栏是不用填写的。如果货物有前一程运输需要转运，则该栏内填写前程运输情况。

5）接货地（Place of Receipt）

如上所述，现在的提单中也有这一栏，一般也不用填写。如果填写，则表明承运人在此地接管货物，也就是托运人向船方实际交货的地点。

6）船名、航次（Ocean Vessel，Voyage No.）

对于"已装船提单"，这一栏中必须填写船名，一般可以按照配舱回单填写。在不知道船舶航次编号的情况下，可以不填写航次。

货物装直达船时，直接填写船名。用驳船运到香港再转海船时，应该注明驳船和海船的船名，如"粤海518/东方"（Yuehai518/Dongfang）。

7）装货港（Port of Loading）

对于"已装船提单"，这一栏中必须填写装运港名称。如果信用证规定具体地点，就应该严格按照规定填写，如"上海外高桥"（Waigaoqiao/Shanghai）。如果信用证中仅作笼统规定或者同时列出几个港口，就应该根据实际情况填写具体港口名称，如"中国港口"（China port）或者"广州/大连/上海/青岛/天津"（Guangzhou / Dalian / Shanghai / Qingdao / Tianjin）。

8）卸货港（Port of Discharge）

卸货港是指船公司将货物从该承运船舶卸下的港口，一般按照信用证规定填写。为了避免重名港口发生误卸，一般还可以填写国家名称，如“中国上海”（Shanghai/China）。

在以前产品紧缺的年代，还经常会出现选择卸货港，此时可以填写“Option Kobe/Yokohama”。卸货港是必须填写的栏目。

9）交货地（Place of Delivery）

很多船公司的提单中都有这一栏，其主要原因也是为了适应联运。这是承运人负责货物运输的最终目的地，如果在提单中填写交货地，则表明承运人应负责将货物运抵该交货地并交付货物。

“交货地”在“港至港”的海上运输中是不需要填写的。

10）转运港（Port of Transhipment）

直达运输中是不需要填写的，而且现在集装箱班轮运输已经形成干支线的网络，所以集装箱提单中大多没有这一栏。在转船运输的情况下，将货物转船的港口名称填写在这一栏中。请注意信用证是否规定允许转船。

11）最终目的地（Final Destination for Merchant's Reference）

如果提单中有这一栏时，请注意其含义，并要查看有关的提单条款，否则其含义是货物将会运到该栏目内填写的地点，但仅仅是供货方或有关方参考，而不是承运人负责交货的地点。该栏目与“交货地”一栏的含义是不同的。

12）唛头及件号（Marks & Nos.）

该栏目中还会有集装箱箱号和封志号（Container No. & Seal No.）。提单上所有字符、数字和图形及其排列位置都应该与信用证规定的完全一致，并且应该与发票、装箱单完全一致。

该栏目填写时要明确，如件数填写清楚。当信用证中规定的唛头文字排列过长时，如果意思独立的文字之间有斜线“/”，就可以在斜线处向下错行。如果中间无斜线，也可以在适当位置将前后意思独立的文字分开，向下错开。

如果没有唛头，则可以填写“No mark”。

集装箱箱号和封志号的填写必须正确。

为了方便集装箱运输管理，国际标准化组织（ISO）拟订了集装箱标志方案，根据ISO 790－73，集装箱应在规定的位置上标出以下内容：箱主代码、顺序号和核对数。

箱主代码：集装箱所有者的代码，它用四位拉丁字母表示：前三位由箱主自己规定，并向国际集装箱局登记；第四位字母为U，表示海运集装箱代号。例如中国远洋运输（集团）公司的箱主代码为：COSU。

顺序号：为集装箱编号，按照国家标准（GB1836—85）的规定，用六位阿拉伯数字表示，不足六位，则以0补之。

核对数：用于计算机核对箱主代码与顺序号记录的正确性。核对号一般位于顺序号之后，用一位阿拉伯数字表示，并加方框以醒目。

核对号是由箱主代码的四位字母与顺序号的六位数字通过以下方式换算而得。具体换算步骤如下：

首先，将表示箱主代码的四位字母转化成相应的等效数字，字母和等效数字的对应关系见表 5－2。

表 5－2　　核对号计算中箱主代码字母的等效数字

字母	A	B	C	D	E	F	G	H	I	J	K	L	M
数字	10	12	13	14	15	16	17	18	19	20	21	23	24
字母	N	O	P	Q	R	S	T	U	V	W	X	Y	Z
数字	25	26	27	28	29	30	31	32	34	35	36	37	38

从表中可以看出，去掉了 11 及其倍数的数字，这是因为后面的计算将把 11 作为模数。

然后，将前四位字母对应的等效数字和后面顺序号的数字（共计 10 位）采用加权系数法进行计算求和。计算公式为：

$$S = \sum_{i=0}^{9} c_i \times 2^i$$

最后，以 S 除以模数 11，求取其余数，即得核对号。例如：

求集装箱 MSCU341908 的核对号：

首先，对应的数字是：24－30－13－32－3－4－1－9－0－8

然后，求和：

$$S = 24\times2^0 + 30\times2^1 + 13\times2^2 + 32\times2^3 + 3\times2^4 + 4\times2^5 + 1\times2^6 + 9\times2^7 + 0\times2^8 + 8\times2^9$$

$$= 24 + 60 + 52 + 256 + 48 + 128 + 64 + 1152 + 0 + 4096$$

$$= 5880$$

最后，除以 11 取余数：

5880 ÷ 11 = 534 余数为 6

所以，核对号为 6。

因此，集装箱箱号可以通过以上方法检验其是否正确。

13）包装、件数（Number & Kinds of Packages）

这一栏填写包装数量和单位。如果有多种包装，就要逐项列明。

14）货物名称（Description of Goods）

这一栏应严格按照信用证及发票上的货名和文字填写。

如果信用证规定用英文就用英文，规定用中文就用中文。

如果发票中货名过多或详细，提单上可以填写货名的总称，但不能与发票上的货名相矛盾。

15）总重（Gross Weight）

这一栏填写货物的（总）毛重，一般以千克（KG）为单位。

16）尺码（Measurement）

这一栏填写货物的（总）尺码，一般以立方米（CBM）为单位。

17）大写件数（Total Number in Words）

这一栏填写货物的数量和单位。正确的填写方法是“SAY … ONLY”。

例如，151 纸箱：“SAY ONE HUNDRED AND FIFTY ONE（151）CARTONS ONLY”；2 个 20 英尺集装箱：“SAY TWO CONTAINERS（2×20’）ONLY”。

18）附加条款

由于信用证中可能规定有一些特殊条款，因此在提单上就要以附加条款的形式出现。此时，除考虑履行贸易合同下义务的问题外，还应该考虑船方是否接受并在订舱时通知船方。另外，还可能由此要求船方另行出具有关书面证明。

例如，信用证规定：“B/L issuing company’s certificate confirming that the vessel named in B/L is a vessel of a Conference line.”这就是一个限制托运人必须将货物交由班轮公会成员公司的船舶承运的条款。此时，可以有两种方法解决：第一种方法是由船公司出具一份船籍证明，证明载货船是班轮公会成员公司的船；第二种方法是由船公司在签发提单时在提单上加注，证明该船是班轮公会成员公司所属船舶。

19）运费（Freight）

提单中都有关于运费的栏目。实践中，除非信用证中要求在提单上注明运费的计算和数额，否则提单上是不会填写运费数额的。

提单上一般会填写运费是否已经支付。已经支付运费的表示方式可以是：“运费已付”（Freight Paid）或“运费预付”（Freight Prepaid）。运费没有支付的表示方式一般是：“运费到付”（Freight to Collect）。使用哪一种表示方式一般是由价格术语决定的，如使用 CFR 或 CIF 时，多为“运费预付”，而使用 FOB 时，则多为“运费到付”。

20）提单份数（No. of Original B/L）

提单上必须记载份数。如前所述，填写提单份数可以使银行等知道应该有几份提单，以防止发生纠纷。

通常提单签发一式三份，但并没有任何公约、法律或惯例加以规定。托运人可以根据需要要求承运人签发多份或一份提单，但必须在提单上填写。

提单上除以上由托运人填写的内容外，还有承运人填写的提单签发地和日期（Place and Date of Issue），以及承运人等对提单的签署等。

5.3.4　杂货班轮货运单证

5.3.4.1　杂货班轮货运单证流程

班轮货运及主要货运单证流程如图5－4所示。

（1）托运人（也可以委托货运代理人）向船公司在装货港的代理人（也可直接向船公司或其营业所）提出货物装运申请，递交托运单，杂货运输中还要填写装货联单，集装箱运输中还要填写"场站收据"联单。

（2）船公司同意承运后，其代理人指定船名，核对S/O与托运单上的内容无误后，签发S/O，将留底联留下后退还给托运人，要求托运人将货物及时送至指定的码头仓库，集装箱运输中还要由托运人（或其代理人）申请用箱并取得集装箱设备交接单。

（3）托运人持S/O及有关单证向海关办理货物出口报关、验货放行手续，海关在S/O上加盖放行图章后，货物准予装船出口，集装箱货物要提取空箱并装箱，还要填写集装箱装箱单，另外还要注意现在海关的规定："有货报关"。

（4）船公司在装货港的代理人根据留底联编制装货清单（L/L）送船舶及理货公司、装卸公司（码头堆场）。

（5）大副（或码头堆场）根据L/L编制货物积载计划交代理人分送理货、装卸公司（码头堆场）等按计划装船。

（6）托运人将经过检验及检量的货物送至指定的码头仓库或堆场准备装船。

（7）货物装船后，理货长将S/O交大副，大副核实无误后留下S/O并签发收货单（M/R）；集装箱运输中则由堆场签发D/R。

（8）理货长或堆场将大副签发的M/R或D/R交给托运人。

（9）托运人持M/R或D/R到船公司在装货港的代理人处付清运费（预付运费情况下）换取正本已装船提单（B/L）。

（10）船公司在装货港的代理人审核无误后，留下M/R或D/R签发B/L给托运人。

（11）托运人持B/L及有关单证到议付银行结汇（在信用证支付方式下），取得货款，议付银行将B/L及有关单证邮寄开证银行。

（12）货物装船完毕后，船公司在装货港的代理人编妥出口载货清单（M/F）送船长签字后向海关办理船舶出口手续，并将M/F交船随带，船舶起航。

（13）船公司在装货港的代理人根据B/L副本（或M/R）编制出口载货运费清单（F/M）连同B/L副本、M/R或D/R送交船公司结算代收运费，并将卸货港需要的单证寄给船公司在卸货港的代理人。

（14）船公司在卸货港的代理人接到船舶抵港电报后，通知收货人船舶到港日期，做好提货准备。

（15）收货人到开证银行付清货款取回B/L（在信用证支付方式下）。

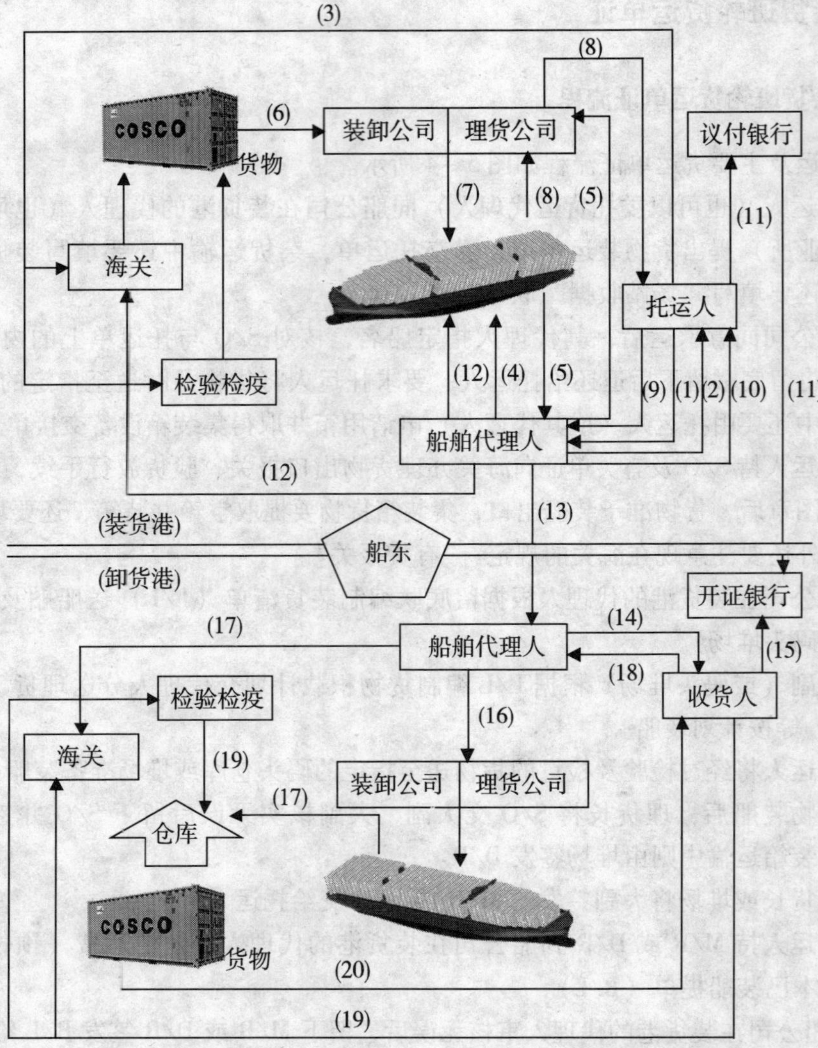

图 5－4　班轮货运单证流程图

（16）卸货港船公司的代理人根据装货港船公司的代理人寄来的货运单证，编制进口载货清单及有关船舶进口报关和卸货所需的单证，约定装卸公司、理货公司，联系安排泊位，做好接船及卸货准备工作。

（17）船舶抵港后，船公司在卸货港的代理人随即办理船舶进口手续，船舶靠泊后即开始卸货。

（18）收货人持正本 B/L 向船公司在卸货港的代理人处办理提货手续，付清应付的费用后，换取代理人签发的提货单（D/O）或“交货记录”。

（19）收货人办理货物进口手续，支付进口关税。

(20) 收货人持 D/O 到码头仓库或船边提取货物。在集装箱运输中多使用 C. O. C (Carrier's Own Container), 所以托运人提箱、拆箱后还要负责还空箱。

5.3.4.2 杂货班轮运输单证

在杂货班轮运输中，从办理货物托运手续开始，到货物装船、卸船直至货物交付的整个过程，都需要编制各种单证。这些单证是货方（包括托运人和收货人）与船方之间办理货物交接的证明，也是货方、船方等有关单位之间从事业务工作的凭证，又是划分货方、船方各自责任的必要依据。

在这些单证中，有的是受国际公约和各国国内法规的约束的，有的则是按照港口的规定和习惯而编制使用的。尽管这些单证种类繁多，而且因各国港口规定的不同而有所不同，但主要单证是基本一致的，并能在国际航运中通用。在集装箱班轮运输中，除了使用一些集装箱运输使用的专门单证外，也使用这些单证，只不过是在单证中另外加上有关集装箱运输的内容而已。目前国际上通用的及我国航线船舶所使用的主要单证有在装货环节编制使用的单证和在卸货环节编制使用的单证。

1. 在装货港编制的单证

(1) 托运单 (Booking Note: B/N)

托运单是指由托运人根据买卖合同和信用证的有关内容向承运人或他的代理人办理货物运输的书面凭证。经承运人或其代理人对该单的签认，即表示已接受这一托运，承运人与托运人之间对货物运输的相互关系即告建立。

托运单从船货双方的关系来说就是货主向船代或班轮公司提出的要约。船代或船方签发的“装货单”，就是船代或船方对货方的承诺，运输合同即告达成。要约 + 承诺 = 合同成立。所以，装货单是运输合同的重要组成部分，托运单也是运输合同的重要组成部分，它们缺一不可。这里也说明提单只是运输合同的证明文件，并不是合同本身。

一般来说在班轮运输情况下，托运人只要口头或以订舱函电向船公司或其代理人预订舱位，船公司对这种预约表示承诺，运输关系即告建立，并不一定需要什么特定的书面形式。但是，国际航运界的习惯做法则是，托运人或其代理人与船公司或其代理人约定所需的舱位后，再以书面的形式向船公司或其代理人提交详细记载有关货物情况及对运输要求等内容的托运单。船公司或其代理人接受承运后，便在托运单上编号并指定装运的船名，将托运单留下，副本退还托运人备查。

托运单的主要内容包括：托运人名称，收货人名称，货物的名称、重量、尺码、件数、包装式样、标志及号码，目的港，装船期限，信用证有效期，能否分批装运，对运输的要求及对签发提单的要求等。

(2) 装货单 (Shipping Order: S/O)

装货单（也称“下货纸”，或下货单，也叫关单）是由托运人按照托运单的内容填制交船公司或其代理人审核并签章后，据以要求船长将货物装船承运的凭证。但是，托运人凭船公司或其代理人签章后的装货单要求船长将货物装船之前，还必须先到海关办理货物装船出口的报关手续，经海关查检后，在装货单上加盖海关放行图章，表示该票货物允许装船，此时托运人才能要求船长将货物装船。所以装货单习惯上又称“关单”。

装货单是国际海运中的通用单证，在形式上，它一般由三联组成，称为“装货联单”。第一联是船方或其代理留底（Counterfoil），用于缮制其他货运单证；第二联是装货单（Shipping Order），交托运人持有，作用如上所述；第三联是收货单（Mate's Receipt），是船方接受货物装船后由大副签发给托运人的收据。除此必需的三联外，根据业务的需要，还可增加几联或若干份副本（Copy），如有的增加两联副本供计算运费和向付费人收取运费的通知用。“装货联单”在不同港口常有不同叫法。有的叫“下货单”，有的叫“装货单”，有的还因有六份副本叫“九联单”。

在内容上，经船公司或其代理人签章的装货单，既是托运人办妥货物托运和出口手续的证明，又是托运人据以向海关办理报关的依据，还是船公司下达给船长接受货物装船承运的命令。船长或大副只能依据装货单或“关单”接受货物装船承运。虽然装货单是船方或其代理在货方托运时交货方收执的单证，但其实质效用是船东或其代理给船长的装船命令。货物装船时，托运人（或货运代理）必须向船长或大副提交这一单证，表明这是一份船东或代理给船长的装船命令。对于特殊货物，还常以不同颜色（如红色）的装货单来与一般装货单相区分。

装货单上除应记载托运人名称、编号、船名、目的港及货物的详细情况（应与托运单相同）等内容外，还有在货物装船后由理货人员填写的货物装船的日期，装舱位置，实装货物数量以及理货人员的签名等项内容。实际装船时船方应该详细核对货物的情况是否与装货单上记载的内容相一致。

装货单的流转程序是：船公司或其代理接受货物托运后，将确定的载运船舶的船名及编号填入托运单，然后将装货联单发给托运人填写，填妥后交回船公司的代理人，经代理人审核无误后签章留下留底联，将装货单和收货单（第二、第三联）交给托运人前往海关办理出口货物报关手续，同时货物则被要求运至海关货场进行（如果是集装箱，需要的话则开箱）查验，经海关审核查验无误后准予出口，在装货单上加盖海关放行图章，便可持以要求船长将货物装船承运。

由于船代或船方签发的“装货单”是船代或船方对货方的承诺，运输合同已经达成，所以，装货单一经承运人签章后，船、货双方都应受其约束。如果发生货物退关造成损失时，应由责任方承担责任。如果需要修改装货单上所记载的内容，应将更正单分送有关单位，如果整票货物退关，还要收回原装货单注销。承运人签发装货单后，船、货、港各方均需要有一定的时间用来编制装货清单、积载计划，办理货物报关、查验放行，将货物集中，准备装船。当每一票（每一装货单）的货物全部装上船后，现场理货人员应在装货单上签注实装数量、装舱位置、装船日期并签名，再由理货长审查和签名，证明该票货物如数装船无误，然后连同收货单一起送交船上大副，大副审核属实后在收货单上签字，留下装货单，将收货单退给理货长交托运人或货运代理人。

（3）收货单（Mate's Receipt：M/R）

收货单是指某一票货物装船后，由船上大副签署给托运人用以证明船方已收到该票货物并已装上船舶的凭证。它是划分船货双方责任的重要依据，也是货方据以向船长或船代换取正本“已装船提单”的凭证。所以，收货单又称为“大副收据”。

货物装船完毕后，船方应签发一份“大副收据”给货方。托运人取得大副签署的收货单后，即可凭以向船公司或其代理人换取已装船的正本提单。

收货单是前述装货联单的第三联，它除了增加大副签署一栏外，其所记载的内容和格式与装货单完全一样。为了便于与装货单相识别，常用淡红色或淡蓝色制成并在左侧纵向增加一较宽的线条。

收货单上的批注也称为“大副批注”。在班轮运输中，船公司对货物承担责任是在货物装船时开始的。因此，在货物装船时，大副必须认真核对装船货物的实际情况是否与装货单上记载的情况相符合，货物的外表状况是否良好，有无标志不清、水渍、油渍或污渍情况，数量（件数）是否短缺，货物损坏情况与程度，以及应急修理的事实等。如有这些情况，大副在签署收货单时应明确、具体、如实地记载在收货单上。这种在收货单上记载有关货物外表状况不良或缺陷的情况称为“批注”。因为这是由大副在签署收货单时在收货单上所作的批注，故习惯上称之为“大副批注”。收货单有了这样的大副批注，则这张收货单称之为“不清洁收货单”。反之，称为“清洁收货单”（Clean Receipt）。“大副批注”的依据是理货员或理货长在理货单上的批注，理货单的批注是大副进行批注的第一手资料和证明。

一些常见的大副批注如：

1）RAIN WORL AT SHIPPER'S REQUEST（由于货主要求雨天装载）；

2）SHORT SHIPPED FIVE CASES（短装5箱——指实际比装货单上所记件数少装的数字）；

3）SHORT SHIPPED TEN BAGS（短装10袋）；

4）ONE BUNDLE OF PIECE GOODS FALLEN OVER BOARD BY STEVEDORES（由于装卸工人操作不慎，一捆布匹掉入水中）；

5）SHORT IN DISPUTE（短少在争执中）；

6）THREE BALES BURST，N/R FOR CONSEQUENTIAL LOSS OR SHORTAGE OF CONTENTS（3包破裂，船方对内容的灭失或短少不负责）；

7）TWO BALES POORLY TORN，CONTENTS EXPOSED，N/R FOR LOSS OR SHORTAGE & CONDITION OF CONTENTS（两包全撕破，货物暴露，船方对灭失或短少和内容状态不负责）；

8）ONE BOX（NO. 1）NAILS STARTED［一箱（第1号箱）钉松］；

9）TWO CARTONS OPEN FLAPS（两纸箱盖松开）；

10）TWO BOXES CRASHED, CONTENTS EXPOSED（两箱打碎，货物暴露）；

11）N/R FOR NUMBER OF PIECES CAUSED BY BUNDLES OFF（散捆后船方对件数不负责）；

12）BANDS（HOOPS）OFF CRUSTED（箍脱落，结硬皮）；

13）ALL TIMBER LOADED WET（全部木材水湿装船）；

14）FOUR LOOSE PIECES（四捆零散）；

15）UNSECURELY PACKED（包装不固）；

16）ONE BALE OF RUBBER STAINED BY WATER（一包橡胶水渍）；

17）ONE CARTON NO. 23 MILDEWS STAINED（第23号纸箱有霉迹）；

18）MARKS INDISTINCT（INVISIBLE, INRECOGNIZABLE）N/R FOR SORTING OFF MARKS & NUMBERS（货物标志模糊，船方不负分标志责任）；

19）PERISHABLE CARGO AT SHIPPERS' RISK（易腐货物，发货人自负风险）；

20）ALL CASES SEALED N/R FOR CONTENTS（全部箱封妥，船方不负内容之责）；

21）TOP SHEET RUSTY（顶层板生锈）；

22）DAMAGED BY VERMINS（RATS）（有虫或被鼠咬）；

23）CARGO SWEATED, N/R FOR LOSS OR SHORTAGE & CONTENTS（货物发汗，船方对货物损失，短少和内容不负责）。

货物装船时，如发现外表状况不良或存在缺陷，大副可以拒绝将这些有缺陷的货物装船，或要求托运人（或发货人）予以调换。如果托运人不愿调换或调换实际上已不可能，而又要将货物装船时，大副就应在收货单上如实地加以适当的批注，以使船方免除赔偿责任。也就是说，有了批注可以证明交付货物时的损坏状况是符合或归咎于这类批注所记载的缺陷与状况的，船公司就可以不承担责任。然而，收货单上有了批注，按照常规，最终要将这些批注转批到提单上去，使提单成为“不清洁提单”，从而影响托运人以提单向银行结汇，这对托运人是不利的。

因此，大副在收货单上批注时应防止两种倾向：其一是不管货物状况，一概不加批注，这对船公司不利；其二是不问货物是否有短损，为避免船公司的可能责任，吹毛求疵地尽量多作批注，这会给托运人增加不必要的麻烦。为此，大副在收货单上作批注时应注意适当掌握，特别要注意下面的问题：

①认真检查货物外表状况，并核对收货单上记载的货名、标志、件数、目的港、收货人、装船日期、装舱位置与实际装船货物是否相符；

②批注的内容要具体、明确、肯定，切忌模棱两可、含糊不清，不要使用如“许多”、“一些”、“少量”等不确定的词；

③对价值不同货物批注的宽严程度应有所区别，贵重货物、高价货物应从严掌握；

④对货物包装脆弱，不适于海上运输的必须加以批注；

⑤不重复提单中已有的船方免责内容，更不能与提单条款有矛盾；

⑥对毫无实际意义的内容不要在收货单上批注，以免引起争议；

⑦批注（或打印）时字迹要清晰、容易辨认。

(4) 提单（Bill of Lading：B/L）

提单是船公司或其代理人签发给托运人，证明货物已经装上船舶并保证在目的港凭以交付货物的单证。

托运人将货物交船舶装船后，经大副验核无误，并在收货单上签字确认，然后将收货单退回给托运人。托运人即可凭大副签字确认货物已经装上船舶的收货单到船公司或其代理人处付清运费（预付运费），换取经船公司或其代理人签字的一份或数份正本已装船提单。托运人取得正本已装船提单后，即可持提单及其他有关单证到银行办理结汇，取得货款。如果收货单上附有关于货物状况的大副批注时，船公司或其代理人需将大副批注如实地转批于提单上。提单在班轮运输中是一份非常重要的单证。它既具有规定船公司作为承运人的权利、义务、责任和免责条款的运输合同的作用，又是表明承运人收到的货物收据，也是提单持有人转让货物所有权或凭以提取货物的物权凭证。

(5) 装货清单（Loading List：L/L）

装货清单是船公司或其代理人根据装货单留底联，将全船待装货物按卸货港和货物的性质归类，依航次靠港顺序排列编制的装货单的汇总单。

装货清单是船舶大副编制船舶积载图（Stowage Plan）的主要依据，又是供现场理货人员进行理货、港方安排驳运、进出库场以及掌握托运人备货及货物集中情况等的业务单据。这份单证的内容是否正确，对积载的正确、合理具有十分重要的影响，装货单的内容包括装货单号码、货名、件数及包装、毛重、估计立方米及特种货物对运输的要求或注意事项的说明等。

(6) 载货清单（Manifest：M/F）

载货清单是一份按卸货港顺序逐票列明全船实际载运货物的明细表。它是在货物装船完毕后，由船公司的代理人根据大副收据或提单编制的，编妥后再送交船长签字确认。

载货清单又称“舱单”。其内容除应逐票列明货物的详细情况（包括提单号、标志和号数、货名、件数及包装、重量、尺码）外，还应记明货物的装货港和卸货港。在该单的上方还记有装运船舶的船名及船长名、开航日期等项内容。

载货清单是国际上通用的一份十分重要的单证。船舶办理出口（进口）报关手续时，必须递交一份经船长签字确认的载货清单。它是海关对出口（进口）船舶所载货物出（进）国境实施监督管理的单证。如果船舶货舱内所载运货物没有在载货清单上列明，海关可按走私论处。

船舶办理出口（进口）报关手续，向海关递交的载货清单可分为装货出口时使用的“出口载货清单”（Export M/F），在卸货时使用的“进口载货清单”（Import M/P）和“过境货物载货清单”（Through Cargo M/F）。如果船舶在港口没有装货出口，在办理出口报关手续时，船舶也要向海关递交一份经船长签名并注明“无货出口”字样的载货清单；

若船舶没有载货进口，则应向海关递交一份由船长签名并注明“无货进口”字样的载货清单。载货清单也可作为船舶载运所列货物的证明，是随船单证之一。

（7）载货运费清单（Freight Manifest：F/M）

载货运费清单简称运费清单或运费舱单。它是由船公司在装货港的代理人按卸货港及提单顺序号逐票列明的所载货物应收运费的明细表。它是船舶代理人向船公司结算代收运费明细情况的单证，是船公司营运业务的主要资料之一。该单也可直接寄往卸货港船公司的代理人处供收取到付运费或处理有关业务之用。载货运费清单的内容除包括载货清单上记载的内容外，还增加了计费吨、运费率、预付或到付的运费额等项内容。由于载货运费清单上包括了载货清单上应记载的内容，故也可以代替载货清单作为船舶出口、进口报关及在卸货港安排卸货应急之用，还可作为查对全船有关航次装载货物情况之用。因此，当前不少国家的港口，为了简化制单工作，常将“载货清单”和“载货运费清单”两单合并使用。作为载货清单使用时，则不把该单上有关运费计收的栏目填上；而作为运费清单使用时，再将有关运费计收的栏目填入具体内容。

（8）危险货物清单（Dangerous Cargo List）

危险货物清单是专门列出船舶所载运全部危险货物的明细表。为了确保船舶、货物、港口及装卸、运输的安全，包括我国港口在内的国际上很多国家的港口都专门作出规定，凡船舶载运危险货物都必须另外再单独编制危险货物清单。该单常用红色并附加特别标志制成，以便于识别。危险货物清单记载的内容除装货清单、载货清单所应记载的内容外，特别增加了危险货物的性能和装船位置两项。

按照一般港口的规定，凡船舶装运危险货物时，船方应向有关部门申请派员监督装卸。在装货港装船完毕后由监装部门签发给船方一份“危险货物安全装载证书”。这也是船舶载运危险货物时必备的单证之一。因此，船公司对各国有关装卸危险货物的规定应事先有所了解，以免日后发生不必要的麻烦。

（9）货物积载图（Stowage Plan）

货物积载图是以图示的形式来表示货物在船舱内的装载情况，使每一票货物都能形象具体地显示其在船舱内的位置。货物积载图可分为计划积载图和实际积载图。在货物装船以前由大副根据船公司或其代理人送来的装货清单上记载的货物资料做成的积载图，实质上是计划的积载图，或称货物积载计划（Cargo Plan），即用图示形式表明拟装货物的计划装舱位置的货物受载计划。这样，可以使港口和装卸公司、理货人员等有关方按照这一计划的要求来安排装船作业，使装船工作有条不紊地进行。因此，它是装船作业中一份十分重要和必备的资料。然而，在实际装船过程中，往往会因各种客观原因无法完全依照计划装载。这些原因会使货物实际在舱内的积载位置与原定的计划不一致。因此，当每一票货物装船后，理货长都应重新标出货物在舱内的实际装载位置，并注明卸货港名、装货单（提单）号、货名及数量，最后再重新绘制一份货物在舱内的“实际积载图”。

当然，在装船过程中对原来计划的某些改变，原则上都应征得船长或大副的同意方可实施，理货长及其他人员无权随意更改原定的积载计划。实际积载图不仅是船方运送、保管货物的必备资料，也是卸货港安排卸货作业和现场理货的重要依据。

(10) 剩余舱位报告 (Space Report)

为了使船舶舱位得到充分利用，在各挂靠港口装船完毕后，船上看舱人员应实地测量舱位的利用情况及剩余情况。之后，船长应将计算出的各货舱的剩余舱位电告下一挂靠港口和船公司在各挂靠港口设置的分支机构或揽货机构，或船公司的代理人，使之能够做好补充货载的揽货及装船准备。因为这种通知都是通过电报发出的，为了对这种通知确认，通常使用一定格式的报告纸。

(11) 积载检验报告 (Stowage Survey Report)

当船舶装运易于受损或具有危险性质的货物时，常在这些货物装船时采取一些鉴定和检验的措施，包括要求具有公证资格的鉴定人对货物的装载方法、装舱位置、隔垫方法、积载状态等进行监督和鉴定，并要求发给证明积载适当的积载检验报告。这样，一旦发生不测而使货物受损时，船公司就可以据此证明船方在积载货物方面并未疏忽，而且已尽到谨慎处理的责任，从而可使船公司免除责任。

2. 在卸货港编制的单证

在卸货港，船公司的代理人除根据装货港船公司的代理人寄来的或由船舶带来（在航线较短的情况下）的一些装船单证，预先安排船舶进口报关、卸货、理货作业准备外，和货物装船时由大副签发收货单作为船方收到货物的凭证一样，在卸货时，船方、装卸公司或收货人之间也需要相互签字确认一种可以作为证明船方与装卸公司或收货人交接货物实际情况的单证。在不同的国家和港口，用以证明卸货时所交接货物实际情况的单证名称可能有所不同，但它们所包括的内容和所起的作用基本是相同的，其差异不大。

(1) 过驳清单 (Boat Note：B/N) 和卸货报告 (Outturn Report)

过驳清单是卸货港采用驳船作业时使用的，作为证明货物交接和表明所交货物实际情况，借以划分责任的单证。过驳清单是根据卸货时的理货单证编制的，其内容包括：驳船名、货物标志、号码、件数及包装、货名、舱口号、卸货港、卸货日、过驳清单编号等。此外，还要记载所卸货物的残损情况和程度，这些记载称为过驳清单批注（Boat Note Remark）。

关于过驳清单的批注，其批注方法与前述收货单的批注大体相同，不但要记载货损的种类，而且还要明确记载损坏的程度，是否进行了临时修补，内装货物状态等。因为船公司的责任期间是从货物装船时起到卸离船舶时止，所以，收货单和过驳清单是证明船方责任起止的重要证据。如果收货单和过驳清单上的批注一致，则可以证明船方在运输过程中没有给货物造成损害。假如在此以后发现了未在过驳清单上批注的货物损坏情况，除非属于特殊原因，否则所有这些属于卸货后发现的损失都不属于船公司的责任。

过驳清单按卸货实际情况编制后，由装卸公司、收货人等接收货物的一方和作为船方责任者的大副共同签字确认。

(2) 货物残损单 (Broken & Damaged Cargo List) 和货物溢短单 (Overlanded & Shortlanded Cargo List)

货物残损单和货物溢短单是我国港口在卸货时使用的，作为卸货交接证明的单证。货物残损单是在卸货完毕后，由理货长根据现场理货人员在卸货过程中发现的货物的各种残损情况（包括货物的破损、水湿、水渍、汗湿、油渍、污染等情况）的记录汇总编制成的，表明货物残损情况的证明。

货物残损单和货物溢短单都是日后收货人向船公司提出损害赔偿要求的证明材料之一，也是船公司处理收货人索赔要求的原始资料和依据之一，但必须经船方（船长或大副）的签认才有效。所以船方在签字时应认真核对，情况属实才给予签认。若对残损或溢短情况持有不同意见时，最好能当时根据现场情况与装卸、理货人员协商，尽可能取得一致的意见。经协商不能取得一致意见时，也可在单证上作出适当的保留批注。

(3) 提货单 (Delivery Order: D/O)

提货单是收货人或其代理人据以向现场（码头仓库或船边）提取货物的凭证。虽然收货人或其代理人提取货物是以正本提单为交换条件，但在实际业务中采用的办法则是由收货人或其代理人先向船公司在卸货港的代理人交出正本提单，再由船公司的代理人签发一份提货单给收货人或其代理人，然后再持提货单前往码头仓库（仓库交货）或船边（船边交货）提取货物。船公司的代理人在签发提货单时，首先要认真核对提单和其他装船单证的内容是否相符，然后才详细地将船名、货物名称、件数、重量、包装标志、提单号、收货人名称等填入提货单上，并由船公司的代理人签字交给收货人到现场提货。若同意收货人在船边提货亦应在提货单上注明。

提货单的性质与提单完全不同，它只不过是船公司或其代理人指令码头仓库或装卸公司向收货人交付货物的凭证而已，不具备流通及其他作用。为了慎重，一般都在提货单上记有“禁止流通”(Nonnegotiable) 字样。

3. 船舶在港装货、卸货时常用的理货单证

船舶在港装货或卸货作业时，都要委请当地的理货人站在船方的立场上，代表船方清点装/卸货物的数量，核对货物的标志，检查货物的残损情况，指导和监督货物的装/卸作业，并代表船方与货方或港方办理货物交接的手续。

船舶要委请理货人代表船方理货，首先要向当地的理货机构提出书面的“理货申请书”(Application for Tally)。不过，具体的申请工作，是由船公司在港口的代理人办理的。常见的几种理货单证有：

(1) 理货计数单

理货计数单是现场理货中最基本的计算装/卸货物数量的一种单证，是舱门理货员登记每天（每吊）货物实际数字的原始记录。

(2) 日报单

日报单是理货长每日根据各舱口的“理货计数单”编制的船舶各舱口装/卸作业进度

小结的报表。日报单内记载了船舶各舱口及全船当天装/卸货物的数量（件数、吨数），以及包括当天在内已经完成的装/卸数量。理货长每天编妥后，均送交船方一份。

（3）现场记录

现场记录是记载进出口货物原残、混装及货物在装卸作业过程中出现的各种现场情况的原始记录。特别是进口卸货时，在打开舱口后发现货物装舱混乱、隔票不清或发现有残损等情况，理货长随即通知船方验看并作出记录，经船方签认后才开始卸货。此后，在卸货过程中又发现新的情况时，亦立即通知船方会同验看再作出记录和签字确认。它是理货长在卸货结束后编制货物残损单的依据。其特点是随时发现情况、随时记录、随时签字确认、随时解决对货损情况认识的分歧，避免待卸货完毕，最后一起签字确认时发生争执。

（4）待时记录

待时记录是记载由于船方原因所造成的理货人员停工待时的证明。属于船方原因造成的理货人员停工待时包括：非工人责任造成的船舶吊机故障，舱内打冷气，开、关舱，铺垫舱板，隔票，拆卸加固物等。

待时记录由理货长编妥后应送交船方签认，以便向船方收取理货人员待时费。

（5）理货证明书

理货证明书是在理货作业完毕后，由理货长根据理货作业情况编制后送交船方签字确认，作为计收理货费用的凭证。

5.3.5　集装箱班轮货运单证

集装箱班轮运输中使用的单证有许多是与杂货班轮运输中使用的单证相似甚至是相同的。但是，集装箱班轮运输中由于多了集装箱这一“运输设备”（Transport Equipment），所以就产生了以下一些特别的单证。

1. 集装箱货物托运单（“场站收据”联单）

现代海上班轮运输以集装箱运输为主（件杂货运输占极小比重），为适应集装箱运输的需要和简化手续，现在以场站收据（Dock Receipt，D/R）作为集装箱货物的托运单。“场站收据”联单现在通常是由货代企业缮制送交船公司或其代理人订舱，因此托运单也就相当于订舱单。

我国从1990年开始进行集装箱多式联运工业性试验，简称“集装箱工试”。该项工业性试验虽已结束，但其中的三大单证的原理一直使用至今。三大单证是：出口时使用的“场站收据”联单、进口时使用的“交货记录”联单和进出口时都要使用的“设备交接单”联单。

现以在上海口岸进行的“集装箱工试”的“场站收据”联单为例，介绍其各联的设计和用途：

第一联货主留底（早先托运单由货主缮制后将此联留存，故列第一联）

第二联船代留底

第三联运费通知（1）

第四联运费通知（2）

第五联装货单（Shipping Order）

第五联（附页）缴纳出口货物港务申请书（由港区核算应收之港务费用）

第六联（浅红色）场站收据副本大副联

第七联（黄色）场站收据（Dock Receipt）正本

第八联货代留底

第九联配舱回单（1）

第十联配舱回单（2）

第十一、十二联白纸联（现在这两联白纸已不用）

以上一套十二张，船公司或其代理接受订舱后在托运单上加填船名、航次及编号（此编号俗称关单号，与该批货物的提单号基本上保持一致），并在第五联装货单上盖章，表示确认订舱，然后将二至四联留存，第五联以下全部退还托运人或货代公司（实践中通常是货代公司）。

货代将第五联、五联附页、六联、七联共四联拆下，作为报关单证之用，第九或十联交托运人（货主）做配舱回执，其余供内部各环节使用。

托运单虽有十二联之多，其核心单据则为第五、六、七联。第五联是装货单，盖有船公司或其代理人的图章，是船公司发给船上负责人员和集装箱装卸作业区接受装货的指令，报关时海关查核后在此联盖放行章，船方（集装箱装卸作业区）凭以收货装船。第六联供港区在货物装船前交外轮理货公司，当货物装船时与船上大副交接。第七联场站收据俗称黄联（黄色纸张，便于辨认）在货物装上船后由船上大副签字（通常由集装箱码头堆场签章），退回船公司或其代理人，据以签发提单。

2. 集装箱预配清单

集装箱预配清单是船公司为集装箱管理需要而设计的一种单据，该清单的格式及内容，各船公司大致相同，一般有提单号、船名、航次、货名、件数、毛重、尺码、目的港、集装箱类型、尺寸和数量、装箱地点等。货运代理人代货主在订舱时或一批一单，或数批分行列载于一单，按订舱单内容缮制后随同订舱单据送船公司或其代理人，船公司配载后将该清单发给空箱堆存点，据以核发设备交接单及空箱之用。该单证在上海港及一些港口使用，但并非在全国各个港口都使用。

3. 集装箱发放/设备交接单

集装箱发放/设备交接单（Equipment Interchange Receipt，EIR）是集装箱进出港区、场站时，用箱人、运箱人与管箱人或其代理人之间交接集装箱及设备的凭证，兼有发放集装箱的凭证功能，所以它既是一种交接凭证，又是发放凭证，对集装箱运输特别是对箱务管理起着巨大作用。在日常业务中被简称为“设备交接单”（EIR）。

设备交接单使用时，应按照有关“设备交接单”制度规定的原则进行。设备交接单制度应严格要求做到一箱一单、箱单相符、箱单同行。用箱人、运箱人凭设备交接单进出港区、场站，到设备交接单指定的提箱地点提箱，并在规定的地点还箱。与此同时，用箱人必须在规定的日期、地点将箱子和机械设备如同交付时状态还给管箱人或其代理人，对集装箱的超期使用或租用，用箱人应支付超期使用费；对使用或租用期间发生的任何箱子及设备的灭失和损坏，用箱人应承担赔偿责任，相应费用标准也应做出明确规定。

"设备交接单"有多种用途，在集装箱货物出口运输中，它主要是货主（或货运代理人）领取空箱出场及运送重箱装船的交接凭证。

在集装箱货物运输情况下，货运代理人在向船公司或其代理人订妥舱位取得装货单后可凭其向船方领取设备交接单。设备交接单一式六联，上面三联用于出场，印有"出场OUT"字样，第一联盖有船公司或其集装箱代理人的图章，集装箱空箱堆场凭以发箱，第一、二联由堆场发箱后留存，第三联由提箱人（货运代理人）留存；设备交接单的下面三联是进场之用，印有"进场IN"字样，该三联是在货物装箱后送到港口作业区堆场时作重箱交接之用，其一、二两联由送货人交付港区道口，其中第二联留港区，第一联转给船方据以掌握集装箱的去向，送货人（货运代理人）自留第三联作为存根。

设备交接单有以下内容：

①交接单号码：按船公司（船代）编制的号码填列；

②经办日期：指制单日期；

③经办人：要箱单位的经办人员；

④用箱人：一般为订舱的货运代理单位名称；

⑤提箱点：空箱存放地点；

⑥船名、航次、提单号、货物发往地点须与关单相关项目一致；

⑦经营人：指集装箱经营人，如属船公司营运箱，则填船公司名称；

⑧尺寸、类型：可简写，如20/DC，意即20尺干货箱；

⑨箱号：指提取空箱箱号；

⑩用箱点：货运代理人或货主的装箱地点；

⑪收箱点：出口装船的港口作业区；

⑫运箱工具：集卡车号；

⑬出场目的/状态：如提取空箱，目的是"装箱"，状态是"空箱"；

⑭进场目的/状态：如重箱进区，目的是"装船"，状态是"重箱"；

⑮出场日期：空箱提离堆场日期；

⑯进场日期：重箱进入港口作业区日期。

设备交接单的下半部分是出场或进场检查记录，由用箱人（运箱人）及集装箱堆场/码头工作人员在双方交接空箱或重箱时验明箱体记录情况，用以分清双方责任。

空箱交接标准：箱体完好、水密、不漏光、清洁、干燥、无味，箱号及装载规范清晰；特种集装箱的机械、电器装置正常。

重箱交接标准：箱体完好、箱号清晰、封志完整无损，特种集装箱机械、电器装置运转正常，并符合出口文件记载要求。

4. 集装箱装箱单

集装箱装箱单（Container Loading Plan，CLP）是详细记载集装箱内货物的名称、数量等内容的单据，每个载货集装箱都要制作这样的单据，它是根据已装进集装箱内的货物制作的。不论是由发货人自己装箱，还是由集装箱货运站负责装箱，负责装箱的人都要制作装箱单。集装箱装箱单是详细记载每一个集装箱内所装货物详细情况的唯一单据，所以在以集装箱为单位进行运输时，是一张极其重要的单据。

集装箱装箱单的主要作用有：

①作为发货人、集装箱货运站与集装箱码头堆场之间货物的交接单证；

②作为向船方通知集装箱内所装货物的明细表；

③单据上所记载的货物与集装箱的总重量是计算船舶吃水、稳性的基本数据；

④在卸货地点是办理集装箱保税运输的单据之一；

⑤当发生货损时，是处理索赔事故的原始单据之一；

⑥卸货港集装箱货运站安排拆箱、理货的单据之一。

目前各港口使月的装箱单大同小异，但在我国也并非所有港口都使用。上海港使用的集装箱装箱单一式五联，由装箱人（仓库、供货工厂）或装箱站（凹S）于装箱时缮制，其中一联由装箱人留存，四联随箱送装运港区，供港区编制集装箱装船舱位配置计划和船公司或其代理缮制提单等参考。

装箱单记载事项必须与场站收据和报关单据上的相应事项保持一致，否则会引发不良后果。例如：装货港错打与场站收据不符，港区有可能不予配装，造成退关；也有可能配舱错位，以致到达卸货港时无法从错置的舱架上把集装箱卸下；又如装箱单重量或尺码与报关单或发票不符，船公司按装箱单重量或尺码缮制提单、舱单，出口单位结汇时发生单单不一致不能结汇，此种情况，屡见不鲜，主要原因在于发货人托运时未向仓库或工厂取得正确数据，以致数字歧异，对此，发货人应加强注意。所装货物如品种不同必须按箱子前部（Front）到箱门（Door）的先后顺序填写。

5. "交货记录"联单

根据"集装箱工试"在上海的试验成果，在集装箱班轮运输中普遍采用"交货记录"联单以代替件杂货运输中使用的"提货单"。"交货记录"的性质实际上与"提货单"一样，仅仅是在其组成和流转过程方面有所不同。

"交货记录"标准格式一套共五联：①到货通知书；②提货单；③费用账单（场站或港区）；④费用账单（收货）；⑤交货记录。

其流转程序为：

①船舶代理人在收到进口货物单证资料后，通常会向收货人或通知人发出"到货通

知书”。

②收货人或其代理人在收到“到货通知书”后，凭海运正本提单（背书）向船舶代理人换取“提货单”及场站、港区的“费用账单”联、“交货记录”联等四联。“提货单”经船代盖章方始有效。

③收货人或其代理人持“提货单”在海关规定的期限内备妥报关资料，向海关申报。海关验放后在“提货单”的规定栏目内盖放行章。收货人或其代理人还要办理其他有关手续的，亦应办妥手续，取得有关单位盖章放行。

④收货人及其代理人凭已盖章放行的“提货单”及“费用账单”和“交货记录”联向场站或港区的营业所办理申请提货作业计划，港区或场站营业所核对船代“提货单”是否有效及有关放行章后，将“提货单”、“费用账单”联留下，作放货、结算费用及收费用依据。在第五联“交货记录”联上盖章，以示确认手续完备，受理作业申请，安排提货作业计划，并同意放货。

⑤收货人及其代理人凭港区或场站已盖章的“交货记录”联到港区仓库，或场站仓库、堆场提取货物，提货完毕后，提货人应在规定的栏目内签名，以示确认提取的货物无误。“交货记录”上所列货物数量全部提完后，场站或港区应收回“交货记录”联。

⑥场站或港区凭收回的“交货记录”联核算有关费用。填制“费用账单”一式二联，结算费用。将第三联（蓝色）“费用账单”联留存场站、港区制单部门，第四联（红色）“费用账单”联作向收货人收取费用的凭证。

⑦港区或场站将第二联“提货单”联及第四联“费用账单”联、第五联“交货记录”联留存归档备查，作为集装箱装运危险货物时使用的单证。

6. 危险品单证

危险货物由于具有易爆、易燃、有毒、腐蚀、放射等危害特性，在进出口运输安排上要求较高、难度较大，托运的手续和需要的单证比一般普通货物复杂、烦琐得多。《国际海运危险货物规则》（International Maritime Dangerous Goods Code，IMDG Code）中对海运危险货物的认定标准和程序做出了规定。

在办理危险货物的托运时，通常需要提供有关危险品的单证：

1）危险货物的托运订舱必须按各类不同危险特性分别缮制托运单办理订舱配船，以便船方根据各种不同特性的危险货物按照“国际海运危规”的隔离要求分别堆装运输，以利安全。例如一份信用证和合同中同时出运氧化剂、易燃液体和腐蚀品三种不同性质的货物，托运时必须按三种不同性质的危险货物分别缮制三份托运单，切不能一份托运单同时托运三种性质互不相容的危险货物；否则，船方就会将三种互不相容的危险货物装在一起，三种不同性质、互不相容的货物极容易互相接触，产生化学反应，引起燃烧、爆炸，造成事故。如是集装箱运输，切忌互不相容的危险货物同装一集装箱内。

2）托运单的缮制。除一般普通货物共同需要的内容（如：目的港、唛头、收货人、通知人、品名、重量、尺码、件数等）以外，危险货物的托运单还需增加下述七项内容：

①货物名称必须用正确的化学学名或技术名称，不能使用人们不熟悉的商品俗名。例如“漂白粉或漂白粉精”不能用 BLEACHING POWDER，而应使用“次氯酸钙 CALCIUM HYPOCHLORITE”；砒霜不能用俗名“信精”，而应使用“三氧化二砷”。

②必须注明危险货物 DANGEROUS CARGO 字样，以引起船方的重视。

③必须注明危险货物的性质和类别。例如氧化剂（OXIDIZING AGENT）和第 5. 1 类（CLASS 5. 1）字样，或易燃液体（INFLAMABLE LIQUID）和第 3 类（CLASS 3）。

④必须注明联合国危险品编号，例如：磷酸为 UNNO. 1805。

⑤必须注明《国际海运危规》页码，例如：硝酸钾为 IMDG CODE PAGE 5171。

⑥易燃液体必须注明闪点，例如：FLASH POINT 20℃。

⑦另外，需在积载时有特殊要求的，也必须在托运单上注明，供船舶配载时参考。例如：必须装舱面的货物，需注明 DECK SHIPMENT ONLY；须远离火源和热源的货物，应注明 FAR AWAY FROM FIRE AND HEAT！等。

3）托运时应随托运单提供中英文对照的“危险货物说明书”或“危险货物技术证明书”一式数份，显示品名、别名、分子式、性能、运输注意事项、急救措施、消防方法等内容，供港口、船舶装卸、运输危险货物时参考。

4）托运时必须同时提交经海事局审核批准的“包装危险货物安全适运申报单”（简称货申报），船舶代理人在配船以后凭此申报单（货申报）再向海事局办理“船舶载运危险货物申报单”（简称船申报），港务部门必须在收到海事局审核批准的船申报后才允许船舶装载危险货物。

5）托运时应提交“检验检疫局”出具的按“国际海运危规”要求进行过各项试验结果合格的“危险货物包装容器使用证书”。该证书需经港务管理局审核盖章后方才有效，港口装卸作业区凭港务局审核盖章后的证书同意危险货物进港并核对货物后方可验放装船。海事局也凭该包装证书办理第 4）项内容中的货申报。

6）集装箱装载危险货物后，还须填制中英文的“集装箱装运危险货物装箱证明书”一式数份，分送港区、船方、船代和海事局。

7）危险货物外包装表面必须张贴“国际海运危规”规定的危险品标志和标记，具体标志或标记图案须参阅危规的明细表；成组包装或集装箱装运危险货物时，除箱内货物张贴危险品标志和标记外，在成组包装或集装箱外部四周还须贴上与箱内货物内容相同的危险品标志和标记。

8）对美国出口或须在美国转运的危险货物，托运时应提供英文的“危险货物安全资料卡（简称 MSDS）一式二份，由船代转交承运人提供美国港口备案。危险货物安全资料卡须填写：概况、危害成分、物理特性、起火和爆炸资料、健康危害资料、反应性情况、渗溢过程、特殊保护措施、特殊预防方法九项内容。

9）罐式集装箱装运散装危险货物时，还须提供罐式集装箱的检验合格证书。

10）对美国出运危险货物或在中国香港转运危险货物，还需要增加一份“国际海运危规”推荐使用的“危险货物申报单”。

托运人托运危险货物，应当依照有关海上危险货物运输的规定，妥善包装，作出危险品标志和标签，并将其正式名称和性质以及应当采取的预防危害措施书面通知承运人；托运人未通知或者通知有误的，承运人可以在任何时间、任何地点根据情况需要将货物卸下、销毁或者使之不能为害，而不负赔偿责任，托运人对承运人因运输此类货物所受到的损害，应当负赔偿责任。

承运人知道危险货物的性质并已同意装运的，仍然可以在该项货物对于船舶、人员或者其他货物构成实际危险时，将货物卸下、销毁或者使之不能为害，而不负赔偿责任。但是，不影响共同海损的分摊。

5.3.6　国际租船运输单证

5.3.6.1　租船合同

租船合同，又称租约（Charter Party），它是一种运输契约，是当事人双方，即船东和租船人，按照自愿的原则达成的协议。合同规定船东提供船舶给租船人使用，并由租船人支付一定的运费或租金，以及有关当事人双方的权利与义务、责任和豁免等条款，以明确双方经济和法律的关系。

1. 租船合同的种类和性质

一般依船舶出租的方式，租船合同可分为航次租船合同、定期租船合同和光船租赁合同三种基本类型。

(1) 航次租船合同（Voyage Charter Party）

航次租船合同又称程租合同，属于海上货物运输合同的一种，一般用于大宗货物的国际海上运输。我国《海商法》将其定义为：“航次租船合同，是指船舶出租人向承租人提供船舶或者船舶的部分舱位，装运约定的货物，从一港运至另一港，由承租人支付约定运费的合同。”

按照运输形式的不同，航次租船合同可分为单航次租船合同（Single Trip C/P）、往复航次租船合同（Return Trip C/P）、连续单航次租船合同（Consecutive Single Trip C/P）以及包运租船合同（Contract of Affreightment，COA）。

航次租船合同与班轮运输合同具有的共同点有：

1）都属于海上货物运输合同。

2）合同中都规定由托运人或承租人支付约定的运费。

3）合同中都规定由承运人或船东全面负责船舶的营运组织，负责完成运输任务。

航次租船合同与班轮运输合同的不同点有：

①班轮运输一般实行由承运人负责安排泊位进行装卸，班轮提单上大都没有装卸时间及滞期费的条款，若港口拥挤，可能要由托运人支付港口拥挤附加费。租船合同装卸货物

均由承租人负责，装卸期限和滞期、速遣条款成为航次租船合同的重要条款。

②班轮运输是定航线定船期向所有托运人开放的件杂货运输，是所谓的公共承运人。航次租船合同的出租人是所谓的私营承运人或专门承运人，即只承运与其签订租船合同的货载。

③运费方面，班轮运费定有运价表，按所运货物吨数或体积乘以运价，计算运费；租船合同的运费双方按市场供求情况协议确定，规定一个总金额。

④班轮运输的提单，是一种固定的运输合同条款，不可能进行逐笔提单的自由谈判，这造成了托运人与承运人的谈判地位不同。航次租船合同的出租人和承租人“完全”处于平等的谈判地位。

（2）定期租船合同（Time Charter Party）

定期租船合同，又称期租合同，我国《海商法》将其定义为：“船舶出租人向承租人提供约定的由出租人配备船员的船舶，由承租人在约定的期间内按照约定的用途使用，并支付租金的合同。”

从上述定义中我们可以看出，第一，定期租船合同向承租人提供的是整个船舶，而不仅仅是舱位；第二，租船合同规定了一个期限，通常按年、半年、几个月计算；第三，承租人只能在约定用途范围内使用；第四，承租人支付的报酬形式是租金，而不是完成某一运输服务的运费。

（3）光船租赁合同（Bareboat Charter Party or Charter Party by Demise）

我国《海商法》对光船租赁合同的定义为：“船舶出租人向承租人提供不配备船员的船舶，在约定的期间内由承租人占有、使用和营运，并向出租人支付租金的合同。”光船租赁合同属于财产租赁合同，因而也受到民法中有关租赁的规定的约束，它具有以下特点：

1）合同双方当事人的关系属于债权、债务关系，但具有某些物权的特征。

2）在光船租赁合同中，承租人是二船东，必须对履行合同负责，由该船发生的海事请求可以扣押该船或承租人拥有的其他船舶。但由于船东不承担运输责任，不能扣押船东拥有的其他船舶。

3）船舶在租赁期内，由承租人雇用和配备的船员占有，并由承租人使用和经营，但船舶的处分权仍属于船东。

4）承租人无权任意转让合同权益。

2. 租船合同范本

（1）航次租船合同范本

航次租船合同是指船舶出租人向承租人提供船舶或船舶的部分舱位，装运约定的货物，从一港运至另一港，由承运人支付预定的运费的货物运输合同。航次租船合同的标准格式很多，当前租船市场比较有影响的标准格式有：

①统一杂货租船合同，简称“金康”（GENCON），适用于不分航线的杂货运输；

②1973 年北美谷物租船合同（NORGRAIN），适用于北美至世界各地的谷物运输；

③1971 年煤炭租船合同（POL COAL VOY），适用于波兰煤炭出口运输；

④1973 年波罗的海木材租船合同（NUBALTWOOD）；

⑤油轮租船合同（EXXON VOY）等。

航次租船合同的主要条款包括：

1）陈述（Representation）

在合同陈述中，主要包括以下内容：

①船名（Vessel's Name）。船名是合同的重要条件之一，它使船舶特定化，不能有差错或任意替换。

②船籍或船旗（Vessel's Nationality or Flag）。船籍或船旗也是合同的重要条件，在合同履行期间，船东不得擅自变更船舶国籍或船旗，否则视为违约。

③船舶吨位（Vessel's Tonnage）。船舶吨位包括注册吨位和载重吨位。

④船舶位置（Vessel's Position）。是指订立合同时船舶所在的位置或状态。

⑤船级（Vessel's Classification）。船级是双方在订立合同时船舶应实际达到的技术状况。

⑥船舶预计到港并做好装货准备时间（Expected Ready to Load）。又称受载（Laydays），即船舶在合同规定的时间内到达规定的装货港并做好准备的时间。

2）预备航次（Preliminary Voyage）

所谓预备航次，是指合同签订时到船舶抵达装货港这段期间内，船舶所处的航次。预备航次是合同规定的航次，合同中船东所承担明示及默示义务，同样适于预备航次。

3）货物

货物条款是航次租船合同的条件条款。其内容主要包括货物的品名、种类、数量、包装等方面。

①货物的品名、种类。在航次租船合同中，除了列明某一种或几种特定货物外，为了国际贸易商的便利，承租人常常不在合同中列明特定货物，而是规定“××货物或其他替代货物”，甚至有的只规定为“合法货物”。

②货物的数量。合同中一般都规定，承租人应提供满舱满载货物。一般来说，如果货物是轻泡货，应达到满舱；如果货物是重货，应达到满载。关于货物数量的规定方法，一般有以下两种：一是满舱满载货物××吨，出租人选择伸缩的百分比；二是满载满舱货物，不超过××吨，不少于××吨，由船东选择。

4）装卸条款

在航次租船合同中，有关装货港或卸货港的规定也是合同的重要规定。这个条款的订法一般有两种：一是具体列明装货港或卸货港的名称；二是规定两个或两个以上的港口，或者是规定一个范围由承租人选择。在第二种情况下，承租人在选定港口后，应及时通知船东，而且一经确定，就几乎不可能更改了。

5）装卸费用（Loading/Discharging Costs）

关于装卸费以及在此过程中风险的划分问题，完全依据合同条款和货物买卖合同的价格术语的具体规定。在实践中，常见的条款有：

①班轮条件；

②船东不负责装卸费用；

③船东不负责装货费用；

④船东不负责卸货费用；

⑤船东不负责装卸费用、理舱费用、平舱费用。

上述条款中的装卸费用是指在装货港产生的装货费和卸货港产生的卸货费。如果是在避难港产生的或因为过运河需要驳船产生的装卸费以及其他非原定装卸港产生的费用，则仍由船东负担。值得注意的是，装卸费用的承担与装卸风险责任的承担可能不尽一致，即有可能承租人负责部分装卸作业的费用，但其风险和责任由船东负担。

6）装卸时间（Laytime）

装卸时间就是指合同双方当事人协议的，船东应使船舶并保证船舶适于装卸，承租人在运费之外不支付任何费用的一段时间。也就是说，在合同规定的装卸时间内，船东具有使船舶等待并适于装卸货物的义务。

常用的装卸时间规定方法有：日数或小时数，或者规定船舶装卸定额；规定按港口习惯尽快装卸；以船舶能够收货或交货的最快速度装卸。不论是哪一种装卸时间的规定方法，最终都要明确装卸的具体日数。在航运实务中，对“日”有很多理解方法，如果双方的解释方法不同，会影响到滞期和速遣的时间计算问题。在航运实务中，一般采用以下几种解释方法：

①日历日（Calendar day）或日（Day）。从24时到下一个24时。

②连续日（Running or consecutive days）。是指从开始装卸时计算，连续24小时算一日，不作任何扣除。

③工作日（Working days）。是指按港口习惯工作时间来计算工作时间，非工作日进行的装卸不计入装卸时间。工作日的正常工作时间，依各港的具体情况不同而不同。

④良好天气工作日（Weather Working Days，WWD）。是指在工作日或部分工作日中，不受天气影响，可以进行装卸的时间。一般不包括星期六、日和节假日。这里的“良好天气”并没有统一的界定，针对特定航次和不同货物而言，只要可以进行装卸就计算在内。

⑤24小时良好天气工作日（Weather working days of 24 hours）。计算装卸时间以累计24小时为一日，其间因天气原因不能进行装卸作业的时间除外。

7）绕航条款（Deviation Clause）

此条款的含义是船舶可以以任何理由、任意的顺序挂靠任何港口，船舶可以在没有引航员的情况下行驶，在任何情况下拖带和（或）帮助其他船，亦可以为拯救人命和（或）

财产而绕航。从表面上看，这个条款给了船东很大的自由，因此又被称为“自由绕航条款”（Liberty to Deviation），但实际上，各国常常对此作限制性解释，认为船舶只能挂靠合同规定的或惯常路线通常挂靠的港口，除合理绕航外，不允许擅自偏离航线，而且船舶根据本条款所做的绕航不能与合同目的相抵触。

8）滞期费和速遣费

滞期费是指非由于船东的原因，承租人未能在租船合同中约定的装卸时间内将货物全部装完或卸完，对因此而产生的船期延误，向船东支付的费用。

通常滞期费应按滞期时间和约定的滞期费率的乘积计算。滞期时间是实际装卸时间与合同规定装卸时间的差。它的具体计算方法有两种，一是“滞期时间连续计算”（Demurrage Runs Continuously），二是“滞期时间非连续计算”（Demurrage Runs Discontinuously）。

速遣费是指当承租人在合同约定的时间之前将货物全部装卸完毕，对于提前的时间应由船东向承租人支付的约定金额，是对承租人能够缩短船舶在港时间的奖励。速遣费率一般是滞期费率的一半。

速遣费按船舶速遣时间乘以合同规定的费率来计算。速遣时间的计算有两种，一是按“节省全部时间”（All Time Saved，ATS）计算，二是按“节省全部工作时间”（All Working Time Saved，AWTS）计算。

9）运费支付条款（Payment of Freight）

收取运费对船东来说是整个租船合同中最重要的内容。在航运实务中，经常使用的两种计算运费的方式：一种是规定一个运费费率，比如每公吨××美元，然后乘以货物数量。另一种是按整船包价运费（Lump - sum freight），即合同规定一个整额运费，不管实际装货多少，承租人都按此支付。运费的支付方式有预付运费和到付运费两种。

10）留置权条款（Lien Clause）

此条款的含义是船东有权因运费、共同海损分摊、滞期费等费用对货物享有的留置权。同时，船东也可以订立类似的条款，约定对延滞损失、亏舱费等其他事项享有留置权。但前提是船东必须合法地占有和控制货物。

11）提单条款（Bill of Lading）

在航次租船合同中，提单的作用仅相当于承租人收到货物的收据。无论提单有无背面条款及背面条款怎么规定，船东和承租人之间的权利、义务以租船合同的规定为准。为了使提单在国际贸易中更好地流转，如果提单持有人是善意的第三方，那么船东和提单持有人之间的权利、义务以租船合同的规定为准。

12）共同海损和新杰森条款（General Average and New Jason Clause）

此条款的主要内容是关于发生共同海损时应该选用什么样的规则进行理算，在什么地点进行理算等。

13）代理和佣金条款（Agency and Brokerage）

代理条款规定在任何情况下无论是在装货港还是卸货港都由船东来指定代理人。佣金是付给经纪人的酬劳费用，一般为运费、亏舱费和滞期费总额的1%～5%，如果租船合同未能履行，船东最少也要向经纪人支付在合同履行情况下应付佣金的三分之一。

14）罢工条款（General Strike Clause）

此条款是船东为了在港口爆发罢工或停工时，免于对此造成的后果承担责任而列明的条款。主要是关于罢工期间装卸时间和滞期费的计算、解除合同的选择权和货物的处理等问题。

15）冰冻条款（General Ice Clause）

此条款主要作用是针对在发生冰冻时，明确船东和承租人的权利、义务。

16）战争条款（War Risks）

战争条款也是航次租船合同的重要组成部分，其作用是明确一旦遭遇战争风险时，如何处理船东和承租人之间的权利和义务。

17）法律与仲裁（Law and Arbitration）

此条款规定的是一旦船东和承租人之间因租船合同发生争议，应该采取何种法律手段、使用何种法律、通过什么途径来解决。

（2）定期租船合同范本

与航次租船合同类似，国际上也有一些常用的定期租船合同范本。

1）波罗的海国际航运协会的统一标准定期租船合同（Uniform Time Charter Party），简称“BALTIME”。

1909年由波罗的海国际航运协会制定，并由英国航运公会承认的标准定期租船合同。自1909年制定以来，这一格式经过几次修改，现使用的是1974年修订的格式。

2）纽约土产交易所的定期租船合同（New York Produce Exchange Time Charter Party），简称“TIME CHARTER”。

1913年由美国土产交易所制定，并由美国政府批准使用的格式，现使用1946年修订的格式。大约有90%的定期租船合同是以NYPE46为蓝本的。

3）中国对外贸易运输（集团）总公司所属的中国租船公司，根据多年租船业务工作的经验和实际租进船舶的需要，结合国际惯例，于1980年制定了中国租船公司定期租船合同，简称“SINOTIME1980”。目前中国租船公司对外洽谈定期租船时，均以此范本格式为依据。

定期租船合同的主要条款包括：

1）船舶说明条款

在定期租船合同下，有关船名、船籍、船舶吨位、船舶所处位置等事项，都与航次租船合同中船舶说明类似，而船速与燃料消耗也是船舶说明的重要组成部分。因为在定期租船合同下，船舶的时间损失由承租人负担，而且承租人必须负责提供船舶燃料并支付费用，这两项直接影响到承租人的营运成本和经济收益，所以船东有义务提供符合合同规定船速与燃料消耗的船舶，否则承租人有权向船舶所有人提出索赔。

2）合法货物和航行区域条款

所谓“合法货物”，一般来说，只要不属于船舶预定航线上的装卸港口、船籍国和合同管辖国的法律所禁运的物资就是合法货物。

承租人营运该船舶的航行范围及禁止行驶区域包括战区、冰冻区及 ITF 地区（对方便旗船进行刁难的地区）等。如果承租人指示船舶驶往上述区域，除非事先征得船东同意并承担相关费用，否则船长有权拒绝。

3）租期和交船条款

租期是合同规定承租人租用船舶的时间。期租合同对租期一般有以下几种规定方法：默示伸缩性规定（如“约一年”）、明示伸缩性规定（如 1 年，30 天伸缩，由承租人选择）、订明租期的最长、最短期限（如“最少六个月，最多九个月”）。

交船是指船东按合同规定，将合同项下的船舶交付承租人使用，这也是期租合同履行的开端。交船日期的规定一般有以下几种方法：①特定日期；②从××日至××日；③不早于××日或不晚于××日。上述交船日期与销约日紧密相连，一般情况下，销约日为交船期限的最后一天。

关于交船地点，双方可以在合同中约定。可以是指定的港口、泊位、码头或者在领航员登船时，也可以列明几个港口供承租人选择。

交付的船舶应该处于什么样的状态，也是期租合同中的一项重要条款。在海运实务中，一般要求船东提供适航、适货的船舶。

4）承租人和船东提供事项

承租人应提供的事项主要包括：船舶燃料费用、港口费用、领航费、代理费、佣金、领事费、垫舱物料等；消毒熏蒸费用如果由于船员疾病引起由船东负责，如果由于货物、港口原因则由承租人负责。

船东应提供的事项主要包括：船舶供应品、船员工资、保险费及船舱、甲板、机舱的备用品，包括锅炉用水。同时必须承担在租期保持船级，使船舶的主机、船壳及其他设备处于有效状态并配备充足船员的责任。

5）租金率和租金支付

NYPE93 规定的租金率计算方法有两种，一种是按船舶的载重吨（包括燃油）每吨每 30 天若干美元；另一种是每天若干美元。租金从交船之日起开始计算，至还船之日止，均以格林尼治时间计算。

在定期租船合同项下，承租人必须按时、足额支付租金，这项义务是绝对的，如果承租人对此规定有任何违反，船东有权在合理时间内撤船，从而终止合同。

6）转租和停租

期租合同中一般规定承租人有权转租船舶，但转租合同对原合同的船东不发生任何合同效力。一般来说，承租人应在转租时及时通知原船东有关转租的事宜，但转租不需得到船东的同意。

停租，就是在租期内，由于合同约定的原因，导致承租人不能按合同规定正常使用船舶，在这段暂停使用的期间内，承租人可以中断继续支付租金的行为。

NYPE93 规定的停租事项主要包括：①船员不足、缺席或罢工；②船舶供应不足；③火灾；④船体、机器或设备的故障或损坏；⑤搁浅；⑥船舶因船底或油漆检查入干坞；⑦阻止船舶处于充分工作状态的任何其他原因。当停租事件发生后，承租人可以停付租金，至于何时开始重新支付租金，实践中有两种不同的惯例，一是“净时间损失原则”，二是“期间停租原则”。

7）船东责任与免责条款

在期租合同中，船东一般负有以下三项义务：一是提供一艘适航的船舶；二是不得进行不合理绕航和尽快速遣；三是提供合同项下应提供的事项。

NYPE46 对船东的免责事项作了如下规定：“因天灾、敌对行为、火灾、政府限制或规定，与水域、机器和航行中错误有关的海难产生的灭失或损害，双方相互免责……”

8）还船条款

期租合同中的还船条款一般对还船的时间、地点和条件加以规定。由于天气、港口等原因，船舶的航行时间很难严格控制，所以实践中很少出现船舶的最后航次的结束日恰好就是租期期满的时间，常常出现延迟还船或提前还船。对于延迟还船，有必要区分最后航次的合法性。

期租合同一般规定承租人应按交船时相同良好状态还船，正常磨损除外。当船舶遭到严重损害以至于不能达到适航状态时，船东可拒绝收取。

9）保护性条款

NYPE93 第 31 条列明了 5 项保护性条款，即“首要条款”、“双方互有责任碰撞条款”、“新杰森条款”、“美国毒品贸易条款”和“战争条款”。

10）佣金和仲裁条款

期租合同常常是通过租船经纪人进行的，佣金条款规定了经纪人应得的费用。如果船东与承租人之间发生争议，NYPE46 规定应提交纽约三名仲裁员仲裁，当事双方各指定一人，被指定的两名仲裁员再确定第三名仲裁员，他们所作的裁决具有终局效力。NYPE93 在此基础上又提出争议可以在伦敦进行仲裁，但两地的仲裁程序与效力几乎相同。

5.3.6.2 租船提单

1. 租船提单的内容

租船提单（见样单 5－3）是指在租船合同下所签发的提单，因而其大体上仍具有一般提单的格式，但又因为在事前已有一份租船合同的存在，所以其具体的内容又与班轮提单有所不同。下面以“Congenbill 1994”为例介绍。

①提单号（Bill of Lading No.）；

②承运人名称、住址（Navigation Agency Name，Address）；

③托运人名称（Shipper）；

④收货人名称（Consignee）；

⑤通知人（Notify Address）；

⑥船舶（Vessel）；

⑦装货港（Port of Loading）；

⑧卸货港（Port of Discharging）；

⑨托运人对货物的描述（Shipper's Description of Goods）：比如货物的品名、标志、包数或者件数、重量或者体积，以及运输危险货物时对危险性质的说明；

⑩其中×××装于甲板，托运人承担风险，承运人对因此造成的损失不负责（of, which on deck at Shipper's risk：the Carrier not being responsible forlossor damage howsoever arising）；

⑪运费依照租约支付，上述表面状况良好的货物已装于船上以运往目的港或它所能安全到达的附近港口（Freight payable as per charter party dated, shipped at the Port of Loading in apparent good order and condition on board the Vessel for carnage to the Port of Discharge or so near thereto as she may safely get the goods specified above）；

⑫运费预付（Freight Advance）；

⑬运费支付地（Freight Payable at）；

⑭不知条款：重量，体积，质量，数量，状况，内容和价值不知（Weight measure, vdumn, quality, quantity, condition, contents and value unknown）；

⑮本船船长或代理已签发如下所示份数的这一相同日期，装货所用时间和格式的提单，任何一份用毕，其余各份失效（It witness whereof the Master or Agent to the said Vessel has signed the number of Bills of Lading indicated below all of this tenor and date anyone of which being accomplished the others shall be void）；

⑯签发时间和地点（Place and Date Issued）；

⑰正本提单份数（Number of Original Bills of Lading）；

⑱承运人或者其代表的签字（Signature）。

2. 租船提单的背面条款

租船合同下签发的提单是跟租船合同一起使用的，所以其背面条款相对班轮提单来说显得尤为简单，因为出租人和承租人的租船合同条款往往包含了提单背面的大部分条款内容，而承运人通过并入条款将租船合同并入提单就达到约束提单持有人的目的，因而租船提单的背面相对就简化多了。

(1) 运输条件（Conditions of carriage）

所有背面所示日期的租船合同的条款和条件，自由和免责，包括法律适用和仲裁条款并入本提单。（All terms and conditions, liberties and exceptions of the Charter Party, dated as overleaf, including the Law and Arbitration Clause, are here with incorporated.）这是最典型的

租船合同下的并入条款，也是租船提单所特有的，对这一部分的内容下面将作详细介绍。

（2）首要条款（General paramount clause）

1）起运国订立的1924年布鲁塞尔关于统一提单若干法律规定的国际公约所包含的《海牙规则》用于本提单。在起运国没有这种法规时，目的地国的相应法规应当适用，但对于没有此种法规强制适用的运输应当适用前边公约的条款。（*The Hague Rules* contained in the International Convention for the Unification of certain rules relating to Bills of Lading, dated Brussels the 25th August 1924 as enacted in the country of shipment, shall apply to this Bill of Lading. When no such enactment is in force in the country of shipment, the corresponding legislation of the country of destination shall apply, but in respect of shipments to which no such enactments are compulsorily applicable, the terms of the said Convention shall apply.）

2）《海牙—维斯比规则》适用的运输（Trades where *Huge - Visby Rules* Apply）相应法规的条款适用本提单。（In trades where the International Brussels Convention 1924 as amended by the Protocol signed at Brussels on February 23rd 1968 - *the Hague - Visby Rules* - apply compulsorily. The provisions of the respective legislation shall apply to this Bill of Lading.）

3）承运人对于装船前和卸船后或货物处于另一承运人掌管时发生的损坏或灭失不负责任，承运人对于甲板货或活动物的损失不负责任。（The carrier shall in no case be responsible for loss of or damage to the cargo, howsoever arising prior to loading into and after discharge from the Vessel or while the cargo is in the charge of another Carrier, nor in respect of deck cargo or live animals.）

（3）共同海损（General Average）

共同海损应当按照1994年《约克—安特卫普规则》或其后的修正规则在伦敦宣布、理算和解决，除非在租约中约定了另外一地点。（General Average shall be stated, adjusted and settled according to *York - Antwerp Rules* 1994, or any subsequent modification thereof, in London unless another place is agreed in the Charter Party.）

货方的共同海损分摊应当支付给承运人，即使这种损失是船长、引航员或船员的过错、过失或错误造成的。租船人、托运人和收货人明确否定比利时商事法第二章第148条规定。（Cargo's contribution to General Average《shall be paid》to the Carrier even when such average is the result of a fault, neglect or error of the Master, Pilot or Crew. The Charterers, Shippers and Consignees expressly renounce the *Belgian Commercial Code*, Part II. Art. 148.）

（4）新杰森条款（New Jason Clause）

根据美国法律，《哈特法》及《海牙规则》中的免责条款，只能解释为因船长、船员过失所致的损害可以免除船舶所有人的赔偿责任，但不能赋予船舶所有人要求货主分摊因上述过失所引起的共同海损的权利。因此承运人为了改变自己的不利地位，根据意思自治原则，在提单中订入共同海损疏忽条款，规定如果承运人已提供了适航船舶，由于其雇用人员的航海过失或管船过失导致的共同海损，货主应参加分摊。1910年，美国法院在审理“杰森”案中肯定了共同海损疏忽条款的效力，并将其命名为《杰森条款》。1936 年美国制定了海上货物运输法，为符合新的法律，各船公司对《杰森条款》进行修改，称为《新杰森条款》。《杰森条款》和《新杰森条款》的不同之处在于：当船舶因船长、船员或引航员的过失发生事故而采取救助措施时，即使救助船与被救助船同属一家船公司，被救船仍须支付救助报酬，该项救助报酬可作为共同海损费用，由各受益方分摊。其表述如下：“如果在航次开始之前或之后，由于无论是疏忽与否任何原因引起意外事故、危险、损坏或灾难，而根据法令、合同或其他规定，承运人对此类事件或此类事件的后果都不负责，则货物托运人、收货人或货物所有人应在共同海损中与承运人一起分担可能构成或可能发生的具有共同海损性质的牺牲、损失或费用，并应支付有关货物方面所发生的救助费用和特殊费用。如果救助船舶为承运人所有或由其经营，则其救助费应犹如该救助船系第三者所有一样金额支付。承运人或其代理人认为足以支付货物方面的预计分摊款额及其救助费用和特殊费用的保证金，如有需要，应由货方、托运人、收货人或货物所有人在提货之前付给承运人。”英文措辞为：“In the event of accident, danger, damage or disaster before or after the commencement of the voyage, resulting from any cause whatsoever, whether due to negligence or not, for which, or for the consequence of which, the Carrier is not responsible, by statute, contract or otherwise, the cargo, shippers, consignees or the owners of the cargo shall contribute with the Carrier in General Average to the payment of any sacrifices, losses or expenses of a General Average nature that may be made or incurred and shall pay salvage and special charges incurred in respect of the cargo. If a salving vessel is owned or operated by the Carrier, salvage shall be paid for as fully as if the said salving vessel or vessels belonged to strangers. Such deposit as the Carrier or his agent may deem sufficient to cover the estimated contribution of the goods and any salvage and special charges thereon shall, if required, be made by the cargo, shippers, consignees or owners of the goods to the Carrier before delivery.”

（5）双方过失碰撞责任条款（Both - to - Blame Collision Clause）

这一条款在前面班轮提单一部分已作介绍，在此不再重述。

3. 租船提单的并入条款

并入条款指在租船合同下所签发的提单上增加一条款，即“所有背面所示日期的租船合同的条款和条件，自由和免责，包括法律适用和仲裁条款并入本提单”。我国的《海商法》第 95 条对并入条款也有原则性的规定，即：“对按照航次租船合同运输的货物签发的提单，提单持有人不是承租人，承运人与该提单持有人之间的权利、义务关系适用提单的约定。但是，提单中载明适用航次租船合同条款的，适用该航次租船合同的条款。”

并入条款的使用使出租人在租船合同中对承租人的权利和义务与对提单持有人的权利和义务一致，对于第三人权利的限制这样一种条款的设定从法律上来说要求是比较严格的，所以并入条款表述的是否全面与清楚，将会直接决定这一条款的法律效力如何。在实践中，通常可以加注于提单正面的该并入条款常有以下几种：（1）运费和其他所有条件依照租船合同办理（Freight and all other conditions as per C/P）；（2）所有条件和除外条款依照租船合同办理（All conditions and exceptions as per C/P）；（3）所有用语、条件或除外条款依照租船合同办理（All the terms，provisions and exceptions as per C/P）；（4）所有用语、规定、条款和除外条款依照租船合同办理（All terms，conditions，clauses and exceptions as per C/P）。以上四种表述中第（1）种含义范围最狭窄；第（4）种附加条款含义范围最广，此时即使提单中并入租约的苛刻条款也会有法律效力。并入条款即使具有了合法性，但如所规定的并入条款对提单来讲是不合理的，而且与提单不一致，那么并入条款仍是无效的。比如提单中原来订有“首要条款”，当租船合同中的条款与《海牙规则》或《海牙—维斯比规则》相抵触时，该抵触部分条款是不能并入提单内的。租船运输中常发生分租现象，因此并入条款所指的租船合同必须写明是指哪一份租船合同，应指出该租船合同的签约日期，以示明确；如果不写明日期，比如在英国的判例中，即指“第一租船合同”（Head C/P）。租船合同在签订之后，签发提单之前，如作了修改，则提单上的并入条款所指租船合同应是修改后的租船合同。哪一个租船合同并入提单是非常重要的，如运费支付的规定在提单上常以“运费支付依租船合同”（Freight payable as per C/P）的表述，实务中，因文字不明确易产生纠纷。还有，在有并入条款并且并入条款的表述全面且清楚时，提单持有人是受租船合同相关规定的约束的，而且承运人不一定要向提单持有人提供租船合同，除非提单持有人提出要求。在我国广州海事法院审理的“MANNAN 轮滞期费纠纷案”中，提单载明“与租船合同一并使用”，但没有附上租船合同，法院的判决是因提单已明确记载“租船合同中的全部条款、条件、自由和免责均被并入本提单”，提单持有人就受租船合同的约束，附上租船合同不是承运人的义务。由此可见，对于这类提单，持有人要比对普通的提单更具谨慎的态度。

租船提单中的并入条款所并入的租船合同的条款应该与装船、运输和交货有关。根据以往的诸多判例，租船合同中的运费条款、亏舱费条款、滞期费条款、仲裁条款等条款可以并入提单。

（1）运费条款

在租船运输情况下，出租人提供船舶全部或部分舱位，用以运输货物，因而有权请求运费作为报酬。无论是租船合同还是提单，都是提供服务的合同，也就是说，船东提供了全部服务后有权赚取运费。因此，船东为了保证取得租船合同规定的运费，往往在提单中订入并入条款，如把“运费和其他全部条件依租船合同”作为向承租人和托运人以外的第三人收取运费的依据。通常情况下只有在提单上注明了运费到付时（这也是大多数航次租船中通常的做法），才可以将租船合同中有关运费的条款并入提单，出租人方可以向提单持有人要求按租船合同的规定支付运费。假如提单上记载运费预付（这种支付运费的方式对租船人是很危险的，假如船舶半途沉没，租船人很可能在失去货物的同时也失去已预付的运费），那么就不能将租船合同中有关运费到付的条款并入提单，因为预付运费一般由托运人支付。这也是出于保护提单持有人的利益的考虑。因为既然签发提单时签发的是运费预付提单，提单持有人当初购买的是运费预付提单，又怎么能要求提单持有人再支付运费。但是应该注意，如果承运人收受票据（实际没有收到运费）却在提单上记载“运费已付”，即使该票据未获兑现时，承运人也不得对提单持有人行使货物留置权；但如果提单上注明“票据支付运费”及该票据的号码，则票据未获兑现时，承运人就可以行使留置权。

按照我国《海商法》第69条第2款规定，托运人与承运人可以约定运费由收货人支付，但是，此项约定应当在运输单证中载明。《汉堡规则》第16条第4款也有类似规定，在提单上未载明由收货人支付运费的，该提单是收货人不支付运费的初步证据。

（2）亏舱费条款

如果提单并入租船合同中的亏舱费条款，提单中应该用明确的并入用语并且注明亏舱情况及金额。因为亏舱费从本质上来说，是承租人对违反租船合同的一种补偿，它通常发生在提单签发之前，与货物的装船、运输、交付没有什么直接的关系，况且能并入提单的只应该是租船合同中与收货人的权利与义务相关的条款，因而，根据合并的大原则：与合同标的事项直接关联（Direct Germane to Subject Mattes）的原则，要想并入则只能用明示的并入用语。此外，亏舱费一般发生在装货港，并由承租人支付。提单转让至收货人手中而提单对此未作说明，在卸货港让收货人支付该亏舱费用，有失公正。

（3）滞期费条款

在航次租船合同的实践中，船东为了约束非租船合同当事人和提单持有人（或收货人）对滞期费负责，往往在提单中并入滞期费条款，使其能够在卸货港向收货人要求滞期费。租船合同下签发的提单中的并入条款可以这样规定：“Charterer and all the terms whatsoever of the said charter … apply to and govern the rights of the parties concerned in the shipment.”同时因为租船合同约定“The Owner shall have an absolute lien on the cargo for all freight, dead freight, demurrage and costs”（船东对运费、亏舱费、滞期费和其他费用有绝对的对货物行使留置的权利），所以船东可以通过对货物留置以要求滞期费的权利得以保障。从某种意义上来看，这里其实也并入了留置权条款，但我国的《海商法》对此处的并入条款似乎有过于严格的规定。

我国《海商法》第78条第2款规定：“收货人、提单持有人不承担在装货港发生的滞期费、亏舱费和其他与装货有关的费用，但在提单中明确载明上述费用由收货人、提单持有人承担的除外。”换句话说，对装港产生的滞期费要求在提单中明确注明，否则不准以留置货物的手段索取。这样的规定似乎有违订约自由的原则，是我国立法者对我国收货人单方面的保护，而且这里还存在一个实务方面的疑问，假如租船合同约定的是一个总的装卸货时间，在发生滞期的情况下，如何去区分已发生的滞期费中哪些属于装港的滞期费，哪些属于卸港的滞期费呢？在中国木材华东公司诉米雷纳船舶管理有限公司及东丰船务有限公司提单纠纷案中，被告为获取运费、滞期费、延滞（滞留）损失费、亏舱费而拒绝进港靠泊卸货并实施货物留置。原告上诉至法院，法院判决，被告请求支付的费用中除运费外，均属装港产生的费用，本案所涉货运提单虽载有合并条款，但无论是提单还是并入提单的订租确认书的条款均未明确载明装货港的费用由收货人或提单持有人承担，根据我国《海商法》第72条第2款的规定，收货人、提单持有人依法不承担这些费用。这是对我国《海商法》第72条第2款的具体应用。

（4）仲裁条款

航次租船合同中往往订有仲裁条款，约定当事人双方在发生争议时应将争议提交仲裁解决的条款。就船东和租船人之间的关系而言，此类仲裁条款除非违反一国公共秩序，其效力应该没有疑问。然而，在提单经背书转让的情况下，租船合同的仲裁条款是否适用于船东和提单持有人的关系则不是当然的。

租船合同的仲裁条款是否有效并入提单在很大程度上取决于提单中并入条款的措辞，也就是说，提单并入条款的一般性用语并不能将租船合同的仲裁条款合并。那么，怎样才能将租船合同的仲裁条款合并进提单呢？在实务操作中，通常有以下两种做法。

①以明确的措辞合并仲裁条款租船合同中的仲裁条款与货物的装船、运输、交付没有直接的关系，因而，要想将租船合同中的仲裁条款并入提单必须用明示的方法。比如“All terms, clauses, conditions and exceptions including the Arbitration Clause, the Negligence Clause and the Cesser Clause of the Charter – party dated London 13 April 1977 are hereby incorporates.”这样的明示条款“Including the Arbitration Clause”，可以成功地将租船合同的仲裁条款合并进提单。又如通常和航次租船合同一同使用的1994年“康金提单”（Congen-bill）改变了1978年的“康金提单”没有明确的措辞说明是否包括仲裁条款不确定的状态。“All terms and conditions, liberties and exceptions of the Charter Party, dated as overleaf, including the Law and Arbitration Clause, are herewith incorporated.”（所有的条款、条件、权利和除外责任，包括法律和仲裁条款均并入提单。）

②租船合同中的仲裁条款既适用于租船合同，又适用于提单。

这种合并的方法来自英国判例 The“Merak”（1964）2 Lloyd's Rep. 527。在该案中，租船合同的仲裁条款为：“Any dispute arising out of this charter or any Bill of Lading issued hereunder ...”该条款写明既针对租船合同，也针对提单的争议。上诉庭判决租船提单一般措辞可以有效合并这种措辞的租船合同的仲裁条款。提单持有人在接受这一类提单的时候要小心谨慎，否则很有可能因选择了错误的索赔方式而导致时效的丧失。

样单 5－3　租船提单

租船提单

CODE NAME CONGENBILL EDITION 1994

Shipper PENTARCH FOREST PRODUCT PTY LTD. KING GARDEN ESTATE LEVEL 1 COVENTRY STREET SOUTH MELBOURNE VICTORIA 3205 AUSTRALIA	BILL OF LADING TO BE USED WITH CHARTER－PARTIES
Consignee TO ORDER	Reference no. SS295. 03
Notify DREAM INTERNATIONAL TECHNOLOGY CO. LTD 205 CHANGJIANG ROAD, NANJING CHINA	
Vessel: GLOBAL DREAM　Port of loading: AUSTRALIAN PORT（s）－TOWNSVILLE	
Port of Discharge TAICANG, CHINA	

Shipper's description of goods

SHIPPED ON BOARD 27/5/2007

10086, 475 JAS M3 OF LOGS 72594 PIECES LOT 2

FREIGHT PREPAID

SHIPPER'S LOAD AND COUNT

ORIGINAL

(of which NIL on deck at Shipper's risk; the Carrier not being responsible for loss or damage howsoever arising)

CHARTER PARTY DATED 3/9/2006 FREIGHT ADVANCE. Received on account of freight: Time used for loading　days　hours	SHIPPED at the Port of Loading in apparent good order and condition on board the Vessel for carriage to the Port of Discharge or so near thereto as she may safely get the goods specified above. FOR CONDITIONS OF CARRIAGE SEE OVERLEAF

Freight payable at	Place and date of issue GEELONG 27/5/2007
Number of original B/L THREE	Signature

6 国际多式联运实务

国际多式联运是一种利用集装箱进行联运的新的运输组织方式。它通过采用海、陆、空等两种以上的运输手段，完成国际间的连贯货物运输，从而打破了过去海、铁、公、空等单一运输方式互不连贯的传统做法。如今，提供优质的国际多式联运服务已成为集装箱运输经营人增强竞争力的重要手段。

本章主要介绍国际多式联运的流程及其有关单证。

6.1 国际多式联运概述

6.1.1 国际多式联运内涵与特点

1. 国际多式联运的定义

随着国际贸易和运输技术的发展，在集装箱运输的基础上，出现了一种新的运输方式，即国际集装箱货物多式联合运输，简称国际多式联运。国际集装箱货物多式联合运输，是一种以集装箱为媒介，把水路、铁路、公路、航空运输等单一的运输方式有机地结合起来，组织为一体加以有效的利用，构成一个连贯的系统，来完成国际间的集装箱货物运输，为货主提供经济合理、安全便捷的运输服务。多式联运在英文里有多种表达方式：Intermodal Transport（IMT），Multi - modal Transport（MMT）或 Combined Transport，它们的含义都是相同的，中文均译为“多式联运”。

1973 年国际商会制定的《1973 年多式联运单证统一规则》给多式联运下的定义是：“多式联运是指至少以两种不同的运输方式，将货物在一国内接管的地点，运至另一国内指定交付的目的地的货物运输。”1980 年 5 月联合国在日内瓦召开的国际多式联运公约第二期会议一致通过的《联合国国际多式联运公约》（United Nations Convention on International Multi - modal Transport of Goods）对多式联运定义为：“国际多式联运，是指按照多式联运合同，以至少两种不同的运输方式，由多式联运经营人将货物从一国境内接管货物的地点运至另一国境内指定交付货物的地点。为履行单一方式运输合同而进行的该合同所规定的货物接送业务，不视为多式联运。”

根据《中华人民共和国海商法》的规定，国际多式联运合同是指：“多式联运经营人以两种以上不同的运输方式，其中一种是海上运输方式，负责将货物从接收地运至目的地交付收货人，并收取全程运费的合同。”之所以规定其中一种运输方式是海运，主要是考虑到使多式联运能够受到《中华人民共和国海商法》的制约和管辖。

2. 国际多式联运的主要类型

（1）海陆联运

这是多式联运的主要方式，又可分为船舶与汽车联运、船舶与火车联运两种。由于汽车的运费较高、经济运输距离较短，对于陆运距离长的货物运输，其竞争力不如船舶与火车联运，但是它可以实现门到门的运输。对于长距离的陆上运输则主要采用海铁联运，这种组织形式多以航空公司或国际货运代理公司为主体，签发多式联运提单。

（2）海空联运

海空联运的优点是相对于全程海运或全程空运而言的，它的运输时间比全程海运要短，而运输费用要比全程空运便宜。海空联运又被称作空桥运输。在运输组织的方式上与陆桥运输不同，陆桥运输在整个货运过程中使用的是同一个集装箱，不需要换装，而空桥运输的货物通常要在航空港装入航空集装箱。

（3）江（河）海联运

江海联运或河海联运，是利用发达的内陆水运系统进行的国际集装箱联合运输。目前，许多国家都利用国内既有的内陆河运系统，因地制宜地开展江（河）海联运，比如我国长江沿岸的集装箱货物通过上海或上海附近的口岸由太平洋航线运往世界各地，珠江下游中小城市的集装箱通过深圳、香港、珠海口岸由太平洋航线运往世界各地。

3. 国际多式联运的特征

联合国贸发会秘书处在其提交的《多种方式联运适用的现代化运输技术》报告中指出：国际多式联运的主要特征是“多式联运经营人和发货人之间的合同关系性质，构成了多式联运的特征。联运经营人以独立的法律实体，向发货人提供用一种以上的运输方式运输货物的单一合同”。根据以上解释，国际多式联运具有的特征是：

（1）发货人和多式联运经营人之间必须订立一份多式联运合同

货物在全程运输中，无论经历多少种运输方式，多式联运经营人必须与发货人之间订立多式联运合同，来明确两者之间的权利、义务、责任，豁免的合同关系和多式联运的性质。它是多式联运的主要特征，也是多式联运区别于传统运输方式的重要依据。

（2）多式联运经营人必须对全程运输负责

多式联运经营人必须对全程运输负责，这也是多式联运的一个重要特征。多式联运经营人是多式联运货物全程运输的组织人。由多式联运经营人与实际承运人订立分运合同，实际承运人负责全程或部分区段的实际运输。而多式联运经营人作为一个独立的法律实体，对货物负有履行合同的责任并承担自接收货物时起到交付货物时止的全程运输责任，以及对货物在运输中因灭失、损坏、迟延交付所造成的损失负赔偿责任。

（3）使用一份全程多式联运单据

全程多式联运单据是指多式联运合同以及多式联运经营人接收货物并负责按合同条款

交付货物所签发的单据，它同时也是一种物权证明和有价证券。

(4) 多式联运使用的是两种或两种以上不同方式的连贯的运输合同

这是确定一票货运是否属于多式联运的最主要的特征。多式联运所指的至少两种以上的运输方式，可以是海陆、海空、海铁等。多式联运不仅使用两种以上不同的运输方式，而且是不同方式下的连续运输。

(5) 多式联运的货物必须是国际间的运输

多式联运方式下的货物必须是跨国境的国际间的运输。这是区别于国内运输和是否适合国际法规的限制条件。

(6) 实行全程单一的运费费率

多式联运经营人在对货主负全程运输责任的基础上，制定一个从货物发运地至目的地的全程单一费率，并一次向货主收取。全程单一费率一般包括运输成本、经营管理费用和合理利润。

(7) 代理人与多式联运经营人之间的工作关系

起运地接管货物，目的地交付货物及全程运输中各区段的衔接工作，由多式联运经营人在各地的分支机构或代理人完成。这些代理人对多式联运经营人负责。

6.1.2 国际多式联运组织形式

国际多式联运是采用两种或两种以上不同运输方式进行联运的运输组织形式。这里所指的至少两种运输方式可以是海陆、陆空、海空，或者是三种不同的运输方式。这与一般的海陆空等形式的联运有着本质的区别。后者虽也是联运，但仍是同一种运输工具之间的联运方式。众所周知，各种运输方式均有自身的优点与不足。一般来说，水路运输具有运量大、成本低等优点；公路运输则具有机动灵活、便于实现货物门到门运输的特点；铁路运输的主要优点是不受气候影响、可深入内陆和横贯内陆实现货物长距离的准时运输；而航空运输的主要优点是可实现货物的快速运输。由于国际多式联运严格规定必须采用两种或两种以上的运输方式进行联运，因此这种运输组织形式可综合利用各种运输方式的优点，充分体现社会化大生产、大交通的特点。由于国际多式联运具有其他运输组织形式无可比拟的优越性，因而这种国际运输新技术已在世界各主要国家和地区得到广泛的推广和应用。目前，有代表性的国际多式联运主要有远东/欧洲，远东/北美等海陆空联运，其组织形式包括：

1. 海陆联运

海陆联运是国际多式联运的主要组织形式，也是远东/欧洲多式联运的主要组织形式之一。目前组织和经营远东/欧洲海陆联运业务的主要有丹麦的马士基航运公司；中国远洋运输公司、长荣航运公司等。这种组织形式以航运为主体，签发联运提单，与航线两端的内陆运输部门开展联运业务。

2. 陆桥运输

在国际多式联运中，陆桥运输（Land Bridge Service）起着非常重要的作用。它是远东/欧洲国际多式联运的主要形式。所谓陆桥运输是指采用集装箱专用列车或卡车，把横贯大陆的铁路或公路作为中间“桥梁”，使大陆两端的集装箱海运航线与专用列车或卡车连接起来的一种连贯运输方式。严格地讲，陆桥运输也是一种海陆联运形式。只是因为其在国际多式联运中的独特地位，故在此将其单独作为一种运输组织形式。目前，主要的陆桥运输线路有西伯利亚大陆桥和北美大陆桥。与我国密切相关的“新欧亚大陆桥”还处于发展阶段。

（1）西伯利亚大陆桥（Siberian Land Bridge）

西伯利亚大陆桥（SLB）是指使用国际标准集装箱，将货物由远东海运到俄罗斯东部港口，再经跨越欧亚大陆的西伯利亚铁路运至波罗的海沿岸，如爱沙尼亚的塔林或拉脱维亚的里加等港口，然后再采用铁路、公路或海运运到欧洲各地的国际多式联运的运输线路。西伯利亚大陆桥运输包括“海铁铁”、“海铁海”、“海铁公”和“海公空”四种运输方式。由俄罗斯的过境运输总公司（SOJUZTRANSIT）担当总经营人，它拥有签发货物过境许可证的权利，并签发统一的全程联运提单，承担全程运输责任。至于参加联运的各运输区段，则采用“互为托、承运”的接力方式完成全程联运任务。可以说，西伯利亚大陆桥是较为典型的一条过境多式联运线路。西伯利亚大陆桥是目前世界上最长的一条陆桥运输线。它大大缩短了从日本、远东、东南亚及大洋洲到欧洲的运输距离，并因此而节省了运输时间。从远东经俄罗斯太平洋沿岸港口去欧洲的陆桥运输线全长13000km，而相应的全程水路运输距离（经苏伊士运河）约为20000km。从日本横滨到欧洲鹿特丹，采用陆桥运输不仅可使运距缩短1/3，运输时间也可节省1/2。此外，在一般情况下，运输费用还可节省20%～30%，因而对货主有很大的吸引力。由于西伯利亚大陆桥所具有的优势，因而随着它的声望与日俱增，也吸引了不少远东、东南亚以及大洋洲地区到欧洲的运输，使西伯利亚大陆桥在短短的几年时间内就有了迅速发展。但是，西伯利亚大陆桥运输在经营管理上存在的问题，如港口装卸能力不足、铁路集装箱车辆的不足、箱流的严重不平衡以及严寒气候的影响等在一定程度上阻碍了它的发展。尤其是随着我国兰新铁路与中哈边境的土西铁路的接轨，一条新的“欧亚大陆桥”形成，为远东至欧洲的国际集装箱多式联运提供了又一条便捷路线，使西伯利亚大陆桥面临严峻的竞争形势。

（2）北美大陆桥（North American Land Bridge）

北美大陆桥是指利用北美的大铁路从远东到欧洲的“海陆海”联运。该陆桥运输包括美国大陆桥运输和加拿大大陆桥运输。美国大陆桥有两条运输线路：一条是从西部太平洋沿岸至东部大西洋沿岸的铁路和公路运输线；另一条是从西部太平洋沿岸至东南部墨西哥湾沿岸的铁路和公路运输线。美国大陆桥于1971年年底由经营远东/欧洲航线的船公司和铁路承运人联合开办“海陆海”多式联运线，后来美国几家班轮公司也投入营运。目前，主要有四个集团经营远东经美国大陆桥至欧洲的国际多式联运业务。这些集团均以经营人的身份，签发多式联运单证，对全程运输负责。加拿大大陆桥与美国大陆桥相似，由船公司把货物海运至温哥华，经铁路运到蒙特利尔或哈利法克斯，再与大西洋海运相接。北美大陆桥是世界上历史最悠久、影响最大、服务范围最广的陆桥运输线。据统计，从远东到北美东海岸的货物有大约50%以上是采用双层列车进行运输的，因为采用这种陆桥运输方式比采用全程水运方式通常要快1~2周。例如，集装箱货从日本东京到欧洲鹿特丹港，采用全程水运（经巴拿马运河或苏伊士运河）通常需5~6周时间，而采用北美陆桥运输仅需3周左右的时间。

（3）其他陆桥运输形式

北美地区的陆桥运输不仅包括上述大陆桥运输，而且还包括小陆桥运输（Minibridge）等运输组织形式。小陆桥运输从运输组织方式上看与大陆桥运输并无大的区别，只是其运送的货物的目的地为沿海港口。目前，北美小陆桥运送的主要是日本经北美太平洋沿岸到大西洋沿岸和墨西哥湾地区港口的集装货物。当然也承运从欧洲到美西及海湾地区各港的大西洋航线的转运货物。美小陆桥在缩短运输距离、节省运输时间上效果是显著的。以日本/美东航为例，从大阪至纽约全程水运（经巴拿马运河）航线距离9700海里，运输时间21~24天。而采用小陆桥运输，运输距离仅7400海里，运输时间16天，可节省1周左右的时间。亚欧大陆桥运输主要路径如图6-1所示。

3. 海空联运

海空联运又被称为空桥运输（Air Bridge Service）。在运输组织方式上，空桥运输与陆桥运输有所不同：陆桥运输在整个货运过程中使用的是同一个集装箱，不用换装，而空桥运输的货物通常要在航空港换入航空集装箱。不过，两者目标是一致的，即以低费率提供快捷、可靠的运输服务。海空联运方式始于20世纪60年代，但到80年代才得以较大的发展。采用这种运输方式，运输时间比全程海运少，运输费用比全程空运便宜。20世纪60年代，将远东货物海运至美国西海岸，再通过航空运至美国内陆地区或美国东海岸，从而出现了海空联运。当然，这种联运组织形式是以海运为主，只是最终交货运输区由空运承担。目前，国际海空联运线主要有远东—欧洲、远东—中南美、远—中近东、非洲、澳洲等。总的来讲，运输距离越长，采用海空联运的优越性就越大，因为同完全采用海运相比，其运输时间更短；同直接采用空运相比，其费率更低。

6.1.3 国际多式联运基本条件与经营人

多式联运是将不同的运输方式组合成综合性的一体化运输，通过一次托运、一次计费、一张单证、一次保险，由各运输区段的承运人共同完成货物的全程运输，即将全程运输作为一个完整的单一运输过程来安排。尽管联合国已通过的《多式联运公约》至今没有生效，但多式联运应具备的基本条件是不变的。

1. 国际多式联运应具备的条件

根据多式联运公约的规定和现行的多式联运业务特点看，多式联运应具备的条件必

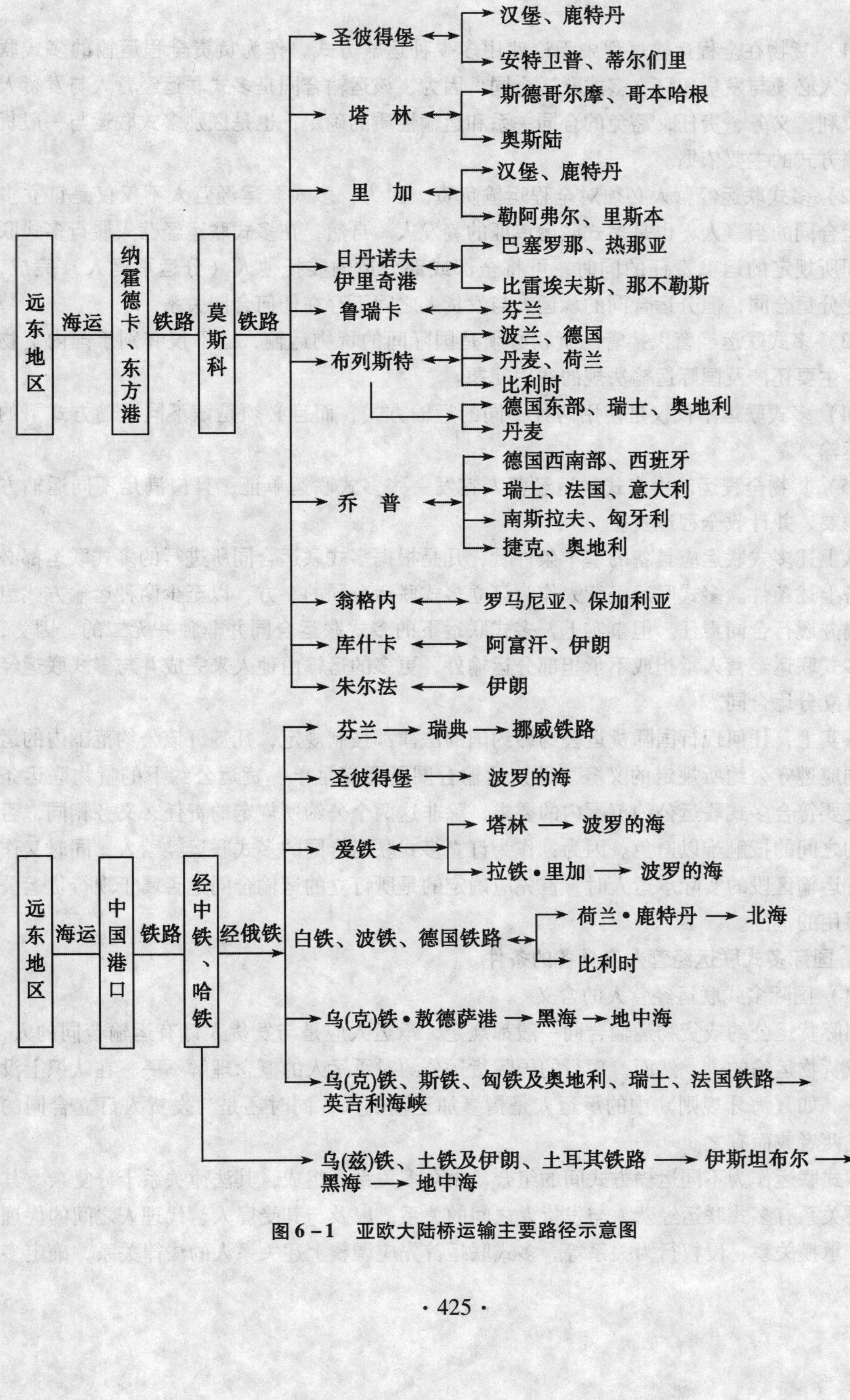

图6－1　亚欧大陆桥运输主要路径示意图

须是：

（1）货物在全程运输过程中无论使用多少种运输方式，作为负责全程运输的多式联运经营人必须与发货人订立多式联运合同。因为，该运输合同是多式联运经营人与发货人之间权利、义务、责任，豁免的合同关系和运输性质的确定，也是区别多式联运与一般货物运输方式的主要依据。

（2）多式联运经营人必须对全程运输负责。因为，多式联运经营人不仅仅是订立多式联运合同的当事人，也是多式联运单证的签发人。自然，在多式联运经营人履行多式联运合同所规定的运输责任的同时，可将全部或部分运输委托他人（分运承运人）完成，并订立分运合同，但分运合同的承运人与发货人之间不存在任何合同关系。

（3）多式联运经营人接管的货物必须是国际间的货物运输，这不仅有别于国内货物运输，主要还涉及国际运输法规的适用问题。

（4）多式联运不仅仅是使用两种不同的运输方式，而且必须是该不同运输方式下的连续运输。

（5）货物全程运输由多式联运经营人签发一张多式联运单证，且应满足不同运输方式的需要，并计收全程运费。

从上述多式联运应具备的基本条件看，凡是根据多式联运合同所进行的多式联运都必须具备上述条件。多式联运经营人作为订立多式联运合同的一方，以至少两种运输方式组织运输并履行合同责任。但事实上，多式联运下的多式联运合同并非独一无二的。因为，除了多式联运经营人承担或不承担部分运输外，更多的运输由他人来完成并与多式联运经营人订立分运合同。

事实上，任何现行国际货运公约缔约国的法律都强制规定，凡签订该公约范围内的运输合同应遵守公约所规定的义务。即该运输合同既要满足单一货运公约下的货物联运条件，又要符合多式联运公约范围内的要求，除非这两个公约所规定的责任、义务相同，否则公约之间的抵触难以避免。因为，作为订立多式联运合同的多式联运经营人，同时又作为某一运输区段的实际承运人时，首先应确定的是所订立的运输合同是否属于现行货运公约所适用的范围。

2. 国际多式联运经营人应具备的条件

（1）国际多式联运经营人的含义

国际货运公约或货物运输合同一般都规定，承运人应是与发货人订有运输合同的人，或完成货物运输的人。然而，现行的国际货运公约对承运人的概念理解不一，在认识上没有统一。如《海牙规则》中的承运人是指参加运输的人，同时还是与发货人订立合同的人，或两者兼而有之。

多式联运作为不同运输方式间的组合，由众多关系人组成，其法律关系十分复杂，其中主要关系有多式联运经营人与发货人之间的关系，以及与其受雇人、代理人之间的代理关系、承揽关系、侵权行为关系等。多式联运首先应调整上述关系人的法律关系，确定多式联运经营人的法律地位，从而平衡相互间的权利、义务和赔偿责任。

已通过的多式联运公约和现行的多式联运业务对多式联运经营人概念理解为："多式联运经营人是指本人或通过其代表与发货人订立多式联运合同的任何人，他是事主，而不是发货人的代理人或代表或参加多式联运的承运人的代理人或代表，并且负有履行合同的责任。"

可见，当多式联运经营人从发货人那里接管货物时起，即表明责任也已开始，货物在运输过程中的任何区段发生灭失或损害，多式联运经营人均以本人的身份直接承担赔偿责任，即使该货物的灭失或损害并非由多式联运经营人本人的过失所致。

（2）多式联运经营人的基本条件

作为多式联运经营人的基本条件是：

1）多式联运经营人本人或其代表就多式联运的货物必须与发货人本人或其代表订立多式联运合同，而且合同至少使用两种运输方式完成货物全程运输，合同中的货物是国际间的货物。

2）从发货人或其代表那里接管货物时起即签发多式联运单证，并对接管的货物开始负有责任。

3）承担多式联运合同规定的与运输和其他服务有关的责任，并保证将货物交给多式联运单证的持有人或单证中指定的收货人。

4）对运输全过程中所发生的货物灭失或损害，多式联运经营人首先对货物受损人负责，并应具有足够的赔偿能力。当然，这种规定或做法并不会影响多式联运经营人向造成实际货损的承运人行使的追偿权利。

5）多式联运经营人应具备与多式联运所需要的、相适应的技术能力，对自己签发的多式联运单证确保其流通性，并作为有价证券在经济上有令人信服的担保程度。

6.2 国际多式联运运输流程

6.2.1 国际多式联运进出口业务流程概述

多式联运是一种现代化的综合运输，涉及面广、环节众多、环境繁杂，因此其业务流程也十分复杂。下面简要介绍多式联运的一般业务流程。

1. 多式联运合同的订立

多式联运必须订立合同，合同是规范承托双方权利、义务以及解决争议的基本法律文件。多式联运合同的主要内容有托运人，收货人，多式联运经营人，货物的名称、包装、件数、重量、尺寸等情况，接货的地点和时间，交货的地点和约定的时间，不同运输方式的组成和运输线路，货物交接方式以及承托双方的责任和义务，解决争议的途径和方法等。

2. 多式联运计划的编制

多式联运计划总的要求是：

(1) 合理性

要求运输线路短、各区段运输工具安全可靠、运输时间能保证、不同运输方式之间良好衔接，从而保证货物从一国境内接货地安全及时地运到另一国境内的交货地。

(2) 经济性

在保证货运质量的前提下，尽可能节省总成本费用，以提高经济效益。

(3) 不可变性

在计划中应充分考虑各种因素，留有必要的余地，除不可抗力外，计划一般不能随意改变。在完成多式联运计划编制后，多式联运经营人还应及时将计划发给沿线各环节的代理人，使之提前做好接货、运输、转关或交货等准备工作。

3. 接货装运

按照多式联运合同，在约定的时间、地点，由多式联运经营人或其代理人从发货人手中接管货物，并按合同要求装上第一程运输工具发运。按双方议定的交接方式，凡在DOOR或CY交接的，由发货人负责装箱计数施封和办理出口清关手续，在箱体外表状况良好、封装完整状态下，将货物整箱交多式联运经营人或其代理人；凡在CFS交接的，由发货人负责办理出口清关手续，将货物散件交多式联运经营人或其代理人，由后者负责拼箱计数施封后装运发送。

4. 多式联运单证的签发

多式联运经营人接管货物和在运费预付情况下收取全程运费后，即签发多式联运单据，表明多式联运对全程联运负有责任。对多式联运合同当事人来说，多式联运单据是多式联运经营人收到货物的证据，是合同的证明，也是货物的物权凭证，多式联运经营人按多式联运单据指明的收货人或被指示的收货人交付货物，收货人凭多式联运单据提领货物。在货物装运发送后，多式联运经营人还应将多式联运单据副本及一程运输的有关运输单证及时寄往第一程的目的地（港）的代理人，以便其做好接货、转关和转运的准备。

5. 运输保险

由于多式联运运距长、环节多、风险大，为避免可能发生的货运事故，多式联运经营人还可以向保险公司投保。尽管多式联运经营人有责任限额保护条款，但因多式联运经营人的疏忽、过失、侵权，将使其丧失责任限额保护的权利，并有承担很大的赔偿金额的风险。为避免造成较大的损失，多式联运经营人通常向保险公司投保货物责任险和集装箱险，以防范巨额赔偿风险。

6. 转关手续

多式联运若在全程运输中经由第三国，应由多式联运经营人或其代理人负责办理过境转关手续，对“国际集装箱海关公约”缔约方之间，转关手续已相当简化，通常只提交相应的转关文件，如过境货物申报单、多式联运单据、过境国运输区段单证等，并提交必要的担保和费用，过境国海关可不开箱检查，只作记录而予以放行。

7. 全程运输的协调管理

（1）不同运输方式之间的转运

国际多式联运是以至少两种不同运输方式组成的连续运输，不同运输方式之间的转运衔接，是保证运输连续性、准时性的关键。由于运输工具不同、装卸设备设施不同、转运点的选择不同以及各国的规定和标准不同，因此多式联运经营人或其代理人事前应对其有充分的了解，以便根据各种具体情况和要求实现快速的转运。

（2）各运输区段的单证传递

多式联运经营人作为全程运输的总负责人，通常要与各运输区段实际承运人订立分运输合同，在运输区段发送地以托运人的身份托运货物，在运输区段的目的地又以收货人的身份提领货物。为了保证各运输区段货物运输的顺利进行，多式联运经营人或其代理人在托运货物后要将有关运输单证及时寄给区段目的地代理人。同时，如该实际运输区段不是最后一程运输，多式联运经营人的代理人在做好接货准备的同时，还要做好下一程运输的托运准备。

（3）货物的跟踪

为了保证货物在多式联运全程运输中的安全，多式联运经营人要及时跟踪货物的运输状况，如通过电报、电传、EDI、因特网在各节点的代理人之间传递货物信息，必要时还可通过 GPS 进行实时监控。

8. 交付货物

按多式联运合同规定，货物到达指定交货地后，由多式联运经营人或其代理人将货物交多式联运单据指明的收货人或按指示交指定的收货人，即告完成全程运输任务。交货地代理人应在货物到达前向收货人发出到货通知，以便收货人及时做好提货准备。对于 FCL 交货的，如 CY 条款，货物卸船、收货人办妥进口清关手续后，委托集装箱码头整箱交货；如 DOOR 交货的，则由公路运输至收货人的工厂或仓库交货，交接双方以箱体外表状况良好、封志完整为条件。

9. 运输过程中的海关业务

按照国际多式联运的全程运输（包括进口国内陆段运输）均应视为国际货物运输。因此该环节工作主要包括货物及集装箱进口目的地通关手续，进口国内陆段保税（海关监管）运输手续及结关等内容。如果陆上运输要通过其他国家海关和内陆运输线路时，还应包括这些海关的通关及保税运输手续。

这些涉及海关的手续一般由多式联运经营人的派出机构或代理人办理，也可由各区段的实际承运人作为多式联运经营人的代表代为办理。由此产生的全部费用，应由发货人或收货人负担。

如果货物在目的港交付，则结关应在港口所在地海关进行。如在内陆地交货，则应在口岸办理保税（海关监管）运输手续，海关加封后方可运往内陆目的地，然后在内陆海关办理结关手续。

10. 货运事故处理

如果全程运输中发生了货物灭失、损害和运输延误，无论是否能确定损害发生的区段，发（收）货人均可向多式联运经营人提出索赔。多式联运经营人根据提单条款及双方协议确定责任并做出赔偿。如果确知事故发生的区段和实际责任者时，可向其进一步进行索赔。如不能确定事故发生的区段时，一般按在海运段发生处理。如果已对货物及责任投保，则存在要求保险公司赔偿和向保险公司进一步追索问题。如果受损人和责任人之间不能取得一致，则需通过在诉讼时效内提起诉讼和仲裁来解决。

6.2.2 国际集装箱海铁多式联运进出口业务流程

1. 国际集装箱海铁多式联运出口业务程序

国际集装箱海铁多式联运出口，是指货方采取海铁联运方式，在内地口岸将出口集装箱装上铁路集装箱班列，由铁路集装箱班列运至集装箱码头后，换装海运船舶，由海运船舶继续将集装箱运至目的港，并交付收货人。以下即为 CIF 条件下国际集装箱整箱货海铁多式联运出口业务的基本程序。

（1）接受托运申请，订立多式联运合同

内地托运人向多式联运经营人或其内地口岸代理申请订舱，多式联运经营人或其内地口岸代理根据货方提出的订舱申请并结合自己的运输路线等情况，判断是否接受该托运申请，如果接受则订立多式联运合同。

（2）编制月计划、日计划，向铁路部门、船公司订车、订舱

多式联运经营人或其代理在合同订立后，应根据运输任务编制月计划和日计划，按时向铁路部门申报订车计划，同时还应向船公司订舱、通知托运人安排货物运送事宜。

（3）提取空箱

除货主自备箱外，实际业务中大多使用多式联运经营人的集装箱或船公司的集装箱。多式联运经营人应根据实际装箱地点和空箱存放情况，确定提取空箱的方式。

①在装箱点装箱，且装箱点备有空箱，则通知仓库备箱即可；

②在装箱点装箱，但装箱点无空箱，则需要安排汽车或火车运空箱至装箱点；

③在货主产地装箱，则需要办理申请调箱、提箱并安排汽车或火车送至货主产地等事宜，以便货主装箱。

（4）货主安排货物进库场

在收到进货信息后，对于装箱点装箱的货物，货主自行或委托代理安排汽车等运输工具将货物送至装箱点，以便在装箱点装箱。

（5）申请火车车皮，办理货物装车

多式联运经营人或其代理根据日计划填写铁路运单，向铁路申请车皮，办理集装箱装车事宜。

(6) 报关报验

多式联运经营人根据托运人交付的委托书、买卖合同、发票等报关单证，在内地口岸海关办理转关运输，取得海关批准后，将海关关封交付铁路部门。

(7) 签发全程多式联运提单

内地口岸托运人根据多式联运经营人的指示将货物交付铁路部门并装上铁路集装箱专列后，多式联运经营人或其代理签发全程多式联运提单交付托运人。

(8) 传递货运信息和寄送相关单证

多式联运经营人内地代理应将铁路运单正本等相关单证寄送多式联运经营人中转港代理。将多式联运提单副本寄送多式联运经营人或其目的港代理，与此同时，还应向有关方传递有关集装箱班列动态等信息。

(9) 办理货物在中转港的海关手续及制作货运单据

多式联运经营人中转港代理根据内地代理提供的信息和收到的运单等单证制作出口单证，如场站收据、提单，并办理海关手续，将海关放行单证送交码头，以便接货及装船。

(10) 货交船公司，船公司签发提单

多式联运经营人海运出口地代理将海关放行的集装箱装上指定船舶后，船公司签发海运提单，以便多式联运经营人能在目的港凭此提取货物。

(11) 传递货运信息及寄送相关单证

多式联运经营人中转港代理应将船舶的动态通知给多式联运经营人、多式联运经营人下一港代理、内地托运人，以便有关方了解船舶的动态，同时将提单等相关单证寄送下一港代理，以便其凭此提取货物。

(12) 提取货物与交付货物

多式联运经营人目的港代理凭正本提单从承运人或其代理处提取货物，并根据收货人交付的多式联运提单正本将集装箱交付收货人。

2. 国际集装箱海铁多式联运进口业务程序

国际集装箱海铁多式联运进口，是指货方采取海铁联运方式，在国外装货港将进口集装箱装上船舶，由该船舶运至国内中转港后，换装铁路集装箱班列，由铁路集装箱班列继续将集装箱运至内地口岸，并交付收货人。以下即为 FOB 条件下，国际集装箱整箱货海铁多式联运进口业务基本程序。

(1) 接受托运申请，订立多式联运合同

收货人向多式联运经营人或其内地口岸代理申请订舱，多式联运经营人或其内地口岸代理根据货方提出的订舱申请并结合自己的运输路线等情况，判断是否接受该托运申请，如果接受则订立多式联运合同。

(2) 向船公司订舱和向铁路部门申请车皮

多式联运经营人或其代理在合同订立后，应分别向船公司和铁路部门申请订舱、订车皮。

（3）收货人通知托运人准备集装箱装船等事宜

收货人根据从多式联运经营人处所得到的信息，及时通知托运人安排货物交付多式联运经营人在装运港代理或多式联运经营人指定的船公司。

（4）签发全程多式联运提单和收取海运提单

托运人将海关放行的集装箱交付多式联运经营人装港代理，或者根据其指示交付指定船公司后，多式联运经营人或其代理应向其签发全程多式联运提单，托运人取得提单后即可结汇。与此同时，多式联运经营人装港代理应缮制场站收据、提单等，并将集装箱交付船公司或其代理，船公司应向其签发海运提单。

（5）传递货运信息和寄送相关单证

多式联运经营人装港代理应将多式联运提单副本寄交多式联运经营人或其目的地代理，将海运提单寄送多式联运经营人中转港代理，并向有关方传递有关船舶动态等信息。

（6）办理货物在中转港的海关转关手续及制作货运单据

多式联运经营人中转港代理根据上一港代理提供的信息和收到的提单等单证制作铁路运单，并办理海关转关手续，将海关放行单证送交码头，以便接货并将其装上集装箱班列。

（7）货交铁路，铁路部门签发运单

多式联运经营人中转港代理将海关放行的集装箱装上指定火车后，铁路部门签发铁路运单，以便多式联运经营人能在目的地凭此提取集装箱。

（8）传递货运信息及寄送相关单证

多式联运经营人中转港代理应将铁路集装箱班列的动态向多式联运经营人、多式联运经营人目的地代理、收货人报告，以便有关方了解该班列的动态，同时将运单寄送目的地代理，以便其凭此提取货物。

（9）办理海关手续，提取货物与交付货物

多式联运经营人目的地代理凭加盖海关放行章的运单，从承运人或其代理处提取货物，并根据收货人交付的多式联运提单正本将集装箱交付收货人。

6.2.3 国际铁路货物联运进出口业务流程

6.2.3.1 国际铁路货物联运出口业务流程

国际铁路货物联运出口货物运输组织工作主要包括铁路联运出口货物运输计划的编制、货物托运和承运、国境站的交接和出口货物的交付等。国际铁路联运出口货物流程图见图 6－2。

1. 国际铁路货物联运出口货物运输计划的编制

国际铁路货物联运出口货物运输计划一般是指月度要车计划，它是对外贸易运输计划的组成部分，体现对外贸易国际铁路货物联运的具体任务，也是日常铁路联运工作的重要

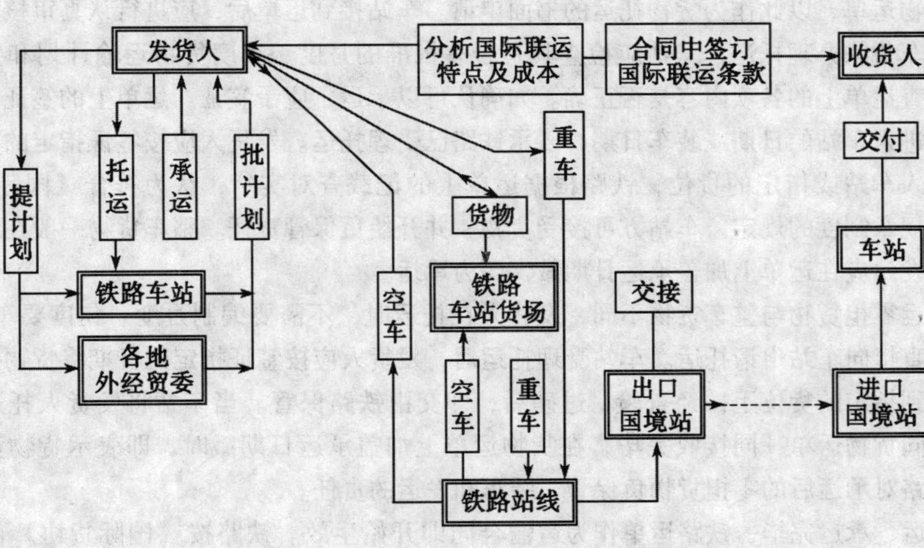

图6-2 国际铁路联运出口货物运输流程图

依据。

国际铁路货物联运月度要车计划采用“双轨（铁路、外贸）上报、双轨下达”的方法，其编制程序如下：

（1）各省、市、自治区发货单位应按当地铁路部门的规定，填制“国际铁路联运”月度要车计划表，向铁路局（分局、车站）提出下月的要车计划，并在规定的时间内，分别报送当地经贸厅（局）和各主管总公司。

（2）各铁路局汇总发货单位的要车计划后，上报铁道部；各省、自治区、直辖市商务厅（局）和各进出口总公司在审核汇总所属单位的计划后，报送商务部。

（3）商务部汇总审核计划后，与铁道部平衡核定。

（4）月度要车计划经两部平衡核定，并经有关国家的铁道部门确认后，由商务部将核准的结果通知各地商务厅（局）和各进出口总公司，各地商务厅（局）和各进出口总公司再分别转告所属发货单位；各铁路局（分局、车站）将铁道部批准的月度要车计划分别通知发货单位。

凡发送整车货物，均需具备铁路部门批准的月度要车计划和旬度要车计划；零担货物，则不必向铁路部门编报月度要车计划，但发货人必须事先向车站办理托运手续。

2. 国际铁路货物联运的托运和承运

具有批准的出口运输计划是进行货物托运与承运的前提。托运与承运的过程实际就是铁路与发货人之间签订运输合同的过程。

（1）托运的一般过程

货物的托运是发货人组织货物运输的一个重要环节。发货人在托运货物时，应向车站提出货物运单，以此作为货物托运的书面申请。车站接到运单后，应进行认真审核。

整车货物办理托运，车站应检查其是否有批准的月度、季度货物运输计划和要车计划，检查运单上的各项内容是否正确。如确认可以承运，应予签证。运单上的签证，表示货物应进入车站的日期或装车日期，表示铁路已受理托运。发货人应按签证指定的日期将货物搬入车站或指定的货位，铁路根据运单上的记载查对实货，认为符合《国际货协》和有关规章制度的规定，车站方可接受货物，并开始负保管责任。整车货物一般在装车完毕后，发站应在运单上加盖承运日期戳，即为承运。

发运零担货物与整车货物不同，发货人在托运时，不需要编制月度、旬度要车计划，凭运单直接向车站申请托运。车站受理托运后，发货人应按签证指定的日期将货物搬进货场，送到指定的货位上，经查验、过磅后，即交由铁路保管。当车站将发货人托运的货物，连同货物运单一同接收完毕，在货物运单上加盖承运日期戳时，即表示货物业已承运。铁路对承运后的零担货物负保管、装车和发运的责任。

托运、承运完毕，铁路运单作为运输合同即开始生效。铁路按《国际货协》的规定对货物负保管、装车并运送到指定目的地的一切责任。

（2）托运涉及的运输单证

托运所涉及的运输单证有运单和运单的随附单证。

1）国际货协运单（SMGS Rail Way Bill）

国际货协运单简称货协运单，是国际铁路货物联运运单中的一种。货协运单是由发送国铁路代表所有参加运送货物的各国铁路同发货人之间订立的运送契约。因此参加联运的各国铁路和发、收货人在货物运送中便具有了相应的权利和义务，它对铁路和发、收货人都具有法律效力。

2）运单的随附单证

经国际铁路联运出口的货物通过国境站时，需要履行海关手续、商品检验、卫生检疫等法定手续，为此发货人必须将所需的文件附在运单上。这些文件主要有出口货物报关单、出口货物明细单，并根据货物性质的需要还可能有出口许可证、品质证明书、商品检验证书、植物检验证书或兽医证明书等。其他有关单据，则视合同的规定和货物不同要求而定。

在运单上所附的一切文件，应由发货人记入运单第23栏“发货人添附的文件”栏内，并牢固地附在运单上，随货物同行。铁路没有义务检查发货人在运单上所添附的文件是否正确和是否齐全。

3. 发货人在装车发运中的工作

货物办理完托运和承运手续后，接下来是装车发运，货物的装车，应在保证货物和人身安全的前提下，做到快速进行，以缩短装车作业时间，加速车辆周转和货物运送。

（1）货物装车发运的一般程序

按我国铁路的规定，在车站公共装卸场所内的装卸工作，由铁路负责组织；其他场所如专用线装卸场，则由发货人或收货人负责组织。但某些性质特殊的货物，如易腐货物、未装容器的活动物等，即使在车站的货场内，也均由发货人组织装车或卸车。

货物装车发运的主要程序如下：

1）货物进站

货物应按铁路规定的时间进站。进站时，发货人应组织专人在车站接货。由铁路装车的货物，应会同铁路货运员对货物的件数、包装、品名、唛头标记、运单及其随附单证逐件进行检查，如发现问题或相互不符，必须修复、更换或查明原因予以更正。经铁路货运员验收完毕，认为符合运送要求，发货人即同货运员办理货物交接手续，并在运单上签证确认。

零担货物经铁路货运员查验、过磅，发货人按运单记载交付运杂费后，货物在站内的保管和装车发运工作即由铁路负责。

在专用线装车时，发货人应在货车调送前一日将货物搬至货位，并做好装车前的一切准备。

2）请车和拨车

由铁路负责装车的货物，有关请车和拨车均由铁路自行办理。

由发货人负责装车时，不论是在车站的货场内装车或是在专用线装车，发货人应按铁路批准的日要车计划，根据货物的性质和交货数量，向车站请拨车辆。发货人要正确合理选择需要的车种和车辆吨位，尽量做到车种适合货种，车吨配合货吨，并在保证货物和车辆安全的前提下，充分利用车辆的载重吨和容积，以提高经济效益。铁路在货车调送到装货地点或车辆交接地点之前，应将送车时间通知发货人，发货人应根据铁路送车通知按时接车，同时组织装车力量，在铁路规定的时间内完成装货工作，按时交车，并将装车完毕时间通知车站。

3）货物的装车、加固和施封

装车。货物装车应具备三个基本条件：第一，货物包装完整、清洁、牢固，货物标志、标记清晰完整；第二，单证齐全、内容准确、完备；第三，车辆的车体完整、清洁，技术状态良好，具备装车的必备条件。由发货人装车的货物，发货人应在现场负责监装。铁路负责装车的货物，一般应由铁路监装，在必要时可要求发货人在货场检查货物装载情况。现场监装工作的内容有以下几个方面：①装车前，检查货位上的货物，复核点数，是否符合装车条件。②货车调到时，会同铁路货运员检查车辆是否符合装车要求。③合理装载，装车时对配载货物做到心中有数，计算准确，合理装车并检查货物是否装载恰当，确保货物运输安全。④装车完毕，检查车辆是否封闭、加固、通风以及相应的安全措施。⑤记录车号，做好发运登记，并在出口货物明细单上填写车号、运单号和装车日期；如实际车数与原单记载有出入时，应及时做好修改和更正。⑥装车结束后，及时向车站交付运费，取回盖有发站承运戳记的运单副本和运单副本抄件。

加固。对于敞车、平车及其他特种车辆装运超限货物，箱装和裸装机械设备以及车辆等货物，应在装车时放置稳妥，捆绑牢固，以防运送途中发生移动、坠落、倒塌及互相撞击，保证安全运送。由我国铁路用敞车类货车发运货物时，装载加固按我国国内规章办理，暂不执行《国际货协》附件第 14 号《敞车类货车货物装载加固规则》的规定。

货物出口加固工作，应由铁路负责（自装车和专用线装车由发货人负责），但发货人应检查加固情况，如不合要求，应提醒铁路方面重新加固。

施封。它是保证货物运输安全的重要措施之一，以便分清铁路与发、收货人之间，铁路内部之间的相互责任。

我国装运国际联运出口货物的篷车、冷藏车、罐车必须施封。

货车施封后，应使用只在毁坏后才能启开的封印。

铁路装车时由铁路施封，发货人装车时由发货人施封，或委托铁路施封，此时发货人应在运单“铅封”栏内注明“委托铁路施封”字样。对出口货物和换装接运的进口货物，各发站和进口国境站必须用 10 号铁线将车门上部门扣和门鼻拧紧，在车门下部门扣处施封。

（2）货车的配载

1）篷车的使用和配载。篷车有顶盖和四壁，有门、窗，能启闭，对货物运送比较安全。装篷车的货物每件包装不宜过长、过大、过重，一般不超过 250 千克为宜，以利装卸。

我国现有篷车以 60 吨和 50 吨为多，因此应根据储运货物的数量，尽可能选用 60 吨或 50 吨的篷车。

在配载货物时，应先利用车容和载重量。在安排车容时，应根据每件货物大小和车辆长宽高，进行正确合理的计算，保证货物按数装载和不浪费运力，必要时应制订货物装载方案和绘制装载示意图，供装车时作为掌握和参考的依据。

2）敞车的使用和配载。敞车主要装运不怕受潮的货物。对于不能装篷车的货物，采取防潮、防盗措施能保证货物安全的，也可使用敞车装载。我国现在 60 吨和 50 吨的敞车较多。

装敞车的散装货物，凡能捆扎成件的（如钢材、钢管等），应尽量捆扎成大件，每车不超过 100 件。敞车货物的配载，也应充分利用货车的载重量和容积，在保证货物安全运送的前提下尽量做到满载，但装载不得超过车辆限界。

3）平车的使用。我国现有平车以 60 吨为多，30 吨次之。平车用于装运长大货物（敞车装卸困难的）。对于汽车、拖拉机及其他裸体机械，一般以装平车为宜。用平车装运货物，其高度和宽度均不得超过车辆限界。

（3）货物发出后办理事项

1）登记。发货人的运输人员在发货后，要将发货经办人员的姓名、货物名称、数量、件数、毛重、净重、发站、到站、经由口岸、运输方式、发货日期、运单号、车号及运费等项目，详细登记在发运货物登记表内，作为原始资料。

2）通知及上报。如合同有规定，发货后发货人要用电传或传真通知收货人，发货人要及时通知；如规定要上报总公司和当地经贸厅（局、委）的，要及时上报。总之，要做好必要的通知和报告工作。

3）修正和更改。如果货物发出后，发现单证或单货错误，要及时电告货物经由口岸的外运分支机构，要求代为修正，如发货后需要变更收货人、到站或其他事项的，要及时按规定通知原发站办理变更。

4. 国际铁路货物联运出口货物在国境站的交接

联运货物在装车发运后，紧接着就要考虑在国境站的交接问题。

(1) 国境站有关机构

在相邻国家铁路的终点，从一国铁路向另一国铁路办理移交或接收货物和车辆的车站称为国境站。我国国境站除设有一般车站应设的机构外，还设有国际联运交接所、海关、国家出入境检验检疫所、边防检查站及中国对外贸易运输（集团）总公司所属的分支机构等单位。

1）国际联运交接所

国际联运交接所简称交接所，它是国境站的下属机构。交接所执行下列任务：

①办理货物，车辆、运送用具的交接和换装；

②办理各种单据的交接，负责运送票据、商务记录的编制、翻译和交接工作；

③计算国际铁路联运进口货物运到期限、过境铁路运费和国内各项运杂费用；

④对货物和票据进行检查，处理和解决货物交接以及车、货、票、证等方面存在的问题。

2）海关

海关代表国家贯彻执行进出口政策、法律、法令，是口岸行使监督管理职权的机关，海关对进出口货物履行报关手续。只有在按规定交验有关单据和证件后，海关才凭此放行。

3）国家出入境检验检疫所

它是负责进出口商品检验检疫工作的国家行政管理机关。

4）边防检查站

它是公安部下属的国家公安部队，其职责是执行安全保卫，负责查验出入国境的列车、机车及列车服务人员和随乘人员的进出境证件。

5）中国外运分公司

中国外运分公司是各进出口公司的货运代理。在国境站的主要业务范围是：承办各种进出口物资的铁路发运、转运、联运、口岸交接、分拨、报关、报验和大型集装箱的中转、拆箱和装箱等业务。

(2) 国际联运出口货物交接的一般程序

国境站除办理一般车站的事务外，还办理国际铁路联运货物、车辆和列车与邻国铁路的交接，货物的换装或更换轮对、运送票据、文件的翻译及货物运送费用的计算与复核等项工作。出口货物在国境站交接的一般程序是：

1）出口国境站货运调度根据国内前方站列车到达预报，通知交接所和海关做好接车准备。

2）出口货物列车进站后，铁路会同海关接车，并将列车随带的运送票据送交接所处理，货物及列车接受海关的监管和检查。

3）交接所实行联合办公，由铁路、海关、外运等单位参加，并按照业务分工开展流水作业，协同工作。铁路主要负责整理、翻译运送票据，编制货物和车辆交接单，以此作为向邻国铁路办理货物和车辆交接的原始凭证。外运公司主要负责审核货运单证，纠正出口货物单证差错，处理错发错运事故。海关则根据申报，经查验单、证、货相符，符合国家法令及政策规定，即准予解除监督，验关放行。最后由双方铁路具体办理货物和车辆的交接手续，并签署交接证件。

以上仅是一般货物的交接过程。对于特殊货物的交接，如鲜活商品、易腐、超重、超限、危险品等货物，则按合同和有关协议规定，由贸易双方商定具体的交接方法和手续。属贸易双方自行交接的货物，国境站外运公司则以货运代理人的身份参加双方交接。如果在换装交接过程中需要鉴定货物品质和数量，应由国内发货单位或委托国境站商检所进行检质、检量，必要时邀请双方检验代表复验。外运分公司则按商检部门提供的检验结果对外签署交接证件。属于需要随车押运的货物，国境站外运分公司应负责两国国境站间的押运工作，并按双方实际交接结果对外签署交接证件，作为货物交接凭证和货款结算的依据。

（3）有关联运出口货物交接中的几个问题

1）联运出口货物单证资料的审核

审核出口货物单证是国境站的一项重要工作。它对正确核放货物，纠正单证差错和错发错运事故，保证出口货物顺利交接具有重要意义。

出口货物运抵国境站后，交接所应将全部货运单证送外运分公司进行审核，外运分公司作为国境站的货运代理公司，在审核单证时，要以运单内容为依据，审查出口货物报关单、装箱单、商检证书等记载的内容和项目是否正确、齐全。如正确无误，则可核放货物，做到差错事故不出国。如出口货物报关单项目有遗漏或记载错误，或份数不足，应按运单记载内容进行订正或补制；运单、出口货物报关单、商检证书三者所列项目如有不符，有关运单项目的订正或更改，由国境站联系发站并按发站通知办理；需要更改或订正商检证书、品质证明书或动植物检疫证书时，应由出证单位通知国境站出入境检验检疫所办理；海关查验实货，如发现货物与单证不符，需根据合同和有关资料进行订正，必要时应联系发货人解决。总之，国境站外运分公司在订正、补制单据时，只限于代发货人缮制单证，而对运单内容和项目，以及商检证书、品质证明书、检疫证、兽医证等国家行政管理机关出具的证件，均不代办订正或补制。

出口货物单证经复核无误后，应将出口货物报关单、运单及其他随附单证送交海关，作为向海关申报和海关审核放行的依据。

2）办理报关、报验等法定手续

铁路联运出口货物报关，由发货人委托铁路在国境站办理。发货人在货物发运前，应填制出口货物报关单，作为向海关申报的主要依据。

出口货物报关单格式由我国海关总署统一制定。发货人或其代理人需按海关规定逐项填写，要求内容准确、详细，并与货物、运单及其他单证记载相符。字迹要端正、清晰，不可任意省略或简化。对于填报不清楚或不齐全的报关单，以及未按《海关法》的有关规定交验进出口许可证等有关单证者，海关将不接受申报；对于申报不实者，海关将按违章案件处理。

铁路发站在承运货物后，即在货物报关单上加盖站戳，并与运单一起随货同行，以便国境车站向海关办理申报。

需办理检验检疫的货物，要向当地出入境检验检疫部门办理检验检疫手续，取得证书。

上述各种证书在发站托运货物时需连同运单、报关单一起随车同行，在国境站由海关执行监管，查证放行。

(4) 联运出口货物的交接方式

货物交接可分为凭铅封交接和按实物交接两种情况。

凭铅封交接的货物，根据铅封的站名、号码或发货人简称进行交接。交接时应检查封印是否有效或丢失，印文内容、字迹是否清晰可辨，同交接单记载是否相符，车辆左、右侧铅封是否一致等，然后由双方铁路凭完整铅封办理货物交接手续。

按实物交接可分为按货物重量、按货物件数和按货物现状交接三种方式。

按货物重量交接的，如中、朝两国铁路间使用敞车、平车和砂石车散装煤、石膏、焦炭、矿石、熟矾土等货物；按货物件数交接的，如中、越两国铁路间用敞车类货车装载每批不超过100件的整车货物；按货物现状交接的，一般是难以查点件数的货物。

在办理货物交接时交付方必须编制"货物交接单"，没有编制交接单的货物，在国境站不得办理交接。

(5) 联运出口货运事故的处理

联运出口货物在国境站换装交接时，如发现货物短少、残损、污染、湿损、被盗等事故，国境站外运分公司应会同铁路查明原因，分清责任，分别加以处理。由于铁路原因造成的货物残损短缺，要提请铁路编制商务记录，并由铁路负责整修。整修所需包装物料由国境站外运分公司根据需要与可能协助解决，但费用由铁路承担；由于发货人原因造成的事故，在国境站条件允许的情况下，由国境站外运分公司组织加工整修，但需由发货人提供包装物料，负担所有的费用和损失。因技术条件限制，无法在国境站加工整修的货物，应由发货人到国境站指导将货物返回发货人处理。

5. 国际联运出口货物的交付

国际联运出口货物抵达到站后，铁路应通知运单中所记载的收货人领取货物。在收货人付清运单中所记载的一切应付运送费用后，铁路必须将货物连同运单交付给收货人。收货人必须支付运送费用并领取货物。收货人只有在货物因毁损或腐坏而使质量发生变化，以致部分货物或全部货物不能按原用途使用时，才可以拒绝领取货物。收货人领取货物时，应在运行报单上填记货物领取日期，并加盖收货戳记。

6.2.3.2 国际铁路货物联运进口业务流程

国际铁路联运进口货物的发运工作是由国外发货人根据合同规定向该国铁路车站办理的。根据《国际货协》规定，我国从参加《国际货协》的国家通过铁路联运进口货物，凡国外发货人向其所在国铁路办理托运，一切手续和规定均按《国际货协》和该国国内规章办理。我国国内有关订货及运输部门对联运进口货物的运输工作，主要包括联运进口货物在发运前编制运输标志；审核联运进口货物的运输条件；向国境站寄送合同资料；国境站的交接、分拨；进口货物交付给收货人以及运到逾期计算等。

1. 联运进口货物运输标志的编制

运输标志又称唛头（Mark），一般印制在货物外包装上，它的作用是为承运人运送货物提供方便，便于识别货物，便于装卸，便于收货人提货。唛头必须绘制得清楚醒目，色泽鲜艳，大小适中，印制在货物外包装显著位置。我国规定，联运进口货物在订货工作开始前，由商务部统一编制向国外订货的代号，作为收货人的唛头，各进出口公司必须按照统一规定的收货人唛头对外签订合同。收货人唛头由七部分组成，按下列顺序排列：

（1）订货年度代号，如2007年签订的进口贸易合同，即以“07”为年度代号。

（2）承办订货进出口贸易公司代号，如由中国机械进出口总公司订货，即以“M”为代号。

（3）订货部门（即收货人）代号，如由邮电部委托订货，即以“KF”为代号。

（4）间隔号，外贸为“-”，工贸为“/”。

（5）商品类别代号，如“44”即代表有线电设备。

（6）合同编号或卡片编号，即采用进口合同所编的顺序号码。

（7）供货国别地区代号，按照同我国建立外交和贸易关系的国家和地区，分别用两个拉丁字母作为一个国家和地区的代号，如“CF”代表法国，“MR”代表美国等。

2. 审核联运进口货物的运输条件

联运进口货物的运输条件是合同不可缺少的重要内容，因此必须认真审核，使之符合国际联运和国内的有关规章。

审核联运进口货物运输条件的内容主要包括收货人唛头是否正确；商品品名是否准确具体；货物的性质和数量是否符合到站的办理种别；包装是否符合有关规定等。

3. 向国境站寄送合同资料

合同资料是国境站核放货物的重要依据，各进、出口公司在贸易合同签字以后，要及时将一份合同中文抄本寄给货物进口口岸的外运分公司。合同资料包括合同的中文抄本和它的附件、补充书、协议书、变更申请书、更改书和有关确认函电等。

4. 联运进口货物在国境站的交接与分拨

联运进口货物交接的一般程序。

联运进口货物的交接程序与出口货物的交接程序基本相同。其做法是：进口国境站根据邻国国境站货物列车的预报和确报，通知交接所及海关做好到达列车的检查准备工作。进口货物列车到达后，铁路会同海关接车，由双方铁路进行票据交接，然后将车辆交接单及随车带交的货运票据呈交交接所，交接所根据交接单办理货物和车辆的现场交接。海关则对货物列车执行实际监管。

我国进口国境站交接所通过内部联合办公，开展单据核放、货物报关和验关工作，然后由铁路负责将货物调往换装线，进行换装作业，并按流向编组向国内发运。

5. 联运进口货物交接中的几个问题

（1）进口合同资料

进口合同资料是国境站核放货物的唯一依据，也是纠正并处理进口货物在运输中出现错乱的重要资料，口岸外运分公司在收到合同资料后，如发现内容不齐全、有错误、字迹不清，应迅速联系有关进、出口公司修改更正。

联运进口货物抵达国境站时，口岸外运分公司根据合同资料对各种货运单证进行审核，只有单、证、票、货完全相符，才可核放货物。通常联运进口货物货运事故大约有以下几类：

①合同资料与随车单证不符；

②单证与货物不符，包括有票无货、有货无票；

③货物错经国境口岸；

④货物混装、短装或超过合同规定的数量；

⑤货物不符《国际货协》规定，铁路拒收等。

对上述情况，口岸外运分公司应本着以下原则处理：因铁路过失造成的，联系铁路处理；因发货人过失造成的，根据合同资料和有关规定认真细致地查验货物，确有可靠依据的可予以纠正，否则联系有关公司处理。

（2）联运进口货物变更到站和变更收货人的工作

国际铁路联运货物根据发货人和收货人的需要，可以提出运输变更。运输变更申请应由发货人或收货人提出。

联运进口货物变更到站、变更收货人时，首先应通过有关进、出口公司向国外发货人提出。在国外发货人不同意办理变更时，可向国境站外贸运输机构申请，在国境站办理变更。

联运进口货物变更的受理，应在货物到达国境站前。进口由收货人申请变更到站和收货人，则只可在货车开至到达国进口国境站且货物尚未从该站发出时提出变更。

6.3 国际多式联运单证

6.3.1 国际多式联运单证概述

《联合国国际货物多式联运公约》对多式联运单证的定义："是指证明多式联运合同以及证明多式联运经营人接管货物并负责按照合同条款交付货物的单据。"

1. 多式联运单证定义的解释

该定义说明：

（1）多式联运单证不是运输合同，而是运输合同的证明。

（2）多式联运单证是多式联运经营人收到货物的收据和凭其交货的凭证。

所以，在国际多式联运中，真正的运输合同系由多式联运经营人与发货人订立的多式联运合同。

2. 多式联运合同及其必备条件

《联合国国际货物多式联运公约》对多式联运合同的定义："是指多式联运经营人凭以收取运费、负责完成或组织完成国际多式联运的合同。"

该合同的成立必须具备下列条件：

（1）必须至少使用两种以上的运输方式。

（2）必须是对货物的运输。

（3）接受货物托运，因有合同而对货物负有进行运输和保管的责任。

（4）该合同必须是一种承揽、有偿、不要式合同。

3. 国际多式联运单证系统的构成

国际多式联运单证系统由以下两部分组成。

（1）在国际多式联运经营人与货主（托运人、收货人）之间流转的单证。这部分单证中最重要的是国际多式联运单证（据）。由于没有可适用的国际公约，世界上并不存在国际上认可的、统一的多式联运单证。实务中使用的多式联运单证在商业上是通过订立合同产生的，它既可以是可转让的，也可以是不可转让的，但目前以使用可转让的多式联运提单最为常见。

（2）国际多式联运经营人与各区段实际承运人之间流转的单证。这部分单证采用该区段运输方式所使用的运输单证。

4. 多式联运单证的种类

在没有可适用的国际公约的情况下，并不存在国际上认可的作为多式联运单证的合法单证。现在多式联运中使用的单证在商业上是通过合同产生的。目前，国际多式联运单证可分为以下4类。

(1) 波罗的海国际海事协会(BIMCO)制订的 Combidoc。此单证已得到了国际商会(ICC)的认可，通常为拥有船舶的多式联运经营所使用。

(2) FIATA 联运提单(FBL)。它是由 FIATA 制订的，供多式联运经营的货运代理所使用。它也得到了国际商会的认可。

(3) UNCTAD 制订的 Multidoc。它是便于《联合国国际货物多式联运公约》得以实施而制订的。它并入该公约中责任方面的规定。由于该公约尚未生效，因而该多式联运单证尚无任何多式联运经营人选用。

(4) 多式联运经营人自行制订的多式联运单证。目前几乎所有的多式联运经营人都制订自己的多式联运单证。但考虑到适用性，与 Combidoc、FBL 单证一样，绝大多数单证都并入或采用“ICC 联运单证统一规则”，即采用网状责任制，从而使现有的多式联运单证趋于标准化。

5. 转船提单、联运提单与多式联运提单的异同

转船提单、联运提单、多式联运提单都是属于中途需要换装作业的提单。从提单的正面来看，这三种提单的栏目设置基本相同，似乎表明各类提单具有一定的可替代性，但从提单背面条款来看，转船提单(Transshipment B/L)与联运提单(Through B/L)都规定承运人仅对自己完成的区段承担责任；而多式联运提单(Combined Transport B/L 或 Multimodal Transport H/L 或 Intermodal Transport B/L)则规定多式联运经营人对全程负责。很明显，它们之间存在本质的不同。

三种提单的基本概念如下：

(1) 转船提单是指在装货港装载的货物不能直接运往目的港，需要在中途港装其他船舶转运至目的港时承运人签发的提单。目前此种提单背面均规定承运人仅对自己完成的区段承担责任。

(2) 联运提单是指承运人对经由海海、海陆、陆海运输的货物所出具的全程提单。目前此种提单背面均规定承运人仅对自己完成的区段承担责任。

(3) 多式联运提单是指多式联运经营人对经由两种以上的不同运输方式运输的货物所出具的全程提单，多式联运经营人对全程运输承担责任。

表6-1 三种提单之间的区别与联系

主要内容	转船提单	联运提单	多式联运提单
英文名称	Transshipment B/L	Through B/L	CTB/L，MTB/L，ITB/L
运输栏目	前程运输工具、装港、船名、转运港、卸港、交货地	前程运输工具、前程承运人、收货地、装港、船名、卸港、交货地	前程运输工具、收货地、装港、船名、卸港、交货地

续 表

运输方式	海运、海—海、海—其他方式	海运、海—海、海—其他方式、其他方式—海	海运、海—海、多式联运
责任期间	船到船	船到船	交货到交货
提单类型	已装船提单	已装船提单	收货待运提单
签发人	海上承运人	海上承运人	多式联运经营人
签发时间	装船后	装船后	收货后
签发地点	装港或承运人所在地	装港或承运人所在地	收货或经营人所在地
银行对单证的处理	UCP 500 23	UCP 500 23	UCP 500 26

6. 多式联运提单的签发

(1) 多式联运提单的签发人

根据《联合国国际货物多式联运公约》的规定，多式联运经营人在接管货物时，应签发一项多式联运单据，该单据应依发货人的选择，或为可转让的单据或为不可转让的单据。多式联运单据应由多式联运经营人或经他授权的人签字。

"多式联运经营人"是指其本人或通过其代表订立多式联运合同的任何人，他是事主，而不是发货人的代理人或代表或参加多式联运的承运人的代理人或代表，并且负有履行合同的责任。在国际多式联运中，系由不同的承运人使用不同的运输工具共同完成全程运输，一旦在运输过程中发生赔偿行为，由谁对该损害行为负有赔偿责任；而且，在多式联运下，出现了两种类型的承运人，一种是契约承运人（与货物托运人订立运输合同的人），另外一种是实际承运人（即契约承运人委托的完成货物运输的人）。这种规定不会影响到契约承运人与实际承运人之间的任何追偿权利，对多式联运经营人的规定，是说明在国际多式联运过程中一旦发生损害赔偿行为，多式联运经营人以本人的身份直接进行赔偿。他在联运业务中作为总承运人对货物负有履行合同的责任，并承担自接管货物时起至交付货物时止的全程运输责任，并且对货物在运输路途中因灭失、损坏或延迟交付所造成的损失负赔偿责任。

(2) 多式联运提单的签发

多式联运提单一般是在多式联运经营人收到货物后签发的。由于联运货物主要是集装箱货物，因此经营人接收货物的地点可能是集装箱码头或内陆堆场（CY）、集装箱货运站（CFS）和发货人的工厂或仓库。由于接收货物的地点不同，提单签发的时间、地点及联运经营人承担的责任也不同。而且根据多式联运的特点，托运人一交出货物，即使货物没有装上船，也可以凭场站收据要求多式联运经营人签发提单。这种提单通常是待装船提单，在结汇上是有困难的。

为了适应信用证规定下的集装箱运输，以及多式联运下结汇的需要，《跟单信用证统一惯例》1993 年修订本阐述了关于"联合运输单据的规定"，如果信用证需要联合运输单证或规定的联合运输，但未指定所需要的单证形式或该页单证的开户人，银行当对该项单证予以接受。同时规定，如联合运输包括海运，即使单证中未表明货物已装上指名船舶，或即使单证上订有集装箱运输，货物可能载于舱面的条文，但未特别表明该货物已装于舱面者，该项单证银行均予以接受。

多式联运经营人凭收到货物的收据签发多式联运提单时，可以根据发货人的要求签发可转让与不可转让的提单。签发提单前应向发货人收取合同规定和由其负担的全部费用。多式联运经营人在签发多式联运提单时，应注意以下事项：

如签发可转让的多式联运提单，应在收货人栏列明按指示交付或向持票人交付。如签发不可转让的提单，应列明收货人名称。

提单上的通知人一般是在目的港或最终交货地点，由收货人指定代理人。

对签发正本提单的数量一般没有规定，如应发货人的要求签发一份以上的正本提单时，应在每份正本提单上注明正本份数。

如签发任何副本，每份副本均应注明“不可转让副本”字样。副本不具有提单的法律效力。如签发一套一份以上的正本可转让提单时，各正本提单具有同样的法律效力的，多式联运经营人或其代表如已按其中的一份正本交货便已经履行交货责任，其他提单自动失效。

多式联运提单应有多式联运经营人或经他授权人的签字。如不违背所在国法律，签字可以使用手签、手签笔迹的印章、符号或用任何其他机械或电子仪器印章。

如果多式联运经营人或其代表在接收货物时，对货物的实际情况和提单中未注明的货物的种类、标志、数量或重量、包数或件数有怀疑，但又无适当的方法进行核对、检查时，可以在提单上作出保留，注明不符之处和怀疑的根据。但是为保证提单的清洁，也可以按习惯处理。

经发货人同意，可以用任何机械或其他方式保存公约规定的多式联运提单列明的事项，签发不可转让的提单。在这种情况下多式联运经营人在接管货物后，应交给发货人一份可以阅读的单据，该单据应载有此种运输方式记录的所有事项。根据公约规定这份单据应视为多式联运单据。多式联运公约中的这项规定，主要是为适应电子单证的使用而设置的。

如该提单中记名的收货人以书面的形式通知多式联运经营人，要求将提单记载的货物交给他书面通知中指定的其他收货人时，而且，在事实上多式联运经营人也这样做了，也认为多式联运经营人已履行了其交货的责任。

6.3.2 多式联运单证填制

1. 多式联运单证的主要内容

多式联运单证是多式联运经营人、承运人、发货人、收货人、港方和其他有关方进行业务活动的凭证，主要是起货物交接时的证明作用，证明其外表状况、数量、品质等情况。单据的内容必须正确、清楚、完整，以保证货物正常安全地运输。多式联运单证的主要内容有：

（1）货物的外表状况。

（2）多式联运经营人的名称和主要营业所。

（3）发货人、收货人名称。

（4）多式联运经营人接管货物的地点和日期。

（5）交付货物的地点。

（6）经双方明确协议，交付货物的时间、期限。

（7）表示多式联运单证为可转让或不可转让的声明。

（8）多式联运单证签发地点、时间。

（9）多式联运经营人或经其授权的人的签字。

（10）有关运费支付的说明。

（11）有关运输方式和运输路线的说明。

（12）有关声明。

多式联运单证一般都应注明上述各项内容，缺少其中一项或两项没有太大关系，只要所缺少的内容不影响货物运输和各当事人之间的利益单据仍然有效。

同时，除按规定的内容填制外，还可根据双方的实际需要和要求，在不违背单证签发国的法律时，可加注其他项目。如有关特种货物的装置说明；对所收到的货物批注说明；不同运输方式下承运人之间的临时洽商批注等。

多式联运单证所记载的内容，通常由托运人填写，或由多式联运经营人或其代表根据托运人所提供的有关托运文件制成。但在多式联运经营人接管货物时，发货人应视为他已向多式联运经营人保证，他在多式联运单证中所提供的货物品类、标志、件数、重量、数量概为准确无误，如系危险货物，还应说明其危险特性。

如货物的损害系由于发货人提供的内容不准确或不当所造成，发货人应对多式联运经营人负责，即使发货人已将多式联运单证转让于他人也不例外；而且，多式联运经营人取得这种赔偿的权利，也并不限制他按照多式联运合同对发货人以外的其他任何人应负的赔偿责任。当然，如货物的灭失、损害系由于多式联运经营人意图诈骗，在单证上列入有关货物的不实资料或漏列有关内容，该多式联运经营人则无权享受多式联运公约规定的赔偿责任限制，而应按实际损害赔偿。

2. 多式联运提单特有的条款

多式联运经营人在某种情况下充当的是契约承运人的角色，他所承担的责任期间自接收货物时起至交付货物时止。因此在他所签发的提单中对承运人的义务要加以扩展，同时对他所要承担的责任要予以明确。多式联运提单中特有的条款如：

（1）联合运输

如果是联合运输，并已就联合运输支付运费，本提单便是联合运输提单。承运人负责安排或组织落实联合运输中的前一程运输以及（或）续程运输。所以由于联合运输而引起的索赔必须在交付货物之日或在交付货物之日之后9月内向承运人提出，否则承运人便应被解除其关于货物的任何责任。如果承运人已就因联合运输而引起的任何索赔向货方支付任何款项，承运人便应自然地以代位关系而取得或被赋予货方针对所有其他人包括前一程承运人或续承运人或分立契约人就此项灭失或损害而享有的权利。

本款所载任何规定都不得视为承运人针对前一程承运人或续程承运人或分立契约人就赔偿或其他事项所享有的任何权利的放弃。

（2）灭失与损害

如果能对联合运输过程中发生灭失或损害所属阶段加以判明，承运人的责任应适用该阶段的国内法或国际公约。如果在联合运输过程中发生灭失或损害的阶段无法判明，则货方与承运人商定，应将此项灭失或损害视为发生在承运人的船上。

（3）运价本

该条款包含在 Combiconbill，Multidoc 等样本中，其为有关当事人在发生单据中的运价和所适用的运价本之间不相一致时提供有用的实际的解决方案。如 Multidoc95 第3条规定，发运时的多式联运经营人所适用的运价本并入在内，在本单据与应适用的运价本之间不相一致时，本单据优先适用。

3. 联运提单及其填写方法

提单是货物的承运人（或其代理人）在受理货物以后签发给托运人的一种书面凭证。提单的性质和作用是：提单是承运人给托运人出具的正式货物收据，证实已按提单所列的内容收到货物。提单是收货人在目的地提取货物的主要凭证和货物所有权的凭证。收货人可持提单（正本）在目的地向承运人或其代理人领取货物。承运人或其代理人根据提单将货物交给提单（正本）持有者。其中一份正本提单用于提货后，其余正本提单自动作废。提单是承运人或其代理人与托运人之间共同遵守的运输契约，提单签发后，即运输契约的开始，它规定了委托方和承运方必须承担的责任和义务（提单条款），是解决和处理承运人及托运人之间在货物承运后至交付收货人之间所发生问题的主要法律依据。在贸易上，提单是买方向卖方收取货物的主要凭证。提单签发后，卖方即可持提单和其他单证通过银行向买方结汇；在某种情况下，提单又是代表货物的文件，提单就是货物，买方可出卖提单，可以在市场上进行买卖转让，这就是可转让的提单。对承运人来说，提单是向托运人收取运费的主要依据。因此，提单是运输和贸易的重要文件，在缮制提单时绝对不容许有任何疏忽，必须严格和慎重地缮制和签发，否则将使承运人遭受重大损失。

提单各项内容的含义及填写：

（1）发货人：即委托方，在大陆桥运输中，一般是外贸单位，填写其完整名称。

（2）收货人或指示：即提单的抬头人，记名收货人或不记名收货人。由发货人提供具体名称和地址。但在以信用证为支付方的条件下，多为空白抬头（TO ORDER）。总之按发货人的规定填写，以备在目的地由代理联系收货人提取货物。

（3）通知地址：根据发货人提供的通知方及地址填写，当收货人栏内用不记名式

（TO ORDER）时，则此栏内必须有被通知方的名称及地址，以备承运人通知其运输信息和提单持有人准备提货。否则，因无法与提单持有人联系，会造成无人提货，而在仓储费或贸易上发生纠纷事件。

（4）前段运输工具：填 BY TRAIN，即火车。

（5）海运船只：不填写。

（6）卸货港：不填写。

（7）收货地点：按实际收货地点填写。

（8）装货港：一般不填写。

（9）交货地点：即集装箱国外最终到站，在到岸价条件下，一般交货地点及最终到站应与买卖合同中规定的目的站一致。

（10）运费支付地：到岸价即 CIF 出口，运费预付时填发站所在地，离岸价即 FOB 出口，运费到付时不填写。

（11）正本提单份数：由买卖合同规定，按委托人的要求确定填写份数，份数用 ONE/TWO/THREE，不得用阿拉伯数字 1/2/3 填写。

（12）标志和号码：应按发货人提供的标志唛头以及号码如实填写，不能简化、遗漏或填错。另外还须填上铅封号码。

（13）件数和包装种类：必须按发货人提供的细节认真填写，为了避免件数被篡改，需要用英文大写字母注出总数。如一张提单上分别有几种包装种类，总数必须用英文说明。另外还要填上集装箱箱号。

（14）货名：要用英文大写字母填上货物的确切名称，不得用其他文字。

（15）总重量（千克），容积（立方米）：对于货物的重量和容积，要求每票货物都要以公制计算的千克和立方米表示。

（16）运费和费用：大陆桥出口运输的一般做法是在离岸价条件下，注明运费到付（FREIGHT COLLECTED），在到岸价条件下，注明运费预付（FREIGHT PREPAID）。为划清费用，对于边境交货要注明交货条款。

（17）说明：提单正本签发的份数，其中一份办理提取货物后，其余各份则作无效处理。

（18）提单签发地点及日期：签发地点一般与发货地点一致，提单签发日期应为承运人接管货物并把货物装入集装箱的日期。绝不能预借或倒签提单，因为这将使承运人违背提单条款而承担收货人可能提出的责任。具体填写应为 20TH JULY 2007 AT BEIJING，以防止被篡改。

（19）代表承运人签字：只有承运人和经承运人委任并授权的代理有权签署，例如，大陆桥集装箱运输的联运提单由中外运或铁外服签发并加盖公章。只对正本提单签字，副本不必签字。

（20）提单编号：每份提单都应有编号，以便查询和记录。编号的方法可用发货人托运单的号码，也可根据情况自行决定，但号码不要超过4位数字。

4. 对香港地区出口货物运输单证

对香港地区出口货物运输单证，有几个需要特别提示：

（1）货物运输委托书（见样单6－1）

样单6－1　联运出口货物委托书

中国对外贸易运输（集团）总公司深圳分公司
联运出口货物委托书

运编号＿＿＿＿＿＿

发票号＿＿＿＿＿＿

合约号＿＿＿＿＿＿

制单日期：　　年　　月　　日

委托单位（全称）		香港过户银行	
地址		香港收货（代理）人	
电挂		地址	
电话		电话	

下列货物装火车由＿＿＿＿＿站发往深圳/香港，委托深圳外运公司/香港中旅货运有限公司参照本委托书。

各项内容办理接运和卸交，并请随时以动态见告。

本票货物到深圳后请办理＿＿＿＿＿（选填“原车过轨”，“卸车存仓”，“装集装箱”中的一项）。

本票货物运输所发生的一切费用由下述公司支付：

深圳段费用请向＿＿＿＿＿公司（全称）托收，

香港段费用请向＿＿＿＿＿公司（全称）收取。

发站装车日期：　　年　月　日，　车　　号：（整车填，零担货切勿填）

铁路运单号：（零担货填，整车切勿填）

唛头标记	件数及包装种类	货名及规格	尺码（立方米）	毛重（千克）	净重（千克）	信用证条款	
						信用证号	
						装车截止日期	年　月　日
						结汇截止日期	年　月　日
						可否分批装运	年　月　日
						CIP　HK RMB　¥	

备注	1. 过轨车载陆海联运货在此栏加盖“陆海联运”印章。 2. 超重或超大件物料、危险品物料及特约事项记注在本栏。	委托单位盖章：

货物运输委托书（简称“委托书”）是委托和接受委托的依据，也是向发货人核收运送费用的凭证，是对香港铁路运输最基本的单据之一。委托书一式三份，其中深圳外运或铁外服一份、港中旅一份（由深圳外运或铁外服转交）、运输过程结束后退发货人一份。

委托书可以采取发运前预寄、发运后以快递方式邮寄、发运时附在铁路运单上代交等方式，以货物到达深圳前（或到达深圳时）交深圳外运或铁外服。

委托书一般应为委托人填写、盖章，但承运人要审单，避免出差错。委托书所填制的内容与其他单证填制的内容要相符，如果货物内容复杂难以在委托书里说明，可以附单说明。委托书如有小的修改，应用书面形式及时传真通知深圳外运或铁外服，以便更改。委托书发站承运人也应留底存档备查，其内容应按批填制，并为同一货主所属的货物。

（2）承运货物收据（见样单6－2）

由于内地铁路与香港九广铁路目前尚未直通，各地发运到香港的货物不能一票直达。因此，铁路提供的货物运输单证，国内银行不同意将其作为对外结汇的凭证。根据香港运输的特点，中外运或铁外服及其所属机构，以货运代理的身份向各外贸单位签发承运货物收据，它相当于海运提单或国际联运运单副本，既可负责发站至香港的全程运输，又是向银行结汇的凭证。

样单6－2　承运货物收据

中国铁路对外服务总公司承运货物收据

注意　　　　　　　　　　　　　　　　　　　　　　　　总编

本承据自制发之日起

满足三个月，无人持

凭提货，即告作废　　　　　　　　　　　　　　　　运编　　　号

年　　月　　日

委托人： 地址：			发货人： 通知：		
运输线路　　自　　　至　　　经由			车号　　　票号		
标记	货物名称	包装	件数	重量或尺码	附记
许可证/明细单号：		信用证号：		起运日期：	
有效承运货物收据共发　　纸，凭壹纸提货，其余作废。					
特约事项：			提货地点：		
押汇银行签认：　　　收货人签认：			承运人签章：		

填写和签发承运货物收据的注意事项：

①承运货物收据是一份重要的单证，也是一份有价证券，填写时务必严肃认真、慎重、准确，其填制内容的依据是信用证条款，银行要根据信用证条款审查，故填制还必须达到银行的要求。信用证结汇的出口货物，承运货物收据一般须用英文书写。其他结汇方式（如“D/A”、“D/P”、“T/T”）根据委托人的要求可用中文书写；

②签发单位必须在发运货物并取回铁路领货凭证后，按实际发运的数量签发，其内容要严格审核，并与委托书保持一致；

③签发日期、货物数量必须与铁路运单相同，尚未发运的货物，不能提前签发结汇；

④承运货物收据为一正三副，各签发单位可按实际需要增减，签发数量与信用证规定相符，如果根据信用证规定份数增加，每份的总编号、运编号必须一致，防止同一份单证使用不同编号；

⑤承运货物收据内容填写要求清楚、整洁、齐全，字迹要清晰，要使用国家规定简化字，不得使用自造字；

⑥承运货物收据原则上不得修改，特殊情况下，修改不得超过三处，修改处承运人要盖修改章证明；

⑦禁止将空白承运货物收据交委托人代为签发，因为签发承运货物收据者要对该批货物负责。

（3）货物起运通知

货物起运通知可使深圳口岸和驻港机构提前做好接运准备，以及在运输单证迟到或丢失时作为补作单证的依据。各发运单位必须在货物装车后 24 小时内传真至深圳外运或铁外服。

表 6－2 列出了对欧共体成员国被动配额纺织品出口许可证代码，表 6－3 列出了我国各省市签证局代码。

表 6－2　对欧共体成员国被动配额纺织品出口许可证

国别	丹麦	荷兰、比利时、卢森堡	法国	英国	德国（包括柏林博览会）
代码	DK	BL	FB	GB	DE
国别	爱尔兰	西班牙	葡萄牙	意大利	希腊
代码	IE	ES	PT	IT	EL

表 6－3　我国各省市签证局代码表

省市名称	部事务局	北京	天津	河北	山西	内蒙	辽宁
代码	00	01	02	03	04	05	06

续 表

省市名称	吉林	黑龙江	上海	江苏	浙江	安徽	福建
代码	07	08	09	10	11	12	13
省市名称	江西	山东	河南	湖北	湖南	广东	广西
代码	14	15	16	17	18	19	20
省市名称	四川	贵州	云南	西藏	陕西	甘肃	青海
代码	21	22	23	24	25	26	27
省市名称	宁夏	新疆	台湾	重庆	武汉	大连	沈阳
代码	28	29	30	31	32	33	34
省市名称	哈尔滨	广州	西安	青岛	宁波	海南	成都
代码	35	36	37	38	39	40	41
省市名称	南京	长春	深圳				
代码	42	43	44				

注：1. 证书第一栏出口公司代码填省市代码加后缀。

2. 在填制证书第二栏时，第6、7字节应填签证局代码，未获签证权的省市，该栏内应填代签单位的代码。

6.3.3 国际铁路货物托运单据

在我国，不同的运输方式所对应的货物托运的程序及工作内容是不同的。

1. 国际铁路货物联运的托运

我国出口货物的铁路运输，多采用国际铁路货物联运，其托运手续通常按以下程序进行：

1）审清要车。托运方先根据托运货物的体积估算出所需的车舱空间，若货物体积等于或超出独车运输能力或超过5000千克，则出口公司须向铁路分局申请独车运输，出口公司须根据当地的铁路运输情况，结合货物流向、性质、重量、体积等因素，合理选择货物路线和车次，确定所需车皮数和吨位，填写下月度要车计划表，并于每月4日前（2月份提前2天）报上级主管部门及铁路局（分局或车站），当月25日前铁路局（分局或车站）将批准下月度铁路运输计划，如获批准，铁路部门将在要车计划表上填具批准计划编号发还出口公司。

2）办理货物托运手续。出口公司要到车，且收到L/C经审核无误后，即可办理货物托运手续。由出口公司或货代作为发货人填写国际联运托运单（简称铁路运单Rail－way Bill），见样单6－3，一式三联交给车站申请托运。车站审核托运单内容及已获批准的要车计划后，如确认可以托运，则给予登记，并在运单上标明货物应进入车站的日期与装车日期。

样单 6－3 铁路运单

发送路简称 中铁 3	1. 发货人，通信地址	批号－ 25. 检查标签－ | 2. 合同号码 3. 发站
	5. 收货人，通信地址	4. 发货人的特别声明
6. 对铁路无约束力的记载		26. 海关记载
7. 通过的国境站		27. 车辆－ 28. 标记载重（吨） 29. 轴数 30. 自重－ 31. 换装后的货物重量－
8. 到达路和到站		

27	28	29	30	31

慢运 国际货协－运单	9. 记号、标记、号码	10. 包装种类	11. 货物名称	12. 件数	13. 发货人确定的重量（千克）	32. 铁路确定的重量（千克）
14. 共计件数（大写）		15. 共计重量（大写） 零担/整车			16. 发货人签字 发货人/铁路	
17. 互换托盘数量			集装箱/运送用具 18. 种类类型		19. 所属者及号码	

20. 发货人负担下列过境铁路的费用	21. 办理种别 零担/整车 不需要者划消	22. 由何方装车 发货人/铁路	33 34 35
23. 发货人添附的文件	24. 货物的声明价格		36
	45. 铅封 个数 | 记号		37 38 39 40 41

46. 发站日期戳	47. 到站日期戳	48. 确定重量方法	49. 过磅站戳记，签字	42 43 44

3）装车。出口公司或货代在货单规定的进栈日期或装车日期到期前，将货物运至车站指定的货位。铁路部门根据托运单记载核查货物，认为可以装车的，在发货人付清有关费用后，即予装车，然后在运单正副本上加盖发货承运日期戳记。运单正本与出口企业预先填妥并交付给承运人的出口货物报关单一起随货同行，以便过境车站向海关办理申报手续。货抵终点后，收货人凭铁路到货通知去提货，路方凭运单交付货物，货物交接后，由收货人签字，证明货物如数收讫。运单副本则作为买卖双方凭以结算运费的证明。它与海运提单不同，既不能转让，也不能凭以提货。

由上可知，国际货物铁路联运的托运手续是结合国际货协运单的填写完成的。运单是铁路与托运人之间订立运输契约的证据和承运证明。卖方过境车站在运单上盖戳的日期为交货的日期。运单一般一式五份（运单正本联、运行报单联、银行结汇使用联、货物交付单联、货物到达通知单联），其中第一、五联随货一起交收货人，第二、四联留存到达站，第三联交托运人送交银行办理结汇用。

2. 供应港澳地区铁路货物运输的托运手续

对供应香港地区的铁路货运由中国外运公司承运。货物在国内段铁路起运后，出口公司须向深圳外运公司拍发起运电报，并填写专门格式的联运出口货物委托书（联运出口物资工作单），在货抵深圳前寄送深圳外运公司，以便在货物抵达后，核实货物并通知香港中旅货运公司做接车准备。同时，各地外运公司在办理完货物托运并领回铁路证明（即领货凭证）后，代表深圳外运公司签发承运货物收据（Cargo Receipt）一式四份，一般为一正二副及留底，各份总编号相同，第一联正本为物权凭证，收货可凭以提货或转让，它是承运人接收货物的收据，也是承运人与发货人间的运输契约（背面印有有关运输条款和责任条款），其余副本及留底应及时退回深圳外运。货物到达深圳北站后，深圳外运公司负责办理到车票据交接、核查货物。然后，深圳外运公司以发货代理人的资格向海关提交发货人随车运抵的出口货物报关单，申报出口，经海关、商检、动植物检疫、边防检查站等单位在联检查验后放行。

货物收据（见样单6-4）的有关填注事项：

（1）承运货物收据的中英文字样。

（2）承运人或承运代理人（Carrier or Forwarding Agent）的名称。对非深圳口岸转运或非经深圳外运承运的货物（如广州、黄埔港水运港澳及自行在深圳办理中转运输的货物）均不能签发深圳外运的承运货物收据。

（3）托运人（Shipper）名称。

（4）收货人（Consignee）。无证托收做成空白抬头（TO ORDER）或事先已联系的指示抬头（TO ORDER OF SHIPPER；TO ORDER OF ××× BANK），一般以代收行的指定人为抬头，以方便转让，在L/C方式下，则依条款的有关规定。

（5）被通知人（Notify party）。除非L/C另有规定，一般填收货人名址。

样单 6-4 承运货物收据

中国对外贸易运输公司上海分公司
承运货物收据
CARGO RECEIPT

第一联（凭提货物）

运编 NO. ________
发票 NO. ________
合约 NO. ________

委托人： Shipper	收货人： Consignee 通知： Notify

自 From 上海 SHANGHAI　　至 To

发运
装车　日期：　　车号：Car No.

标记和号码 Marks & Nos.	件数 Packages	货物名称 Description of Goods	附记 Remarks

全程运费在上海付讫
FREIGHT PREPAID AT SHANGHAI

请向下列地点接洽提货
For Delivery apply to：

中国对外贸易公司上海分公司

押汇银行签收
Bank's Endorsement

收货人签收
Consignee's Signature

（6）起运地、过境地或目的地。因运往香港澳门的货物都须经过深圳，故应写明 Via Shenzhen；运往澳门的货物须经广州，应注明 Via Guangzhou。

（7）收货及装车日期。收货日期即签发单据的日期，一般与装车日期相同，也可以早于装车，但装车日期不得迟于信用证或合同规定的发运日期，不得晚于收据签发日期（通常应于装车后才签发收据），且须填明车皮号（Wagon No.）。

（8）件数和运费。件数（大、小写）、运费的支付（预付/到付）按实填，货名与海运提单一样，只填货名统称或与 L/C 所列商品的大类名称相符即可。

（9）运费缴付地（Freight Payable）。由于运费通常在当地外运公司签发承运货物收据之前已经支付，所以运费缴付地点通常已经印就在外运公司收货地已付讫字样之后。如"FREIGHT PREPAID AT SHENYANG"。

（10）提取货物的地点和货代名称。即到达货运代理人名称，通常在收据中事先印就"香港中国旅行社"［China Travel Service（HK）Ltd.］。

（11）押汇银行签章。香港银行一般都办理进口押汇业务，如与银行有押汇业务，该收据抬头一般作为押汇银行抬头，并须经押汇银行签章后方可提货。

（12）收货人签章。货抵达进口港时，实际收货人在提货时须在此处签字，表明货已收妥。

（13）承运人签章。这部分不可遗漏，否则收据无效。

（14）"特约事项"栏。根据银行要求及 L/C 或合同的有关规定填写。一般填写"运费已付"、"全程保险已办妥"。

参考文献

[1] 冯媛媛．运输实务［M］．北京：对外经济贸易大学出版社，2004.

[2] 顾丽亚，孙明．航空货运业务［M］．上海：华东师范大学出版社，2007.

[3] 海关总署财务装备司．全国海关通用业务单证目录（内部资料），2004.

[4] 霍红，刘莉．国际运输实务［M］．北京：中国物资出版社，2007.

[5] 霍红．国际货运代理与海上运输［M］．北京：化学工业出版社，2004.

[6] 江静．国际集装箱运输与多式联运［M］．北京：中国商务出版社，2006.

[7] 金镝，朱芸，刘渝琳，肖云，杨泽文．国际贸易实务模拟操作教程［M］．重庆：重庆大学出版社，2005.

[8] 金乐闻，武素求．国际货运代理实务［M］．北京：对外经济贸易大学出版社，1999.

[9] 刘小卉，黄中鼎，孟琦，林惠丹．国际货运代理［M］．上海：上海财经大学出版社，2007.

[10] 马军功，王智强，罗来仪．国际船舶代理业务与国际集装箱货贷业务［M］．北京：对外经济贸易大学出版社，2003.

[11] 孟详年，李二敏，马朝阳，刘静华，赵文涛．国际贸易实务操作教程［M］．北京：对外经济贸易大学出版社，2002.

[12] 潘洪伟．运输管理与作业实务［M］．苏州：苏州大学出版社，2007.

[13] 屈韬．外贸单证处理技巧［M］．广东：广东经济出版社，2006.

[14] 孙家庆．国际物流理论与实务［M］．大连：大连海事大学出版社，2005.

[15] 孙家庆．国际物流理论与实务［M］．大连：大连海事大学出版社，2004.

[16] 万晓兰，庄碧蓉．新编国际货物贸易实务与操作［M］．北京：经济科学出版社，2003.

[17] 王斌义．报检报关操作实务［M］．北京：首都经济贸易大学出版社，2006.

[18] 王洪，徐德岭．货运与报关代理［M］．北京：中国铁道出版社，经济科学出版社，2006.

[19] 王莉，陈琳，刘琳，陈云．进出口公司业务单证［M］．广东：广东经济出版社，2005.

[20] 王晓东．国际运输与物流［M］．北京：高等教育出版社，2006.

[21] 王学锋．提单实务及其法律［M］．北京：中国商务出版社，2005.

[22] 温耀庆．进出口通关实务［M］．北京：中国物资出版社，2005.

[23] 吴文一，包鹏程，武骁．国际物流运输实务［M］．上海：立信会计出版社，2006.

[24] 辛纬业．进出口贸易操作实务［M］．西安：西北工业大学出版社，2005.

[25] 徐勇谋．国际物流［M］．上海：上海财经大学出版社，2004.

[26] 徐勇谋．国际物流［M］．上海：上海财经大学出版社，2005.

[27] 许晓东，龙桂先．国际物流与货代通关［M］．北京：经济管理出版社，2006.

[28] 阎子刚．物流运输管理实务［M］．北京：高等教育出版社，2006.

[29] 杨丽华，董楠楠，蓝振峰．国际货运代理新编教程［M］．北京：中国科学出版社，2006.

[30] 杨遐．报关实务［M］．广州：暨南大学出版社，2006.

[31] 杨占林，徐澎威．国际物流海运操作实务［M］．北京：中国商务出版社，2004.

[32] 杨占林，尹波．国际物流铁路运输操作实务［M］．北京：中国商务出版社，2004.

[33] 杨占林，黄天文，施伟东．国际物流货主操作实务［M］．北京：中国商务出版社，2004.

[34] 杨占林，张晨梅．国际物流空运操作实务［M］．北京：中国商务出版社，2004.

[35] 杨志刚，杜小磊．国际物流事务、法规与案例［M］．北京：人民交通出版社，2006.

[36] 余根深．报关原理与实务［M］．上海：同济大学出版社，2006.

[37] 余世明，赖瑾瑜，李永生．国际货运代理理论与实务［M］．广州：暨南大学出版社，2006.

[38] 余世明，赖瑾瑜，冼燕华．外贸跟单理论与实务［M］．广州：暨南大学出版社，2006.

[39] 余世明．国际商务单证实务［M］．广州：暨南大学出版社，2005.

[40] 喻小贤，苟建华，吕延昌．物流运输管理［M］．北京：高等教育出版社，2005.

[41] 张炳达．国际货运代理实务［M］．上海：立信会计出版社，2005.

[42] 张炳达．国际货运代理实务［M］．上海：立信会计出版社，2006.

[43] 张良卫，王学锋．国际海运［M］．北京：中国商务出版社，2007.

[44] 张雪莹，刘晰蓉．国际贸易实务［M］．天津：天津大学出版社，2007.

[45] 祝卫．出口贸易模拟操作教程［M］．上海：上海人民出版社，2002.